사회갈등과
역사교육

사회 갈등과 역사 교육

Social Conflict and History Teaching

강선주 엮음

강선주
고유경
구난희
김한종
남한호
박구병
박소영
윤세병
정재윤
홍용진 지음

한울
아카데미

차례

03 태평양전쟁기 오키나와 민간인에게 가해진 폭력과 역사해석의 경합 _ 남한호

04 터키의 아르메니아인 제노사이드 부정과 역사 만들기 _ 정재윤

05 프랑스의 노예제 역사교육과 '기억법' _ 홍용진

06 독일의 헤레로 전쟁 논쟁과 식민주의 청산의 딜레마 _ 고유경

07 캐나다 정착자 식민주의의 해법 모색
인디언 기숙학교의 공적 기억화 _ 구난희

08 인도-파키스탄 분립 역사 재구성과 종교 공동체 간의 화합 모색
_ 박소영

09 과테말라 원주민 학살 기억의 소환과 미국의 '문화투쟁'

_ 박구병

10 영국의 영국적 가치 교육 논쟁
시민 내셔널리즘 혹은 인종 제국주의?

_ 강선주

책머리에

이 책은 '역사교육기초연구공부모임'(이하 역기공) 구성원들이 함께 공부하면서 펴내는 두 번째 책이다. 이번 주제는 '사회갈등과 역사교육'이었다. 한국 사회의 이념 갈등이 역사교육의 중요한 쟁점이 되고 있는 상황에서, 다른 나라에서는 사회갈등을 역사교육에서 어떻게 '재현' 혹은 '해결'하고 있는지 살펴보기 위해 선택했다.

세계 여러 나라는 오랫동안 이념, 계급, 민족, 인종, 종교의 갈등을 안고 살아왔다. 최근에는 세대갈등도 큰 쟁점이 되고 있다. 어떤 지역에서는 갈등이 집단 간의 내전이나 '소수'에 대한 '다수'의 폭력이나 억압으로 나타난다. 그러나 다른 지역에서는 갈등 속에서 공존을 꾀하기도 한다. 많은 경우 사회갈등은 과거사 해석 및 교육과 복잡하게 얽혀 있다.

일본에서는 오키나와 민간인에게 가해진 폭력, 터키의 경우에는 아르메니아인 제노사이드, 프랑스는 노예제, 독일은 헤레로 전쟁, 인도의 경우는 파키스탄 분립 과정, 캐나다는 원주민 기숙학교 문제, 미국에서는 과테말라에서 일어난 원주민 학살 기억에 대한 역사적 해석이, 그리고 한국과 중국은 현대사 해석 문제가 학문적으로뿐만 아니라 사회적으로 큰 논쟁이 되고 있다. 영국의 경우에는 인종갈등과 테러 등의 사회문제가 역사교육과 시민교육의 향방에 크게 영향을 미치고 있다.

각 나라의 사회갈등 양상과 맥락이 다양한 만큼 역사교육에서 사회갈등을 대하는 방식도 다르다. 교육과정 개편과 교과서 개발에 국가(nation)나 주(state)의 영향력이 크게 작용하는 나라에서는 국가가 교육과정 및 교과서를 통해 '다수'의 시각에서 역사를 독점하거나 '소수'의 역사를 부정하는 태도를 취하는 것을 볼 수 있다. 그러나 사회 화합을 추구하여 '다수'의 시각에서 역사를 가르치면서 '소수'의 목소리를 다루려 노력하기도 하고, '다수'가 자행한 폭력을 반성하고 '소수'와 함께 과거사를 재서술하기 위해 적극적으로 나서는 나라도 있다. 한편 역사학계는 뜨겁게 논쟁하고 있지만, 초·중·고등학교의 역사교육에서 이러한 논쟁을 다루는 것에 대해 조심스러워하는 나라도 있다.

각 나라마다 사회갈등의 쟁점과 맥락이 다양하고, 사회 체제와 이념은 물론 역사문화도 매우 다르다. 역사교육은 각 나라의 고유한 체제, 이념, 문화 등과 상호작용을 하며 이루어진다. 그러므로 한 나라의 해결 방법을 이상화하여 다른 나라에 그대로 적용하는 것은 결코 '좋은' 방법이 될 수 없다. 마찬가지로 한 나라가 사회적 논쟁을 억압하거나 역사를 독점하는 양태가 다른 나라에서 그대로 일어날 수 있다고 가정하는 것도 '성급한 일반화'의 오류로 이어질 수 있다.

이 책은 다른 나라의 사례를 통해 사회갈등이나 역사 논쟁 문제에 해법을 제시하고자 기획한 것이 아니다. 다만 다양한 사례를 통해 나라마다 다른 사회갈등과 그와 관련된 역사 및 시민 교육 논쟁을 소개함으로써 사회적 다양성이 심화되는 오늘날 학교에서 어떻게 역사를 교육해야 할지 생각하고 토론해 보는 기회를 제공하고자 한다.

『세계는 역사를 어떻게 교육하는가』(2018)에 이어 이 책까지 두 권의 '역기공' 책을 기꺼이 출판해 주신 한울엠플러스(주)에 감사드린다. 또한 '역기공'의 구성원은 아니지만 이 책의 취지에 공감해 옥고를 실어주신 박구병 선생님께 감사드린다.

2022년 3월

강선주

01

한국의 현대사 갈등과 해방 3년사 교육

김한종 한국교원대학교 역사교육과 교수

1. 머리말

2000년대 한국 사회는 역사 인식과 역사 교과서를 둘러싸고 적잖은 갈등을 겪었다. 1994년의 「국사교과서 편찬 준거안」 시안에서 표면화된 역사 갈등은 2000년대 들어 한국근·현대사 교과서 논란으로 본격화되었다. 그리고 한국사 교과서 논쟁과 역사 교과서 국정화 파동으로 이어졌다. 이명박 정부는 보수 우익적 관점에서 역사 교과서 개정을 추진했다. 그러나 교과서 저자들과 역사학계의 반발로 여의치 않았다. 이에 역사학계의 근현대사 인식에 문제를 제기하던 보수 진영의 일부 학자들은 직접 교과서를 집필했지만, 이 교과서는 집중적인 비판을 받은 채 사실상 학교에서 사용되지 못했다. 이런 원인이 역사학계의 집단적인 '좌편향'에 있다고 생각한 박근혜 정부는 역사 교과서 국정화를 추진했지만, 국정 농단으로 박근혜 대통령이 탄핵됨으로써 좌절되었다.

2017년 문재인 정부가 들어서면서 국정 역사 교과서가 폐기되고, 이를 염두에 두고 고시된 2015 중학교 역사 및 고등학교 한국사 교육과정이 2018년 개정됨에 따라 역사 교과서 논란은 수그러들었다. 그렇지만 관심이 줄어들면서 논란이 수면 아래로 내려갔을 뿐, 역사 인식을 둘러싼 사회적 갈등이 해소된 것이 아니므로 언제든지 재연될 가능성이 남아 있다. 물론 이런 갈등이 역사 논쟁으로 바뀔 가능성이 잠재되어 있다고 해서 문제는 아니다. 역사 인식은 해석의 산물이며, 역사해석의 차이는 다양한 논쟁의 대상이 되기 때문이다.

역사 갈등은 교과서를 둘러싸고 전개되었지만, 거기에는 근현대사에 대한 인식의 차이가 깔려 있다. 특히 집중적인 논란의 대상이 된 것은 현대사다. 현대사는 현재 사회와 직접 관련이 있으며 사회구성원의 삶과 직접 연결된다. 더구나 현대사의 변화와 정치 지형은 현재의 정치 세력과 연결되며, 이념이나 정책은 정치적 관점이나 논리의 바탕이 되었다. 1945년 8월 15일 해방부터 1948년 대한민국 정부 수립까지 해방 3년사는 한국현대사의 기틀을 다진 중요한 시기이다. 1980년대 중반 이후 역사학계의 한국현대사 연구가 크게 활성화되면서 일차적으로 연구 대상이 된 것도 해방 3년사였다. 당시 결성된 한국근현대사 연구 단체인 역사문제연구소의 연구 팀은 이 시기를 한국현대사의 모든 진행 과정이 응축되어 있는 시기로 규정하고, 한국현대사에서 해방 3년사가 가지는 의의를 다음과 같이 제시한다(역사문제연구소 해방 3년사 연구모임, 1989: 9~10). 첫째, 한국 역사를 좌지우지해 온 결정적 규정력인 외세가 바뀌는 시기이다. 둘째, 민족사의 최대 비극인 분단의 출발점이 되는 시기이다. 셋째, 민중과 여러 정치세력의 변혁 의지가 활화산처럼 분출된 시기이다. 넷째, 남한 사회의 정치구조, 경제구조, 지배 엘리트, 지배 이데올로기,

사회제도, 문화의 직접적인 성립 기점이 되는 시기이다. 그런데 이런 인식은 이제까지 한국사 개설서나 교과서에 서술된 현대사와는 관점을 달리하는 것이었다. 해방 3년사 연구의 활성화는 곧 현대사 갈등으로 이어질 소지를 안고 출발한 것이다. 실제로 해방 3년사의 성격을 어떻게 규정할 것인지는 한국현대사 이해의 핵심이며, 역사 갈등의 초점이 되었다. 역사 교과서와 한국현대사 논쟁도 해방 3년사의 인식 차이에서 비롯된다. 한국현대사의 전체적인 흐름이나 주요 사건들에 대한 평가도 이 시기 한국 사회의 상황을 어떤 눈으로 바라보고 당시의 역사를 어떻게 평가하는지에 따라 달라진다.

2. 현대사 갈등의 전개와 성격

1) 현대사 갈등의 전개 과정

1980년대 이전 한국에서는 현대사 인식을 둘러싼 갈등은 일어나지 않았다. 이승만 정부부터 박정희, 전두환 정부 초에 이르기까지는 현대사 인식과 서술을 사실상 국가가 통일했기 때문이다. 8·15 해방과 그 직후의 역사 전개도 마찬가지였다. 1980년대 초에 나온 역사 교과서의 다음과 같은 현대사 개요는 해방의 의미에 대한 일반적이고 공식화된 해석이었다.

> 한민족은 35년간에 걸친 민족적 시련을 극복하고 마침내 광복을 맞았다. 그러나, 민족의 광복은 그대로 독립으로 연결되지 못한 채, 국토 분단의 비

극과 민족 분열이라는 또 다른 시련을 가져왔다.

남북한에 각기 미·소의 군정이 시행되는 속에서 우리는 통일과 독립을 위한 노력을 계속했으나, 안으로 식민지 잔재의 해독, 밖으로 공산주의자들의 책동으로 통일이 지연되고, 사회와 경제는 어려워지기만 했다(국사편찬위원회 1종도서연구개발위원회, 1982: 157).

해방은 일제의 가혹한 식민지배에서 벗어나 자주적 민족국가를 건설할 수 있는 기회였지만 동시에 민족 분단의 시작이었다. 남북 분단은 38도선을 인위적으로 나눈 미국과 소련이라는 강대국의 이해관계에서 비롯되었다. 그렇지만 결국 이를 극복하고 통일 국가를 세우지 못한 책임은 공산주의자들에게 있다는 것이었다. 해방 및 해방 3년사에 대한 이런 이해는 대부분의 역사책이나 역사교육에서 동일했다. 이와는 다른 관점에서 해방 전후의 역사를 연구하고 있어서 뒷날 현대사 논쟁의 핵심 대상이 된 『해방전후사의 인식』이 1979년에 나왔지만 해방 3년사를 체계화한 것은 아니고 인물이나 사건을 규명하거나 사실 관계를 밝히는 데 중점을 두었다. 이 책 집필에 참여한 학자들도 인문사회 분야를 포괄하고 있으며, 2000년대 일어난 현대사 갈등을 기준으로 구분하면 오히려 보수 진영에 속하는 학자들도 포함되었다. 그나마 『해방전후사의 인식』은 단행본 한 권을 간행하는 데 그쳤으며, 이 책에 대한 학술적 논란도 당시에는 크지 않았다.

그렇지만 이런 통일적인 해방 3년사 이해 체계는 학계의 연구 결과에 따른 것은 아니었다. 대부분의 역사학자들은 현대사 연구를 회피했으며, 사회과학계의 현대사 연구도 국가의 공식적 역사(official history)의 범위를 벗어나지 않았다. 이는 냉전과 남북 분단의 현실에서 중요한 많은 자료에 접근할 수 없었기 때문이기도 하지만, 이데올로기와 권력, 현실 정치를 의식하지 않은 채 연구를 하는 데 대한 부담이 크게 작용했다. 1970년대 말 국사편찬위원회가 간행한 한국사 통사인 『한국사』에서는 아예 현대사를 제외할 정도였다. 이런 상황은 보수적 관점에서조차 '국정 교과서와 정부 홍보물에 더 잘 보이는 것'으로, '한국현대사의 학문적 접근이 비학문적 요인에 제약을 받는 것'(전상인, 1998: 264)이라는 지적을 받을 정도였다.

이런 상황이 바뀌기 시작한 것은 1980년대 중반 이후였다. 한국 사회의 민주화 움직임은 정치뿐 아니라 사회와 문화, 학술 등 각 분야로 확대되었고, 이는 역사학과 역사 연구에서도 마찬가지였다. 지배층 위주의 역사가 아닌 민중사가 제창되고, 분단과 반공 이데올로기, 독재정권을 정당화하는 역사 서술과 역사교육이 비판을 받았다. 특히 근현대사 연구가 활발해지고 한국근대사연구회, 역사문제연구소와 같이 근현대사 연구를 전문으로 하는 연구 단체들이 생겨났다. 한국현대사 연구가 본격화되면서 이제까지와는 다른 관점에서 해방 3년사를 바라보고 해석하는 연구들이 나왔다. 『해방전후사의 인식』의 뒤를 이어 간행된 『해방전후사의 인식 2~6』(1985~1989)은 이런 연구 동향을 반영한 것이었다.

이 시기 한국현대사 연구에 영향을 준 것은 브루스 커밍스(Bruce Cummings)의 『한국전쟁의 기원』(1986)이었다. 분단과 한국전쟁 책임을 소련과 북한에 두었던 기존 연구와는 달리 커밍스는 미국 중심의 국제정치 구조와 한국 사회 내부의 모순에 주목했다. 그리고 미국과 남한의 이승만 정부에 비판적으로 접근했다. 커밍스의 연구는 한국현대사 연구에 큰 영향을 미쳐 '수정주의'로 일컬어졌으며, 이에 반해 기존의 역사해석은 '전통주의'(또는 정통주의)로 대비되었다. 보수 학자들은 이후 한국 역사학계의 현대사 연구가 커밍스의 관점과 해석을 그대로 따르고 있다고 하면서 "커밍스의 아이들"이라는 표현을 사용했다. 냉전체제의 붕괴와 소련의 해체, 중국의 개방으로 이전까지 알려지지 않았던 비밀 자료들이 공개되고 현대사 연구가 심화되면서 커밍스의 주장 중 일부는 폐기되었다. 그러나 한국현대사를 국제정치의 역학과 사회구조 속에서 보려는 문제의식 자체가 사라진 것은 아니었다.

1990년대 들어 수정주의적 관점을 비판하고 한국현대사를 새롭게 해석해야 한다는 주장이 정치사, 사회사, 경제사 전공자 등 사회과학자들을 중심으로 나타났다. 이들은 정치적 입장이나 이데올로기에서 벗어나 자료에 충실한 실증적 연구를 표방했으며, 민족이나 사회구조와 같은 거대 담론이 아닌 구체적인 사회 상황에 입각한 역사해석을 주장하고, 사람들의 삶에 미시적으로 접근할 것을 강조했다. 또한 하나의 사건을 원인과 전개 과정, 결과로 한정해서 분석할 것이 아니라 중장기적인 관점이나 현재적 의미로 판단해야 한다는 견해를 내세웠다(전상인, 1998: 270). 이들은 자신들의 연구가 전통주의적 관점으로 돌아가는 것이 아니라 '포스트 수정주의'임을 강조했다. 그렇지만 이들 대부분은 이후 벌어진 한국현대사 갈등에서 우익 보수의 관점을 대변했다.

이들은 수정주의를 비판하는 입장에서 해방 3년사의 역사적 의미를 재해석했다. 김일영은 미군정기 한국은 국제적 관점에서 냉전이라는 현실을 받아들이고, 자본주의와 공산주의 중 하나를 선택하는 것이 불가피했다고 판단한다. 이에 남한은 자본주의를 선택했고 북한은 공산주의를 선택했으며, 이로써 체제 선택은 일단락되었다고 본다. 그리고 현시점에서 보면 남한과 북한 중 어느 편의 판단이 옳았는지는 명백해졌다는 것이다(김일영, 2004). 이영훈은 해방 직후의 역사를 '나라 만들기'로 보아야 한다고 하면서, '나라 만들기' 과제는 한 번에 해결할 수 있는 것이 아니라 짧아도 두어 세대에 걸쳐 단계적·점진적으로 이루어지는 것이라고 주장한다. 해방 3년사와 이를 이어받은 이승만 정부의 역사는 그 첫 단계로, 나라 만들기 과제의 완성이 아니라 이를 합리적으로 성취해 가는 첫 번째 단계로 이해해야 한다는 것이다(이영훈, 2013: 42~44).

현대사 갈등은 역사학계나 사회 일반이 아니라 역사 교과서를 둘러싸고 표면화했다. 한국 사회에서 역사 교과서는 역사관이나 역사 인식을 사회에 전달하는 주된 통로였다. 1980년대 중반 기존 역사 인식이나 연구에 대한 민중사학의 주된 비판 대상 중 하나도 역사 교과서였다. 학교 교육과 교과서를 절대적으로 존중했던 한국의 문화 풍토와 단일본 국정 국사 교과서도 이런 경향을 초래한 원인이었다. 현대사 인식을 둘러싼 갈등은 1994년의 국사 교과서 준거안 파동으로 나타났다. 제6차 교육과정 개정에 따른 중·고등학교 국사 교과서 준거안 시안에서는 1980년대 후반 이후의 한국근현대사 연구 성과를 받아들였다. 그 방향은 크게 세 가지였다. 첫째, 역사적 사실의 성격을 규정하고 의미를 부여하는 역사 용어를 사용한다. 둘째, 지나친 냉전 이데올로기나 정권에 의해 왜곡된 역사적 사실을 바로잡거나 빠진 내용을 추가한다. 셋째, 북한사 내용을 크게 늘리고, 북한의 변화를 사실적으로 이해한다는 것이었다(김한종, 2013: 324~326). 이 중 해방 3년사 관련 내용은 '10월항쟁', '제주 4·3항쟁' 등의 용어를 사용하고 모스크바 3상회의 결정 사항을 사실대로 간략히 소개한다는 것이었다. 시안이 발표되자 보수언론과 정당, 사회단체들은 맹렬한 비난을 퍼부었다. 준거안 시안의 내용을 위험한 민중사관이며 좌익, 친북 논리라고 몰아붙였다. 그러나 이런 비판에 보수 학자들이 본격적으로 개입한 것은 아니었다. 국사 교과서 준거안 파동은 교육부가 보수 우익의 주장을 받아들여 논란이 되었던 역사해석을 이전처럼 돌려버리고 용어의 개정도 최소화함으로써 일단락되었다. 그러나 1994년의 국사 교과서 준거안 파동은 이후 전개된 현대사 갈등의 출발점이었을 뿐이다.

현대사 갈등은 『한국근·현대사』 교과서를 둘러싸고 더 본격화했다. 2003년부터 사용된 고등학교 선택 과목인 『한국근·현대사』 교과서는 심화 선택과목이면서 근현대사만을 다루는 성격상 이전의 어느 역사 교과서보다 훨씬 자세하게 현대사 내용을 서술했다. 그래서 1980년대 후반 이래 역사학계의 한국현대사 연구 성과를 반영했다. 그러나 『한국근·현대사』 교과서는 보수 우익 세력의 집중적인 공격을 받았다. 1994년 국사 교과서 준거안 시안에 대한 비판과 마찬가지로 민중사관에 입각해 있으며 친북, 반(反)대한민국의 역사 인식이라는 것이었다. 국사 교과서 준거안 파동과 다른 점은 언론이나 정당뿐 아니라 보수 진영의 학자들도 비판 대열에 가담했다는 사실이다. 이들은 2005년 1월 '교과서포럼'이라는 역사학과 역사교육의 문제를 다루는 뉴라이트 단체를 만들어 역사 교과서의 한국현대사 서술과 역사학계의 한국현대사 연구를 비판했다. 『해방전후사의 인식』을 타깃으로 한 『해방전후사의 재인식 1~2』, 『한국근·현대사』 교과서의 대안을 표방한 『대안교과서 한국근현대사』 등 그들의 비판 논리를 반영한 책을 간행했다.

보수 진영의 이런 공격에 맞서 역사학계가 이들의 논리를 반박하고 정치적 의도를 비판하면서 현대사 논쟁은 한층 치열해졌다. 보수 우익 정권인 이명박 정부가 들어서면서 교육부는 보수 진영의 비판을 받아들여 한국근·현대사 교과서와 그 뒤를 이은 한국사 교과서 내용을 수정하려고 했지만, 교과서 저자들이 이에 대해 거세게 반발했으며 역사학계도 정부가 교과서 내용에 간섭하는 행위를 비판했다. 집필 기준과 검정 심사를 통한 교과서 내용의 통제가 여의치 않다고 생각한 보수 진영 일부는 자신들의 관점을 담은 고등학교 『한국사』(교학사, 2014) 교과서를 직접 간행했으며, 그 뒤를 이어 박근혜 정부는 아예 역사 교과서 국정화를 추진했다. 그렇지만 교학사에서 간행한 교과서는 많은 문제점이 지적되면서 사실상 사용되지 못했으며, 역사 교과서 국정화는 역사학계와 대부분의 역사 교사, 사회의 거센 비판에 직면해 문재인 정부로 정권이 교체된 직후 폐기되었다.

2) 현대사 갈등의 학문적 성격과 정치적 성격

한국현대사 인식을 둘러싼 한국 사회의 갈등은 정치적 성격을 강하게 띠는 것이었다. 그렇다고 학술적 의미가 없는 것은 아니었다. 뉴라이트의 등장과 이들의 주장은 역사 인식을 둘러싼 논쟁의 지평을 넓히고 기존 역사 인식에 대한 비판적 성찰과 함께 다양한 영역으로 역사 연구를 확대해야 한다는 문제의식을 가지게 한 중요한 계기가 되었다고 평가받았다(박태균, 2007: 295~297). 이전의 보수 우익단체와는 달리 뉴라이트 진영에는 전문가들이 들어갔다. 반공과 국가주의적 성향을 가진다는 점에서는 차이가 없지만, 이들은 진보 진영의 학자들이나 정부의 논리를 반박하고 정책적 대안을 제시하기도 했다. 다만 뉴라이트 진영에 참여한 전공자들 중 순수 역사학자는 드물고 사회과학의 정치사나 경제사, 사회사를 기반으로 하는 사람들이 대부분이었다. 이들 중에는 1990년대 후반 한국근·현대사의 수정주의를 비판하는 논리를 펼쳤던 사람들이 다수였다.

나중에 뉴라이트 진영을 대표하는 학자 중 한 사람으로 활동한 전상인은 1990년대 후반 수정주의 역사학을 비판하는 글에서 역사 연구의 방향을 다음 세 가지로 제시했다. 첫째, 관점이나 시각보다는 실증과 사실에 기초해야 한다. 둘째, 거시 구조적 설명보다는 미시적 수준의 행위나 의식, 상호작용을 강조해야 한다. 셋째, 사건의 원인이나 기원 및 배경에 대한 관심보다는 중장기적 결과나 현재적 의미에 주목해야 한다(전상인, 1998: 270). 이런 비판은 실증과 사실을 내세운다는 점에서는 사회과학, 미사사적 접근을 강조한다는 점에서는 포스트모던 역사학의 관점과 통하는 것이었다. 한국근대사의 내재적 발전론과 식민지 수탈론이 민족이라는 거대 담론을 기반으로 하고 있다는 비판을 매개로 식민지 근대화론과 포스트모던 역사학이 결합한 것도 이런 공통점 때문이었다.

역사를 장기적 관점에서 보아야 한다는 주장은 한국사 전공자에게서 찾아볼 수 있다. 한국근대사 연구자인 정연태는 식민지 근대화론을 비판하고 식민지 수탈론이 계승·발전될 가치를 여전히 가지고 있다고 주장하면서도 장기근대사론을 제안한다. 그가 말하는 장기근대사는 19세기 후반부터 민족 통일까지의 역사적 시간대다. 그러면서 그는 장기근대와 역사 인식 방법을 네 가지로 제시한다. '① 기원론적 접근법과 인과론적 접근법을 교차 활용하고, 양자 사이의 적절한 긴장과 균형을 유지한다, ② 당위론적·목적론적 역사 인식을 비판하고 실사구시적·개방적 역사 인식을 중시한다, ③ 내재적 역사 인식을 지향한다, ④ 단선적 역사 인식을 거부하고 복선적 역사 인식을 추구한다'는 것이다(정연태, 2011: 410~423). 이 주장은 한국사학계의 근현대사 인식을 비판한 식민지 근대화론의 일부 담론을 수용한 것으로 근현대사 논쟁의 학술적 의미를 보여준다.

역사학계의 한국현대사 연구와 인식을 비판하는 보수 학자들은 자신들이 주장하는 논리나 구체적인 사실의 근거를 공산권이나 미국 등에서 공개되는 새로운 자료에서 찾는 경우가 많다. 자료 발굴의 중요성이나 역사 연구에 최신 자료를 반영하는 것이 필요하다고 강조하는 등 역사 연구의 기본적 자세를 상기시켰다는 점도 이들이 역사학에 미친 학술적 공헌이라고 할 수 있다. 역사학자들도 이들이 언급하는 자료들을 활용하고 있으며, 역사적 사실의 접근 방식이나 연구 방법을 사용한다. 또한 그들의 한국근현대사 비판을 검토해 설득력 있는 주장을 수용했다. 현대사는 아니지만 근대사의 경우 조선 후기 사회의 내재적 발전론에 대한 보수 학자들의 비판, 일제 초 토지조사사업에 대한 사실 오류 등은 역사학계의 많은 근현대사 전공자들도 공유하는 내용이다.

이들은 현대사 논의의 중심을 박정희에서 이승만으로 확장했다. 종전의 현대사 논쟁이나 엇갈린 평가의 주된 대상은 박정희의 정치와 경제 정책이었다. 그렇지만 포스트 수정주의를 표방하는 보수 학자들이나 뉴라이트는 현재 한국 사회의 기반을 다진 인물로 이승만을 높이 평가한다. 자유주의 이념뿐 아니라 경제성장을 위한 기반을 구축한 것이 이승만의 '나라 만들기'라는 것이다. 사실 박정희 정부는 이승만 정부의 계승성을 명확히 하지 않았다.[1] 오히려 근대화를 위한 경제개발을 강조하면서 집권 당시 한국이 가난하고 못사는 나라임을 부각시켰다. 이는 5·16 쿠데타 직전의 민주당 정부뿐 아니라 이승만 정부와의 단절을 의미하는

1 이승만이 사망한 후 추도사(1965.7.27)에서 그를 '선구자, 혁명아, 건국인'으로, 그의 행위를 '국가적 경륜 …… 정치적 과단력의 역사적 발휘'(박정희, 2005: 114~116) 등으로 높이 평가한 것을 제외하면, 박정희는 이승만의 계승을 내세우지 않았다. 박정희가 강조하는 근대화를 위해서는 그 이전 한국 사회가 가난하고 못사는 전근대적 사회여야 했으며, 경제개발에 따른 근대화는 이와의 단절을 의미했다. 그러나 뉴라이트의 역사해석으로 하면 박정희 정부의 경제성장은 이승만 정부가 닦아놓은 정치·사회적 기반을 토대로 하는 것이었다.

것이었다. 그러나 뉴라이트는 박정희 정부의 경제성장이 이승만 정부가 만들어놓은 자유주의 경제를 기반으로 한 것이라고 해석함으로써 연속성과 연결성을 주장했다. 이런 역사해석은 그 타당성을 따지기에 앞서 한국현대사에 대한 하나의 새로운 이해 체계라고 할 수 있다.

그런데 이들의 주장은 새로운 사실을 밝히거나 사실관계를 확인하는 것이 아니라 해석인 경우가 대부분이다. 즉 이들은 현대사 논쟁을 사실관계에서 해석과 평가로 확대했다. 예컨대 종전에는 38도선을 언제, 누가, 무슨 목적으로 분할했는지가 논쟁거리였다면, 이들은 38도선 분할을 제안한 것이 미국이며, 일본군의 무장해제라는 군사적 편의성을 표면에 내세웠지만 실제로는 정치적 의도를 가졌음을 인정한다. 1945년 8월 10일 열린 미국 국무부, 육군부, 해군부 협의체인 3부 조정위원회(State-War-Navy Coordinating Committee: SWNCC)에서 38도선 분할을 결정했다는 사실을 자신들이 비판하는 역사학계와 공유하는 것이다. 한반도 신탁통치안을 미국이 먼저 내놓았다는 사실도 마찬가지다. 그렇지만 이런 미국의 결정이 가지는 역사적 의미와 한국 사회에 미친 영향에 대한 평가는 역사학계의 기존 해석과 정반대에 가까울 정도로 다르다.

이와 같은 학문적 의미가 있지만, 전체적으로 볼 때 현대사 갈등은 정치사회적 변화와 맞물려 있다. '역사 전쟁'으로까지 불리는 역사 갈등은 정치 변화의 시기마다 일어났다.[2] 더구나 역사 갈등이 전개될수록 정치

---

2 김정인은 '역사 전쟁'을 다섯 국면으로 나누고 있다. 1980년대 중반 민중사학, 과거사 청산과 뉴라이트 담론, 한국근현대사 교과서 개정과 건국절 파동 등의 자유민주주의 파동, 역사 교과서 국정화, 그리고 반일종족주의이다. 민중사학은 1980년대 중반 한국사회의 민주화를 배경으로 한다. 과거사 청산이 표방되고 뉴라이트가 출현했던 때는 김대중 정부에 이어 노무현 정부가 들어섬으로

적 성격도 강화되었다. 애초에 역사 논쟁이 아니라 '갈등'이 된 것 자체가 정치적 성격을 띠는 것이었다. 1980년대 중반 국정 국사 교과서 비판은 한국 사회의 민주화 움직임에 따른 것이었다. 이 시기에는 정치 민주화에 초점을 맞춘 1970년대까지와는 달리 경제와 문화 등 사회 전반으로 민주화 움직임이 확대되었다. 현대사 갈등이 사회에 표면화된 1994년의 국사 교과서 준거안 파동은 김영삼 정부의 개혁정책에 반발해서 친북 이념이라는 프레임을 씌워 이를 저지하려는 의도도 포함하는 것이었다. 당시는 북한의 핵 개발 의혹이 불거져 한반도에 불안이 감돌고 국제적 문제가 되었던 시기였다.

『한국근·현대사』 교과서 파동은 최초의 정권교체인 김대중 정부 초에 시작되었다. 보수 진영의 비판은 교과서가 전 정부인 김영삼 정부는 깎아내리고 현 정부인 김대중 정부는 미화한다는 논리로 시작했다. 당시는 외환위기로 김영삼 정부의 실정(失政)이 부각되던 때였는데도, '역사 왜곡'이라는 프레임은 사회에 먹혀들어 일시적으로 비난은 김대중 정부에 집중되었다. 그러다가 한국근현대사 파동이 본격화된 것은 노무현 정부 때였다. 교과서 비판에 보수 학자들이 가세한 데는 뉴라이트의 등장이 배경이 되었다. 김대중 정부에 이어 노무현 정부가 집권하자 보수층에서는 기존의 보수 우익 세력으로는 권력을 되찾을 수 없다는 인식이

써 이른바 '잃어버린 10년'의 시기다. 한국근현대사 교과서의 수정과 건국절 논란은 이명박 정부라는 보수 정권으로 회귀된 산물이며, 역사 교과서 국정화 파동은 이명박 정부에 이어 박근혜 정부가 들어서면서 국가 차원에서 한국근현대사 인식을 국가주의화하기 위한 것이었다. 그리고 반일종족주의는 박근혜 정부가 몰락하고 문재인 정부가 들어서 역사 교과서 국정화가 무산된 것에 대한 뉴라이트의 반격 성격을 띠었다(김정인, 2020).

확산되었다. 그래서 합리적 보수, 개혁적 보수를 지향하는 뉴라이트를 제창했다. 노무현 대통령이 2004년 8·15 경축사에서 과거사 청산을 강하게 이야기한 것은 보수 우익 세력이 결집하는 계기가 되었다(김정인, 2020: 11). 친일 잔재의 청산과 국가권력이 저지른 인권침해와 불법행위 진상규명을 강한 어조로 이야기한 것은 이들에게 위기의식을 가져왔다. 그래서 대중적 관심이 높은 역사 인식과 학교교육을 반격의 고리로 삼은 것이다.

학계에서 주류의 위치를 잃어가던 보수 학자들도 그 원인을 이른바 '진보 정권'의 집권에서 찾았다. 그래서 '뉴라이트'라는 구호로 여기에 참여했다. 초기 뉴라이트 운동의 중심인물이었던 경제사학자 안병직은 뉴라이트 사상을 한국에 맞게 구체화할 것을 제안하면서, 과제로 민족주의 비판과 국제주의 지향, 북한의 현실 인식, 민주주의와 시장경제의 미래상 제시 등을 들었다. 그러면서 그 출발점으로 한국근현대사 교과서의 개혁을 제안했다(안병직, 2006). 역사 교과서가 교육뿐 아니라 학문과 사회, 정치를 아우르는 돌파구인 셈이었다. 뉴라이트 학자들은 보수 진영의 싱크탱크 역할을 했다. 이들은 노무현 정부의 4대 개혁 입법[3]을 둘러싸고 정부 및 진보 진영과 이론적 논란을 벌이기도 했다(윤민재, 2008: 54). 과거사 청산과 맞물려 역사학도 그 주요 분야 중 하나였다.

---

3 노무현 대통령 탄핵 역풍 속에서 치러진 2004년 제17대 국회의원 선거에서 원내 과반 의석을 달성한 열린우리당은 네 가지 법안 개혁을 국정의 주요 과제로 제시했다. 국가보안법 폐지, 사립학교법 개정, 과거사 진상 규명법 제정, 언론관계법 제정이었다. 그러나 야당인 한나라당의 거센 반발에 부딪힌 데다 여론의 지지를 받지 못하고 실패함으로써 사회개혁을 추진할 수 있는 동력을 상실하고 말았다.

보수 학자들은 역사학계의 역사 인식과 현대사 연구에 대한 자신들의 비판이 학문적임을 내세우지만 그 논조는 정치 변화에 따라 달라졌다. 대표적인 것이 이승만 국부론이다. 뉴라이트의 한국현대사 인식을 특징적으로 보여주는 이승만에 대한 재평가는 1990년대 말부터 본격화되었다. 그런데 당시 이른바 포스트 수정주의에서는 이승만의 정책이나 행위에 대한 명확한 평가를 유보했다. 당시 이승만에 대한 재평가가 이슈가 된 것을 사회주의 체제 몰락과 북한의 실패에 따른 결과론적 산물로 보기도 했다(전상인, 1998: 279~282). 그러나 『한국근·현대사』 교과서 파동이 불거지고 역사 갈등이 심화되자, 이승만은 탁월한 국제정치 감각과 현실 인식을 바탕으로 대한민국의 초석을 다진 뛰어난 지도자로 한층 높게 평가받았다.

이들이 즐겨 쓰는 '부친 살해' 담론에서도 이런 정치적 성격을 볼 수 있다. 뉴라이트는 역사학계가 집단적으로 대한민국이라는 '아버지' 지우기를 하고 있다고 비판한다. 여기에서 '아버지'는 넓게는 한국현대사 전체이고, 좁혀보면 대한민국의 '건국'이었다(김일영, 2004: 9~12). 그러나 '건국의 아버지 이승만'이라는 말에서 알 수 있듯이, '아버지'는 이승만을 뜻하는 말이기도 했다. 이승만은 "공산주의 국제 세력의 공세로부터 대한민국을 방어하고, 대한민국의 기틀을 자유민주주와 자유시장 경제체제로 올바로 잡는 데 동시대 어느 누구와도 나눌 수 없는 커다란 공훈을 세웠다"(교과서포럼, 2008: 158)라고 평가받는 건국의 아버지였다. 뉴라이트가 '부친 살해'를 꺼낸 것은 노무현 정부의 과거사 청산 논의를 겨냥한 것이었다. '부친 살해' 담론을 통해 과거사 청산 작업에 국론 분열과 편 가르기 정치라는 프레임을 씌워 대중의 비판을 이끌어내는 데 목적이 있었다(윤민재, 2008: 56).

뉴라이트의 역사관에 나타나는 또 하나의 정치적 성격은 목적론적인 역사 인식이다. 이영훈은 '나라 만들기'의 관점으로 대한민국사를 새로 써야 한다고 주장하면서 그 필요성을 자랑스러운 대한민국, 통합을 위한 역사를 만드는 데서 찾았다. 그동안의 역사가 대한민국의 건국과 발전을 정당하게 평가하지 못해서 국민을 분열시켰다는 것이었다(이영훈, 2013: 18). 이런 목적론적 역사 인식에는 역사적 사실에 대한 평가가 강하게 녹아들어 있다. 자료에 바탕을 두고 '사실을 있는 그대로 이해'해야 한다는 자신들의 논리와 충돌할 수밖에 없는 지점이다. 이는 '부친 살해' 담론이 단순히 자신들의 역사 인식을 비유적으로 표현하는 것이 아니라 정치적 의도를 가지고 있음을 보여준다.

3. 해방 3년사 인식의 쟁점과 역사 서술

1945년 8월 15일 일본의 항복으로 독립을 맞이한 한국은 38도선을 경계로 분단되었다. 일본군의 무장해제를 명목으로 38도선 북쪽은 소련, 남쪽은 미국이 점령했다. 그 이후 3년간 남북을 아우르는 통일 정부 수립이 논의되었지만 실패하고 결국 남북에는 별개의 정부가 세워졌다. 그렇지만 해방의 의미와 해방 3년의 역사 전개 과정에 대한 평가는 크게 엇갈린다. 이는 당시 한반도 상황에 대한 판단의 차이에서 비롯된다. 해방 직후의 역사적 사실과 집단기억에 대한 해석에는 극명한 차이가 있다. 이는 비극적 분단국가 형성 과정인가, 시장경제와 자유민주주의의 대한민국 성립의 기반을 닦은 훌륭한 선택인가 하는 해방 3년사 인식의 종합적 쟁점이다(김호기·박태균, 2019: 54).

일반적으로 한국사 개설서들은 해방 3년사를 분단이라는 관점으로 서술한다. 해방 3년은 혁명적 변화의 시기였지만 결과적으로 분단이 되었으며, 분단은 이후 남과 북 체제의 기본 골격이 되었다는 것이다(서중석, 2002: 1~11). 38도선을 경계로 임시로 나뉘었던 남과 북은 여러 가능성이 열려 있었던 '해방 공간'을 거쳤지만 결국 분단을 맞이했다. 해방은 그 자체가 독립은 아니었으며, 독립국가 건설의 출발점일 뿐이었다. 독립국가 건설은 외국 군대의 점령이라는 특이한 상황에서 시작되었으며, 미·소의 분할 점령으로 인한 자주적 국가 건설의 실패는 분단으로 이어졌다. 그렇기 때문에 해방과 건국을 탐구하는 것은 분단의 형성 과정을 이해하고, 이를 해소하기 위한 과제와 가능성을 전망해 보는 일일 것이다(정용욱, 2008: 367~368).

물론 분단을 가져온 것은 외적 요인 때문만은 아니었다. 한국 사회의 정치적·이념적 갈등과 자주적 통일 국가 수립 역량의 부족은 분단을 막지 못했다. 한국의 여러 혁명 세력은 주권 회복과 사회경제적 개혁을 위해 노력했다. 그러나 그 방향이나 방법을 놓고 합의에 이르지 못했으며, 분할 점령으로 초래된 상황은 이 중 어느 한 노선을 채택함으로써 해결할 수 있는 것도 아니었다(정용욱, 2002: 15). 이러한 관점으로 볼 경우, 해방 3년사는 '불행한' 한국현대사의 출발점이다. 전쟁과 남북 갈등의 원인이며, 자유와 인권탄압, 독재정치의 구실을 제공한 역사이다. 해방 3년사를 이렇게 배운 학생들은 해방 3년사를 '안타까운 역사'로 바라보며, 더 단적으로는 '실패의 역사'로 인식할 가능성도 있다.

다만 해방 직후 한국사를 분단의 역사로 보는 관점도 하나는 아니다. 해방 3년사에서 분단은 남북 단독정권이 성립한 1948년 8월 15일이지만, 해방 8년사의 관점에서는 이때가 완전한 분단은 아니다. 1948년의 분단은 정치적 분단으로, 사람들의 마음은 아직까지 분단되지는 않았다. 남북 정부는 단독정부의 수립을 국가 건설의 한 과정임을 내세웠으며, 남북을 아우르는 통일 정부를 수립해야 국가 건설이 완성된다고 주장했다. 남한은 '북진통일', 북한은 '국토완정(國土完整)'으로 이 과정을 표현했다. 남북의 일반 대중도 분단을 과도기적인 일시적 현상으로 여겼다. 그렇지만 통일이 '전쟁'이라는 폭력적 수단에 의해 추진될 것이라고는 짐작하지 못했다. 그렇기에 정치적으로는 물론 사회와 사람들까지 완전히 분단된 것은 한국전쟁 이후이다. 남한과 북한 정부, 남북 사람들은 더 이상 상대를 하나의 국가, 민족으로 생각하기보다는 싸워 이겨야 할 '적'이라고 인식했다. 이런 관점에서는 '해방 8년사'라는 용어를 사용한다. 그렇지만 '해방 3년사'와 '해방 8년사' 사이에 8·15 해방부터 1948년의 대한민국 정부 수립까지 역사를 보는 근본적 관점의 차이가 있는 것은 아니다. 그 차이는 사회나 사람들 사이에 논란이 될 만한 것은 아니었다.

이에 반해 보수 진영에서는 해방 3년사를 자유민주주의가 확립된 시기로 본다. 이들은 해방으로 일제의 식민지배에서 벗어나 독립을 맞이했지만, 미·소의 전 세계적 대립과 한국 사회 내부의 이념 갈등으로 통일 국가를 세우는 것이 불가능했다고 판단한다. 이 때문에 "단독정부로 간 것이 최선의 방법이었다고 생각하지는 않지만 냉전 상황에서 가능한 방안, 차선책으로 선택 가능한 것"(대담 중 김일영 발언)(박지향·김철·김일영·이영훈, 2006b: 664)으로 평가한다. 최선의 방법은 아니었다고 단서를 달았지만, 이들이 보기에 최선의 방법은 당시 상황으로는 가능하지 않았다. 따라서 단독정부 수립은 가능한 범위 안에서의 최선책이라고 말하는 것과 마찬가지였다. 이런 평가의 전제에는 당시 한반도 상황은 소련이 주도권을 가지고 있었으며 국내에서도 좌익 세력이 우위를 차지했다는 판단이 깔려 있다. 그래서 해방이라는 시점은 자칫 잘못하면 한반도 전체가 공산화되고, 공산주의 정권이 들어설 위기의 순간이었다. 해방 3년사는 이런 공산주의의 위협에서 벗어나 비록 38도선 이남만이기는 하지만, 자유민주주의 국가가 수립된 시기이다. 남북을 통일한 자유민주주의 국가를 세우는 것이 가능하지 않았던 당시 상황에서는 이는 현실적으로 최선의 결과라는 논리이다. 이런 관점에서는 진정한 독립을 이룬 날이 1945년 8월 15일이 아니라 1948년 8월 15일이며, 해방 3년사는 '성공의 시기'였다.

이에 대해 자유민주주의 이념을 받아들이더라도, 해방 3년 동안 그 체제가 확립되었는지를 다른 관점으로 보려는 견해도 있다. 해방 3년사를 자유민주주의를 확립한 시기로 보는 것은 엘리트의 관점으로, 자유민주주의를 '법과 제도로 표현된 텍스트'로 축소시키는 것이라는 비판이다. 자유민주주의가 확립되었는지를 판단하려면 국민 개개인에게 국가가 어떤 존재였는지를 보아야 한다는 것이다. 구술에 나타난 민중의 기억을 근거로 하면, 대한민국은 자유민주주의와 시장경제의 이념을 담은 헌법을 가지고 출발했지만, 첫걸음과 동시에 스스로 이를 파괴했다고 해석한다(고지훈, 2008).

해방 3년사 인식의 차이는 역사적 사실의 해석이나 평가로 연결된다. 역사 교과서의 한국현대사 인식을 둘러싼 쟁점에서도 이를 찾아볼 수 있다. 예를 들어 박태균은 『한국근·현대사』 교과서 논쟁을 계기로, 현대사 서술의 쟁점으로 ① 광복/분단 외인론, ② 신탁통치안, 찬반탁 운동, 좌우합작운동, 남북협상, ③ 대한민국 정부의 정통성과 제헌헌법, ④ 대중운동, ⑤ 경제정책: 농지개혁, 적산불하, ⑥ 정치지도자, 한미관계에 대한 설명을 분석했다(박태균, 2010). 이 중 해방 3년사에 해당하는 사실은

①~④의 문제이지만, 논쟁의 대상이 되었던 현대사 교육의 내용 요소와 정치적 흐름의 연계성에 초점을 맞춘다면, 광복, 신탁통치, 좌우합작과 남북협상, 대한민국과 조선민주주의인민공화국 수립으로 이어지는 일련의 과정을 어떻게 이해하는지가 문제가 될 것이다. 김태우는 2014년에 간행된 2009 개정 교육과정에 따른 고등학교『한국사』교과서의 현대사 쟁점들로 냉전의 형성 과정과 성격, 미·소의 대한 정책, 주요 정치세력 평가, 남북한 사회 변화와 한국전쟁 서술을 분석했다(김태우, 2014). 여기에서 검토한 쟁점들은 그동안 한국현대사 인식이나 역사 교과서 서술에서 논란이 되었던 것이다. 이런 쟁점들은 당시 사회에서 논란이 되었을 뿐 아니라, 역사학자들의 해석이나 평가에서도 논쟁거리였다. 역사 수업에서 이런 주제들을 다룰 경우 대체로 긍정이나 부정, 찬반이나 대립적 해석의 형식을 띠게 된다. 쟁점들 가운데 한국사 개설서와 중·고등학교 역사 교과서의 현대사 내용 요소를 감안해 견해가 명확히 엇갈리는 문제를 검토해 보자.

(1) 해방 당시 한반도의 정치적 상황

1945년 8월 15일 해방은 통일된 자주 독립국가를 세울 수 있는 기회를 가져왔는가, 아니면 한반도 전체가 공산화될 위기의 순간이었나? 해방 당시 한국 국내에서 일제의 식민 통치에 맞선 조직적인 저항은 거의 없었다. 여운형을 중심으로 한 비밀조직 조선건국동맹이 사실상 유일한 독립운동 단체였다. 1930년대 들어 민족주의 단체들은 개량화해 순수한 문화운동이나 종교운동에 머물렀다. 그나마 대표적인 단체라고 할 수 있는 수양동우회는 1937년 민족운동을 계획했다는 혐의로, 흥업구락부는 1938년 해외 독립운동 자금을 지원하려고 했던 혐의로 다수의 회원들이 체포됨으로써 와해되었다. 이를 계기로 수양동우회와 흥업구락부 회원들은 대거 친일 행위로 돌아섰다. 정치성을 띤 문학 단체 카프(KAPF) 등 좌익계 단체들도 1930년대에 대부분 해체되었다.

그럼에도 해방 당시 한국 사회에서 좌익 세력이 우위에 서 있었다는 판단에는 견해차가 크게 없다. 국내 정계나 사회단체에서도 좌익의 힘이 더 컸다. 20세기 전반 식민지 독립운동과 제2차 세계대전 중 소련의 반제민족해방론은 약소민족이나 국가에 독립의 희망을 불어넣었다. 동아시아에서 소련의 반제민족해방론은 항일운동가들에게 호소력이 있었으며, 일본 제국주의에 맞서 무력투쟁을 했던 독립운동가들 중에서도 공산주의를 이념 기반으로 하는 경우가 많았다. 당시 좌익이 우익보다 우위를 보인 것은, 일제 말 국내에서 좌익 진영보다 우익 진영이 일본의 식민통치에 협력하거나 친일 행위를 한 경우가 많았기 때문이기도 하다.

그렇지만 해방 당시 국내에는 다양한 이념과 독립국가 건설 방향에 대한 생각이 공존했다. 조소앙의 삼균주의에서 볼 수 있듯이 우익과 좌익 중 어느 한편이 아니라, 양쪽의 이념을 선택적으로 받아들이고자 하는 사람도 있었다. 신민주주의론처럼 민족이나 민중을 내세우는 제3의 이념을 제시하는 경우도 있었다. 이 쟁점은 독립한국이 우익과 좌익 중 어느 한 이념이나 노선을 선택하는 것이 불가피했는가, 양측의 정책을 조합하거나 제3의 이념을 선택할 수도 있었는가 하는 문제도 포함한다. 실제 「제헌헌법」의 경우 자유민주주의뿐 아니라 사회민주주의 요소를 상당 부분 채택했다. 따라서 우익과 좌익, 자유민주주의와 인민민주주의 중 양자택일이 불가피하다는 것을 전제로 어느 편이 바람직했는지 따지는 것이 아니라 또 다른 이념이나 정책적 노선의 가능성을 추론하는 것도 가능하다. 그렇지만 이를 당시 사회 상황을 반영하는 것인지, 자유민주주의로 나아가는 하나의 단계로 보는지는 해석이 엇갈린다.

(2) 38도선 분할

38도선 분할은 한국현대사에 바람직한 결과를 가져왔는가, 부정적 영향을 주었는가? 미국은 38도선을 경계로 한 한반도 분할 점령을 소련에 제안했다. 1945년 8월 15일 당시 소련군은 한반도 깊숙이 들어와 있었다. 일부 소련군은 북위 38도선 이남까지도 진출했다. 이에 반해 미국은 일본 본토에서도 한참 떨어진 오키나와에 주둔하고 있었다. 이런 상황에서 미국은 소련에 북위 38도선을 경계로 일본군의 무장해제를 나누어 진행할 것을 제안했고, 소련은 동아시아 분할 점령 또는 공동 점령이라는 정치적 이해관계를 고려해 미국과 충돌을 피하려고 이를 받아들였다.

38도선 분할은 이후 한반도 정세의 기본 틀이 되었다. 오랫동안 한국인에게 '국토 분단과 민족 분열'을 가져온 한국현대사의 불행한 시작으로 인식되어 왔다. 이로 인해 남북에 다른 이념과 체제를 가진 정부가 들어서 분단이 되고, 전쟁이 일어났으며, 이후에도 분단선이 휴전선으로만 바뀐 채 오랫동안 대립과 갈등을 지속하고 있다는 생각이다. 그러기에 일반 대중의 정서는 말할 것도 없고, 대부분의 학자들도 전통주의와 수정주의를 막론하고 38도선 분할을 한국현대사에 가장 부정적 영향을 미친 사건으로 여겼다. 남북 분단에는 한국 내부의 요인과 국제 정세와 강대국의 정책이라는 외적 요인이 모두 영향을 미쳤지만, 정치학의 관점에서는 외적 요인에 더 큰 비중을 두었으며, 그 중심은 미국의 정책이었다 (이완범, 1998: 103~108; 전재호, 2016: 44).

역사 교과서는 38도선 분할을 특정 국가를 명시하지 않은 채 강대국들이 이해관계에 따라 합의한 것이라고 서술했다. 다만 1979년에 나온 국정 국사 교과서까지는 38도선 분할 합의가 얄타밀약에 따른 것이라고 서술한 반면(국사편찬위원회 1종도서연구개발위원회, 1979: 291), 1982년 교과서부터는 분단을 결정한 시기를 명시하지 않고 있다(국사편찬위원회 1종도서연구개발위원회, 1982: 159). 이후 연구의 진전에 따라 앞에서 언급한 바와 같이 38도선 분할이 1945년 8월 10일 열린 미국 국무부, 육군부, 해군부 협의체인 3부 조정위원회에서 기획했다는 사실이 알려졌다.

그렇지만 38도선 분할이 한국 사회에 미친 영향을 토대로 하는 역사적 의미의 평가에는 큰 차이가 있다. 그 평가는 부정과 긍정으로 단적으로 나뉜다. 1990년대 전반까지는 수정주의 관점에서 미국의 책임을 드러내기 위해 이를 부각했다. 그러나 1990년대 후반에는 38도선 분할이 불가피하거나 적절하다는 입장에서 미국의 정책을 평가하는 견해가 나타났다. 특히 뉴라이트 학자들은 한국 사회의 기틀을 다지고 나아가 발전을 이룬 결정적 조치로 미국의 38도선 분할 정책을 적극적으로 내세운다. 만약 이 조치가 없었으면 한반도 전체가 공산화될 우려가 있었다고 주장한다. 그리고 38도선 분할 이후 남한이 선택한 이념과 체제가 북한보다 바람직했다고 평가한다. 북한은 전체주의적 동원 체제를 구축했던 데 반해, 미군이 구축한 남한의 공간은 다양한 선택지가 허용되었다는 것이다(박지향·김철·김일영·이영훈 엮음, 2006a: 18).

38도선 분할이 한국현대사에 긍정적 작용을 했는가, 부정적 작용을 했는가를 따지는 것은 결과론적 평가이다. 이미 일어난 단일한 행위를 놓고 현재의 상황을 잣대로 양자택일식의 평가를 내리기 때문이다. 38도선 분할의 동기나 목적을 분석해서 정당성을 평가하지만, 그 기준은 행위가 일어난 그때가 아니라 현재 시점이다. 그렇기에 당시의 시점에서 가능했던 제3의 선택은 판단이나 평가 대상에서 원천적으로 배제된다.

예를 들어 한반도 전체가 소련의 관할 아래 들어가는 것을 막으려는 것이 당시 세계정세에 비추어 미국으로서는 불가피한 동북아시아 정책임을 받아들인다고 하더라도, 38도선 분할 외에 다른 선택지가 없었는지, 그리고 그와 비교해서 38도선 분할이 어쩔 수 없는 정책이었는지는 논의의 대상이 아닌 것이다.

(3) **좌우합작운동**

모스크바 3상회의 결정 사항 중 하나인 신탁통치를 둘러싸고 우익과 좌익의 갈등은 극단으로 치달았다. 이제 상대방은 통합이 아닌 대결의 대상이었다. 좌익은 민주주의민족전선, 우익은 비상국민회의를 만들어 자기편을 결집했다. 이를 우려한 김규식이나 여운형 등 일부 중도 세력은 좌우합작위원회를 세우고 합작운동을 벌였다. 이들의 좌우합작운동은 미군정의 지원 아래 진행되었다. 좌우합작위원회는 1946년 10월 임시민주주의 정부 수립, 토지개혁, 친일파 청산 등 좌우합작 7원칙에 합의했다. 그러나 이들의 합의는 좌익과 우익 어느 한 편의 지지도 얻지 못했다.

중도파의 좌우합작운동은 냉전체제하에서 제3의 길을 모색했으며, 당시 한국 사회와 민족이 당면했던 문제들을 고민했다는 점에서 의미가 있다. 그렇지만 냉전체제와 분단의 책임을 따지는 가운데 이들에 대한 연구는 활발하지 않았으며, 개설서나 교과서도 좌우합작운동을 비중 있게 다루지 않았다. 그러다가 냉전체제가 무너진 후 이들이 고민하고 해결을 모색했던 과제들이 한국 사회의 현실에서 다시 부각되고, 제시했던 대안들이 실천적 유용성을 가지고 있다는 관점에서 좌우합작운동이 다시 관심을 끌게 되었다(정영훈, 1995: 2). 『한국근·현대사』 교과서 이후 한국사 교과서들도 중도파의 좌우합작운동을 비중 있게 다루고 있다.

좌우합작운동은 현대사 갈등의 주된 주제는 아니다. 그렇지만 중도세력을 바라보는 관점이나 좌우합작운동 서술에는 어느 정도 차이가 있으며, 여기에는 역사 갈등을 빚고 있는 당사자들의 해방 3년사 인식이 들어가 있다. 한국사 개설서들은 좌우합작의 취지는 바람직하지만 현실적으로 실현되기는 어려웠다는 데 인식을 같이한다. 그러면서도 좌우합작 추진을 긍정적으로 평가하는 입장에서 그 동기나 취지, 합작 7원칙 합의에 의미를 부여한다. 합작 7원칙은 좌익과 우익이 양보와 타협을 통해 만들어낸 중요한 성과이며, 친일파 청산이나 토지개혁과 같은 8·15 직후의 사회개혁 과제를 실현하기 위한 중요한 내용을 담고 있었다는 것이다(박태균, 2002: 194). 이런 관점에서는 합작 7원칙을 받아들이지 않은 좌익과 우익의 입장은 자신들의 이해관계에 기반한 이기적이면서 반민족적인 행위가 된다. 이에 반해 좌우합작의 추진을 부정적으로 평가하는 사람들은 좌우합작의 실현이 현실적으로 불가능했음을 강조한다. 중간파의 세력이 크지 못한 상태에서 미군정의 지원만으로 합작운동이 성공하기는 어려웠으며, 미국의 한반도 정책이 변화함에 따라 자연히 좌우합작운동은 추진력을 잃고 말았다는 것이다(교과서포럼, 2008: 141). 이런 서술은 당시 이승만이 좌우합작운동의 성공 가능성을 낮게 보고 운동이 진행되는 중에도 단정 노선을 고수하고 있었기 때문이다. 단독정부의 추진과 좌우합작운동의 평가는 서로 배치되는 성격을 가지고 있다. 그렇기에 이들은 좌우합작운동의 의미를 찾기보다는 현실론을 내세워 이를 실현 가능성이 별로 없는 이상론으로 평가한다.

운동을 추진할 만한 실질적인 정치·사회 기반이 미약했던 데다가 이미 반소·반공 노선으로 기울어져 있던 미군정의 지원 아래 추진되었다는 점에서 애초 좌우합작운동이 성공할 가능성은 낮았다. 좌우합작 7원칙도 좌·우익 모두에게 거부되었다는 점에서 보면 비현실적이라고 할 수 있다. 그렇지만 좌우합작이 총체적으로 가능했는지만이 문제는 아니다. 좌우합작 추진의 과정에서 당시 한국 사회가 안고 있는 여러 당면 과제들이 논의되었다. 이런 과제들에 대해 합작 추진의 과정에서 어떤 논의들이 오갔으며 해결이 시도되었는지도 중요하다. 합작 7원칙의 개별 조항의 타당성과, 이 중 현실적으로 실현 가능한 조항이 무엇인지 분석할 수도 있다. 또한 합의 사항에는 들어가 있지 않지만 추가로 합의할 만한 또 다른 내용이 있는지 추론하는 것도 의미 있다. 이는 당시 한국 사회의 상황에 대한 판단을 자극해 해방 3년사 인식의 폭을 넓힐 수 있게 한다.

(4) 통일 정부와 단독정부

1980년대 후반과 1990년대 초 한국사학계에서는 해방 직후의 한국 사회를 가리켜 '해방공간'이라는 표현을 자주 사용했다. 이 시기는 다양한 국가 건설의 가능성이 열려 있는 공간이었다는 의미이다. 모든 정치지도자들이 처음부터 단독정부를 주장한 것은 아니었으며, 정부 수립 이후에도 외형적으로는 단독정부가 최종적인 정부 형태라고 주장하지 않았다. 그러나 1946년 5월 제1차 미소공동위원회가 결렬되면서 이승만은 주요 정치가로는 처음으로 '정읍 발언'을 통해 단독정부 수립 주장을 공론화했다. 이에 반해 김구는 1948년 남북협상 때까지도 통일 정부 수립을 주장했다. 그래서 이승만과 김구의 노선을 비교하는 것이 이 문제에 접근하는 방식으로 많이 사용된다.

현대사 자료집이나 교과서, 교사의 수업실천에서는 흔히 이승만의 '정읍 발언'과 김구의 「삼천만 동포에게 읍고함」을 자료로 싣고, 학생들에게 당시 상황과 독립한국이 나아갈 방향을 토대로 누구의 주장이 타당한지 생각하도록 접근한다. 때로는 여기에다가 중도파의 좌우합작 추진 내용을 포함하기도 한다. 이런 구성 방식은 보수 진영에서 펴낸 교과서도 마찬가지이다(권희영 외, 2014: 309). 그렇지만 역사 이해와 해석 측면에서 보면 이승만이나 김구의 상황 판단과 그들의 정치적 의도와 목적을 연결시키는 것도 필요하다. 또한 이승만이 주장하는 단독정부와 김구의 통일정부 외에, 다른 형태의 정부 수립 방안을 추론할 수도 있다. 이를 통해 당시 상황에 대한 판단과 문제 인식을 바탕으로 해결책을 제안하거나 이승만과 김구 등 역사적 행위자의 의사 결정을 평가할 수도 있다.

통일 정부인가, 단독정부인가의 논란과 관련된 가장 큰 쟁점은 1948년 8월 15일의 대한민국 정부 수립에 어떤 역사적 의미를 부여할 것인가 하는 문제이다. 이를 건국으로 볼 것인가 정부 수립으로 볼 것인가는 '건국절 파동'과 맞물려 이미 사회에 커다란 파문을 일으켰으며 역사학계 및 시민단체와 뉴라이트 역사 인식 간에 가장 뜨거운 논쟁거리이기도 하다. 한국사 개설서는 일반적으로 대한민국 정부 수립을 독립국가로서 국내·국제적 정당성을 확보했으며, 법적·제도적인 토대를 갖추었다고 높이 평가하면서도, 단독정부로서 한계와 과제를 제시한다. 냉전의 최전방으로 내몰렸다든지, 남북이 서로를 없애는 '통일'을 지향했다든지, 제도적 민주주의의 법제화에는 성공했지만 이를 구현할 수 있는 정치·사회·경제적 기반을 갖추지 못했다는 것이다(박찬표, 2002: 423). 이에 반해 단독정부 수립을 높이 평가하는 보수 진영에서는 건국으로 규정하면서 그 의의를 강조하는 데 초점을 맞춘다. 대한민국의 성립이 자유민주주의와 시장경제를 선택한 것이며, 세계사적으로는 문명의 융합과 전통을 계승한 것이라고 평가한다(교과서포럼, 2008: 148~149). 정치적 측면에서 자유·보통 선거제의 도입과 공화정부의 수립을 민족사적 의의로 보기도 한다(김광동, 2007: 46~48).

4. 현대사 갈등 해소를 위한 역사교육

1) 다원적 관점의 역사 인식과 역사교육

국정 역사 교과서 파동이 일단락된 다음 역사학계와 역사교육계는 '역사 전쟁'으로 인한 사회갈등의 해소를 위한 논의에 들어갔다. 국정화 이후의 역사학과 역사교육을 논의하는 심포지엄을 학회와 시민단체가 공동으로 열었으며, 전국역사교사모임에서는 역사 갈등을 역사교육의 발전적 방향으로 전환하기 위한 방안을 논의했다. 개별 학자들이 자신의 의견을 제시하는 글들도 다수 발표되었다. 역사 갈등이 주로 역사 교과서를 둘러싸고 벌어진 만큼, 그 해소 방안도 학교 역사교육을 대상으로 제시되었다. 그렇지만 대통령 기념관이나 대한민국 역사박물관 건립 논란에서 볼 수 있듯이 현대사 갈등은 학교 역사교육뿐 아니라 대중을 대상으로 하는 사회교육에서도 자주 나타난다. 따라서 현대사 갈등의 해소를 위한 역사교육의 방안은 학교뿐 아니라 사회에서의 역사교육에도 적용을 모색해야 한다.

역사 갈등의 해소를 위한 역사교육 방안으로, 한편에서는 인간과 사회의 보편적 가치를 지향하는 역사교육을 제안한다. 민주주의 역사교육, 민주시민교육을 위한 역사교육의 표방이 그것이다. 이런 방향은 이른바 진보 교육감이 있는 일부 교육청을 중심으로 역사교육뿐 아니라 학교교육 전반에서 방향으로 적극 추진되었다. 다른 한편에서는 다원적 관점이나 다중 시각이 역사 갈등의 해소를 위한 대안으로 제시되었다. 역사관이나 해석의 차이를 인정하고, 다양한 눈으로 역사적 사실을 바라보자는 것이었다. 학생들에게 다양한 역사해석을 보여주고, 이 중 무엇을 받아들일지는 학생 스스로 판단하게 하자는 것이다. 역사적 사실이 해석의 산물임을 알게 하는 것도 학생 스스로 역사해석을 하는 방안으로 제시된다.

이를 위해 다른 나라의 역사 갈등이나 문화전쟁 사례를 검토하는 책이나 글이 나오고 토론회가 열리기도 했다. 2013년에 나온 유엔의 역사 교과서와 역사교육 보고서나 유럽평의회의 역사교육 원칙이 소개된 것도 이와 맥락을 같이한다. 특히 한국 사회의 관심을 끈 것은 독일의 보이텔스바흐 합의(Reicht der Beutelsbacher Konsens)였다. 보이텔스바흐 합의는 정치와 역사 갈등을 해소한 성공적 사례로 널리 소개되었다. 민주화운동기념사업회에서는 보이텔스바흐 합의 내용과 독일의 경험을 번역해서 제공했으며, 이를 주제로 단행본을 간행했다. 한국에서도 보이텔스바흐 합의의 과정이나 원칙에 따른 역사 갈등의 해결을 모색해야 한다는 제안이 이어졌다. 한국 사회가 독일의 실천 사례에 주목한 이유는 비교적 명백하다. 독일은 한국과 같이 분단 경험이 있다는 것 외에도 한국과는 반대로 가해자의 입장이기는 하지만, 전쟁 경험 때문에 주변 국가와 역사 갈등을 겪었으며, 나치와 제2차 세계대전의 책임을 어떤 관점으로 보아야 하는지를 놓고 사회 내부에서 보수와 진보 진영 간에 적잖은 갈등을 겪었기 때문이다. 이런 갈등의 해소를 시도한 실천 사례를 한국도 공유하거나 여기에서 한국의 역사 갈등을 해소할 수 있는 시사점을 찾을 수 있을 것이라는 기대감을 가질 만했다.

보이텔스바흐 합의는 갈등 해소를 위한 세 가지 원칙을 담고 있다(심성보·이동기·장은주·폴, 2018: 64~66, 85~86).

① 강압 금지 원칙: 교사는 자신이 원하는 견해를 어떤 방식으로든 학생들에게 받아들이도록 강제해서는 안 된다.
② 논쟁성 원칙: 학문과 정치에서 논쟁적인 것은 수업에서도 논쟁적으로 재현되어야 한다.
③ 학습자 이익 상관성의 원칙: 학생들이 정치 상황과 자신들의 고유한 이익 상태를 분석할 수 있도록 안내해야 한다.

보이텔스바흐 합의의 원칙은 역사적 관점이나 역사해석의 다양성을 인정하자는 것이다. 역사학자인 클라우스 베르크만(Klaus Bergmann)이 체계화한 다원적 관점(multi perspective)[4]은 독일에서 역사 서술의 특별한 형식으로, 역사교육의 기본 원리 중 하나가 되었다. 다원적 관점은 사회

---

4 강선주는 multi perspective를 '다중시각'으로 번역하고, 다중시각과 다원적(pluralistic) 관점을 구분한다. 다중시각은 반드시 다원성을 추구하는 것은 아니며, 다원적 다중시각, 통합적 다중시각, 학문중심 교육적 다중시각의 유형으로 구분할 수 있다고 지적한다(강선주, 2020). 이에 반해 정용숙이 번역한『공공 역사란 무엇인가』에서는 multi perspective를 '다원적 관점', plurality를 '복수성'이라고 번역한다. 그리고 역사적 사실에 대한 견해와 판단의 복수성(plurality)을 다원적 관점(multi perspective)의 세 가지 표현 형식 중 하나로 제시한다(뤼케·췬도르프, 2020: 64). 그렇지만 번역어의 차이일 뿐 multi perspective와 plurality의 개념과 성격을 달리 보는 것은 아니다. 이 글은 어느 용어가 적절한지 검토하는 데 주안점을 두는 것은 아니므로 인용 문헌의 용어대로 '다원적 관점'으로 표기했다.

적 관점으로, 사회 집단과 사고의 다양성을 받아들이고 자신과는 다른 문화와 기억을 포용하는 역사교육을 추구한다(뤼케·췬도르프, 2020: 62~89). 보이텔스바흐 합의는 기본적으로 정치교육을 위한 것이지만, 한국의 역사 갈등이 정치적 성격을 가지고 있다는 점에서 이를 하나의 범례로 삼는 것은 자연스럽다.

이 점에서는 유엔의 역사교육 권고안도 마찬가지이다. 2013년 8월 9일 제68차 유엔총회에 제출한 「역사 교과서와 역사교육에 관한 문화적 권리 분야 특별조사관 보고서」에서는 역사가 다양한 해석의 대상임을 다음과 같이 강조한다.

> 6. 이 보고서에 제시된 결론과 권유사항들은 역사는 언제나 다양한 해석의 대상이라는 것을 인정하는 데 기반한 것이다. 법정에서 다루는 과거의 사건들이 증명될 수는 있지만, 역사 내러티브는 본질적으로 불완전한 견해이다. 따라서 밝혀진 사실들에 반박할 것이 없다 할지라도 갈등을 겪고 있는 당사자들이 도덕적 정통성을 따지거나 누가 옳고 그른지를 격렬하게 논쟁할 수 있다. 역사 내러티브가 가장 높은 의무론적 기준을 따른다는 것을 생각해 볼 때, 그것은 논쟁을 하면서 존중하고 논쟁에 포함되어야 한다(Secretary-Genera, 2013: 6항).

유엔 보고서는 역사 교과서가 정부의 공식적 관점이나 내러티브를 학생들에게 전달해서는 안 된다고 지적한다. 이는 보이텔스바흐 합의의 강압 금지 원칙과 성격을 같이한다. 그렇지만 유엔 보고서는 합의와 같은 방식을 통한 역사 인식의 통일보다는 역사해석의 차이를 인정하는 데 주안점을 둔다. 역사 서술은 '사실'이 아니라 '해석'이며, 역사해석이 다양할 수 있음을 알고 이를 인정할 수 있게 해야 한다는 것이다. 이를 바탕으로 역사교육은 비판적 사고나 비판 능력과 함께 역사의 복합성을 강조해야 한다고 주장한다[Secretary-Genera, 2013: 88(a)항].

다원적 역사 인식과 역사교육의 주장은 역사 연구와 해석의 산물인 역사적 사실 외에 역사 인식의 과정을 가르쳐야 한다는 논리로 이어졌다. 역사 인식의 차이를 드러내어 이를 학습 내용으로 삼고, 역사 인식 과정을 경험하게 함으로써 역사적 사실은 해석의 산물임을 알고 그 다양성을 받아들이게 할 수 있다는 것이다. 이런 관점에서 현대사 갈등을 둘러싸고 전개되어 온 역사 논쟁의 문제점이 지적되기도 한다. 이동기는 현대사 갈등의 주요 쟁점 중 하나였던 대한민국의 건국이 1948년인가 1919년인가 하는 논쟁은 국가주의 역사관의 함정에 빠지는 것이라고 비판한다. 그러면서 건국론 자체가 적절하지 않지만, 현실적으로 다룰 수밖에 없다면 1919년 건국론, 1948년 건국론, 심지어 건국론 무용론까지 제시하고 토론해야 한다고 주장한다(이동기, 2018: 50). 다원적 관점의 역사 인식과 역사교육을 주장하는 목소리는 확산되고 있다. 그렇지만 이를 현대사 갈등을 해소하는 데 어떻게 적용할 것인가 하는 방안은 구체적으로 나오지 않고 있다. 이런 방향으로 역사 갈등을 해소하기 위한 실천적 움직임도 아직까지 찾아볼 수 없다.

2) 역사 갈등의 교재화

역사 갈등의 해소 방안으로 그 자체를 역사 이해와 해석의 교재로 삼아야 한다는 제안도 나온다. 역사 갈등의 과정이나 쟁점, 상반되는 주장을 학습 내용으로 하자는 것이다. 이는 역사해석이 어떤 경로를 통해 만들어지고 다시 지식으로 바뀌는지 보여준다. 역사 지식의 생성 과정을 이해하고 역사가 해석의 산물이라는 역사적 사실의 본질을 이해하는 역사 학습은 역사적 관점이나 역사 인식의 차이에서 일어난 사회갈등과 문화 논쟁을 해소할 수 방안이 될 수 있다(김진아, 2019: 64). 해석이 엇갈리는 역사적 사실을 학습 주제로 할 때, 흔히 무엇이 사실인지를 따지는 데 학습의 주안점을 둔다. 그렇지만 역사 갈등을 교재화한다는 것은 쟁점에 대한 주장과, 주장의 근거, 그런 주장을 하게 된 배경과 목적을 자료로 해서 역사적 사실을 이해하는 것이다. 예컨대 '38도선은 어떻게 해서 설정되었는가?'뿐 아니라, '38도선 설정이 한국현대사에 미친 영향은 무엇인가?'에 대한 견해를 학습 주제로 삼는 것이다. 이는 역사해석 자체뿐 아니라 해석의 과정까지 교재화하는 것이다. 해방 3년사 교육에서도 역사 갈등의 쟁점을 파악하고 이를 비판적으로 검토함으로써, 자기 나름으로 그 의미를 해석하고 주요 사건에 대한 인식을 가질 수 있다.

한국의 현대사 갈등이 정치적 성격을 강하게 띠고 있다는 점도 쟁점을 역사교육의 교재로 삼아야 할 필요성을 높여준다. 쟁점은 흔히 "확고한 관점이나 보편적으로 받아들이는 관점이 없는 문제", "강한 감정을 불러일으키거나 공동체나 지역사회를 분열시키는 논란거리"를 뜻한다(Davies, 2017: 261). 그러기에 사회구성원 간에 심각한 갈등을 불러일으키거나 관심의 대상이 된다. 사회적으로 논란의 대상이 되는 역사 쟁점들도 의견이 엇갈려 논쟁을 불러일으키거나 갈등을 빚는 문제들이다.

근래에는 쟁점을 중심으로 역사를 서술하는 움직임이 나타나고 있다. 박태균 외(2017)는 『쟁점한국사: 현대편』이라는 책에서 해석이 엇갈리는 주제를 중심으로 한국사를 재구성한다. 이 책에서 해방 3년사의 쟁점들은 '해방 한국의 위상에 대한 엇갈린 시선', '미국의 자유기지 노선, 소련의 민주기지 노선', '한국인들의 대응', '1948년의 한국', '이승만과 김구'이다. 다만 이 책은 역사 연구와 해석의 쟁점을 소개하고 있기는 하지만, 관련 해석이나 주장을 그대로 제시하기보다는 자신의 관점과 해석으로 정리해 서술한다. 이에 반해 역사비평 편집위원회 엮음(2009)은 한국근현대사에서 논란이 되었던 역사적 사실을 선정해, 이에 대한 서로 다른 주장이나 해석을 소개한다. 해방 3년사의 쟁점으로는 '우익의 반탁 주장과 좌익의 '모스크바 3상회의 결정' 지지', '국대안 파동', '토지개혁과 농지개혁', '해방 직후 좌우익의 민족문학 논쟁' 등이 포함된다. 박태균 외(2017)가 역사해석의 쟁점이라면, 역사비평 편집위원회 엮음(2009)에는 역사 행위자의 쟁점과 역사해석의 쟁점이 섞여 있다.

역사교육에서도 쟁점을 내용으로 하거나 쟁점 토론 형식의 역사 수업이 모색된다. 그중에는 역사 갈등의 쟁점을 직접 교재로 하는 수업도 시도되었다(김민수, 2009; 2017). 그 결과로 역사 갈등과 같이 역사 인식의 차이가 뚜렷한 역사 서술은 학생들의 비판적 읽기를 촉진하고, 역사적 사실에는 해석이 들어가며 그 해석은 바뀔 수 있다는 역사의 본질을 학생들이 이해할 수 있게 했다.

역사교육의 내용이 되는 쟁점은 세 가지 유형이 있다. 첫째는 역사적 행위자들 사이에 갈등을 빚거나, 상황 판단과 목적의 차이로 서로 다른 의사 결정을 한 역사적 사실이다. 둘째는 어떤 역사적 사실에 대한 역사가의 서로 다른 해석이다. 셋째는 후대의 사람들이나 학습자의 평가 차이이다. 물론 역사 쟁점은 두 가지 이상의 성격이 중첩되어 있는 경우가 많다. 현대사 갈등의 쟁점은 외형적으로 보면 이 중 두 번째 성격을 가진다. 그렇지만 사회적 쟁점이라는 점에서 실제로는 세 번째 성격을 내포하는 경우가 많다. 현재 사회에서 대중의 관심을 끄는 문제일수록 갈등은 깊어진다.

역사 갈등을 교재로 하는 역사 이해나 역사 학습은 논쟁적이다. 원래 역사해석과 역사적 평가는 논쟁의 성격을 가진다. 논쟁은 역사적 사실이 해석임을 드러내고 역사적 주장을 상대화하는 것이다. 같은 역사 텍스트를 읽더라도 이해와 해석을 달리하는 경우는 흔하다. 교사는 자신의 역사 이해를 바탕으로 수업을 구성하며, 학생들은 수업 내용을 텍스트로 해 역사를 이해한다. 그렇지만 학생에 따라서 역사 이해는 달라진다. 역사가의 해석과 마찬가지로 학생도 자신의 이해가 타당하고 설득력이 있다고 생각한다. 교사와 학생들의 이해 사이에는 논쟁성이 들어가는 것이다.

5. 맺음말

세계 여러 나라에서 그렇듯이 한국의 현대사 갈등도 외형적으로는 역사 인식과 해석의 차이인 듯 보이지만 실제로는 정치적이다. 갈등이 전개될수록 정치적 성격이 강해졌다. 한국사 교과서 수정 논란, 뉴라이트 교과서 간행, 역사 교과서 국정화 파동 등에서 볼 수 있듯이 역사 갈등은 커다란 사회적 비용을 초래했다. 이런 갈등의 해소 방안으로 다원적 관점의 역사 인식과 역사교육, 역사 쟁점의 교재화 등이 제시되었지만, 학교 교육에서건 사회에서건 간에 실제 효과를 거둘 만한 실천에 이르지는 못하고 있다. 그저 일부 교사들의 수업 사례에서 찾아볼 수 있는 정도이다. 독일의 보이텔스바흐 합의와 같은 방식으로 역사적 관점이나 해석의 합의를 시도해 보자는 말도 있지만, 2022년 2월 현재 이를 향한 구체적인 움직임은 없다. 한국에서 이런 제안은 주로 국정 역사 교과서와 같이 국가가 역사를 독점하는 데 반대했던 역사학계와 역사교육계에서 나오고 있다. 이에 반해 역사학계의 현대사 연구나 학교 역사교육을 비판했던 보수 진영은 현대사 갈등의 해소를 위한 별다른 방안을 제시하지 않는다. 어쩌면 뉴라이트 역사 교과서의 불채택이나 역사 교과서 국정화 좌절 등으로 낙담을 하거나 해결 방안을 제시할 만한 동력을 상실했을 수도 있다. 그렇지만 돌이켜 생각하면 이는 애초 이들의 비판이 학술적·교육적 논쟁을 통한 바람직한 현대사 이해와 역사 인식을 모색하기 위한 것이 아니라 역사학계의 역사 연구와 학교 역사교육을 비판하는 데 초점을 맞추는 것이었고, 정치적 의도가 깔려 있음을 보여주는 것일 수도 있다.

한국의 현대사 갈등을 역사적 사실의 이해나 역사해석의 합의로 해결하는 것은 사실상 불가능하다. 그러기에는 학문적·교육적 성격뿐 아니라 정치적 성격까지 깊이 개입되어 있다. 또한 역사해석의 논쟁적 속성도 이를 어렵게 한다. 그러므로 역사 갈등의 해소를 위한 교육은 견해의 차이를 억지로 통일하거나 좁히려는 것보다는 역사해석의 경험을 통한 다원적 관점의 역사 인식을 통해 화해 가능성을 모색해야 한다는 주장이 나오는 것이다. 역사 쟁점의 교재화는 역사해석의 상대화를 통한 다원적 관점으로 역사를 이해할 수 있게 한다. 그리고 이는 역사 이해의 다양성이 아니라 이해 과정을 다양화함으로써 가능하다.

참고문헌

강선주. 2020. 「'다중시각의 역사수업', 개념과 가치 충돌의 해결 방안」. ≪역사교육≫, 154.

고지훈. 2008. 「'건국'을 바라보는 두 가지 시선: 엘리트와 민중」. ≪역사비평≫, 84.
교과서포럼. 2008. 『대안교과서 한국근현대사』. 기파랑.
국사편찬위원회 1종도서연구개발위원회. 1979. 『고등학교 국사』. 문교부.
______. 1982. 『고등학교 국사(하)』. 문교부.
권희영 외. 2014. 『고등학교 한국사』. 교학사.
김광동. 2007. 「한반도 분단과 대한민국의 건국」. 『한국현대사의 이해』. 경덕출판사.
김민수. 2009. 「역사교과서 문제의 교재화와 학습자의 인식」. ≪역사와 세계≫, 39.
______. 2017. 「역사교과서 서술의 교재화」. ≪역사교육연구≫, 28.
김일영. 2004. 『건국과 부국: 현대한국정치사강의』. 생각의나무.
김정인. 2020. 「정치적 무기로서의 역사, 역사전쟁의 다섯 국면」, ≪백산학보≫, 117.
김진아. 2019. 「미국에서 논쟁 수업을 둘러싼 논의: 민주주의 시민교육과의 관련성을 중심으로」. ≪역사교육연구≫, 34.
김태우. 2014. 「역사교과서 이념논쟁과 학문의 위기: 고등학교 한국사 교과서 8종의 현대사 서술 비교」. ≪역사와 현실≫, 92.
김한종. 2013. 『역사교육으로 읽는 한국현대사』. 책과함께.
김호기·박태균. 2019. 『논쟁으로 읽는 한국현대사』. 메디치미디어.
뤼케, 마르켄(Martin Lücke)·이름가르트 췬도르프(Irmgard Zündorf). 2020. 『공공역사란 무엇인가』. 정용숙 옮김. 푸른역사.
박정희. 2005. 『한국 국민에게 고함』. 동서문화사.
박지향·김철·김일영·이영훈 엮음. 2006a. 『해방전후사의 재인식 1』. 책세상.
______. 2006b. 『해방전후사의 재인식 2』. 책세상.
박찬표. 2002. 「대한민국의 수립」. 『한국사 52』(대한민국의 성립). 국사편찬위원회.
박태균. 2002. 「중도세력과 좌우합작운동」. 『한국사 52』(대한민국의 성립). 국사편찬위원회.
______. 2007. 「뉴라이트의 등장과 역사 인식 논쟁」. ≪황해문화≫, 56.
______. 2010. 「한국현대사의 논쟁에 대한 재평가와 교과서 수록 방안」. ≪역사학보≫, 205.
박태균 외. 2017. 『쟁점 한국사』(현대 편). 창비.
서중석. 2002. 「개요」. 『한국사 52』(대한민국의 성립). 국사편찬위원회.
심성보·이동기·장은주·케르스틴 폴(Pohl Kerstin). 2018. 『보이텔스바흐 합의와 민주시민교육』. 북멘토.
안병직. 2006. 「뉴라이트 운동을 전개하며」. ≪시대정신≫, 31. https://web.archive.org/web/20070227151511/http://www.sdjs.co.kr:80/(검색일: 2021.6.24).
역사문제연구소 해방 3년사 연구모임. 1989. 『해방 3년사 연구 입문』. 까치.

역사비평 편집위원회 엮음. 2009.『논쟁으로 읽는 한국사 2: 근현대』. 역사비평사.
윤민재. 2008.「뉴라이트의 등장과 보수의 능동화」. ≪시민과세계≫, 13.
이동기. 2018.『현대사몽타쥬』. 돌베개.
이영훈. 2013.『대한민국역사: 나라만들기 발자취 1945~1987』. 기파랑.
이완범. 1998.「한반도 분단의 외부적 요인과 내부적 요인: 미국과 국내 정치세력 간의 역학관계, 1945~1948」. 유영익 옮김.『수정주의와 한국현대사』. 연세대학교 출판부.
전상인. 1998.「'고개 숙인' 수정주의」. 유영익 옮김.『수정주의와 한국현대사』. 연세대학교 출판부.
전재호. 2016.「남북분단이 한국 정치에 미친 영향」. 신종대 외.『분단 70년과 대한민국』. 대한민국역사박물관.
정연태. 2011.『한국 근대와 식민지 근대화 논쟁: 장기근대사론을 제기하며』. 푸른역사.
정영훈. 1995.「광복 후 정치세력·통일운동」.『한국의 정치와 경제 7: 광복 후의 정치세력-중도파와 좌파』. 한국정신문화연구원.
정용욱. 2002.「광복과 미·소의 분할 점령」.『한국사 52』(대한민국의 성립).
______. 2008.「미·소의 분할점령과 한반도 냉전구조의 형성」. 한국사연구회 옮김.『새로운 한국사의 길잡이 (하)』. 지식산업사.

Davies, Matthew. 2017. "Teaching Sensitive and Controversial Issues." in Ian Davies(ed.). *Debates in History Teaching*. 2nd ed. London: Routledge.
Secretary-Genera. 2013. *Report of the Special Rapporteur in the field of cultural rights*. United Nations General Assembly.

02

중국의 근현대사 해석 갈등과 국가권력의 개입

윤세병 공주대학교 교양학부 조교수

1. 머리말

2006년은 중국에서 역사 교과서와 관련한 두 개의 굵직한 사건이 일어났던 해이다. 하나는 상하이 교과서 파동인데, 새로운 학년이 시작되는 9월 1일에 ≪뉴욕타임스≫에 실린 기사가 화근이었다. 기사는 새롭게 사용될 상하이판 고등학교 『역사』가 기존의 역사 교과서와 달리 마오쩌둥(毛澤東)과 사회주의 관련 서술이 퇴조하고 빌 게이츠(Bill Gates), 뉴욕 주식시장, 일본 신칸센 등이 부각되었다고 분석했다(Kahn, 2006). 이 기사가 중국에 소개되면서 해당 교과서에 대한 비난 여론이 비등했고, 결국 교과서는 당국에 의해 폐기되었다. 교육과정 지침에 따라 집필되었고 검정 절차를 거쳤으며, 시범 사용하면서도 큰 문제가 없던 교과서였

---

* 이 장은 윤세병(2019)의 내용을 수정·보완한 것이다.

지만 여론의 뭇매를 맞고 교육 현장에서 사라졌다. 사실 ≪뉴욕타임스≫의 기사는 다분히 확대 해석된 것이었다. 현대화를 강조하면서 마오쩌둥과 사회주의의 비중을 낮춘 교과서는 중국의 상황에서 나올 수 없기 때문이다. 계급투쟁사보다는 현대화를 중심으로 하는 근현대사 인식에 대한 경계심을 읽을 수 있다.

또 하나는 이 장에서 다룰 사건으로 상하이 교과서 파동이 일어나기 전인 2006년 1월 11일 공산주의청년단(이하 공청단) 기관지 ≪중국청년보≫의 수요일 특별 섹션 ≪빙점≫에 실린 「현대화와 역사 교과서」를 둘러싼 논쟁이다. 공청단은 당시 중국 국가주석 후진타오(胡錦濤)를 배출한 조직이었다. ≪빙점≫ 사건은 전술한 상하이 교과서 파동만큼이나 사회적 파장이 컸으며 외신에서도 관심을 가지고 사태 추이를 보도했다. ≪빙점≫에 실린 한 논문을 빌미로 ≪빙점≫이 당국에 의해 정간 처분을 받았다. 이 정간 처분을 놓고 사회적으로 논란이 일어나 복간 조치가 내려지지만 한동안 논란이 지속되었던 2006년 상반기 몇 개월간의 이야기를 당시 여러 언론이나 학술지 등에 발표되었던 글을 중심으로 살펴보기로 한다. ≪빙점≫ 사건은 중국에서 근현대사 인식이 충돌하는 지점을 잘 보여준다. 그리고 당과 국가가 개입해 언로를 봉쇄하고 역사 논쟁을 가로막은 것이 또 하나의 문제였다. ≪빙점≫ 사건의 추이를 중심으로 충돌의 양상을 파악하고자 한다.

2. 청소년들을 홍위병으로 키울 것인가?

≪빙점≫은 매주 수요일 390㎜×540㎜ 판형에 4쪽 분량으로 구성되는 특별 섹션으로 ≪중국청년보≫에 끼워 발행되었다. ≪빙점≫은 1995년 1월 6일 단면의 ≪빙점신문≫이라는 이름에서 출발해 매주 한 차례 특별판 형태로 발간되었는데, 사회적 쟁점에 대한 탐사보도와 비판적 논조의 시사평론을 실었다. 또한 보통 사람들의 소소한 일상의 미담 사례를 발굴하고 노동자·농민·청년 문제 등도 기사화했다. ≪빙점≫에 실린 많은 개혁적 논조의 기사들이 사회적 반향을 일으켰고, 여러 매체가 ≪빙점≫의 보도를 받아 기사화했다. 높았던 인기를 반영해 ≪빙점≫은 창간 10개월 후 실시한 조사에서 ≪중국청년보≫의 가장 즐겨 읽는 코너로 선정되었고, 여러 차례 중국 신문 우수칼럼상을 수상할 정도였다.

≪빙점≫ 사건의 발단이 되는 「현대화와 역사 교과서」는 중산대학(中山大學) 철학과 교수였던 위안웨이스(袁偉時)가 쓴 글이다. 중국 근현대 사상사를 전공한 그는 중국현대철학사학회 부회장 등을 역임했고, 제7차 전국인민대표대회(1988~1992)에 광둥성 대표로 참여했다. 근현대 사상사와 연관된 근현대사 관련 학술 논문도 발표하고, 지명도가 있어 역사적 사건에 대한 그의 견해를 언론에서 기사화하기도 했다.

그의 근현대사 해석은 ≪빙점≫ 사건이 일어나기 전부터 중국공산당의 주류적 역사해석과 달랐다. 가령 『청말 대변동기의 사조와 인물』에서 청 말기를 전통사회에서 근대사회로의 전환기로 보고 태평천국과 의화단은 이에 역행하는 것으로 보았다(袁偉時, 1992). 학계에서는 그의 주장이 학술적 견해의 하나로서 용인되었으나 역사 교과서 등으로 대표되는 공식적 역사 인식과는 거리가 있었다. 즉, 태평천국이나 의화단 등 민중운동을 긍정적으로 서술하는 교과서의 인식이 대중의 일반적 역사관이라고 할 때, 위안웨이스의 글이 대중을 독자로 하는 지면에 실릴 경우 인식이 충돌할 가능성이 매우 높았다.

원래 「현대화와 역사 교과서」는 2002년 6월 광저우에서 격월로 3000부 정도 발행하는 소규모 잡지에 실린 11쪽 분량의 논문이었다(袁偉時·邵百鳴, 2002). 발표 당시에는 이 글이 크게 주목받지 못했다. 2005년 12월 ≪빙점≫의 주편 리다퉁(李大同)의 자택에 증정본으로 배달된 해적판 잡지 ≪금조(今朝)≫에 마침 위안웨이스의 글이 실려 있었고, 리다퉁이 이 글을 주목하면서 묻혔던 글이 세상에 알려졌다. 리다퉁은 평소 중국의 교육에 심각한 문제가 있고, 그중에서도 구태의연한 정치·어문·역사 교과서가 입시 교육과 맞물려 교조의 암기만을 강요함으로써 사색을 통해 자기 생각을 키우는 것을 가로막아 청년 세대의 창조성을 파괴하고 있다고 보았다. 이미 ≪빙점≫에서 어문 교과서의 문제점을 지적해 개선의 움직임이 일어났기 때문에 이어서 정치나 역사 교과서 문제를 다루려고 생각하던 참이었다. 그러나 정치 교과서를 다루는 것은 곤란하다 느끼고 있었으며, 역사 교과서라면 공산당사와 같은 민감한 역사가 아니면 가능하다고 생각하고 있었다. 논쟁거리를 실되 정치적 파장을 과도하게 일으킬 수 있는 민감한 주제는 피하려고 했음을 알 수 있다.

리다퉁은 2005년 12월 18일 위안웨이스에게 이메일을 보내 자신이 오랫동안 관심을 가져온 주제였기 때문에 가능한 한 빨리 「현대화와 역사 교과서」를 ≪빙점≫에 싣고 싶다는 의사를 밝혔다. 다음 날 위안웨이스는 답신 메일로 긍정적 의사를 밝히면서 논문 파일을 첨부했다. 글이 접수되어 편집 과정을 거치고 중국청년보사 당 조직 부서기 겸 총편집 리얼량(李而亮)의 심사를 받는 과정에서 정치적으로 너무 위험해 게재가 불가능하다는 결정이 내려졌다. 리얼량은 위안웨이스의 글이 중국공산당의 견해와 배치되어 그것이 어떤 후폭풍을 몰고 올지 염두에 둔 것이었다. 교과서는 정부의 행위로 중앙지가 역사 교과서를 공격하는 것은 전대미문의 일로 위험이 너무 크다는 입장이었다. 이에 맞서 리다퉁은 리얼량을 적극적으로 설득했고, 결국 당국을 자극할 수 있는 일부 내용을 삭제하고 글을 싣기로 했다. 그런데 실제로는 삭제 논의가 있었던 내용의 상당 부분을 살려 글의 전체적인 구도에 변화를 주지 않았다. 리얼량이 큰 결단을 한 것이었다.

위안웨이스의 글이 실린 ≪빙점≫이 발간되기 하루 전인 2006년 1월 10일 밤 리다퉁은 위안웨이스에게 이메일을 보내 신문사 내부에서 벌어진 우여곡절을 설명하고, 교육부의 강력한 반발을 각오하고 있다고 전했다. 위안웨이스는 이런 이성적인 목소리마저 당국이 용인하지 못한다면 중국 언론의 역사에 또 하나의 오명을 남기는 것이며, 리다퉁과 동료들의 결연한 모습에 경의를 표한다는 내용을 담아 회신했다. 그리고 자신은 필자로서 침착하게 논리적 자세를 견지하면서 독서와 집필을 지속하고 창밖의 풍파에 연연하지 않겠다는 심경을 전했다(袁偉時, 2006a).

예정대로 발간된 ≪빙점≫에서 위안웨이스의 논문은 신문 한 면 전체와 뒷면 5분의 2 정도를 채웠다. 보통 5000자를 상한선으로 지면이 할당되는데, 파격적으로 3000자 정도를 더 쓸 수 있도록 배려받은 덕분이었다. 위안웨이스는 중학교의 역사 교과서에 실린 제2차 아편전쟁과 의화단운동의 서술을 비판했다.

제2차 아편전쟁 시기의 원명원 방화에 대해서는 “원명원 방화는 피할 수 없는 것이었는가?”라는 질문을 던지면서 글을 시작하고 있다. 우선 교과서는 1856년 3월 광시성 시린(西林) 지역에서 포교 행위를 하던 프랑스 선교사가 현지 관리에 의해 처형되자 프랑스가 이를 구실로 영국과 함께 침략전쟁을 일으켰고, 같은 해 10월에 일어난 애로호사건을 계기로 영국이 전쟁을 일으켜 제2차 아편전쟁이 시작되었다고 서술하고 있다는 것이다. 시린 지역이 중국과 프랑스 사이에 체결된 황푸조약(黃埔條約)에 의해 활동이 보장된 지역이 아니었으므로 프랑스 선교사를 체포하는 것은 가능하나, 조약에 근거해 "구타나 상해 없이 프랑스 영사에 인도"했어야 한다고 위안웨이스는 지적한다. 허가되지 않은 곳에서 선교활동을 한 것은 위법이나, 그렇다고 체포한 프랑스인을 인도하지 않고 지방관이 사형을 집행한 것은 엄연한 조약 위반으로 전쟁의 빌미를 주었다는 것이다. 청 정부가 조약을 위반하지 않았더라면 서양 열강의 침략전쟁은 일어나지 않았을 것이라고 진단했다. 또한 당시 외교 교섭 담당자 등이 범한 오류를 강조했다. 톈진조약의 합의에 비추어 순조롭게 처리했더라면 영·프 연합군이 재차 침입해 원명원을 파괴하는 일은 없었을 것이라는 견해다. 정면충돌을 피하고 시간을 벌어 개혁에 힘쓰는 것이 현명한 선택이었으나 당시의 정부나 지방 장관들이 우매한 감정에 지배되었다는 것이다. 그럼에도 교과서는 일방적으로 서양 세력의 폭력성만을 강조하고 있다고 보았다.

의화단운동에 대해서는 전통을 고집하며 현대화를 가로막은, 즉 맹목적으로 외국인이나 외래문화를 배척한 어리석은 배외운동으로 규정했다. 의화단의 방화, 살인, 약탈이나 근대문명에 대한 적대시나 파괴가 먼저 있었고 8개국 연합군의 침략은 후에 일어난 것으로, 톈진에서 베이징에 이르는 철로를 파괴하고 전선을 절단한 의화단의 행위는 서양 침략자에 대항하기 위한 부득이한 응급조치가 아니라 외래 문물에 대한 적대감정에서 나온 악의적인 기물 파손 범죄였다는 것이다. 한편 교과서에서

'침략자의 거점인 교회와 외국 공사관 구역'을 포위공격 했다고 서술하고 있는데, 청 정부가 질서를 유지할 수 없는 상황에서 혼란을 피해 외국인과 중국인 교인이 모여든 이곳을 침략의 거점이라 단정할 수 있는 근거가 무엇인지 되묻는다. 보호받아야 할 교회와 외국 공사관을 공격하는 것은 도의적으로 그리고 법적으로 문제가 있음을 짚었다. 나아가 공사관 구역에 대한 포위공격은 서태후(西太后)의 명을 받은 청조의 군대가 주력이었고 의화단은 그 일부였다는 점을 위안웨이스는 언급했다. 교과서가 의화단을 중심으로 서술함으로써 청조가 국제법을 유린한 죄를 은폐하고 있다는 것이다. 전체적으로 교과서는 청조의 전제 정치나 의화단에 의한 어린이 53명을 포함한 외국인 231명 살해, 약탈과 방화 같은 잔학한 범죄를 언급하는 대신 제국주의의 침략을 강조해 민족주의 감정을 부추긴다고 비판했다.

위안웨이스는 개발 도상에 있는 나라나 지역(식민지, 반식민지)에서 후진성을 극복하는 유일한 길은 민족감정을 앞세울 것이 아니라 서양 열강을 학습해 사회생활의 전면적인 근대화를 실현하는 것이라고 강조했다. 현재의 역사 교과서는 자라나는 세대에게 "이리의 젖(狼奶)"을 먹이고 있는 것이라고 표현했다. 그것에 기초한 교육이 지속될 경우 문화대혁명 당시의 홍위병이 출현할 수 있다고 지적하면서, 이성과 법치의 관념을 가진 근대적 공민을 육성해 근대화에 기여하기 위해서는 지금이야말로 교과서의 오류를 수정해야 할 때라 언급하면서 글을 맺었다.

대중적 인지도가 높은 ≪빙점≫의 지면에 외세 침략에 맞선 '자랑스러운' 반(反)침략 투쟁이라 여겨지는 의화단을 혹평하는 글이 실리자 예상대로 파장은 컸다. 먼저 중국 안팎의 많은 언론이 관심을 가지고 위안웨이스의 글을 보도했다. 중국 언론들은 앞다투어 위안웨이스의 글을 요약해 기사화했다. 중국의 주요 포털 사이트 중 하나인 봉황망(鳳凰網)은 눈에 잘 띄는 위치에 관련 기사들을 올려놓았다. 인터넷 기사에는 위안웨이스를 거칠게 비난하는 댓글이 쏟아졌고, 한편으로는 지지하는 글도 올라왔다.

정치적 폭풍의 조짐도 감지되기 시작했다. 당 중앙선전부가 가장 먼저 반응했다. 중요한 역사적 사건과 인물의 평가는 중앙에 보고하여 허가를 받아야 한다는 규정을 위반하고 청소년을 잘못된 방향으로 이끌 수 있는 글을 발표해 유감이라는 입장을 당 중앙선전부가 총편집 리얼량에게 전달했다. 교육부 부장은 사석에서 리얼량에게 "≪중국청년보≫가 이러한 논문을 발표해도 되는 겁니까?"라며 불편한 감정을 드러냈다. 교과서 편찬의 권위 있는 전문가들은 연서명의 서한을 중앙의 정치 지도자에게 보내 위안웨이스의 논문을 고발했다. 리다퉁은 위안웨이스에게 이메일을 보내 돌아가는 사정을 전하면서 "전문가들이 서한을 보낸 것은 황제가 내려준 칼을 쥐어준 것으로, 문책을 피하기는 힘들어 보입니다. 우리는 정치와 학술 양 측면에서 반격을 준비해야 할 듯합니다"라고 말했다(李大同, 2006).

1월 20일에는 위안웨이스가 쓴 글에 대한 공식적인 논평이 등장했다. 중국공산당 중앙선전부의 보도검열반인 신문열평조(新聞閱評組)가 발행하는 ≪신문열평(新聞閱評)≫에 비판 글이 게재되었다. 다음은 그 글의 일부이다.

> 영·프 연합군의 원명원 파괴 사건과 의화단에 관한 우리나라 중학교 역사 교과서의 서술을 "이리의 젖"이라 했다. 반(反)우파투쟁, 대약진운동, 문화대혁명이라는 3대 재난의 근원 중 하나가 "우리가 이리의 젖을 먹여서 키

위왔다"라는 데 있으며, 현재 우리나라의 역사 교과서는 "우리나라의 청소년에게 지금도 여전히 이리의 젖을 먹이고 있다"라는 것이다. 글에서는 원명원 파괴와 의화단 두 개의 사건을 예로 들어 100여 년간의 중국 인민의 반침략 투쟁을 부정하고 있으며, 공격의 방향은 중국공산당과 사회주의 제도를 직접 겨누고 있다(≪新聞閱評≫, 2006).

위안웨이스의 논문은 제국주의의 중국 침략 행위에 눈을 감고 100여년에 걸친 중국 인민의 반침략 투쟁과 애국주의 정신을 폄하하며, 그 예봉이 중국공산당과 사회주의 체제를 향함으로써 청소년을 잘못된 방향으로 인도한다는 것이다. 그리고 역사적 사실에 대한 왜곡은 물론이고 보도 선전 기율을 위배함으로써 ≪중국청년보≫의 이미지를 훼손하고 사회에 부정적인 영향을 미친다는 평가를 내렸다. 또한 위안웨이스의 견해는 과거 장팅푸(蔣廷黻)의 관점과 유사하다는 점에서도 비판받았다. 장팅푸는 미국에 유학해 박사학위를 받고 귀국한 뒤 난카이대학(南開大學), 칭화대학(淸華大學) 등에서 교편을 잡다가 장제스(蔣介石)의 국민정부에서 외교 업무를 본 인물이다. 항일전쟁 발발 당시 중국인에게 필요한 것은 근대화의 실현이라고 주장했던 장팅푸의 견해와 흡사하다는 것이다.

이러한 비판에 상응하는 조치로, 4일 후인 1월 24일 오전에 공청단 중앙선전부는 공식적으로 다음과 같은 결정 사항을 표명했다. 첫째, 중국청년보사 당 조직 부서기 겸 총편집 리얼량, ≪빙점≫ 주편 리다퉁에게 비판 의견을 통보한다. 둘째, ≪중국청년보≫가 책임을 지고 ≪빙점≫을 정간하도록 하며 관련 책임자들에게 상응하는 경제적 처벌을 내린다. ≪빙점≫은 2006년 1월 25일부로 정간한다. 중국의 주요 매체들은 ≪빙점≫의 정간 방침과 관련된 내용을 이날 오후 5시부터 보도했다.

3. 국가의 공식적 역사해석에 대한 도전은 용납할 수 없다!

≪빙점≫의 정간 처분은 당의 이데올로기를 거스르는 언론에 징벌을 가함으로써 일벌백계의 경고를 준다는 측면과 함께 위안웨이스 논문을 빌미로 비판 언론에 재갈을 물린다는 측면도 있었다. 이 사건이 일어나기 전에도 ≪빙점≫의 보도 내용에 대해 정부 당국이 품고 있던 불만이 표출된 것이라고도 할 수 있다. 리다퉁을 포함해 많은 이들은 위안웨이스의 글이 불쏘시개가 되어 이전에 방점에 실렸던 몇 편의 글까지 문제 삼는 계기가 되었다고 보았다.

예를 들면 2005년 6월에 상하이교통대학(上海交通大學) 교수 쉬린장(徐臨江)이 핑싱관(平型關) 전투에 참여한 국민정부군의 역할을 긍정적으로 평가하는 논문을 ≪빙점≫에 게재한 것이 중앙선전부와 대립을 일으켰다. 이 건은 그해 9월 항일전쟁 승리 60주년 기념식장에서 항일전쟁 시기 국민정부군의 저항을 높이 평가한 후진타오(胡錦濤)의 연설에 힘입어 일이 커지지 않고 마무리되었다. 당시 민진당계의 타이완 독립 추진을 저지하기 위해 공산당은 타이완 국민당과의 대화를 내걸고 있던 상황이었다. 이 밖에 다른 글들이 불러온 논쟁도 파장이 커서 당국의 불만이 누적되어 그로 인해 ≪빙점≫ 정간의 주요인이 되었다는 것이다. 실은 위안웨이스의 글로 문제가 되었던 제574기보다 일주일 전에 발간된 새해 첫 호인 제573기(2006년 1월 4일)의 1면에 실린 글도 상하이사범대학 교수이자 비판적 지식인인 주쉐친(朱學勤)의 글이었다. 그는 그해 하반기에 일어난 상하이 교과서 파동 당시 문제가 된 교과서의 집필자이기도 했고, 이를 옹호하는 언론 인터뷰로 여론의 집중 공격을 받기도 했다.

≪빙점≫의 정간 사태는 국외 언론에서도 상당한 관심을 가지고 지켜

보았다. 정간 조치가 내려진 바로 다음 날부터 해외 유명 언론사들이 앞다투어 보도했다. 그런데 ≪빙점≫의 정간은 독자적인 보도와 특종을 연달아 터뜨려 인기가 높던 일간지 ≪신경보(新京報)≫와 ≪남방도시보(南方都市報)≫의 편집 간부들을 당의 중앙선전부가 직접 나서서 징계한 사건의 연장선상에서 이루어진 언론탄압이라 할 수 있다.

≪신경보≫ 사건의 경위는 다음과 같다. 원래 ≪신경보≫는 사회문제를 파헤치고 비판하는 평론으로 정평이 나 있던 언론이다. 허베이성 딩저우시(定州市)의 폭력 사태를 보도한 것과 관계가 있었다. 이 사건은 2005년 6월 11일 새벽 4시 30분경 200~300명의 안전모와 위장복을 착용한 청년 남성들이 엽총, 바이트, 곤봉, 소화기로 무장하고 허베이성 딩저우시 남부 외곽의 황무지 가건물에 거주하던 촌민을 습격한 사건이다. 사건 이틀 후 ≪신경보≫가 이를 먼저 기사화하고 다른 언론들이 잇달아 보도하면서 일파만파로 확산되었다. 보도는 최소 6명이 사망하고, 48명의 촌민이 부상을 당해 병원으로 이송되었는데 그중 8명은 생명이 위독하다는 상황을 전했다. 이 폭력 사태의 발단은 국가 시책의 일환으로 발전소를 건설하기 위한 토지 매입 과정에서 시작되었다. 딩저우시 국토자원국이 토지를 헐값에 매입하려 하자 촌민들은 일반적인 보상 기준을 적용해 달라고 요구하며 매입 예정지에 가건물을 짓자 시 당국이 인력을 동원해 습격한 것이다. 기사에는 사건 당시 촌민이 찍은 폭력적 장면의 사진이 실려 있었고, 후속 심층기사도 이어졌다. 2005년 12월 28일 오후 중앙선전부 부(副)부장 리둥성(李東生)이 친히 ≪신경보≫의 당 조직 확대회의에 참석해 편집국장과 부편집국장의 직무를 정지하고 ≪광명일보(光明日報)≫가 ≪신경보≫를 관리한다는 방침을 통보했다.

≪빙점≫의 정간 역시 리둥성이 직접적으로 공청단 선전부를 움직여

지시를 내린 것이었다. ≪신경보≫는 당의 중앙선전부 직속으로 편입되고, 보수적 논조의 ≪광명일보≫가 관리하면서 신화사의 소식을 대폭 인용하기 시작했다. 이에 따라 이전에 자주 지면에 오르던 사회비판적 기사는 희박해졌다. ≪빙점≫ 사건은 ≪신경보≫ 사태와 같이 리둥성이 장악한 신문열평조가 만들어낸 또 하나의 사건이다. 신문과 잡지의 검열을 담당하고 있는 신문열평조는 1989년 톈안먼 사건 후에 만들어진 조직으로 그 태생부터 반(反)민주적 성격을 띠고 있었다.

정간 처분에 맞서 중국 국내의 언론 관계자, 전(前) 당 간부, 학자 등이 항의문을 발표하고 독자들도 ≪중국청년보≫의 정기 구독을 해지하는 움직임이 일어났다. 가령 마르크스주의 연구의 권위자이자 칭화대학 교수 류슈린(劉書林)은 위안웨이스의 문제 인식, 즉 현대사회의 공민이 지녀야 할 타자에 대한 존중 의식이 일방적인 공산당 역사관의 주입으로 빈약하다는 주장에 동의했고, ≪빙점≫의 정간은 근래 몇 년 동안 지식인 사이에서 일었던 역사교육을 비롯한 학교교육에 대한 자성의 목소리를 억누르는 것이라고 비판했다.

공식적인 첫 항의는 리다퉁이 시작했다. 그는 ≪신경보≫의 편집국장과는 달리 적극적으로 의사를 표명했다. ≪빙점≫의 정간 방침이 내려진 다음 날인 1월 25일 밤에 '당신은 진실을 알 권리가 있다'는 제목으로 ≪빙점≫의 정간은 불법이라는 내용의 공개 항의서를 작성해 그의 친구들과 일부 독자, ≪빙점≫의 전체 편집 기자들에게 발송했다. 그의 글은 중국 당국의 검열을 피할 수 있는 미국의 중국어 뉴스 사이트 둬웨이신문망(多維新聞網, www.dwnews.com)과 보쉰신문망(博訊新聞網)(이하 보쉰, https://news.boxun.com), 홍콩의 홍콩독립매체망(香港獨立媒體網, www.inmediahk.net) 등에 실렸다. 다음 날 리다퉁이 인터넷에 항의

서를 공개하고 공개적으로 지지 서명을 요구하자 이날 오후 이미 86명이 서명했고, 서명을 한 인물 중 ≪베이징경제학주보(北京經濟學週報)≫의 부총편(部總編)이던 가오위(高瑜)는 "리다퉁은 중국의 가장 우수한 인물 중 하나"라고 지지를 표명했다.

≪빙점≫의 정간 조치 보도가 나오던 당일 타이완의 여성 평론가이자 후일 문화부 장관에 오르기도 했던 룽잉타이(龍應台)는 "문명으로 나를 설득시켜 달라: 후진타오에게 보내는 공개서한"이라는 글을 작성했다. 그의 글은 1월 26일 타이완의 ≪중국시보(中國時報)≫와 홍콩의 ≪명보(明報)≫를 비롯해 말레이시아 최대의 중문 신문 ≪성주일보(星洲日報)≫, 미국에서 발행되는 중국어 신문 ≪세계일보(世界日報)≫ 등에도 일제히 실렸다. 중국 안팎에서 본격적으로 ≪빙점≫을 지지하는 큰 흐름을 만드는 데 물꼬를 트는 글이었다. 룽잉타이의 공개서한은 당국의 야만스러운 언론탄압의 회오리를 규탄한다는 내용이었다. "나 같은 타이완인이 정말로 마음에 두는 것은 ≪빙점≫의 안부이다. 만일 중국의 가치관이 회초리, 곤봉, 열쇠를 쥔 앞잡이들에 의한 독단적 해석과 집행이라면 독립적 인격, 자유의 정신은 공격, 감시, 통제의 대상이 되기 때문"이라는 것이다.

2월 2일에는 후지웨이(胡積偉) 등 13인이 공동성명을 인터넷에 발표했다. 이들 중에는 신화사의 부사장, 당 중앙선전부장, 당 중앙선전부 신문국장을 역임했던 인사들이 포함되었다. 후지웨이는 인민일보사 사장과 총편집을 역임했던 인물로 개인적으로 먼저 1월 29일에 ≪빙점≫에 대해 지지를 표면하면서 ≪빙점≫의 정간이 "눈보라가 휘몰아치는 엄중한 사태를 불러올 것임을 명심하라"라는 경고성 글을 올렸다. 이들은 후야오방(胡耀邦)이 당 총서기를 맡던 시기(1982~1987)에 신문 개혁에 동참했고 후야오방이 실각하면서 함께 몰락한 개혁적 성향의 언론 및 선전 관계자들이었다. 당국의 보도 규제 강화를 공개적으로 비판하고 나선 것은 중국의 상황에서 극히 이례적인 일이었다. 이들의 요구 사항은 "첫째, 중앙선전부는 ≪빙점≫ 사건을 중앙에 서면으로 보고하고 신문열평조를 폐지하라. 둘째, ≪빙점≫을 전면적으로 복간 조치하고 추후 왈가왈부하지 마라. 셋째, 가능한 한 빨리 '언론보호법'을 실시해 일체의 언론 길들이기를 없애고 언론의 자유를 보장하라"라는 것이었다. 또한 2월 4일에는 중국법정대학(中國政法大學)의 젊은 교수 샤오한(蕭瀚)이 쓴 "중앙선전부에 의한 통제를 폐지하고 언론의 법적 보장이라는 정도를 걸어야 한다", "언론·출판업계에 대한 간섭에 종지부를", "자유롭고도 책임 있는 언론·출판계의 탄생이 기대된다"라는 내용의 논평집이 발간되었다.

2월 6일에는 리다퉁이 정간 조치를 내린 공청단 중앙선전부를 고발하는 진정서를 직접 작성해 중국청년보사 당서기 왕훙유(王宏猷)에게 건네주었다. 그가 해당 진정서를 절차를 밟아 중국공산당 중앙기율검사위원회로 올리기를 기대했다. 만일 일주일 내로 중앙기율검사위원회에 의한 사건의 조사가 이루어진다면 ≪빙점≫의 복간 조처도 가능하리라고 내심 기대하고 있었다. 일주일이 지난 2월 13일 왕훙유가 공청단 중앙의 회신을 리다퉁에게 전달했다. 당의 규정을 상세히 검토한 결과 당의 상급 조직은 당원의 요청을 반드시 전달할 필요는 없다고 판단해 이 진정서를 중앙기율검사위원회에 전달하지 않았고 본인 스스로 처리하라는 답변이었다.

위안웨이스도 2월 9일 "중국 역사 교과서를 둘러싼 다툼에 대한 우려: 공청단 중앙선전부의 지적에 답한다"라는 글을 써서 홍콩의 ≪명보≫에 투고했다. 이 글에서 그는 자신이 언급했던 '이리의 젖'이 19세기 이후의 극단적 민족주의와 계급투쟁을 절대화한 편협한 사상임을 재확인했다. 즉, 역사 교과서가 중국이 세계의 선진문화를 흡수하는 것을 가로막고 공민의 권리를 박탈하는 폭정의 근거를 제공한다고 강조했다. ≪명보≫에 실린 위안웨이스의 글은 ≪빙점≫ 사건에 대한 특집 기획기사 세 편 가운데 하나였다. 이 밖에 언론인 후화(胡化)의 "비장한 추락: ≪빙점≫ 제사", 인권변호사이자 중앙법정대학(中央政法大學) 강사 텅뱌오(滕彪)의 "'뉴스의 베를린 장벽'을 무너뜨리며: 중국 언론 자유의 앞길을 내다보다"도 함께 실렸다. 이 글들은 대륙의 억압적인 언론 상황에서 ≪빙점≫이 해온 역할을 높이 평가하고 당국에 의한 언론탄압을 비판하는 것으로 위안웨이스의 역사 교과서에 대한 논지의 시비에 대해 직접적으로 언급한 것은 아니었다. 오로지 ≪빙점≫ 문제를 언론 자유와 권력의 관계로부터 논했다.

2월 14일에는 ≪빙점≫에 글을 투고했던 학자, 변호사, 편집자로 이뤄진 13인이 중국공산당 정치국상무위원 앞으로 공개서한을 보냈다. 위안웨이스의 주장을 지지하며, 설령 위안웨이스의 입장에 반대할지라도 논문 발표의 자유는 보장되어야 한다는 것이었다. ≪빙점≫의 정간은 언론, 출판, 집회, 결사의 자유를 보장하는 '헌법' 35조를 위배하는 것이며, 중국의 미래를 위해 중국공산당 스스로 언론, 출판에 대한 중앙선전부의 불법적인 개입을 근절해야 한다는 내용이었다. 서한에 담긴 내용은 상식적 내용인데 이러한 상식을 공공연히 말하는 데는 강한 용기가 필요했다. 감시가 이루어지는 상황에서 13인이 공개서한을 발표하려는 움직임이 사전에 당국에 의해 파악되었고, 대부분의 서명 참여자들은 직장 책임자에게 불려가 동참하지 말 것을 요구받았다.

≪빙점≫의 정간을 비판하는 일련의 글들이 해외나 홍콩의 중국어 뉴

스 사이트에 게재되자 중국 당국은 이러한 사이트들에 접속할 수 없도록 인터넷을 통제했다. 그러나 홍콩이나 해외에서 기사를 접한 사람들이 중국의 지인들에게 보내는 메일에 기사 내용을 첨부함으로써 중국으로 기사가 흘러 들어왔고, 다시 중국 국내에서 개인 간 메일, 블로그, 인터넷 게시판 등을 통해 확산되었다. 이러한 글들이 폭발적으로 대륙 네티즌의 호응을 얻음으로써 사이버경찰이 인터넷 공간을 통제할 수 없는 상황에 이르렀다. 쟁점은 위안웨이스 글에 대한 동의 여부보다는 언론의 자유로 대중의 이목이 집중되었다. 홍콩과 타이완의 언론, 서양의 유명 언론들도 ≪빙점≫ 사태를 보도했다. 국내외로부터 예상 밖의 강한 반발에 부딪히자 당의 중앙에서 전격적으로 ≪빙점≫을 복간하도록 지침을 내린 것으로 보인다. 2월 8일에 이례적으로 공청단의 간부가 신문사에 직접 찾아와서는 ≪빙점≫ 복간을 지시했다.

≪중국청년보≫ 당 조직은 2월 16일 기자회견을 열고 3월 1일 자로 ≪빙점≫을 복간할 것을 발표했다. 그러나 복간 조치가 순조롭게 이뤄진 것은 아니었다. ≪중국청년보≫를 직접 감독하는 책임을 맡고 있던 공청단 중앙은 복간 조건으로 위안웨이스의 글에 대한 반박 논문 게재를 요구했으며, ≪중국청년보≫의 당위원회는 리다퉁과 루웨강(盧躍剛)에게 징계를 내려 각각 주편과 부주편 자리에서 물러나게 하고 중국청년보사 내의 신문연구소로 발령을 냈다.

징계를 받은 리다퉁과 루웨강은 2월 17일 함께 성명을 내어 ≪빙점≫ 문제를 처리할 때 정부 당국이 헌법 등의 법 규정이나 공산당 내부 규정을 준수하지 않았다고 비판했다. 또한 당원이 당 조직에 애로 사항의 해결을 요구할 때 이를 묵살하지 않고 반드시 처리해야 함에도 공청단 중앙이 진정서 전달을 거부한 것은 당 규정의 위반이라고 지적하며 "≪빙점≫은 무죄"라고 호소했다. 징계를 동반한 복간 조치가 내려지자 위안웨이스도 ≪명보≫에 글을 투고하여 자신의 입장을 밝혔다. ≪빙점≫의 정간은 개인과 언론에 해를 끼쳤을 뿐만 아니라 중국 발전의 생기를 꺾는 것이라 평가하고, 후진타오가 강조하는 화해사회(和諧社會) 건설의 선결 과제를 민주와 법치로 보았으며, 빙점의 정간은 개인과 언론에 해를 끼쳤을 뿐만 아니라 중국 발전의 활력을 꺾는 것이라 평가했다. 현재 중국은 개혁과 반(反)개혁의 기로에 있으며 학술과 언론의 자유가 학술과 문화 발전의 생명선임을 명심해야 한다고 강조했다.

이상으로 ≪빙점≫의 정간 조치가 내려지자 반발에 부딪혀 당국이 다시 복간을 결정하기까지의 과정을 살펴보았다. 기존의 선례처럼 비판 언론의 목소리를 잠재우기 위해 당국은 위안웨이스의 글을 빌미로 ≪빙점≫의 정간을 단행했으나 예상외로 국내외의 강한 반발에 부딪혔다. ≪빙점≫이 신뢰도가 높은 비판 언론으로서 중국 사회에서 차지하는 위상이 적지 않았음을 보여준다. 언론 통제를 강화하려는 후진타오 정부의 정책에 맞서 민주주의의 후퇴를 막고자 하는 기류가 형성되었던 것이다. 1989년 톈안먼 사건 이후 움츠렸던 민주화의 요구가 이 사건을 계기로 다시 부상했던 측면이 있다. ≪빙점≫을 지지하는 유력 인사들의 움직임으로 당국에 불리한 여론이 형성될 수 있었고, 이를 해외 언론이 주시하는 상황은 당국의 입장에서 부담일 수밖에 없었다.

사태를 수습하기 위해 당국이 복간을 허용했으나 ≪빙점≫ 간부의 징계와 반박문을 게재한다는 조건은 논란의 여지를 남겼다.

4. 학문의 외피를 쓴 국가권력의 공론장 왜곡

복간 결정에 따라 35일간의 공백기를 마치고 3월 1일부터 ≪빙점≫은 다시 간행되었다. 그리고 전술한 복간 조건에 따라 위안웨이스의 글에 대한 비판 논문인 「반제 반봉건은 중국 근대사의 주제이다」가 게재되었다. 필자는 사회과학원 근대사 연구소 소장을 지낸, 후일 시진핑 정부 시기에 국정 고등학교 역사 교과서의 대표 저자이기도 한 장하이펑(張海鵬)이었다.

이에 대해 리다퉁은 ≪아사히신문(朝日新聞)≫에 "비판 논문도 다양한 견해의 하나로 게재는 당연하다고 생각한다. 단 이후에 재반박 글을 소개하지 않는다면 빙점의 이름은 부활했어도 알맹이는 다른 것"이라 말했다. ≪빙점≫의 복간과 장하이펑 글의 게재는 당국의 입장에서 적어도 두 가지 효과가 있었다. 하나는 정간 조치로 인해 확산되던 비판 여론을 잠재워, 혹여 ≪빙점≫ 사건이 불쏘시개로 작용해 전반적인 사회 민주화의 요구로 불이 옮겨붙어 정국이 불안해질 수 있는 요인을 미리 차단할 수 있었다. 또 하나는 ≪빙점≫을 둘러싼 논란을 정치적 측면에서 학술적 측면으로 프레임을 전환할 수 있었다. 학술적 성격을 지님으로써 일반 대중이나 해외 언론이 주목하는 상황으로부터 벗어날 수 있었다. 막상 '학술'이라는 형식이지만 외피를 벗겨내면 이데올로기 공세였다. 당이나 정부의 입장을 공식적으로 대변하는 잡지의 지면을 빌려 역사학자와 역사교육 전문가가 나서서 위안웨이스를 공격했다.

장하이펑이 위안웨이스를 비판하는 장면은 ≪빙점≫ 사건 10여 년 전에 일어났던 일의 재현이라 할 수 있다. 1995년 사회과학원 근대사연구소 소장이었던 장하이펑은 위안웨이스를 겨냥해 비판 논문을 쓴 적이 있다. 교조화된 '반(半)봉건·반(半)식민지 사회론'을 비판하면서 역사학의 '자유화'를 주장하던 위안웨이스에 맞서 장하이펑은 중국 교육부가 발행하는 철학·사회과학 잡지 ≪고교이론전선(高教理論戰線)≫에 글을 발표했다(張海鵬, 1995). 장하이펑은 비판 대상을 "최근 출판된 청말 변동기를 다룬 저서"라 간접적으로 언급했지만, 위안웨이스의 저서 『청말 대(大) 변동기 중의 사조와 인물』을 지칭하는 것이었다. 위안웨이스가 '중세기'라는 용어로 '봉건사회'라는 중국 역사학계에서 표준화된 용어를 대신하자 장하이펑이 문제를 제기했다. 이는 단순히 용어의 변경 문제를 넘어서 '반(反)봉건'의 임무를 버리는 것이라고 강하게 비판했다. 그로부터 10년이 지나 장하이펑은 ≪빙점≫에 글을 실어 또다시 위안웨이스를 비판했다.

장하이펑이 글의 제목을 '반제·반봉건은 중국 근대사의 주제'라고 한 것은 중국 근대사에 대한 중국공산당의 확고부동한 입장을 재확인하는 것이다. 명료하게 제시함으로써 다른 해석은 있을 수 없다는 강한 의지를 드러내는 것이기도 하다. 위안웨이스의 관점은 중화인민공화국 수립 이래 중국의 학술계가 마르크스주의에 기초해 견지하고 있던 이론을 부정하려는 것으로 청소년을 매우 잘못된 방향으로 안내하는 것이라 중국 근대사 연구자로서 나설 수밖에 없었다는 것이다. 구체적인 내용 언급에 앞서 위안웨이스의 글이 방법론에서 치명적 결함이 있다고 지적한다. 위안웨이스의 글은 사료에 기초해 치밀하게 작성된 것이 아니라 자신의 주관에 따라 단편적인 사료를 가지고 쓴 역사 평론으로, 학술 논문이라기보다는 개인의 감상에 불과하다는 것이다. 사료 검증을 거치지 않은 글이어서 뿌리 없는 나무처럼 근본이 없어 설득력이 떨어지는 글임을 강조한다.

본론으로 들어가서 장하이펑은 근대 중국은 구(舊)민주주의 혁명에서 신(新)민주주의 혁명으로 나아가는 과정으로 반제·반봉건이 기본 과제이며 '반제=민족 독립'과 '반봉건=국가의 민주화 과정'이 먼저 달성된 후에야 국가의 현대화가 진행될 수 있었다는 것이다. 그런데 위안웨이스는 제2차 아편전쟁이 근본적으로 서양 자본주의 침략자가 이익을 최대화하려는 욕구가 충족되지 않아 일어난 점을 소홀히 하고 있으며, 근대 중국의 반제·반봉건 투쟁에 대한 가장 심각한 부정은 의화단의 투쟁을 다루는 부분이라고 지적한다. 위안웨이스는 의화단에 의한 철도 파괴라는 현대문명의 파괴가 먼저 일어났고 8개국 연합군이 들어온 것은 그 이후의 사건이라 단언했는데, 이는 역사적 사실의 왜곡이라고 반박했다. 철도 파괴는 의화단을 진압하던 시기에 일어난 것이라고 반박했다. 외국군의 베이징 진입 이전의 철도 파괴는 청의 군대와의 작전상 필요에 의한 것이었으며 철도 파괴는 외국군에 맞서기 위한 작전 수단이었다는 것이다. 위안웨이스가 이를 반인류, 반문명의 '현대문명 파괴'라고 언급하는 것은 서양 침략자의 견해라고 반박한다. 또한 공사관 구역과 교회에는 서양의 군대가 배치되고 군사거점 역할을 해, 이에 대한 공격을 국제법 위반으로 볼 수는 없다는 것이다. 장하이펑 스스로도 의화단이 많은 결점을 지니고 있었음을 인정하면서 의화단의 배외주의는 농민계급의 시대적·계급적 한계성을 지닌 민족혁명 사상으로 중국 인민에 의한 반제국주의 투쟁의 원형이었다고 평가했다.

리다퉁은 장하이펑의 글에 대해 "쓸데없이 학문적 외피를 두르고 있을 뿐 실제로는 감언이설"이라고 혹평했다. 장하이펑은 중국 사회의 근대사 연구자들 사이의 통설적 견해에 기초해 논지를 전개한 것이었다. 의화단의 철도 파괴에 대한 논증은 정확한 지적이었으나 공사관이 군사

거점이었다는 설명 등은 반론의 여지가 있어 위안웨이스의 반박이 이어졌다. 위안웨이스는 장하이펑의 글에 대한 반론인 「왜, 언제, 어떠한 반제·반봉건이었는가: '반제·반봉건은 중국 근대사의 주제이다'에 답한다」를 작성했다. 3주에 걸쳐 쓴 글로 1만 5000여 자 분량의 논문이었다. 3월 23일 글이 완성되자 다음 날인 3월 24일 리다퉁을 통해 『빙점』 주편 천샤오촨(陳小川)과 부주편 두융타오(杜湧濤)에게 보내 장하이펑 글에 대한 반론권을 언급하면서 게재를 요구했다. 그러나 편집부는 사건이 일단락되었으니 글을 실을 수 없다는 입장을 보였다. 결국 위안웨이스의 글은 ≪빙점≫에 실리지 못하고 다음 달에 상대적으로 언론의 자유가 보장되던 홍콩의 ≪아주주간(亞洲週刊)≫에 실리는 대신 제목은 「의화단과 반제·반봉건의 진면목을 파헤친다」로 바뀌었다.

위안웨이스는 장하이펑의 글에서 많은 사실의 오류가 발견된다며 공격의 포문을 열었다. 가령 공사관이 열강의 군사 거점이었다는 주장은 오류로, 무술정변 후인 1898년 9월에 열강은 베이징에 진주한 간쑤군(甘肅軍)과 충돌한 것을 이유로 공사관 호위병을 공사관마다 30인 이내로 배치할 것을 청 정부로부터 승인을 받은 상황이었음을 지적한다. 열강의 침략 의도보다는 당시 청 정부의 치안 유지 능력 부재에 대한 대응이었다. 교회 교인의 무장도 청 정부가 암묵적으로 허용했다. 그리고 의화단의 살인, 방화, 약탈은 열강 지원군의 베이징 진입 이후에 일어난 것이 아니라 그 이전부터 살인, 약탈, 철도 파괴가 있었는데 장하이펑이 의화단을 옹호하기 위해 이를 은폐하고 있다며 다수의 역사적 사실을 실례로 제시하고 있다.

결국 의화단은 통치자인 서태후의 도구로 이용되어 반봉건과는 거리가 있었고 의화단의 우매함과 폭행은 외적의 침입을 불러왔기 때문에 의화단과 그들의 폭력을 변호할 수 없으며, 의화단은 중국이 현대화의 길로 나아가는 데 아무런 도움이 되지 않았다는 것이다. 19~20세기 중국의 과제는 자유, 민주, 법치, 문명, 부유, 독립의 근대화된 국가를 건설해 전근대 사회로부터 근대사회로 전환하는 것이었으며, 반제·반봉건은 이 과제를 달성하기 위한 하나의 수단에 불과하다고 보았다. '반제'가 내포하는 것은 침략에 반대하고 국가의 주권과 독립을 지키는 것이며, '반봉건'의 본래 의미는 전근대적 억압과 속박으로부터 인민을 해방시켜 근대의 공민이 가져야 할 각종 자유를 획득하고 민주·법치의 제도를 확립·보장하는 것으로 해석했다. 그래서 이 시기에 일어났던 많은 비극은 '현대화' 과제의 경시와 깊이 관련되며, '현대화' 관점을 통해 오히려 반제·반봉건의 내포를 정확히 이해할 수 있다는 것이다.

이처럼 ≪빙점≫ 복간을 계기로 장하이펑의 반격과 위안웨이스의 재반격이 오갔다. 그 이후 위안웨이스에 대한 여러 사람의 직간접적인 공세가 이어졌다. 양측의 논쟁이라기보다는 위안웨이스를 비판하는 글이 압도했다. 장하이펑에게 반론할 지면을 홍콩의 잡지를 통해 겨우 확보할 수 있었던 위안웨이스의 입장에서 보면 기울어진 운동장에서의 싸움이었다.

먼저 중국공산당 중앙의 이론지 ≪구시(求是)≫가 위안웨이스를 비판하는 논문을 게재했다. 마즈빈(馬執斌)과 쑹샤오칭(宋小慶)의 글인 「근대 중국 인민의 반침략 투쟁을 어떻게 인식할 것인가」가 3월 26일 발표되었다(馬執斌·宋小慶, 2006). 위안웨이스를 직접적으로 언급하지 않았으나 의화단의 큰 희생이 열강의 중국 분할에 제동을 걸고 민족정신을 고취한 강렬하고도 순수한 애국주의운동이었다는 것이다. 그리고 '현대화 이론'은 피비린내 나는 제국주의 침략과 처절한 반침략 투쟁을 등한시한다고 비판했다. 민족의 독립 없이는 진정한 현대화도 불가능하다는 점을 강조하고 있다. 그리고 얼마 후 마즈빈은 단독으로 의화단에 관한 글을 한 차례 더 발표했다(馬執斌, 2006). 의화단 소식이 외신을 통해 알려졌을 당시 세계 각지의 반응을 소개한 글이다. 쑨원(孫文)의 일본인 친구 미야자키 도텐(宮崎滔天)을 비롯해 러시아의 블라디미르 레닌(Vladimir Lenin), 미국 작가 마크 트웨인(Mark Twain), 독일 노동자정당 등이 열강의 중국 침략을 비판하고 의화단에 우호적인 입장이었다는 것이다. 외부의 시선을 빌려 의화단에 대한 긍정적 평가를 재확인하고 있다.

인상적인 점은 이들의 직함이다. 쑹샤오칭은 중앙공산당중앙정책연구실 문화연구소의 박사이고, 마즈빈은 위안웨이스가 비판했던 인민교육출판사 초중 『중국역사』 제3책의 책임편집자였다. 특히 마즈빈은 위안웨이스의 역사 교과서 비판에 민감하게 반응할 수밖에 없었다.

베이징사범대학(北京師範大學)의 궁슈둬(龔書鐸)도 위안웨이스 비판의 대열에 합류했다. 장하이펑에 이어 학계의 리더 격인 인물이 등장한 것이다. 궁슈둬는 학계에서 상당히 권위 있는 인물로 중국사학회 부회장 등의 직함이 있었다. 한편 그는 교육부 초중등 교과서 검정위원회 역사학과 심사위원의 한 사람이었다. 역사 교과의 교육과정 제정에서부터 교과서 심사에 이르기까지 역사 교과서와 관련된 주요 과정에 참여했기 때문에 위안웨이스에 대한 비판을 통해 자신의 활동을 적극적으로 변호해야 하는 입장에 서 있었다. 그는 두 편의 논문을 투고했다(龔書鐸, 2006a, 2006b). 「'현대화와 역사 교과서'를 평하다」에서는 제국주의에 의한 제2차 아편전쟁과 8개국 연합군의 중국 침략을 위안웨이스는 청 정부와 의화단의 탓으로 돌림으로써 오히려 제국주의의 중국 침략을 옹호하고 있다고 비판했다. 근대 중국의 과제가 마치 서양을 학습해 현대화를 이루는 것으로 설정함으로써 중국 인민의 반제투쟁과 혁명을 부정하는 우를 범하고 있다는 것이다. 또 다른 논문 「역사는 임의로 휘갈겨 써서는 안 된다」는 글의 제목부터 위안웨이스에게 상당히 공격적이다. (반)식민지적 사회제도를 타파하는 것이 전면적인 현대화 실현의 전제 조건임에도 이른바 '현대화'를 중국 근대사의 주선(主線)으로 설정하는 것은 필연적으로 근대사의 중대 문제들을 왜곡해서 이해하게 한다는 것이다.

이 밖에도 슝광밍(熊光明)은 1840~1949년 중국 인민의 반식민주의 투쟁이 당시 세계 민족해방운동 조류에 호응한 것이며 학생들의 애국주의 교육에 필요한 요소인데도 위안웨이스가 이를 부정하고 있다고 비판했다(熊光明, 2006). 정칭포(鄭淸坡)는 위안웨이스가 중국 인민의 반제투쟁을 부정하고 의화단을 반(反)인류, 반(反)문명으로 몰아세웠으며 사적 유물론의 관점에서 벗어나 중국 근대사를 해석했다고 비판했다(鄭淸坡, 2006). 많은 학자들이 "전체 인민의 이름으로 위안웨이스를 비판한다"라고 강하게 발언했다. 외세가 공격해 왔기 때문에 의화단의 저항은 당연한 것이었고, 의화단이 근대문명 시설을 파괴한 것은 침략군을 저지한 행동이라는 입장이었다.

물론 위안웨이스에 대한 지지 의사를 표명하는 경우도 있었으나 주로 중국 밖에서 이루어졌다. 일본의 출판사 소시샤(草思社) 등의 초청을 받아 3주 일정으로 2월 26일 일본에 입국한 자오궈뱌오(焦國標)는 ≪빙점≫의 복간이 결정된 뒤인 3월 1일에 도쿄에서 기자회견을 열었다. 베이징대학 뉴스·커뮤니케이션대학 교수였던 그는 2004년 중국 웹사이트에 중국의 미디어 통제 실태를 고발한 평론 「중국선전부를 폐지하라」를 발표해 대학에서 해고되었고, 베이징에 머물면서 프리랜서 작가로 활동했다. 중국 내에서 자신의 이름으로 신문, 잡지나 인터넷 신문에 기사를 게재하는 것은 불가능했으므로 홍콩의 미디어나 미국의 인터넷 신문에서 활동했다. 그는 ≪빙점≫의 정간에 맞선 중국 국내의 항의 행동에 대해 "중국의 미디어가 복종에서 저항으로의 전환점에 서 있다"라는 견해를 제시했다. 인사 조치된 ≪빙점≫의 리다퉁 편집주간이 행정 처분에 맞서 제기한 심사청구에 대해서는 "선전부의 역사에서 처벌을 거부한 첫 행동"이라 평가했다. 편집주간의 임면권을 쥐고 있던 선전부의 미디어 통제에 균열을 내는 것이라 보았다.

이처럼 ≪빙점≫이 복간되었지만 여진은 계속되었다. 인터넷에 대한 당국의 감시와 통제로 위안웨이스를 검색할 경우 포착되는 내용 대부분은 비난 일색이었다. 위안웨이스에 대한 인터넷상의 비난은 상당히 원색적이었다. '한간(漢奸)', '매국노(賣國賊)', '앞잡이[奴才]'라는 용어를 동원해 인터넷을 도배할 정도였다. 간혹 사료를 이용해 논리적 체계를 갖춘 글도 있었다. 그는 위안웨이스의 글에 대한 장문의 반박문을 게시하고, 의화단에 관한 글을 여러 차례 올리면서 위안웨이스를 비판했다.

이러한 비난의 배경에는 극단적인 민족주의 감정과 그로 인해 역사 사실을 성찰하지 않는 관성이 있다고 위안웨이스는 판단했다. 위안웨이스가 볼 때, 의화단 사건의 중요한 원인은 농민과 가톨릭교도의 이익 충돌이었다. 의화단 사건 중에 완고파가 무지한 농민을 이용해 죄 없는 사람이나 외국인을 살해함으로써 제국주의가 침입하는 구실을 만들어 공전의 화를 불러왔다. 1900년 6월 24일 서태후는 각 성 독무에게 서양인 살해를 명했다. 중국 교과서는 이에 관해 한 자도 언급하지 않고 있다는 것이다. 이러한 문제점을 지적하고 후세에 교훈을 전하는 것이 제국주의 침략의 사실을 부인하는 것과 전혀 관계가 없다는 것이다. 위안웨이스는 "나의 생각은 변하지 않았다"며 원명원 방화 150주년을 기념해 격주간지

≪문사참고(文史參考)≫ 2010년 10월 호에 「원명원, 낙후 봉쇄성이 초래한 고난」을 투고했다.

한편 ≪빙점≫ 사건은 학문 외적으로 위안웨이스 가족과 그 지인들에게도 적지 않은 고통을 안겨주었다. 사건 발생 후 위안웨이스에게는 어려운 숙제가 하나 있었다. 그의 아내에게 이런 일을 숨기는 것이었다. 그의 아내는 평소 신문, 텔레비전 등을 멀리하고 가사에만 몰두했고 거의 외출도 하지 않았다. 그는 조용히 사는 그녀의 삶을 혼란스럽게 하지 않으려고 했다. 그러나 ≪빙점≫이 정간 중이던 2월 하순 어느 날 아내가 친구에게 전화를 받고서 ≪빙점≫ 사건의 당사자가 남편이라는 사실을 알게 된 것이다. 남편이 연구와 학술 활동을 하면서 해외의 반동 세력에게서 금전적 원조를 받고 있으며 타이완의 적대세력에게 대륙을 공격할 논거를 제공하고 있다는 식의 악성 소문을 함께 전해 들었다. 중국 정부의 공식적 역사해석과 다른 견해를 가졌다는 이유로 사회적 차원에서 '고깔모자 씌우기' 작업이 진행되었던 것이다. 위안웨이스와 친분이 있는 이들에 대한 감시와 사회 활동의 제약도 이어졌다.

이상 ≪빙점≫이 복간된 이후의 상황에 대해 간략히 살펴보았다. 복간을 계기로 ≪빙점≫ 문제가 중국 내의 사회적 이슈에서 멀어졌고, 외신에서도 관련 기사의 노출이 이전보다 급격히 줄어들었다. 그러한 상황 속에서 위안웨이스나 리다퉁의 언로는 봉쇄되었고, 리다퉁은 1995년 창간부터 2006년 초 정간에 이르기까지 ≪빙점≫과 당국의 충돌을 상세히 서술한 단행본을 중국에서 출간하려 했으나 2006년 7월 3일 당국으로부터 발매 금지 처분을 받았다. 거의 성토에 가까울 정도로 여러 학술지에 위안웨이스에 대한 비판 글이 실렸다. 인터넷이 통제되는 상황에서 인터넷 공간도 위안웨이스를 비판하는 글들을 중심으로 채워졌다. 위안웨이스는 자신의 입장을 굽히지 않았으나 그가 치른 대가는 컸다. 역사 교과서의 중국 근대사 서술이 변화해야 한다는 위안웨이스와 ≪빙점≫ 편집부의 문제 인식은 정치권력이라는 커다란 벽에 부딪혔다. ≪빙점≫ 사건은 중국 정부와 공산당의 공식적 역사해석이 견고하며 이에 맞서는 담론이 어떻게 통제되는지 여실히 보여주었다.

5. 맺음말

위안웨이스는 ≪빙점≫에 기고한 「현대화와 역사 교과서」에서 제2차 아편전쟁과 의화단운동은 맹목적 배외주의로서 중국의 근대화를 지연시킨 사례라고 하면서 반외세운동을 긍정적으로 묘사하는 역사 교과서의 서술을 비판했다. 중국공산당의 공식적인 역사해석과는 정면으로 충돌하는 내용이었다. 위안웨이스의 글을 비판하는 목소리가 끓어올랐고 공청단의 기관지에 어떻게 이런 글이 실릴 수 있는가 하는 비판이 적지 않았다. 위안웨이스의 글이 사회적으로 문제가 되자 중앙선전부 신문국이 위안웨이스의 글을 비판하는 글을 게재했고, 이어서 위안웨이스의 글을 게재한 책임을 물어 ≪빙점≫ 정간 처분을 내렸다.

그러자 이번에는 ≪빙점≫에 투고하던 이들을 비롯해 비판적 지식인들을 중심으로 정간을 비판하는 움직임이 일어났다. ≪빙점≫의 정간을 둘러싸고 중국 사회에 파문이 일었다. 한편 이 사건은 홍콩과 타이완에서뿐만 아니라 국제적으로 이슈가 되어 뉴스를 통해 알려졌으며 세계의 유력 미디어에서 비교적 자세히 그리고 지속적으로 보도했다. 결국 당국은 사회과학원 근대사연구소장을 역임했던 장하이펑의 이름으로 반박문을 게재한다는 조건으로 ≪빙점≫의 복간 조치했다. 복간이 되었다고 해서 일이 마무리된 것은 아니었다. 여진이 남아 한동안 논쟁은 지속되었다.

위안웨이스의 글에 대한 논란은 표면적으로는 근현대사를 어떻게 해석할 것인가의 문제이면서도 중국의 국가정책과 관련된 민감한 사항이었다. 당면 과제로 설정하고 있는 현대화를 이념적으로 뒷받침할 논리를 구축하는 과정에서 불거진 마르크스주의의 계급투쟁론에 기초한 혁명사관과 불협화음이 ≪빙점≫ 사건을 통해 표출되었다고도 볼 수 있다.

≪빙점≫ 사건에는 두 가지 문제가 엉켜 있다. 하나는 위안웨이스의 역사 교과서 비판 지점에 대한 동의 여부이고, 다른 하나는 ≪빙점≫ 정간에 대한 찬반 문제, 즉 언론의 자유에 관한 문제이다. 후자의 문제가 사회문제화되고 외신도 주목하는 상황에서 ≪빙점≫의 복간 조치가 이뤄졌고, 전자의 문제로 무게중심이 이동했다. ≪빙점≫의 복간과 함께 비판 여론이 수그러들자 위안웨이스의 글에 대해 중국공산당의 입장을 대변하는 학자들이 전면에 나서서 공격하는 국면이 전개되었다.

역사 교과서 문제와 언론의 자유는 별개의 문제로 보일 수도 있다. 그러나 긴밀히 연결되는 지점이 있다. 국가의 공식적 역사해석을 반영한 역사 교과서와는 다른 역사해석을 대중이 접할 수 있는 매체를 통해 발화하는 순간 언론탄압이 행해질 수 있다는 것이다. 공론장을 형성할 수 있는 ≪빙점≫을 통해 공적인 역사해석이 반영되는 역사 교과서 문제를 비판적으로 제기했지만 공권력에 의해 좌절되었다. 신문열평조라는 공권력이 직접 개입해 1차 공격을 하는 상황이 전개되었고, 정치화된 학문권력이 가세함으로써 2차 공격이 이루어졌다. 위안웨이스를 공격했던 장하이펑과 마즈빈은 후일 시진핑 정부의 역사 교과서 국정화 국면에서도 등장하는 인물들이다.

톈안먼 사건 30주년을 맞아 2019년 일본의 ≪요미우리신문(讀賣新聞)≫은 리다퉁을 인터뷰한 기사를 실었다. 그는 1989년 톈안먼광장의 민주화 열기에 힘입어 당의 대변자 역할을 하던 중국 언론이 "언론의 자유가 실현되었더라면 다른 중국이 존재했을 것"이라고 회고했다. 당시 리다퉁은 ≪중국청년보≫의 기자로서 민주화 요구에 호응해 몸소 보도의 자유를 위해 노력했다. 그러나 군대가 시민들을 진압하고 개혁의 움직임이 설 자리를 잃으면서 그는 5년여의 동안 직무에서 배제되었다. 그 후 복귀해 ≪빙점≫의 편집주간으로서 사회 모순을 고발하는 보도에 매달리다가 ≪빙점≫ 사건으로 다시 된서리를 맞은 것이다. 리다퉁이 말하는 '다른 중국'은 과연 가능한 것일까?

참고문헌

김지훈. 2019. 「중국 상하이 『역사』 교과서 논쟁과 지식인」. ≪중국근현대사연구≫, 81.

민두기. 1980. 「중국에 있어서의 역사동력논쟁: 계급투쟁인가 생산력인가」. ≪동양사학연구≫, 15.

윤세병. 2019. 「역사 교과서 비판을 둘러싼 중국 사회의 갈등: 2006년 『빙점』 사건을 중심으로」. ≪중국근현대사연구≫, 83.

젠보짠(翦伯贊). 2015. 『중국사강요』. 심규호 옮김. 중앙북스.

조병한. 1995. 「해외학술동향: 중국에서의 양무운동과 변법운동에 대한 재평가」. ≪역사비평≫, 30.

판원란(范文瀾) 외. 2016. 『중국통사간본』. 김승일·전영매 옮김. 경지출판사.

호승(胡繩). 2013. 『아편전쟁에서 5·4운동까지』. 박종일 옮김. 인간사랑.

龔書鐸. 2006a.「歷史不能任意涂抹」. ≪高校理論戰線≫, 4.
______. 2006b.「評「現代化與歷史教科書」」. ≪中華魂≫, 3.
共靑團中央宣傳部. 2006.1.24.「關于對中國靑年報氷點週刊錯誤刊發「現代化與中國敎科書」的處理決定」.
郭宇寬. 2005.「李大同: 人民的信任是報刊賴以生存的条件」. ≪南風窓≫, 2005-24.
「關于對氷點週刊整頓和爭取早日復刊的處理決定」. 中國靑年報社黨組. 2006.2.16.
≪讀賣新聞≫. 2006.1.26.「中國人氣紙『氷點週刊』停刊處分 歷史教科書批判が原因か」.
馬執斌. 2006.「當年世界進步輿論是怎樣價義和團的」. ≪中小學教材教學≫, 2006-12.
馬執斌·宋小慶. 2006.「怎樣認識近代中國人民的反侵略斗爭?」. ≪求是≫, 2006-6.
≪博訊≫. 2006.2.17.「爲了"依法治國"與"和諧社會"—「冰点」周刊部分作者致中共中央政治局諸常委的公開信」.
______. 2006.1.26.「淸華大學敎授劉書林: 中靑報『氷點』暗批黨中央停刊」.
≪三聯生活周刊≫. 2005.6.23.「河北定州6—11襲擊村民事件始末」.
徐臨江. 2005.6.1.「平型關戰役與平型關大捷」. ≪氷點 週刊≫, 545.
蕭瀚. 2006.2.14.「氷點事件評論之一: 取消中宣部管制, 走新聞法治正道」,「氷點事件评论之二: 結束新聞出版業産權的行政壟斷」,「氷點事件評論之三: 催生一个自由 而 負責任的新聞出版界」. ≪博訊≫.
≪新京報≫. 2005.6.13.「河北定州村民遭數百人襲擊造成6人死亡48人受傷」.
≪新聞閱評≫, 34. 2006.「極力爲帝國主義列强侵略中國翻案 中靑報載文公然批我歷史教科書」. 中宣部新聞局.
茹燕. 2002.12.「『氷點』的魅力」. ≪焦作工學院學報≫(社會科學版), 3(4).
龍應台. 2005.5.25.「你可能不知道的台湾: 觀連宋訪大陸有感」. ≪氷點週刊≫, 544.
______. 2005.10.19, 10.26.「文化是甚麽」上·下. ≪氷點週刊≫, 562~563.
______. 2006.1.26.「請用文明來說服我: 給胡錦濤先生的公開信」. 香港獨立媒體網.
王偉群. 1995.1.6.「氷點: 北京最後的糞桶」. ≪中國靑年報≫.
王仲孚. 2006.「談歷史教科書的爭議與龍應台女士的失態」. ≪海峽評論≫, 183.
熊光明. 2006.「也談「現代化與歷史教科書」」. ≪中華魂≫, 2006-5.
袁偉時. 1987.『中國現代哲學史稿』. 中山大學出版社.
______. 1992.『晩淸大變局中的思潮與人物』. 海天出版社.
______. 1998.「近代中國硏究: 一論獨覇到三派鼎立」.『路標與靈魂的拷問』. 廣東人民出版社.
______. 2006a.『中國の歷史教科書:『氷點』事件の記錄と反省』. 武吉次郎 譯. 日本僑報社.
______. 2006b.『近代中國論衡』. 香港聯合書刊物流有限公司.

______. 2006.1.11.「現代化與歷史教科書」. ≪氷點週刊≫, 574.
______. 2006.2.22.「冷眼眺望, 悲憤懮思 -『氷點』復刊感懷」. ≪明報≫.
______. 2008.『中國現代思想散論』. 上海三聯書店.
______. 2014.『告別中世紀: 五四文獻選粹與解讀』. 廣東人民出版社.
______. 2018.7.20. "中山大學喝狼奶長大反華文人學术混混袁偉時." 豆瓣小組. https://www.douban.com/group/topic/120661956/?type=rec.
袁偉時·邵百鳴. 2002.「現代化與中國的歷史教科書問題」. ≪東方文化≫, 6.
李大同.「關于中國青年報『氷點』週刊被違法停刊整頓的申告」. ≪张三のBlog≫. http://zhang3.blogspirit.com/archive/2006/02/18/2045.html(검색일: 2019.8.30).
______. 2006.『『氷點』停刊の舞臺裏』. 而立會 譯. 日本僑報社.
李育成. 2006.1.26.「李大同: 就≪冰點≫周刊被非法停刊的公開抗議」.『香港獨立媒體網』.
≪亞洲週刊≫. 2007.11.8.「袁偉時文章冰點拒登內情」.
≪人民日報≫. 1988.3.14.「中華人民共和國第七届全国人民代表大会代表名單(共2970名)」.
______. 2003.2.25.「中山大學哲學系教授袁偉時訪談錄—辛亥革命的經驗教訓」.
≪自由亞洲電台≫. 2006.1.26.「『氷點』遭停刊引起海內外强烈反响」.
張燕.「談新史觀在高中歷史教材中的滲透」. ≪教育≫, 2018-8.
章詒和. 2004.9.29.「一陣風, 留下了千古絶唱」. ≪氷點 週刊≫, 561.
蔣廷黻 撰. 2007.『中國近代史』. 上海世紀出版集團.
張海鵬. 1995.「正確認識近代中國社會的性質是研究中國近代史的出發點」. ≪高教理論戰線≫, 1995-8.
張紅光. 2013.「中國青年報『氷點』週刊內容研究」. 河北大壑碩士學位論文.
鄭正來 主編. 1995.『中國社會科學輯刊(春季卷)』. 生活讀書新知三聯書店.
鄭淸坡. 2006.「評「現代化與歷史教科書」」. ≪高校理論戰線≫, 10.
≪朝日新聞≫. 2006.1.27.「編輯長の抗議文, 米サイトに 中國で發行停止の週刊紙」.
______. 2006.2.1.「國民黨軍の評價が火種 中國當局の週刊紙停刊處分」.
______. 2006.2.14.「中國, 强める報道規制 相次ぐ當局と市民の衝突 信頼低下を不安視」.
______. 2006.2.22.「當局の封鎖, すり抜け 抗議文, メールで轉々 中國『氷點週刊』停刊問題」.
______. 2006.3.1.「中國『氷點週刊』が復刊 問題論文への批判掲載」.
______. 2006.3.29.「筆者の反論を拒否'掲載考'中國·氷點週刊, 停刊問題」.
______. 2006.7.4.「『氷點週刊』內幕本·中國本土で発禁に 著者「言論の自由訴えたかったのに」.
左玉河. 2014.「中國近代史研究的範式之爭與超越之路」. ≪史學月刊≫, 2014-6.

朱學勤. 2006.1.4.「文化中國之形色」. ≪氷點週刊≫, 573.

『中國歷史』3. 2001. 人民教育出版社..

胡績偉. 2006.2.7.「鏟制輿論的新紀錄: 聲援『氷點』周刊」. ≪博訊≫.

胡化. 2006.「悲壯的凋謝『冰點』祭」; 滕彪, 「推倒「新聞柏林圍牆」透視中國新聞自由的前景」. ≪明報月刊≫, 2006-3.

Audra, Ang. 2006.1.25. "China Shuts Down Newspaper Supplement." AP.

Interfax. 2006.1.25. "Famous Weekly Supplement under China Youth Daily Shut Down".

Kahn, Joseph. 2006.1.25. "China Shuts Down Influential Weekly Newspaper in Crackdown on Media." *New York Times*.

______. 2006.9.1. "Where's Mao? Chinese Revise History Books." *The New York Times*.

Pan, Philip. 2006.1.25. "Leading Publication Shut Down In China." *Washington Post*.

Toy, Mary-Ann. 2006.1.26. "Beijing Muzzles Popular Media Critics." *The Age*.

Yardley, Jim. 2006.2.16. "Chinese Journal Closed by Censors Is to Reopen." *The New York Times*.

03

태평양전쟁기 오키나와 민간인에게 가해진 폭력과 역사해석의 경합

남한호 대구대학교·동국대학교(경주캠퍼스)·안동대학교 강사

1. 머리말

오키나와(沖繩)는 일본의 47개 도(都)·도(道)·부(府)·현(縣) 중 하나로 행정구역상 현으로 분류된다. 지리적으로 류큐 열도(琉球列島) 가운데 오키나와섬을 중심으로 한 오키나와 제도와 사키시마 제도(先島諸島)가 행정상 오키나와현을 구성하고 있다. 오키나와는 아열대성 기후 지역으로 산호바다와 야자수, 맹그로브숲으로 유명한 남국의 휴양지이다. 2018년 통계에서 외국인 관광객 수가 300만 명을 넘겼을 정도로 많은 사람들이 찾는 관광지이다(오키나와현 통계자료 웹사이트).

그러나 오키나와의 평화롭고 이국적인 풍광의 이면에는 비극적인 역사가 가로놓여 있다. 일본에 속하기 전 오키나와에는 류큐왕국이 자리잡고 있었다. 류큐왕국은 200여 년간 독립국가를 유지하며 해외무역으로 번성했다. 1609년 시마즈(島津)가 류큐왕국을 침략한 이후 사쓰마번

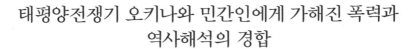

(薩摩藩)과 청의 이중적 지배 아래 있다가(日中兩屬), 메이지 정부가 등장한 뒤 1879년 일본의 영토가 되었다(류큐 처분). 오키나와현이 설치된 뒤에도 일본 정부는 오키나와를 내부 식민지와 다름없는 지역으로 인식하고 차별했다(大正昌秀, 2000).

태평양전쟁이 끝난 뒤 1951년 '샌프란시스코 평화조약'과 '미일안전보장조약'에 따라 오키나와는 미국의 지배를 받게 되었다. 미국 태평양함대의 전진기지로 사용하기 적합한 지정학적인 조건 때문이었다. 전쟁이 끝난 뒤에도 오키나와 사람들은 '일본 국민'이 아닌 점령지의 주민일 뿐이었다. 한국전쟁과 베트남전쟁이 일어났을 때에는 미군의 후방 지원 기지 역할을 했다(아라사키 모리테루, 2016: 85~100).

1960년대 들어 안보투쟁 및 반전운동의 흐름과 함께 오키나와 본토 반환운동이 일어나기 시작했다. 결국 오키나와는 미국과 일본의 정상회담 합의에 따라 1972년 5월 일본에 반환되었다. 그러나 반환 뒤에도 오키나와의 상황은 달라지지 않았다. 현재 오키나와에는 동북아시아 최대의 미군기지인 가데나(嘉手納) 공군기지와 후텐마(普天間) 해병대 기지를 중심으로 일본 전체 미군기지의 75%가 들어서 있으며, 미군기지는 오키나와섬 전체 면적의 20%를 차지하고 있다. 아울러 오키나와는 우리의 현재, 미래와 밀접한 관련이 있다. 1996년 미국과 일본은 한반도 유사시에 미 해병대의 비행기 300대가 후텐마 기지에 배치되어 작전에 들어가기로 합의한 바가 있기 때문이다.

오키나와는 일본의 현으로 편성된 이래 지금까지 인간의 존엄과 공생, 평화라는 지난한 과제를 안고 있다. 오키나와는 독립 왕국에서 일본의 영토로, 그리고 전쟁이 끝난 뒤 13년간 미군의 점령 아래 있다가 다시 일본에 반환된 섬, 핵무기를 포함한 군사기지의 섬, 강대국의 군사적 대결의 장소로 "일본이면서도 일본이 아닌" 지역이다(아라사키 모리테루, 2016). 오키나와 주민들은 지금도 여전히 본토 일본인으로부터 차별과 소외를 받고, 주둔해 있는 미군 병사들과 갈등을 겪고 있다.

오키나와의 역사에서 해석이 치열하게 경합하는 사건은 태평양전쟁기 오키나와 전투 기간에 일어난 오키나와 민간인 희생, 이른바 집단자결[1]이 대표적이다. 오키나와 전투 시기 민간인 희생과 그에 대한 해석은 제국주의 일본의 전쟁 기억뿐만 아니라 일본의 근현대사에서 자국의 역사를 인식하는 관점이 충돌하는 대표적인 주제이기도 하다. 일본 우익은 2007년 오키나와 주민의 '집단자결'이 일본군의 강요에 의해 일어났다는 고등학교 일본사 교과서 재검정 결과에 대해 좌익의 책동이라고 반발하며, 난징대학살, 일본군'위안부'와 더불어 오키나와 '집단자결' 문제를 자학사관의 대표적인 역사 인식이라고 주장했다(藤岡信勝, 2008b: 147).

이 글에서는 태평양전쟁 말에 일어난 오키나와 전투 당시 벌어진 민간인 희생의 성격을 구명하려는 일본 역사학계와 '애국주의'에 입각해 국가적인 내러티브를 내세우는 역사수정주의자들의 해석을 교과서 논쟁을

1 '집단자결'이라는 용어는 오다 료하쿠(太田良博)가 『철의 폭풍(鐵の暴風)』에서 처음 사용했다. 이 용어는 오키나와 전투 과정에서 일어난 민간인의 희생을 '옥쇄'로 일반화했던 황국사관의 관점에 대해 비판적인 시각을 포함하고 있다. 또한 군대의 규율이 오키나와 지역사회를 지배하는 가운데 주민이 집단자살 하거나 주민 혹은 가족이 서로를 죽여야 했던 상황을 표현하는 것으로 사용했다(石原俊·加藤美春, 2016: 68). '집단자결'이 주민들의 의사와 관계없이 일본군의 강요에 의해 일어난 사건이기 때문에 '강제집단사' 혹은 '주민학살'로 표현하기도 하지만, 이 글에서는 일본군이 저지른 '주민학살'의 한 유형으로 기왕에 사용해 온 용어라는 점을 감안해 '집단자결'이라는 용어를 그대로 사용하기로 한다.

중심으로 정리하고자 한다. 그리고 이를 바탕으로 국가폭력과 그에 대한 기억의 방향을 가늠해 보는 데 목적을 둔다. 이를 위해 태평양전쟁기에 벌어진 오키나와 전투에 대해 개략하고 민간인 희생의 양상을 살펴보고자 한다.

2. 태평양전쟁기 오키나와의 비극

1) 태평양전쟁의 마지막 지상전, 오키나와 전투

태평양전쟁의 양상은 1942년 과달카날 전투를 계기로 크게 바뀌었다. 미국을 중심으로 한 연합국은 전열을 정비한 뒤 공세에 나서기 시작했다. 1944년 사이판과 괌, 필리핀해 전투를 거치면서 일본 해군은 붕괴되고, 태평양 전선은 미군의 통제로 들어갔다. 미군은 일본 본토를 효과적으로 공격할 수 있는 전략적 요충지로서 오키나와를 선택하고, 그해 10월 오키나와 공격을 결정했다.

1945년 3월 이오지마(硫黃島)를 점령한 미군은 오키나와 공격을 위해 18만여 명에 이르는 병력과 1000여 척이 넘는 함대를 동원했다. 일본은 이오지마가 무너진 뒤 오키나와에서 본토 결전을 준비하기 위한 시간 끌기 작전, 이른바 사석(捨石)작전을 벌이기로 했다. 오키나와는 미국이 일본 본토를 공격하기 위한 발판인 동시에 일본에는 본토 방어를 위한 최후의 방어선이었다(아라사키 모리테루, 2016: 72). 일본군은 오키나와에서 총력전을 펼쳤다.

일본 대본영은 오키나와 방어를 위해 오키나와 수비대 32군을 창설하

그림 3-1 태평양전쟁 말기 전황

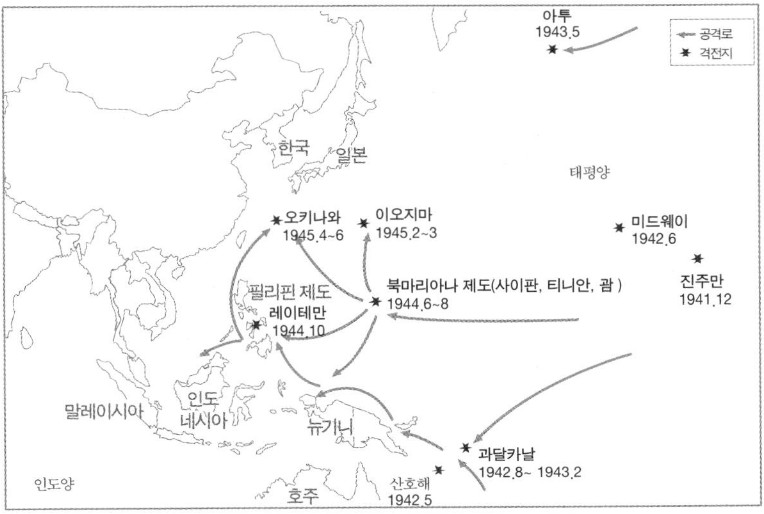

자료: 저자 작성.

고 병력과 물자를 투입했다. 대본영은 32군 최고사령관으로 우시지마 미쓰루(牛島滿) 중장을 임명하고 슈리성(首里城)에 지휘 본부를 설치했다. 아울러 만주에 주둔하고 있던 9사단과 24사단, 중일전쟁에 참전했던 62사단, 5포병대와 유일한 전차부대인 27전차연대를 오키나와에 투입했다. 그러나 일본군 병력은 약 10만 명에 불과했으며, 그나마 3분의 1은 오키나와 현지에서 징집한 보조 병력이었다(新崎盛暉, 2005: 16). 일본군은 오키나와 현지의 민간인들을 44독립여단으로 편성했다. 그리고 1943년 8월 각의에서 결정한 '학도전시동원령'을 근거로 현지의 남녀학생 2000여 명을 '학도대'로 편성해 전쟁에 동원했다.

오키나와 주둔 일본군은 미군의 공격에 대응하기 위해 해안선 방어 대신 오키나와 남부에 펼쳐진 천연동굴(가마)과 벙커 등을 요새로 활용한 지구전 전략을 채택했다(吉見義明, 1995: 145). 일본군은 오키나와 현지 민간인을 징용해 방어 요새 건설에 투입했다. 그리고 항공 전력을 위해 오키나와 중부와 북부에 비행장을 건설했다.

미 함대가 접근하자 일본군은 항공특공대를 편성해 미군 함선에 자살 공격을 시도했다. 미군은 오키나와 본도 남서쪽에 있는 게라마(慶良間)섬 도카시키(渡嘉敷)에 상륙해 오키나와 공격을 위한 교두보를 확보했다. 4월 1일 미 육군 제7보병사단과 96보병사단, 미 해병 1사단과 6사단으로 구성된 미군 4개 사단이 오키나와 중부 가데나(嘉手納) 지역을 공격해 거의 저항을 받지 않고 상륙했다. 일본군이 해안선 방어 대신 내륙 방어에 치중했기 때문이다. 그 결과 오키나와의 일본군은 남북으로 나뉘었다. 상륙 후 미 해병 제6사단이 북상해 오키나와 북부 지방을 장악했다. 96보병사단과 7보병사단은 오키나와 남부를 공격했다. 오키나와 남부는 일본군 주력 부대가 자리 잡고 있었으며, 일본군은 산악 지역의 동굴 진지를 기반으로 저항했다. 오키나와의 일본군은 자살특공대와 세계 최대 규모의 전함 야마토를 동원해 미군을 공격하기 위해 이동했지만, 미군의 공격으로 야마토는 침몰했고 미군 저지에 실패했다. 오키나와 전투에 동원되었던 항공기 자살특공대는 1500여 대로 그중 조선인 조종사는 11명으로 알려진다.

오키나와 남부로 진격하던 미군은 가카즈(嘉數) 능선 일대에서 일본군의 저항에 부딪혔다. 4월 12일 사령관 우시지마는 대본영의 명령에 따라 오키나와 북부와 중앙에 있는 비행장을 공격하기로 했지만, 큰 피해를 입고 퇴각했다. 미군은 총공세에 나서 포병과 함선, 항공기를 동원해 1만 9000여 개의 포탄을 일본군 진지에 퍼부었다. 이는 태평양전쟁을 통틀어 단일 작전으로는 최대 집중 포격으로 기록되었다.

오키나와에 대한 미군의 포격이 이어지는 가운데 일본 대본영은 오키나와를 포기하고 본토 방어 준비로 전환했다. 5월 18일 미군은 오키나와 남부 슈리성의 방어선인 슈가로프(Sugar Loaf) 고지를 점령했다. 오키나와 사령부는 슈리성에 있던 본부를 남부 마부니(摩文仁)로 옮기고 저항을 이어나갔다. 6월 13일 미 해병대의 공격으로 오로쿠(小祿) 반도 지하에 진지를 구축하고 저항하던 일본 해군 지휘관 오타 미노루(大田實) 소장은 참모들과 함께 집단자결을 했다.

수세에 몰린 일본군은 학생들까지 전쟁에 동원했다. 학생들로 구성한 '철혈근황대(鐵血勤皇隊)'가 대표적이었다. 오타 마사히데(大田昌秀) 오키나와 전 지사는 전쟁 당시 오키나와 사범학교 학생이었다. 그는 '철혈근황대'로 동원되어 오키나와 전투를 직접 치렀던 동기생 125명 중 살아남은 학생이 불과 37명이었다고 증언했다(≪제주의 소리≫, 2013.3.15). 이후 6월 19일 거의 모든 방어 능력을 상실한 일본군 사령관 우시지마는 남은 병사들에게 최후까지 싸우다가 죽으라는 명령을 내리고 참모들과 함께 자살했다. 7월 2일 미군이 일본군 잔존 병력을 소탕하고 작전 종료를 선언하면서 오키나와 전투는 끝났다.

3개월에 걸친 오키나와 전투는 태평양전쟁을 통틀어 미국과 일본 양측 모두 가장 많은 사망자를 냈다. 당시 전몰자 20여만 명 가운데 미군 측의 희생자는 2만여 명으로 희생자의 대부분은 일본군과 오키나와 주민들이었다. 오키나와현의 주민 희생자 수는 9만 4000여 명이지만, 오키나와 출신 군인과 군속을 포함하면 오키나와현 민간인 희생자는 12만 명을 넘는다. 그리고 상당수의 조선인도 희생되었다.[2]

---

2 오키나와 전투 과정에서 희생된 조선인 징용자와 일본군'위안부'의 숫자에 대

2) 오키나와 주민의 희생 유형과 사례

그림 3-2 포로가 된 철혈근황대 소속 학생

자료: 나하시역사박물관(那覇市歴史博物館) 소장.

오키나와 전투 당시 일본군의 강요와 강제로 인해 희생된 오키나와 주민 수는 상당하다. 전투 과정에서 미군의 폭격으로 희생된 이들도 있지만, 일본군에 의해 희생된 경우도 많았다. 참호 구축과 비행장 건설 등 전쟁 시설 구축을 위해 주민들을 동원했고, 이 과정에서 주민들이 희생된 것이다.

또한 오키나와 방언을 쓴다거나 투항을 권고한다는 이유로 스파이로 몰아 주민을 학살했다. 전쟁 과정에서 주민이 피난해 있던 호나 문중 묘에 일본군이 쫓겨 들어와 주민들의 식량을 빼앗고 내쫓아 많은 주민들이 총탄에 맞아 죽거나 굶어 죽기도 했다. 그리고 호에 피난해 있던 어린아이들이 울면 미군에 발각될 수 있다는 이유로 유아를 죽였다는 증언도 있다. 이처럼 오키나와 주민들에게 일본군은 가해자였지, 같은 나라 사람이 아니었다.

일본군은 어린 학생까지 전쟁에 동원했다. 오키나와 전투가 일어날

해서는 약 1만 명으로 보는 견해(新崎盛暉, 2005: 3)가 있다. 이에 반해 오키모토 후키코(沖本富貴子)는 오키나와 전투 당시 동원된 '조선인 군인과 군속'의 숫자만 1~2만 명일 것으로 추산했다(沖本富貴子, 2017).

당시 오키나와에 사범학교를 포함해 21개의 중등학교가 있었다. 전투가 시작되기 전부터 일본군은 남학생을 이른바 '철혈근황대'로 편성해 무기의 운반이나 통신병 역할을 맡겼다. 그 이후 전세가 기울자 이들을 직접 전투에 나서게 함으로써 많은 수의 학생이 목숨을 잃었다. 여학생도 간호대로 편성해 전쟁에 동원했다. 오키나와현 여자사범학교와 오키나와현립 제일고등여학교 학생 222명과 교사 18명으로 이루어진 '히메유리학도대(ひめゆり學徒隊)'가 대표적이었다. 이들은 오키나와 육군병원에 배치되어 부상병 치료뿐만 아니라 식수와 식량 운반, 전령, 사체 매장 등에 동원되었다. '히메유리학도대'로 편성된 학생들 외에도 오키나와 여학생 대부분은 학도대로 편성되어 전쟁터로 내몰렸다.

> 부상당한 병사들을 치료하기 위해 우리 제오대(梯梧隊) 7반은 당시 하에바루(南風原) 마을 아라카와(新川)에 있었던 제62사단 야전병원 나겔라호에 배치되었습니다. 4월 1일 미군이 오키나와 본섬에 상륙한 이후 매일같이 많은 부상병이 실려 왔습니다. 4월 29일의 일입니다. 우리는 점심시간이 끝나고 나겔라호 입구에 4~5명의 친구들과 둘러앉아 수다를 떨고 있었습니다. …… 갑자기 근처에 폭탄이 떨어졌습니다. 폭탄 파편이 눈앞 친구의 가슴에 박혀 …… 친구는 눈앞에서 그대로 숨이 끊어져 버렸습니다(≪琉球新報≫, 2020.10.14).[3]

전세가 기울어 일본군의 패색이 짙어지던 6월 18일 히메유리학도대

3 증언자 요시카와 하쓰에(吉川初枝)는 오키나와 전투 당시 17살로, 사립 쇼와고등여학교 4학년에 재학 중이었다. 그 학교 학생들은 제오학도대로 편성되어 있었는데, 당시 동원되었던 17명 중 9명이 오키나와 전투 과정에서 희생되었다.

에 해산 명령이 내려졌다. 그 이후 일주일 사이에 다수의 여학생이 사망했다. 교사를 포함해 240명이던 학도대원 중 136명이 사망했다. 그 가운데 10명은 아라사키 해안에서 집단자결 했다(이토만시 홈페이지, 히메유리 학도대 산화유적). 당시 오키나와의 학생 2228명이었는데 이 중 44%에 이르는 학생들이 전쟁 과정에서 목숨을 잃었다(小風秀雅 外, 2016: 225). 학도대 동원에 따른 희생이 대부분이었다.

주민의 희생에서 우익이 문제를 제기해 논쟁의 중심에 놓인 것이 '집단자결'이다. '집단자결' 이외의 주민 희생 사례에 대한 우익의 해석은 전쟁 중에 군인으로서 '정상적'인 임무 수행을 하다가 생긴 결과로 치부하는 듯하다. 일본군에 의한 주민학살은 거의 미미했고, 학살이 있었더라도 전쟁 과정 중에 일어난 어쩔 수 없는 임무로 왜곡했다.

구메섬에서는 미군이 상륙해 구메섬 군 정부를 설치하고 주민들 가운데서 촌장을 임명했다. 그 직후 일본 대본영은 오키나와의 조직적인 전투 종료를 발표했다.

그러나 구메섬 일본군 수비대는 이 명령을 전달받지 못한 상황에서 산속으로 들어가 산발적인 전투를 이어갔다. 구메섬 수비대의 지휘를 맡고 있었던 가야마 다다시(鹿山正) 준사관은 미군이 임명했던 구장과 경비단 가족 9명을 학살하고 시신을 불태웠다. 그리고 병사와 의용병을 '참입대(斬込隊)'로 편성해 미군을 공격했다. 이 과정에서 살아 돌아온 부하를 처형했다. 또 미국이 뿌린 투항 권고 전단지를 갖고 있거나 투항하려고 했던 사람들도 스파이 혐의로 처형했다. 전쟁이 끝난 뒤 가야마는 민간인 처형 사실을 인정하면서도 이는 일본 군인으로서 정당한 행위였다고 주장했다(≪サンデー毎日≫, 1972.4.23).

그 외 일부 잘못된 군인은 도조 히데키(東條英機)를 비롯한 일본 육군이며, 천황을 포함한 대다수 일본인은 전쟁 피해자로 구분한다. 그들은 전쟁의 책임에서 벗어나 같은 피해자로서 오키나와의 비극을 일체화하는 경향도 보인다(도미야마 이치로, 2002: 109). 이에 반해 '집단자결'이 군의 명령에 따라 일어난 강제학살이라는 주장은 일본인으로서 긍지를 가질 수 있는 역사를 표방하는 우익의 입장에서는 받아들이기 어려웠을 것이다. 주민들의 희생은 황국신민으로서 자발적으로 행한 숭고한 희생이 되어야 했다.

'집단자결'은 오키나와 전투에서 민간인이 대량으로 희생된 독특한 양상이다. 오키나와 주민의 '집단자결'은 오키나와 본도와 주변 섬 지역의 자연동굴(ガマ)과 참호, 문중 묘 등지에서 일어났다. 게라마 제도(慶良間諸島)의 도카시키섬(渡嘉敷島), 자마미섬(座間見島), 게루마섬(慶留間島), 오키나와 본도의 요미탄촌(讀谷村)의 동굴과 남부의 동굴 및 참호, 문중 묘 등지에서, 이에섬(伊江島)과 구메섬(久米島)을 비롯한 본도와 본도 주변의 여러 섬에서 폭넓게 일어났다.

'집단자결'에 동원된 무기는 주로 일본군이 건넨 수류탄[4]이 사용되었지만, 쥐약, 청산가리 등의 독극물과 농기구, 식칼 등 생명을 끊을 수 있는 것은 모두 동원되었다.

> (도카시키섬 서북단 온나가와라의 지하호) 여기저기서 수류탄이 터졌다. 무시무시한 굉음이 잇따라 골짜기에 울려 퍼졌다. 순식간에(남녀노소, 아기까지) 살점이 사방으로 튀며 아비규환의 아수라장이 되었다. 단번에 죽지

4 하야시는 일본군이 수류탄을 집단자결 수단으로 배포한 사실을 들어 '집단자결'이 주민의 자의에 따른 선택이 아닌 일본군에 의해 강제된 죽음임을 뒷받침하는 유력한 증거로 게라마 제도에서 일어난 '집단자결'을 제시했다.

못하고 목숨이 붙어 있는 사람들은 서로 곤봉으로 치거나, 면도칼로 자신의 목을 긋거나, 괭이로 혈육의 머리를 내리쳐 깨부쉈다. 이렇듯 세상에 다시 없을 무시무시한 광경이 여기저기에서 동시에 펼쳐졌고, 온나가와라의 계곡물은 피로 물들었다(≪오키나와타임스≫, 2020: 51~52).

(자마미섬) 류조(隆三)는 "미국이 상륙했다. 이젠 틀렸다"라고 하며 울면서 가루로 된 쥐약을 두 집의 어른 한 사람, 한 사람 손에 쥐어주고 한 병에 든 물을 돌려 마시게 했다. …… 싫어하는 아이들에게는 쥐약을 흑설탕에 섞어 강제로 입을 벌려 먹게 하는 부모도 있었다. 류조가 늙은 아버지와 처, 딸들을 몽둥이로 때리고 있는 중이었다. 쥐약을 먹고 난 뒤에도 죽지 않고 고통스러워하는 가족을 류조는 볼 수가 없어 자신의 손으로 죽였던 것이다. 거의 미치다시피 한 류조는 이번에는 괴로워 몸부림치는 일곱 살짜리 아들의 한 팔을 붙잡아 벽에 처박았다. 몇 번인가 반복한 뒤 마지막으로 몽둥이로 내리쳤다(宮城晴美, 2008: 109~111).

민간인의 '집단자결'은 주민들의 자발적인 의지에 따른 행위라기보다는 일본군의 압도적인 힘을 배경으로 유도된, '강요된 죽음'이었다. 오키나와뿐만 아니라 '집단자결'이 일어난 지역에서는 '군·관·민 공생공사', 즉 전시하에서 주민은 군과 생사를 같이한다는 방침 아래 거의 예외 없이 일본군과 주민이 섞여 있던 지역에서 발생했다(林博史, 2001; 謝花直美, 2008: 62~63). 당시 '집단자결'로 목숨을 잃은 오키나와 주민들은 거의 1000명에 이른다.

주민의 '집단자결'은 미군에 점령당했을 때 벌어질 만약의 사태에 대해 거의 세뇌에 가깝게 선전선동을 편 일본군의 강요에서 비롯된 것으로

그림 3-3 집단자결이 일어난 지역과 인원

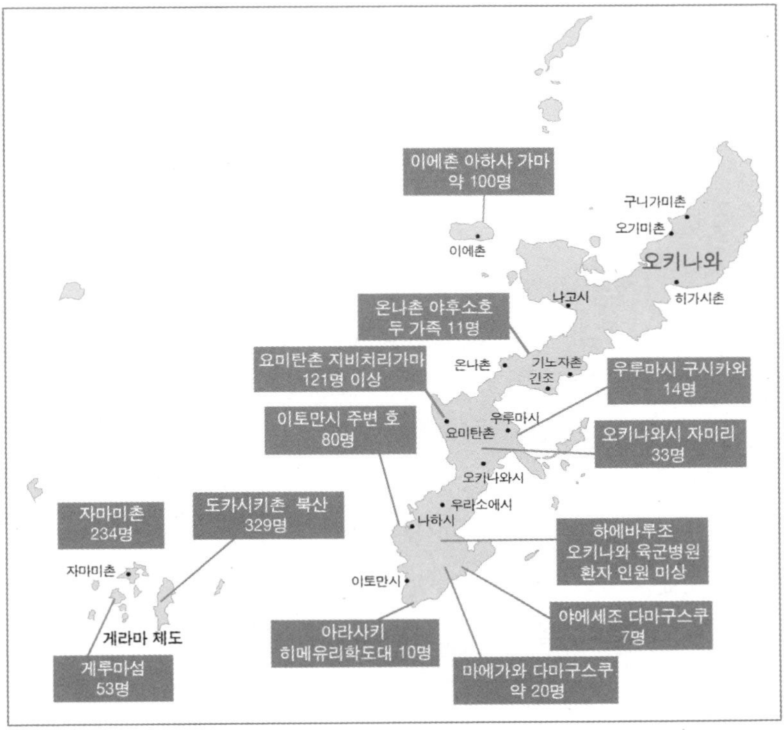

주: '집단자결' 지역과 사망자 수는 필자가 참고한 연구서와 증언집, 그리고 오키나와 지역의 오키나와 전투 관련 홈페이지의 자료를 참고하되, 일치하지 않을 경우 다수의 기록에 의존했다. 마에가와와 야에세조의 정확한 사망자 숫자는 확인하기 어렵고, 우루마시 구시카와에서 일어난 '집단자결'은 13명과 14명이 엇갈린다. 이 외에도 알려지지 않거나 필자가 파악하지 못한 '집단자결'이 일어난 지역이 있다는 것을 밝힌다.

일본제국주의의 황민화 교육의 결과였다. 남양군도에 징용·징병을 갔다가 돌아온 생존자들은 일본제국은 '와전옥쇄(瓦全玉碎)' 논리를 일본군뿐만 아니라 민간인들에게도 강요했다고 증언했다. 이른바 '옥쇄'는 1941년 당시 육군대신 도조 히데키의 훈령인 '전진훈(戰陳訓)'을 기반으로 한다. '전진훈'은 일본 전군에 내린 훈령으로 일본 군인이 전장에서 지켜야 할 '도덕과 마음의 자세'이다. 특히 "살아서 포로로서의 창피를 당하지 말고, 죽어서 죄과의 오명을 남기지 말라"라는 훈령('전진훈' 본훈 제2의 8조)이 태평양전쟁 시기에 '옥쇄'와 일본군의 자살 공격을 감행한 기반이 되었다.

> 도카시키 촌장이 천황 폐하 만세를 불렀고 주민들도 따라서 삼창을 했습니다. 당시 전쟁터에서 천황 폐하 만세는 천황을 위해 목숨을 바치는 것을 의미합니다. 자결이라는 말은 쓰지 않아도 촌장이 자결하라는 명령이나 마찬가지입니다. 그리고 촌장님도 군에서 명령을 받은 셈이에요. 촌장의 독단이었다, 군은 명령하지 않았다고 하는 사람이 있습니다만, 촌장은 군의 연락이 없으면 주민들을 죽음으로 몰아넣을 리가 없습니다. 죽어야 한다는 것은 알고 있었지만, 저는 그때 막 16살이 되었기 때문에 실제로 어떻게 하면 좋을지 몰랐습니다. 그래서 조금 높은 곳에서 어른들의 모습을 보고 있었어요. 동사무소 직원이 수류탄을 돌렸어요. 정확한 수는 모르겠지만 한 20~30개였던 것으로 기억합니다. 적었기 때문에 모든 가족들에게 돌아간 것은 아닙니다. 저희 가족에게는 없었어요(긴조 시게아키 인터뷰, 2015.8.18).

태평양전쟁 시기 일본군의 '옥쇄'가 처음 발생한 곳은 알류샨 열도에 있는 아투섬이었다. 1942년 일본군이 이 섬을 점령한 뒤 2500명의 수비대를 진주시켰다. 1943년 5월 미군이 이 섬을 탈환하기 위해 공격하자 일본군 수비대가 보름 이상 격전을 벌였으나 거의 궤멸되고, 5월 29일에는 수비대장 야마자키와 마지막으로 남은 병력이 미군을 향해 자살 돌격을 감행해 전멸했다. 이 사건을 두고 당시 일본 언론은 일본군의 행위를 '옥쇄'라 하며 칭송했다. 이때부터 일본군은 최후의 결전을 '자결'이나 자살 돌격 방식으로 치렀다. 사이판, 타라와, 이오지마 등 전투가 벌어진 곳에서는 미군에 패한 일본군들의 자살 공격이 잇따랐다. 이 과정에서 사령관 이하 부대원 가운데 생존자가 단 한 명도 남지 않은 전투도 있었다. 이는 '전진훈'을 실천한 결과였다.

오키나와 전투 당시 '집단자결'의 비극도 '전진훈'을 근간으로 하는 일본군의 전장에서의 태도에 기인한 바가 크다. 그들은 패전을 앞두고 군인들의 준칙인 '전진훈'을 황국신민관에 적용해 오키나와 주민들에게 강요했다. 자마미섬의 사례는 주민들이 '집단자결'로 나설 수밖에 없는 상황을 잘 보여준다. 자마미섬에서는 매월 8일 충혼비 앞에서 진주만 공격을 기념하는 행사가 열렸다. 오키나와 주민들은 충혼비 앞에서 촌장, 학교장 등 섬의 지도자와 재향군인이 하는 강의를 들어야 했다. 강의에 나선 사람들은 미군에게 포로가 되었을 때 겪게 될 학대를 강조하며 그 때문에 잡히기 전에 '옥쇄'해야 한다고 반복해 이야기했다. 또한 일본군 부대 주관으로 '귀축미영(鬼畜美英)' 캠페인을 열고, 중국 전선을 경험한 병사들이 나서 군대의 민간인에 대한 잔학 행위를 들려주었다. 상황이 이렇다 보니 오키나와 주민들은 미군에 항복할 수도 없었고, 언제 일본군에게 죽을지도 모르는 극한의 절망 상태에 놓이게 되었다. 결국 오키나와 주민들은 일본군의 의도에 따라 죽음을 선택할 수밖에 없었다(謝花直美, 2008: 11).

오키나와 전투 당시 '집단자결'의 기반이 되는 '전진훈'의 실천에 오키나와의 지배층과 황국신민 교육이 영향을 끼쳤다. 류큐 처분 이후 메이지 정부는 오키나와 왕족과 지배층에 대해 '구관온존(舊慣溫存)' 정책을 펼쳤다. 지배층의 저항을 잠재우기 위한 정책이었다. 오키나와의 지배층은 오키나와에 대한 일본의 차별과 동화정책에 적극 협조했다.

그림 3-4 방언찰을 찬 학생

오키나와 방언을 사용한 학생에게 방언찰을 차도록 하는 조치는 전쟁이 끝난 뒤에도 계속되었다(1969).
자료:冲縄の風景, http://coralway.jugem.jp/?eid=4947(검색일: 2021.3.24).

그 뒤 메이지 정부는 오키나와 주민을 상대로 '징병령'을 발포하고 선거를 실시하면서 법제도적인 통합을 추진했다. 그리고 오키나와 주민의 생활문화 전반을 일본 문화로 통합하기 위해 일본화 정책을 시행했다. 오키나와 방언을 사용할 경우 '방언찰'을 차도록 함으로써 오키나와 방언을 폐지하고 일본어 사용을 강제했으며, '생활개선운동'을 명목으로 오키나와 고유의 문화를 대신해 일본 문화를 강요했다. 오키나와 고유의 문화를 미개한 풍습으로 규정해 오키나와인들을 열등한 국민으로 대했다. 결국 일본의 오키나와에 대한 차별에서 벗어나기 위해 일본에 동화되어 간 오키나와의 역사도 오키나와에서 일어난 참극의 중요한 배경이라고 할 수 있다(야카비 오사무, 2008: 155).

오키나와의 일본화 과정은 어린 학생들에게 새로운 근대국가 일본의 정상적인 국민을 열망하게 만들었다. 오키나와 학생들은 황국신민의 국민정신이야말로 일본 국민이 되기 위한 마음가짐으로 받아들였다. 오에(大江) 재판 당시 원고 측 증인이기도 했던 미야히라 히데유키(宮平秀幸)의 사례는 오키나와 학생들에게 황국신민 교육이 어떤 영향을 끼쳤는지 구체적으로 보여준다. 히데유키[5]는 학생 시절을 황국신민으로서 군인이

5 미야히라 히데유키는 1942년 초등학교 고등과에 입학했다. 중학교에 진학하기 위해 원서를 제출했지만 오키나와 전투를 앞두고 본인에게 알리지도 않은 상태에서 입대 지원 대상자가 되었다. 그 이후 오키나와 전투가 임박한 때에 마을 방

표 3-1 오키나와 지역 주민의 구성

그룹	구성원
1그룹	촌장, 구장, 수사, 학교장 등 각 촌의 지도층
2그룹	17~45세 사이의 재향군인이나 방위대원 등 일본제국주의 군대의 경험이 있었던 사람들
3그룹	17세 미만의 경방단에 조직된 소년들
4그룹	대부분 여성인 일반 어른들
5그룹	노인들
6그룹	아이들

되기 위한 교육을 받은 시기로 기억하고 있었으며, 오키나와 전투 당시 군인이 되어 전투에 나서는 것을 당연히 여긴 군국 소년이었다(服部あさこ, 2016). 따라서 학생들이 받은 '교육'은 황국신민으로서 일본인이 될 수 있는 중요한 지침이 되었고, 이들이 '집단자결' 과정에서 자발적이고 주도적인 역할을 했다.

하야시 히로후미(林博史)는 일본군의 직접적인 개입이 없이도 '집단자결'이 일어날 수 있었던 배경을 지역 주민의 구성과 '다층적' 역할에서 찾고 있다(林博史, 2001). 하야시는 주민을 모두 6개 그룹으로 나누었다.

'집단자결'의 다층적 측면에서 보았을 때 1, 2그룹이 주로 '집단자결'을 주도하고, 3그룹이 이를 지지하며 '집단자결'을 실행에 옮겼다. 나머지 그룹의 주민들은 이들의 결정에 끌려갔다. 3그룹인 17세 미만의 소년들은 오키나와의 일본화 과정에서 가장 크게 영향을 받은 집단으로 황민화

위대로 편성되었으며, 본부 부대 소속 전령원에 임명되었다. 1945년 3월 히데유키는 전투에서 부상을 입고 미군의 포로가 되었다.

교육의 영향을 직접적으로 받았다. 이들은 적극적으로 '집단자결'을 실행에 옮겼다. 그 결과 일반 주민들이 가장 큰 피해를 입었다.

그들(일본제국)은 살아있으면서 부끄러움을 당하지 말라는 군국주의 교육을 시킵니다. 어느 정도였는가 하면, '동물적 충섬심'이라고 불릴 정도로 철저한 군국주의 교육을 실시했습니다. 그로 인해 이 동굴에 있던 사람들은 자기가 사랑하는 것을 적에게 건네줄 수 없으니 자기 손으로 죽이는 것이 사랑의 표현이라 생각하고 어머니들이 자기가 낳은 아이를 칼과 낫으로 찔러 죽였습니다. 그렇게 85명이 여기서(요미탄촌) 죽은 것입니다(치바나 쇼이치의 증언, ≪제주의 소리≫, 2013.3.15).

'집단자결' 역시 일본군에 의한 주민학살과 같은 것이었다. 왜냐하면 일본군과 동거한 주민들은 귀축인 미군에 포로가 되어 수치를 당하지 말고 군민이 공생공사 하도록 강요받았으며, 이는 황민화 교육이 뒷받침되었기에 가능했다(강성현, 2008: 175). 따라서 오키나와 전투 과정에서 일어난 오키나와 주민들의 '집단자결'은 일본제국과 일본군에 의한 '집단학살'의 성격을 띤다.

3. 오키나와 '집단자결'을 둘러싼 해석의 경합

1) 오키나와 '집단자결'에 대한 해석의 충돌

오키나와의 '집단자결'에 대한 해석은 정반대로 나타난다. '집단자결'

을 오키나와 주민의 입장에서 연구해 온 학자들은 '일본군에 의한 강제적인 집단사' 혹은 '일본군에 의한 주민학살'로 해석한다. 자신의 손으로 생명을 끊었다 하더라도, 그 결정은 강제력에 의한 것이기 때문이다. 하야시는 강제력의 요소를 황국신민화 교육, 군관민의 공생공사 사상, 귀축영미(鬼畜英米) 공포, 고립된 섬의 지리적 상황, 공동체 규제력 등으로 설명했다(강성현, 2006: 173 재인용; 야카비 오사무, 2008). 이에 반해 일본 우익은 '집단자결'이 자발적으로 행한 '옥쇄'의 성격을 띤 행위로, 정의롭고 도덕적이었다는 입장이다(曾野綾子, 2006).[6]

오키나와에서 벌어진 이른바 '집단자결' 논쟁이 나타난 시기는 크게 세 시기로 나눌 수 있다. 첫 번째는 1950년 『철의 폭풍(鐵の暴風)』의 발행을 들 수 있다. 이 책은 전쟁을 경험했던 오키나와신보사의 기자들이 쓴 전쟁 체험 기록이다. 미국이 오키나와에 상륙하기 전부터 오키나와

---

6 1982년 일본 문부성이 역사 교과서 검정 과정을 공개하면서 일본의 대외 침략 과정에서 중국에 대한 '침략'을 '진출'로 표현하면서 난징대학살에 대한 왜곡을 시도했다는 것이 드러났다. 이 과정에서 오키나와 주민학살 내용을 삭제하도록 지시한 사실도 알려졌다. 이에 대해 오키나와현 의회와 주민들이 반발하면서 오키나와 학살의 진상에 대한 기술을 요구하는 운동으로 발전했다. 이 파동은 이에나가 사부로(家永三郎)의 교과서 소송 공방으로 확대되었으며 이후 오키나와 주민학살 문제는 '군대의 논리'와 '민중의 논리'가 충돌하는 양상으로 전개되었다. 강성현은 '자발적인 '옥쇄'로서 집단자결'과 '강제적인 주민학살로서의 집단자결'이라는 입장 모두 목적론으로 파악하고 있기 때문에 '집단자결'에 이르는 과정을 지나치게 단순화할 뿐만 아니라 죽음으로 동원되는 과정과 성격을 은폐, 외면하고 있다고 지적했다(강성현, 2006: 35~36). 물론 강성현의 주장대로 오키나와 일부에서 '집단자결'이라는 죽음으로의 동원에 저항했던 사례가 있고, 그 과정에서 이민 체험을 한 주민이라는 예외적인 경험이 작용한 것은 인정할 수 있으나 전체적인 흐름에서 '집단자결'의 주된 경합은 순국과 학살의 논리를 중심으로 전개되고 있다.

일본군 수비대가 궤멸될 때까지, 오키나와 전쟁 관련 자료와 르포, 여학생과 주민 등이 직접 쓴 전쟁 체험 수기를 실었다. 이 책의 제목에 쓴 '폭풍'은 오키나와 전투 당시 공포에 가까운 미군의 함포 사격과 폭격을 의미한다. 이 책에서는 오키나와 주민들이 전쟁 과정에서 어떻게 죽어가고 고통스러워했는지, 전쟁이 초래한 것이 무엇이었는지 이야기하고 있으며, 처음으로 주민들의 죽음을 '집단자결'로 표현했다(오키나와타임스, 2020: 48). 그러나 이 책이 발행된 이후에도 오키나와 전투를 교과서에서는 구체적으로 다루지 않았다. 그 무렵 교과서에 실린 오키나와 전투 관련 내용은 1974년 이에나가 사부로(家永三郎)가 저술에 참여한 『신일본사』의 각주가 유일하다(林博史, 2006).[7]

두 번째 계기는 이에나가 사부로가 교과서 검정제도의 위법성에 대해 소송한(이하 '이에나가 교과서 재판') 사건과 관련이 있다. 1962년 이에나가가 집필했던 『신일본사』 교과서에 대해 일본 문부성이 내용의 부적합성을 들어 불합격 결정을 내리자 이에나가는 정신적인 손해와 피해보상을 요구하며 국가배상 청구소송을 제기했다. 그는 소송에서 교과서 검정제도는 검열이며 헌법 위반이라고 주장했다. 재판 결과 검정제도는 합헌으로 판결이 났으나, 1984년 제소한 제3차 소송에서는 제소한 검정 위법 사항 가운데 네 군데 내용에서 위법이 확정되어 일부 승소했다. 오키나와의 '집단자결'은 '이에나가 교과서 재판' 중 3차 소송에 포함되어 있었다. 문부성은 '집단자결'이 일본군에 의한 희생자가 아니라 나라를 위해 스스로 순직한 숭고한 죽음이라는 검정 의견을 제시해 교과서 수정을 요구했

7 『신일본사』의 각주에서 "오키나와현은 지상전의 전장이 되어, 10만을 넘는 많은 현민 노약남녀가 전화의 속에서 비명의 죽음으로 몰렸다"라고 서술하고 있다.

다. 판결에서는 검정 의견은 합법으로 보았지만, '집단자결'에 대한 수정 요구는 불법으로 보았다. 그 결과 교과서에 "집단자결", "일본군에 의해 강제된 집단사" 등으로 표기하는 데 문제가 없게 되었다(林博史, 2006).

이에나가 교과서 재판은 오키나와 '집단자결'과 관련해서는 그 내용을 교과서에 기술할 수 있는 근거를 마련했다는 점에서 의미가 있다. 다른 관점에서 보았을 때 이 재판의 중요한 의미는 누가 어떤 근거로 교육 내용을 결정하는가의 문제를 둘러싼 경합이었다. 판결 결과 교과서는 "의미와 가치의 창조에 참여하는 자유롭고, 헌신적이고, 공통적인 과정"을 통해 생산할 필요가 있으며, 국가는 이 같은 과정의 공평성을 보장하는 역할을 해야 한다는 것을 확인하는 계기가 되었다(헤인·셀든, 2009: 225).

마지막으로 오키나와 '집단자결'이 전국적으로 공론화된 계기는 2005년 오에 재판과 2007년 문부과학성의 고등학교 일본사 교과서 검정 수정 지시였다. 이때는 일본에서 배타적 민족주의가 확산되면서 일본이 행한 침략전쟁과 식민지 지배를 정당화하려고 하는 역사 인식이 확산되는 시기였다. 오에 재판은 2005년 오에 겐자부로(大江健三郎)가 『오키나와 노트(沖縄ノート)』에 서술한 '집단자결' 내용을 문제 삼아 일본 우익이 법원에 제소한 사건이다. 일본 우익이 문제 삼은 부분은 "본토는 실재하지 않는다" 중에서 게라마 열도의 도카시키섬에서 오키나와 주민에게 집단자결을 강요했고, 주민을 처형했던 수비대장이 전후 '전우'와 함께 도카시키섬에서 열린 위령제에 참석하기 위해 오키나와로 갔다는 보도에 대해 소회한 부분이다(오에 겐자부로, 2012: 180~200). 우익은 오에 겐자부로와 이 책을 출판한 이와나미서점을 같이 제소했는데, 재판 과정에서 오키나와 전투 당시 일본군의 잔학한 행위가 드러났다. 결국 2011년 대법원은 일본 우익의 주장을 기각했다.[8]

문부과학성의 검정 수정 지시는 2006년 검정 신청을 한 고등학교 일본사 교과서 내용 가운데 오키나와 전투에서 발생한 주민의 희생에 대한 일본군의 강제 부분을 삭제하라는 것이었다.[9] 이 서술이 "오키나와 전쟁의 실태에 대해 오해할 우려가 있는 표현"이기 때문이다. 오키나와 전투의 '집단자결'에 대한 일본군의 강제성 여부를 두고 오에 재판이 진행되는 상황에서 교과서 검정 수정을 요구한 것이다. 오키나와에서 일어난 '집단자결' 문제는 당시 아베 정권과 역사수정주의자들에게는 난징대학살과 일본군 '위안부' 문제와 함께 제국주의 일본의 침략전쟁 과정에서 감추고 싶은 문제 중 하나다. 난징대학살과 일본군 '위안부' 문제는 국제 문제인 데 비해 오키나와의 '집단자결'은 일본 국내 문제이다. 국제 문제의 경우 국제적인 비판에 직면할 수 있지만 국내 문제는 교과서를 중심으로 서술을 축소하거나 삭제하는 방식으로 해결할 수 있을 것으로 판단했을 가능성이 있다(서종진, 2016: 259).

출판사에서는 문부과학성의 수정 요구에 따라 일본군의 강제에 따른 주민의 희생과 관련된 내용을 수정한 뒤 2007년 재검정을 신청해 검정에 통과했다. 〈표 3-2〉는 문부성의 검정 수정 의견과 수정 후 재검정한 교

8 오에 재판의 전체 과정과 판결 내용은 오사카역사교육자협의회 홈페이지 참고(https://osaka-rekkyo.org/okinawasen/).

9 2006년부터 사용하게 된 중학교 역사 교과서의 검정 과정에서 문부성은 일본군 '위안부'에 대한 기술을 삭제하도록 지시함에 따라 중학교 역사 교과서에서는 이에 대한 기술을 찾아볼 수 없다. 반면 2006년 고등학교 일본사 교과서 검정에서 각 교과서에서는 '위안부'라는 단어를 사용했지만, 일본군에 의한 강제 혹은 관여와 관련한 서술은 없다. 이는 검정의견에 따른 국제 문제를 피하기 위해 검정 신청 단계에서 압력을 가한 결과로 보는 해석이 있다(林博史, 2007).

표 3-2 2006년도 검정 신청 시기 고등학교 『일본사』 교과서의 내용과 수정 내용 비교

교과서	검정 신청 단계 내용	검정 의견에 따른 수정 내용
山川出版社 日本史A	**일본군에 의해** 호에서 쫓겨나거나 혹은 집단자결로 몰린 주민도 있었다.	그중에는 일본군에 호로부터 쫓겨나기도 하고 자결했던 주민도 있었다.
東京書籍 日本史A	일본군이 스파이 용의로 학살했던 일반주민과 집단자결에서 '**자결**'을 **강제한 것도 있었다.**	'집단자결'로 몰려들어가기도 하고 일본군이 스파이 용의로 학살했던 일반주민도 있었다.
三省堂 日本史A	일본군에 '집단자결'을 강요받기도 하고,	궁지에 몰려 '집단자결'했던 사람과,
清水學院 日本史B	그중에는 **일본군에게 집단자결을 강제 받았던 사람**도 있다.	그중에는 집단자결로 몰려 들어간 사람들도 있다.
實敎出版 日本史B	**일본군에 의해** 현민이 전투에 방해가 되는 등의 이유로 집단자결로 쫓겨나거나,	현민이 일본군의 전투에 방해가 된다는 등의 이유로 집단자결로 몰려나거나,

과서의 내용이다(文部省, 2007; 林博史, 2007).

검정 결과 집단자결에서 일본군의 강제성과 관련된 내용이 삭제 또는 수정되었다. 검정 결과가 발표되자 오키나와 지역의 언론과 주민들은 크게 반발했다. 2007년 9월 29일 '교과서검정의견철회를 요구하는 오키나와 현민 대회'가 주최 측 추산 11만 6000명이 참가한 가운데 이토만시 마부니에 있는 평화기념공원에서 열렸다.[10] 심지어 자민당 의원이 대부분을 차지하는 오키나와현 의회에서는 "집단자살은 일본군에 의한 명령·강제 없이는 일어날 수 없었다"라며 검정 의견 철회 의견서를 채택했다. 자민당 소속의 의장은 오키나와 전투 당시 자신의 경험을 토로하며 검정에 대해 반대 입장을 밝히기도 했다(≪경향신문≫, 2007.6.24). 전국의 지역의회에서도 검정 수정 철회 요구서를 채택했으며, 각 정당에서도 검정

10 현민대회 관련 내용은 ≪류큐신보≫ 사이트 참조, https://ryukyushimpo.jp/pages/page-171.html.

의견 철회를 요구했다.

이런 상황에서 문부과학성은 교과서 검정 수정 의견을 철회하는 대신 교과서 회사가 정정 신청을 하면 수정할 수 있도록 한다고 한발 물러섰다. 사실상 검정 수정 의견을 철회하고 재검정을 실시하게 되었다.

재검정 결과 2007년 12월 7개 출판사에서 일본군의 강요에 의해 '집단자결'이 일어났다는 내용을 포함한 『일본사 A』 4종, 『일본사 B』 교과서 4종에 대해 정정 신청을 했으며, 교과용도서검정조사심의회에서는 모두 검정 승인을 했다(文部省, 2007: 별지 1~11).[11]

출판사에서 제출한 정정 신청 내용을 보면 대부분 출판사에서는 검정 수정 의견이 있기 전 검정 신청을 했던 내용을 제출했지만, 도쿄서적의 『일본사 A: 현대의 역사(日本史A — 現代からの歴史)』는 오키나와 전투에 대한 내용을 이전보다 자세히 추가해 서술했다. 이는 오키나와 전투에 대한 연구 성과를 적극 반영한 결과로 보인다.

2) 오키나와 전투 '집단자결'에 대한 일본 우익의 움직임

2007년 교과서 검정 문제와 '오에 재판'에서 오키나와 전투에서의 '집단자결'의 해석을 둘러싼 경합이 전면에 등장했다. 태평양전쟁 시기 오키나와가 특별한 의미가 있는 이유는 일본군이 전쟁을 벌인 유일한 자국 영토였기 때문이다. 우익에서는 오키나와 전투를 군관민이 혼연일체가

11 정정 신청을 한 출판사 가운데 야마카와출판사(山川出版社)가 발행한 『日本史 A 改訂版』에서 검정신청, 검정 수정, 정정신청 단계 모두 유일하게 '집단자결' 내용 서술이 없었다.

되어 싸웠던 전쟁이며 오키나와는 그 전쟁이 일어났던 '성지'로 해석한다(전진성·이재원, 2009: 211). 이에 반해 오키나와 주민은 국가폭력에 의해 희생된 조상들의 삶의 터전으로 오키나와를 기억하는 경향이 강하다.

'새로운 역사 교과서를 만드는 모임'(이하 '만드는 모임')의 후지오카 노부가쓰(藤岡信勝)는 오키나와 전투에서 민간인이 군이 명령으로 '집단자결' 했다는 설명에 대해 "과거의 일본을 규탄하기 위해 일면적인 사실을 과장하고 애당초 사실이 아닌 것을 과장"해 학생에게 실망감을 가지게 하려는 경향이 있다고 주장했다. 그의 주장을 요약하면 도카시키섬과 자마미섬에서 일어난 '집단자결'은 일본군의 명령이 아니라 보상금을 받기 위한 주민의 거짓말이었다는 것이다. 더 나아가 후지오카는 교과서 검정에서 재수정으로 결론이 난 것은 좌익의 전략이 성공한 결과이며, 우익이 이에 제대로 대처하지 못한 데도 원인이 있다고 주장했다(藤岡信勝, 2007; 2008b).

후지오카는 '만드는 모임' 차원에서 자마미섬의 전 일본군 부대장과 도카시키섬의 전 부대장의 동생을 부추겨 오에 겐자부로와 이와나미서점을 오사카 지방 재판소에 제소하게 하고, 『오키나와 노트』의 출판 금지와 손해배상을 요구했다. 후지오카를 비롯한 '만드는 모임'이 제소한 목적은 단순히 2명의 전직 군인의 명예 회복에 있는 것이 아니라 한 나라의 역사관을 좌우한다는 판단이 걸려 있기 때문이었다(服部 あさこ, 2016: 574). 결과적으로 소송 당사자들이 제소한 책을 제대로 읽은 적이 없다는 것이 밝혀지고, '집단자결'에 대한 증언이 제시되면서 원고가 제기한 소는 기각되었다. 최고재판소까지 일관되게 이어진 판결 내용은 부대장이 확실하게 '집단자결'을 명령한 증거는 없지만, 자결을 한 사람들에게는 명령이 있었다고 믿을 만한 상황이 있었다는 것이다. 즉, 오키나와 전투 과정에서 일어난 '집단자결'은 '총체적인 일본군의 집단자결에 대한 관여, 강제와 유도'에 따른 것이라는 판단이었다(服部 あさこ, 2016: 574).

후지오카를 비롯한 일본 우익의 주장은 '역사수정주의'의 대표적인 입장이다. 오키나와의 '집단자결'을 일본군의 강요로 일어난 주민학살이라고 주장하는 것은 일본의 자랑스러운 역사를 왜곡하는 자학사관에 따른 것으로, 일본의 역사는 일본인들에게 긍지와 자부심을 안겨주어야 한다고 했다. 현재 후지오카는 '일본회의'와 알력으로 만드는 모임에서 탈퇴했지만, 여전히 역사수정주의에 바탕을 둔 주장을 펼치고 있다. 후지오카를 비롯한 일본 역사수정주의자들이 오키나와 전투의 '집단자결' 문제에 집착하는 이유는 그들이 생각하는 일본의 역사관에서 비롯된다. 즉 역사교육이 일본인으로서 자부심을 가질 수 있도록 해야 하며, 일본인의 잔학한 행위를 강조하는 것은 내향적인 국민밖에 기르지 못한다는 인식(藤岡信勝, 1996: 222)이 '집단자결'을 부정하는 논리로 이어지는 것으로 보인다.

오키나와 '집단자결' 문제에 대한 일본 역사수정주의자들의 공격은 주로 우익 성향의 신문과 잡지를 통해 이루어져 왔다. ≪산케이신문≫과 더불어 역사수정주의자들의 논리를 주로 다루는 잡지로는 ≪정론(正論)≫, ≪제군!(諸君!)≫, ≪보이스(VOICE)≫, ≪윌(WILL)≫ 등이 대표적이다. '집단자결'과 관련한 기고문은 ≪정론≫이 압도적으로 많다. ≪정론≫은 산케이신문사에서 발행하는 월간지로 1973년 일본의 고도경제 성장 아래 일본의 자유 사회와 건전한 민주주의를 지킨다는 주장을 내세우며 창간되었다. 이 매체의 주요 기고자는 아베 신조(安倍晋三, 전 총리), 이시하라 신타로(石原愼太郎, 전 도쿄도지사), 다카이치 사나에(高市早苗, 중의원), 사쿠라이 요시코(櫻井よしこ), 야기히데 쓰구(八木秀次, 일본교육재생기

구 이사장이자 새로운 역사 교과서를 만드는 모임 전 회장), 후지오카 노부카쓰(藤岡信勝, 새로운 역사 교과서를 만드는 모임 부회장), 하세가와 미치코(長谷川三千子, 일본회의 대표 위원) 등으로 대부분 일본의 역사수정주의를 대표하는 우익 세력이다.

'집단자결'에 대한 일본 우익의 관점은 기고문을 통해 어느 정도 파악할 수 있다. ≪정론≫에서 '집단자결' 문제를 처음 거론한 것은 2003년 소노 아야코(曾野綾子)가 기고한 글로 이에나가 교과서 재판의 결과 교과서에서 '집단자결' 내용의 서술이 나타난 데 대해 비판했다(曾野綾子, 2003). 실제 아야코는 '오에 재판'의 증인으로 참석하기도 했다. 그 이후 '집단자결'에 대한 군의 강요나 명령이 없었다는 주장이 ≪정론≫ 기고문의 주를 이루었으며, '오에 재판', 교과서 검정 수정 의견 등 굵직한 사안이 있을 때마다 특집 방식으로 '집단자결'에 대한 그들의 주장을 내세웠다. 예컨대 "일본을 폄훼하는 '역사 훼손'에 철저하게 반격한다"(≪정론≫, 426, 2007), "총력특집: '공기'의 정치가 일본을 망하게 한다"(≪정론≫, 429, 2007), "왜곡된「오키나와전 집단자결」문제"(≪정론≫, 430, 2008), "오키나와전 교과서 검정문제"(≪정론≫, 432, 2008), "철저탐구: '오키나와전 문제'"(≪정론≫, 433, 2008), "'새로운 역사 교과서를 만드는 모임' 오키나와전 심포지엄으로부터"(『정론』 435, 2008) 등 일련의 특집 기사를 통해 교과서 재검정과 오에 재판 등에 대항하는 주장을 집중적으로 펼쳐왔다.

그러나 '집단자결' 문제가 사회적으로 쟁점이 되지 않을 때는 이에 대한 주장을 찾아보기 어렵다. '집단자결' 문제를 거론한 가장 최근의 글은 2017년 산케이신문사의 쇼구치 야스히로(將口泰浩)가 기고한 것이다. 이 기고문에서 쇼구치는 '집단자결'은 천황에 대해 충성심을 가진 오키나와 주민들이 자발적으로 미군에 저항했던 사건이라고 주장했다(將口泰浩,

2017). 후지오카가 일본인이 긍지를 가지는 역사가 되기 위해서는 자학사관을 극복해야 하며, 자학사관의 대표적인 역사 인식으로 난징 문제, 일본군 '위안부' 문제, '집단자결' 문제를 거론(藤岡信勝, 2008c: 147)한 것을 감안하면 의외이다. 일본 정부에서도 '집단자결'에 대해 조용히 대응하는 모습을 보인다.[12]

이는 역사수정주의자들이 '집단자결'에 대한 그들의 주장을 철회했다기보다는 전략적 선택의 결과로 여겨진다. 즉 난징 학살이나 일본군 '위안부' 문제에 대해서는 일본 국내의 반발이 크지 않은 반면, '집단자결'에 대한 그들의 주장은 2007년 오키나와 지역뿐만 아니라 국회에서도 반감을 샀던 경험이 작용한 것으로 보인다. 그들은 ≪정론≫에서 '집단자결'을 직접 거론하기보다는 지금까지 '집단자결'에 대한 일본군의 책임 문제를 꾸준히 거론해 온 오키나와 지역 언론, 즉 ≪오키나와타임스≫와 ≪류큐신보≫의 논조를 공격하거나(井上和彦, 2013), 혐중 여론을 조장하고 그 중심에 오키나와를 두는 특집 「대중국 최전선 국경의 섬으로부터의 보고(對中最前線 國境の島からの報告)」[13]를 통해 오키나와 지역의 여론

12 2015년 아사히신문사가 발행한 오키나와 전투 관련 보조 교재(『知る沖縄戰』)를 두고 ≪산케이신문≫과 정치인들이 보조 교재의 내용이 일방적이라고 비판하는 등 오키나와 '집단자결'에 대한 교육 내용을 둘러싼 논쟁이 있었으나 정부의 입장은 모호하다.

13 중국을 겨냥한 특집기사는 2013년부터 2019년까지 67회에 걸쳐 실렸다. 주요한 내용은 오키나와 전투에 대한 우익의 주장을 제시하는 것(「特攻隊と歪んだ平和教育 」, 「戰爭マラリア」の虛實」 등)에서부터 반미감정에 대한 공격(「米軍に敵意むきだし オスプレイ批判の異常」, 「沖縄ヘイト」だって? 言葉を弄ぶ反基地報道」, 「やっぱり縣民投票は基地反對のショーだった」 등), 그리고 중국에 대한 견제(「やりたい放題が續く中國の尖閣挑發」, 「南シナ海」化が進む尖閣大漁船團の次は…」 등)까지 다양하게 이루어졌다.

을 바꾸어보려는 시도를 하는 듯 보인다.

그들의 논조는 ≪산케이신문≫과 흐름을 같이한다. ≪산케이신문≫은 2014년부터 우익을 포함한 그들의 논리를 '역사전(歷史戰)'으로 표현하기 시작했다. 이어 산케이신문출판은 『역사전』을 간행했다. 표면상 내세운 '역사전'의 전개 계기는 일본군 '위안부' 문제이다. 일본군 '위안부' 문제에 대해 한국 정부와 한국인이 일본 정부를 비판한 것은 모두 ≪아사히신문≫의 날조에 기반을 둔 부당한 공격이기 때문에 역사 전쟁에 정면으로 맞서야 한다고 했다(山崎雅弘, 2019: 8). 이후 ≪산케이신문≫에서 펼친 '역사전'의 주요한 논지는 '대동아전쟁 긍정론'을 펼치며, 전후 '자학사관'과 '도쿄재판사관'을 극복하기 위해 '황국사관'을 제창한다. '황국사관'은 "이른바 가치판단의 기준이 '천황 중심'이며, 황국사관에 따른 역사교육은 국민은 천황을 위해 봉사하고, 필요하다면 개인의 자유와 권리를 기꺼이 희생한다는 사상을 가르치는 것"으로 강조한다(山崎雅弘, 2019: 90). 이 논리를 오키나와의 '집단자결'에 적용하면 천황을 위한 숭고한 희생으로, '옥쇄'의 의미가 있다.

교과서 문제도 역시 마찬가지이다. 교과서의 '집단자결' 서술을 직접적으로 거론해 논쟁화하기보다는 자신들이 교과서 집필자가 되어 자신들의 주장을 이어가려는 시도가 뚜렷이 보인다. 우익이 발행한 첫 역사 교과서는 『신편 일본사』이다. 1982년 근린제국 조항 신설에 반발하면서 '일본을 지키는 국민회의'(이하 '국민회의')가 주최한 '교과서 문제를 생각하는 간담회'에서 국민회의가 주도하는 역사 교과서 제작이 결정되었다. 국민회의는 '천황' 중심의 일본 역사를 표방하며 하라쇼보(原書房) 출판사에서 『신편 일본사』를 집필해 검정에 통과했다. 그 이후 『신편 일본사』는 메이세이샤(明成社)로 출판사를 옮기고 교과서도 『일본인의 긍지를

전한다. 최신 일본사(日本人の誇りを傳える ─ 最新日本史)』로 바꾸어 발행을 계속하고 있다(강태원, 2020: 99).

이후 우익에서는 중학교 교과서를 발행했다. 만드는 모임에서 『중학교 사회과 역사(새로운 역사 교과서)』와 『공민교과서』를 발행했다. 그러나 만드는 모임의 교과서 채택률이 0.039%에 지나지 않자, 조직의 성격과 채택률이 저조한 책임을 둘러싸고 모임 내부에 분열이 일어났다. 이 과정에서 만드는 모임의 초대 회장 야기 히데쓰구(八木秀次)가 모임을 탈퇴해 '일본교육재생기구'를 만들고, 이어 '교육개혁과 교과서 편찬·채택을 위한 교과서 개선 모임'이라는 새로운 조직을 설립했다. 그리고 이 조직에서 이쿠호샤(育鵬社)를 통해 중학교 역사 교과서(『新しい日本の歴史』)를 발행했다. 만드는 모임에서는 후소샤 대신 지유샤(自由社)에서 교과서(『新しい歴史教科書』)를 발행하게 되면서 우익의 중학교 역사 교과서는 이쿠호샤와 지유샤에서 각 한 권씩 두 권이 발행되었다.[14]

우익 교과서를 발행하는 주체는 '만드는 모임'(지유샤판 중학교 교과서)을 비롯한 '교육재생기구'(이쿠호샤판 중학교 교과서), '일본회의'(메이세이샤판 고등학교 교과서)로 각각 다른 듯하지만, 모두 일본회의와 깊은 연관이 있다. 메이세이샤판 고등학교 교과서는 애초 발행될 때부터 일본회의가 주체였다. 만드는 모임은 후지오카 노부카쓰, 니시오 간지 등이 주도했으나 일본회의 회원이었던 다카하시 시로(高橋史郎)가 부회장으로 활동했으며,

---

14 만드는 모임이 집필한 중학교 역사 교과서(지유샤)는 2019년 문부과학성의 검정에서 불합격했지만, 만드는 모임은 내용을 수정하여 2020년 재검정에 신청, 최종 합격했다. 지유샤 역사 교과서에서는 오키나와에 대한 내용 중 1879년 '류큐처분'이 "일종의 '노예 해방'이었다"라고 서술하는 등 만드는 모임의 오키나와에 대한 차별적 인식이 뚜렷이 드러난다(≪沖縄タイムス≫, 2021.4.28).

일본회의 회장 다쿠보 다다에(田久保忠衛), 감사 가세 히데아키(加瀨英明)가 고문으로 참여했기 때문에 만드는 모임은 출발부터 일본회의와 밀접하게 연관되어 있었다. 야기 히데쓰구가 주도해 발행한 중학교 역사 교과서 출판사 이쿠호샤는 산케이 그룹 산하의 후소샤에서 교과서 부문만 따로 독립해 만든 것이다. 이 출판사는 역사 교과서 제작과 교육 분야를 담당하는 일본회의의 별동대 성격으로(조경희, 2019: 112) 일본회의 고문 이시이 고이치로(石井公一郞), 부회장 고다 무라시로(小田村四郞)가 고문으로 참여하는 등 우익의 모든 역사 교과서는 일본회의와 관련성이 있다.

만드는 모임과 일본회의는 2000년대 들어 손을 잡고 '교육기본법' 개정운동에 나섰다. 2006년 제1차 아베 정권에서 교육 목표로 "전통의 존중", "우리나라의 향토를 사랑", "공공의 정신" 등을 추가하여 애국심을 중심으로 하는 교육을 강조하며 우익의 방향성을 뚜렷이 했다(조경희, 2019: 112). 이와 함께 역사수정주의자들은 '집단자결' 문제를 오키나와 지역민과 대립해 적대적인 여론을 키우기보다는 지역 여론을 분열시키고, 교과서를 통해 자신들의 논리를 확산시켜 나가는 방향을 택한 것으로 보인다.

4. 집단자결을 둘러싸고 경합하는 교과서의 관점 두 가지

일본 내 오키나와 전투 당시의 '집단자결'을 둘러싸고 경합하는 해석을 정리하면 다음과 같다. 우익의 해석은 전투 중 일관되게 일본군과 주민이 같이 적과 싸웠던 군민 일체의 전투이며, 일본군에게 방해가 되지 않기 위해 '집단자결'이라는 방식으로 옥쇄 정신에 따라 스스로 목숨을

표 3-3 '집단자결' 관련 각 교과서 본문 서술 내용

출판사	본문
야마카와출판사(山川出版社), 『詳說 日本史B』	1944년 10월 미군은 필리핀의 탈환을 목적으로 레이테섬에 상륙해 격전 끝에 이곳을 점령했다. 다음 해 1945년 3월에 이오섬을 점령했던 미군은 이오섬을 점령한 데 이어 4월에는 오키나와 본도에 상륙해 오키나와 도민이 말려 들어간 3개월 가까운 싸움 끝에 이곳을 점령했다(오키나와 전투).
시미즈서원(清水書院) 『高等學校 日本史B』	1945년 3월에는 미군이 '철의 폭풍'이라는 거센 함포사격을 하고 오키나와의 게라마 열도에 상륙, 이어 다음 달에는 오키나와 본도에 상륙해 치열한 지상전이 이루어졌다. 슈리에 있었던 일본 사령부는 수비대의 주력이 괴멸된 후에도 남부로 물러나 항전했지만 6월에는 오키나와 수비대가 거의 전멸해 오키나와는 점령되었다. 오키나와 전투에서는 주민에 동원령이 내려져 향토방위대·철혈근황대 등이 조직되었고, 여학교 학생도 히메유리대 등으로 동원되었다. 따라서 군인·군속을 더해서 일반 주민도 치열한 전투에 말려 들어갔기 때문에 막대한 희생자를 낳았다(날개단 그림 1). 오키나와 전투: 군·관·민 일체의 전시체제 속에서 포로가 되는 것은 치욕이며 미군이 포로가 되어 비참한 꼴을 당하기보다는 자결하라고 교육과 선전을 받았던 주민 가운데에는 일본군에 의해 집단자결로 몰려 들어간 사람들도 있다. 이 오키나와 전투에서는 약 12만 명의 오키나와 현민(군인, 군속, 일반 주민)이 사망했다.
도쿄서적(東京書籍) 『新選 日本史B』	**심화-역사를 탐구한다** 오키나와 전투의 커다란 특징의 하나는 주민이 포로가 되는 것을 두려워해 일본군과 행동을 같이했기 때문에 많은 민간인 희생자를 낳았던 것이다. 병사도 주민도 피난호로 피했지만, 일본군에 호에서 쫓겨났던 주민이 쏟아지는 총탄에 목숨을 잃기도 하고, 일본군에 의해 '집단자결'에 몰리기도 했다. 또 적에게 발견된다는 이유로 울음을 그치지 않는 어린아이가 살해되는 사례도 있었다. 직접 전장은 아닌 경우에서도 오키나와 제도 각지에서 고통스러운 사건이 일어났다. 민간인이 스파이 혐의 등으로 일본군 병사에게 살해되기도 하고 산속에 도피해 있던 사람들이 말라리아로 병사했다. …… 현민의 희생자는 현 출신 병사도 포함해 12만 명 이상이 된다고 추정된다. 이 속에는 '철혈근황대'라 불렸던 남자 학도대와 '히메유리학도대' 등 여자 학도대의 희생자도 포함되어 있다. 남자는 통신과 식량 운반 외에 탄약 운반과 무기를 들고 쳐들어가는 등 병사와 같은 임무를 수행했고, 여자는 각 부대의 야전병원에 배치되어 종군간호부와 같은 임무를 수행했다. 이에 따라 학도대의 희생은 컸고 그 가운데 약 50%가 목숨을 잃었다.

끊은 존엄사이며 순국사였다는 것이다. 이에 반해 오키나와 지역의 피해자와 역사학계에서는 오키나와 전투 과정에서 일본군이 군사기밀의 누설을 막는 등 군사를 우선한 결과 군사기밀을 알고 있는 주민이 미군에

투항하는 것을 절대로 허용하지 않았으며, 군이 주민을 직접 학살하거나 죽음으로 몰아넣어 주민 스스로 목숨을 끊도록 한 강제집단사가 자행된 전투로 인식한다(石原昌家, 2019 :107).

오키나와 전투와 '집단자결'을 둘러싼 인식의 경합은 일본 교과서에도 그대로 나타난다. 앞에서도 언급한 것처럼 2007년 고등학교 일본사 교과서에 대한 검정 결과 '집단자결'이 일본군의 강요에 의해 이루어졌다는 서술이 포함되었다. 그러나 '집단자결'을 다룬 교과서의 서술 내용을 비교해 보면 출판사마다 편차가 있지만, 공통적으로 '집단자결'을 일본군의 강요로 일어난 사건이라 보고 있다. 이에 반해 야마카와출판사는 '집단자결'을 다루지 않았다. 도쿄서적은 '집단자결'을 일본군의 강요에 따른 결과라고 적극적으로 서술하고 있다. 그 외 출판사는 대체로 평이하게 서술하고 있다. 통사인 『일본사 B』의 서술 내용을 비교하면 〈표 3-3〉과 같다.[15]

근현대사를 다루고 있는 『일본사 A』 교과서 서술 내용의 차이는 더 크게 나타난다. 역시 야마카와출판사 교과서에서는 오키나와 전투의 경과를 간략히 다루는 데 그치고 있는[16] 반면, 도쿄서적 교과서에서는 중단원

---

15 도쿄서적과 야마카와출판사 이외의 교과서 서술 내용과 분량은 큰 차이가 없다. 편의상 시미즈서원 교과서로 내용을 대표하고자 한다.

16 같은 저자가 집필한 또 다른 『일본사 B』 교과서에서는 이보다 더 간략하게 오키나와 전투를 서술했다. "1945년 4월 미군은 오키나와 본도에 상륙했다. 이 직후 고이소 내각은 무너지고, 시종장을 오랫동안 지내며 천황의 신뢰도 깊었던 스즈키가 총리가 되었다. 오키나와에서는 도민을 깊숙이 파고드는 격렬한 지상전이 펼쳐져, 군민을 아울러 전쟁 희생자 수는 18만 명을 훨씬 뛰어넘었으며 6월에 중요한 전투는 종료되었다"(오키나와 전투). 야마카와출판사는 2017년부터 사용하는 『일본사 B』 교과서 『상세 일본사(개정판)』에서 오키나와 전투 '집

시작 자료에서 도카시키섬에서 일어난 '집단자결' 생존자의 증언을 실었다. 본문에서도 일본군이 오키나와를 본토 결전 준비를 위한 시간 끌기의 희생양으로 삼았다는 내용과 함께 학생과 주민의 전쟁 동원, 그리고 주민 희생의 사례를 각주에서 보충하며 자세히 싣고 있다. 특히 '집단자결'을 '강제집단사'로 파악하는 연구 결과도 같이 제시했다. 시미즈서원의 『일본사 A』에는 일본군의 학생·주민 전쟁 동원과 함께 사진 자료에 "일본군에 의한 현민 살해, 집단자결의 강요 등의 비극도 일어났다"라는 설명을 덧붙여 서술하고 있다.

이는 일본사 교과서의 저자들이 오키나와 전투와 '집단자결' 연구 성과를 얼마간 반영했다는 반증이지만, 저자에 따라 오키나와 전투에 대한 인식의 차이가 있음을 보여주는 증거이기도 하다.

고등학교에 비해 대부분의 출판사에서 발행한 역사 교과서는 오키나와 전투 과정에서 주민의 희생이 발생한 배경과, 희생 양상을 구체적으로 서술했다. 중학교 역사 교과서에서는 주민 희생의 내용을 본문보다는 날개단에 기재하거나 각주로 처리하는 것이 일반적이며, 다양한 자료와 활동을 함께 제시한다는 점에서 고등학교 일본사교과서와 다르다. 이는 중학생들의 인지 수준과 흥미를 고려한 배치로 보인다.

예를 들면, 시미즈서원의 교과서에서는 백기를 든 소녀라는 사진 자료를 제시하고, 그 설명에서 오키나와 전투를 다음과 같이 설명하고 있다.

> 오키나와 전투는 일본에서 가장 치열한 지상전이 되어, 6월 끝날 때까지 이어졌다. 그 가운데에서 그때까지 군부와 역소, 민간기관이 일체가 되었

단자결'에 관해 서술하기 시작했다.

던 전시체제의 속에서 "포로가 되어 비참한 상황이 되기보다는 자결하라" 라고 선전하고 교육받아 왔던 주민 가운에는 다른 도리 없이 병사와 역인 등이 배포한 수류탄 등을 사용해 가족을 죽이고 한 가족 모두 자결을 하기도 해, 지역에서 한 덩어리로 집단자결로 몰려 들어갔던 사람도 많이 있었다(243쪽).

이는 지금까지 발굴된 '집단자결' 생존자의 증언과 일치한다. 아울러 「깊이 보는 역사」라는 별도 난을 두어 증언과 체험 기록을 활용해 당시 주민들의 상황에 감정이입적으로 접근하려는 시도도 담고 있다.[17]

데이코쿠서원(帝國書院)에서 발행한 교과서에서는 다른 출판사보다 더 자세하게 주민 희생의 사례를 서술하고 있다. 특히 서술 내용 가운데 '전진훈'과 관련한 내용과 우루마시 구시카와에서 일어난 '집단자결' 상황을 포함해 주민의 희생이 강제된 결과임을 강조하고 있으며, 당시 오키나와에 대한 일본의 차별적인 인식을 담고 있기도 했다. 희생자에 대한 서술도 단순히 사망자 수만을 기록하는 것이 아니라 한 가족의 희생자를 분석해 주민에 대한 동원으로 인해 희생자가 많이 나오게 되었다는 해석을 끌어낼 수 있도록 했다.[18]

다만 야마카와출판사에서 고등학교 일본사 교과서를 집필했던 사사

---

17 별도 난에서는 역사 연구 방법으로 당시 사람들의 증언과 체험을 기반으로 한 역사 연구 방법을 제시하고 체험할 수 있도록 했다. 탐구의 소주제로 '오키나와 아이들의 일상', '선전과 현실', '극한 상황에서의 체험'으로 나누고 체험 기록을 제시했는데, 특히 '극한 상황에서의 체험'에서는 오키나와에 미군이 상륙하기 전 게라마제도 주민들에게 '집단자결'을 강요하는 증언을 제시하고 있다.

18 '오키나와전과 가족'이라는 제목의 학생 활동에서 노약자를 제외한 일가족의 사망 원인을 제시했다.

야마 하루오(笹山晴生)가 집필에 참여했던 교이쿠출판의 교과서는 다른 교과서와 전쟁 및 희생자에 대한 접근을 달리하고 있다. 고등학교 교과서처럼 집필자의 역사 인식이 교과서 서술에 미치는 영향을 보여주는 사례이기도 하다. 교이쿠출판 교과서의 본문은 다른 교과서에 비해 매우 간략하게 서술했다. 사망자 수를 단순히 제시한 데다가 주민들의 희생에 대해서도 담고 있지 않다. 다만 중단원 표제지의 구성을 보면 어떤 의도가 포함되어 있는지 짐작할 수 있다.

발문: 오키나와에서는 어떤 전투가 일어났던 것일까?

사진 자료 1: (화염방사기를 동굴에 발사하는 미군 사진 제시) 미군이 동굴에 화염 방사기를 발사하고 있다.

사진 자료 2: (히메유리탑 사진 제시) 간호 활동을 하고 있었던 '히메유리학도대'가 지하호에서 굶주림과 자결 때문에 사망한 것을 추도해 만든 탑이다.

학생들은 중단원 표제지만 보더라도 자연히 오키나와 전투에서의 가해자 미군과, 피해자 일본과 오키나와 주민이라는 구도를 떠올리게 마련이다. 이렇듯 대부분의 교과서는 오키나와 전투에서 일어난 전쟁 참상과 더불어 일본군의 강요에 따른 주민들의 희생에 초점을 맞춘 반면, 야마카와출판사에서 발행한 교과서는 고등학교 일본사 교과서보다 중학교 교과서에서 전쟁 피해자로서 일본의 상을 떠올리게 한다는 점에서 우익 교과서와 유사한 역사 인식을 보인다.

우익이 집필자로 참여한 역사 교과서는 오키나와 전투와 '집단자결' 서술에서 자신들의 역사관을 분명히 드러낸다. 공통적으로 세 교과서는 일본군'위안부', 난징대학살 등 일본에 불리한 사실은 서술하지 않거나 일본과 연관 짓지 않는다. 그리고 전쟁에서의 피해를 강조하는 방식을 취한다. 그들의 관심은 일본인으로서 긍지를 가지도록 하는 역사의 기록, 이른바 황국사관에 따른 역사 서술이다. 이는 오키나와 전투와 그 과정에서 일어난 주민희생에 대한 서술에도 적용된다.

지유샤 이전 후소샤에서 발행했던 '만드는 모임'의 『새로운 역사 교과서』의 오키나와 전투 서술에서는 그들의 역사관이 뚜렷하게 드러난다. 오키나와 전투는 불리한 전쟁 과정에서 끝까지 저항해 '옥쇄'한 자랑스러운 전쟁이었다. 본문을 보완하기 위한 자료로 '자랑스러운 일본의 특공대원'으로 참전해 전사한 19세 소년이 누이동생에게 보내는 유서와, 역시 특공대원으로 전사한 장교의 시를 제시한 뒤 "전쟁 중 사람들의 마음을 위의 특공대원의 유서와 당시 회상록을 읽고 생각해" 보도록 안내하고 있다.

지유샤 중학교 역사 교과서는 후소샤에 비해 본문 내용이 소략하다. 검정을 염두에 두었을 가능성도 있다. 그렇지만 주민 희생의 자발성을 강조한다는 점은 다르지 않다.[19] 두드러진 점은 두 면에 걸쳐 특집으로 "칼럼: 바깥의 눈으로 본 일본"을 배치한 것이다. 이 칼럼에서는 일본이 전쟁을 일으킨 목적이 구미 제국의 식민지로 전락해 고통받는 아시아의 해방에 있었다는 것을 필리핀, 인도, 미얀마의 사례와 연결시키고 있다.

이쿠호유샤 교과서를 주도했던 인물은 이토 다카시(伊藤孝司)로, 만드

19 본문의 오키나와 전투에 대한 서술 중 "일본군은 잘 싸웠고, 오키나와 주민도 잘 협력했다"라고 하여 주민의 희생에 대해서는 언급을 하지 않았다.

는 모임의 이사였으며 그 모임에서 몇 안 되는 역사학자다. 그는 일본교육재생기구의 발기인으로 참여해 후소샤 역사 교과서 계승을 표방했다.[20] 그 때문에 이쿠호우샤의 교과서는 이전 후소샤 교과서보다 적극적으로 역사수정주의자의 견해를 반영하고 있다. 태평양전쟁을 포함한 서술에서 천황을 중심으로 한 일본의 역사 아래 대외 침략을 약소민족을 해방시키기 위한 전쟁, 도쿄 공습을 포함한 연합국의 공격에 피해를 입은 일본, 미군의 가혹한 공격에 목숨을 잃고 '집단자결'한 오키나와 주민, 그 와중에도 충성스러운 황국 신민으로서 자세를 잃지 않은 일본 국민을 드러내고 있다.

메이세이샤의 고등학교 일본사 교과서 또한 황국신민으로 국가를 위해 목숨을 바치는 것을 자랑스럽게 생각하는 학도병의 유서를 내세워 오키나와 전투를 군민이 일체가 되어 적에 대항하는 싸움으로 표현하고 있다.

이처럼 오키나와 전투와 그 과정에서 일어난 '집단자결'을 둘러싼 해석의 경합은 국가의 폭력에 따른 학살과 자랑스러운 '국민'의 숭고한 희생이라는 틀에 고정되어 있다. 그리고 그 간극은 시간이 갈수록 좁혀지기보다는 더 멀어질 가능성이 더 커 보인다.

---

20 2006년 검정에서 오키나와 전투 당시 '집단자결'에 일본군 관여 서술의 수정 의견에 이토의 공동연구자와 문하생이 교과서조사관과 검정심의위원으로 참여했다는 주장이 제기되기도 했다(≪しんぶん赤旗≫, 2007.10.25).

5. 맺음말

근래 일본 정부의 교과서에 대한 정책 방향은 국민의 교육권보다 '국가의 교육권'을 우선하는 경향이 뚜렷하다. 이에나가 교과서 재판과 2007년 일본사 교과서의 검정 수정 의견을 둘러싼 갈등이 있고 난 뒤 이러한 경향은 더욱 뚜렷해졌다.

2009년 개정된 '의무교육제학교교과용도서검정기준'과 '고등학교교과용도서검정기준'에서는 교과용 도서에 대한 검정 기준이 더욱 강화되었다. 그 이전 '학습지도요령'에서 '목표'와 '내용'을 검정의 기준으로 삼았지만, 이제 '내용의 취급'도 검정 기준에 포함되었다. 결국 '학습지도요령' 자체가 교과서와 교육에 대한 '구속성'이 강화되었다는 것을 의미한다.

2014년 교과용도서검정조사심의회는 '교과서개혁실행 플랜'에 기초한 검정 기준 개정안을 승인, 고시 적용했다. 이때 개정된 사회과 검정 기준 중 일부를 보면 검정 기준에서 "① **근현대사에서** 통설이 없는 사항은 그것을 명시. 아동 **학생이 오해할 우려가 있는 표현은 쓰지 않는다.** ② 정부 견해와 최고재판 판례가 있는 사항은 그것을 기반으로 기술한다. ③ **결과가 미확정인 시사적 사항은 특정 사항을 지나치게 강조하지 않는다**"라고 적시했으며, 교과서의 내용이 '교육기본법'과 '학습지도요령'의 목표에 비추어 중대한 결함이 있을 경우 불합격 처리한다는 뜻을 분명히 하고 있다(심사 요항). 이는 정부에 의한 검정권이 강화되었다는 것을 의미한다. 쉽게 생각할 수 있는 상황은 난징 학살, 일본군'위안부', 영토 문제, 자위대와 헌법 문제, 오키나와의 '집단자결'과 미군기지 문제, 애국심 문제 등 다양한 해석이 경합하는 문제에 대해 정부가 원하는 서술을 하지 않는다면 검정을 통과하기 어려울 것으로 보인다(川又正之, 2014:

66~67). 결국 교과서가 오키나와 문제를 비롯해 과거의 사실에 대해 하나의 해석만을 다루게 되는 것은 아닌지 우려스럽다.

2017년 개정 고시된 '의무교육제학교교과용도서검정기준'에는 2014년 심의회의 의견이 대폭 반영되었다. 모든 교과는 "학습지도요령의 총칙과 교과 목표에 일치"해야 하며, "학습지도요령에서 제시한 학년, 분야 또는 언어의 **내용 및 내용의 취급에 표시된 사항**을 누락 없이 다루"어야 한다고 분명히 밝히고 있다(제2장 교과 공통의 조건). 아울러 책의 내용을 선택하고 다룰 때 "학습지도요령 총칙, 학습지도요령에서 제시한 목표, **학습지도요령에 표시된 내용과 학습지도요령에 표시된 내용의 취급**에 비추어 부적절한 것, 기타 아동 또는 학생이 학습에 지장을 일으킬 우려가 없을 것"을 강조하고(학습지도요령의 관계), "책의 내용에 아동 또는 학생이 그 의미를 이해하기 어려운 표현이나 **오해할 우려가 있는 표현**"(정확성 및 표기·표현)은 하지 말라는 규정은 일면 원론적인 서술로 보이기는 하지만, 역시 정부가 원하지 않은 서술을 할 경우 검정을 통과하기 어려우리라는 짐작을 어렵지 않게 할 수 있다.

오키나와 전투와 그 과정에서 오키나와 주민이 겪은 비극은 과거 자국민에 대한 국가의 폭력 사례로서 국가의 역할을 돌아보는 계기가 되었을 뿐만 아니라 평화와 사회 구성원의 인권 교육에 중요하게 활용될 수 있는 역사적 소재다. 제국주의와 식민지주의의 중첩, 국경을 넘어서는 전쟁과 분단 통치 등 전후 오키나와의 '사석, 점령' 경험은 20세기 아시아에서 보편성을 지닌다(모리 요시오, 2020: 276). 전쟁 후에도 오키나와 사람들은, 오키나와를 희생시켜 맺은 미일 군사동맹 체제에 따라 지속적으로 고통받고 있다. 일본에 편입된 뒤 오키나와가 겪은 빈곤과 전쟁, 기지화 등의 고통은 일본이라는 국가의 이름에 가려져 왔다. 그리고 오키나와의 군사기지화를 대가로 일본이 위장된 평화 이념과 제도를 구축해 왔다면, 끝나지 않은 전장으로 끊임없이 국민들을 동원하고 규율해 온 우리의 현실을 감안할 때 오키나와의 과거 경험은 우리의 현대사를 이해하는 데도 의미가 있을 것이다(林博史, 2001). 우리도 한국전쟁을 전후한 시기에 국가폭력을 경험했다. 전쟁과 국가폭력은 학교 교육에서 다양한 측면에서 다룰 수 있다. 과거에 대한 기억을 풍부하게 함으로써 학생들이 앞으로 살아가는 데 필요한 삶과 인격의 존엄성을 전달해 줄 수 있는 인권 교육, 평화 교육을 위한 중요한 사례가 될 것이다(신주백, 2004: 43). 서로 다른 과거의 기억이 다시 국가권력에 의해 하나로 강요되는 상황의 재현에 우리가 오키나와에 주의를 기울여야 하는 이유가 있다.

참고문헌

강성현. 2006. 「'죽음'으로의 동원과 이에 대한 저항 가능성: 오키나와 '집단자결'의 사례를 중심으로」. ≪민주주의와 인권≫, 6(1).

강태원. 2020. 「일본에서 역사부정 그 비판과 수업실천」. ≪역사와 세계≫, 58.

≪경향신문≫. 2007.6.24. http://news.khan.co.kr/kh_news/khan_art_view.html?art_id=200706241848201(검색일: 2021.3.24).

도미야마 이치로(富山一郎). 2002. 『전장의 기억』. 임성모 옮김. 이산.

모리 요시오(森宜雄). 2020. 『전후 오키나와의 평화운동: 민중들의 삶과 저항』. 김용의·김희영 옮김. 민속원.

서종진. 2016. 「일본 보수세력의 교육개혁과 교과서 공격: 제3차 교과서 공격을 중심으로」. ≪동북아역사논총≫, 53.

송완범. 2020. 「명성사 일본역사 교과서의 내력과 내용 분석」. ≪한일관계사연구≫, 68.

신주백. 2004. 「한중일 역사 교과서의 국가폭력에 대한 기억관리」. ≪문화과학≫, 40.

아라사키 모리테루(新崎盛暉). 2016. 『오키나와 이야기: 일본이면서 일본이 아닌』. 김경자 옮김. 역사비평사.
오에 겐자부로(大江健三郎). 2012. 『오키나와 노트: 오에 겐자부로의 평화 공감 르포』. 이애숙 옮김. 삼천리.
오키나와타임스. 2020. 『철(鐵)의 폭풍: 제국의 버림받은 섬, 오키나와 83일의 기록』. 김란경·김지혜·정현주 옮김. 산처럼.
≪제주의 소리≫. 2013.3.15. http://www.jejusori.net/news/articleView.html?idxno=127046(검색일: 2021.3.24).
전진성·이재원 엮음. 2009. 『기억과 전쟁: 미화와 추모 사이에서』. 휴머니스트.
정근식·주은우·김백영 외. 2008. 『경계의 섬, 오키나와: 기억과 정체성』. 논형.
조경희. 2019. 「일본의 역사수정주의·국가주의·백래시의 연동: '새역모'와 '일본회의'를 중심으로」. ≪황해문화≫, 12월 호.
헤인, 로라(Laura Hein)·마크 셀든(Mark Selden) 엮음. 2009. 『역사 검열과 역사 교육: 일본·독일·미국에서의 공민권과 전쟁의 기억』. 정용도 옮김. 동북아역사재단.

宮城晴美. 2008a. 「座間味島の「集團自決」」. 『友軍とガマ』. 社会評論社.
______. 2008b. 『新版 母の遺したもの—沖縄·座間味島「集團自決」の新』しい事實』. 高文硏.
吉見義明. 1995. 「沖繩, 敗戰前後」. 『岩波講座 日本通史』 19(近代4). 岩波書店.
"那覇市歷史博物館寫眞集(那覇百年のあゆみ)." http://www.rekishi-archive.city.naha.okinawa.jp/archives/item3/17359, http://www.rekishi-archive.city.naha.okinawa.jp/archives/item3/38786(검색일: 2021.3.24).
大城將保. 2007. 『沖繩戰の眞實と歪曲』. 高文硏.
大正昌秀. 2000. 『新版 醜い日本人—日本の沖繩意識』. 岩波書店.
渡部昇一 外. 2012. 『日本人の誇りを傳える 最新 日本史』. 明成社.
読谷村觀光協會. https://www.yomitan-kankou.jp/tourist/watch/1611319972/(검색일: 2021.3.24).
藤岡信勝. 1996. 『汚辱の近現代史』 1. 德間書店.
______. 2007. 「教科書検定に「沖縄条項」の創設を許してはならない」. ≪正論≫, 426.
______. 2008a. 「「軍關與」に躓いた文科省」. ≪正論≫, 432.
______. 2008b. 「沖縄を狙う勢力に手を貸す「大江判決」. ≪正論≫, 435.
文部科學省 敎科書検定. https://www.mext.go.jp/a_menu/shotou/kyoukasho/kentei/1411168.htm(검색일: 2021.3.24).

文部省. “教科用圖書検定調査審議会第2部會日本史小委員會 報告.” https://www.mext.go.jp/a_menu/shotou/kyoukasho/08011106/001.pdf.(검색일: 2021.3.24)
服部 あさこ. 2016.「軍國少年の記憶と沖縄差別の認識: 沖縄戰「集團自決」訴訟におけるある証言者のライフストーリーから」. ≪專修人文論集≫, 99.
絲萬市 홈페이지. http://www.city.itoman.lg.jp/kankou-navi/docs-kankou/2013022300247/(검색일: 2021.3.24).
謝花直美. 2008.『證言 沖縄「集團自決」- 慶良間諸島で何が起きたか』. 岩波書店.
山崎雅弘. 2019.『歴史戰と思想戰 - 歴史問題の讀み解き方』. 集英社.
三谷博 外. 2012.『新中學校 歴史 - 日本の歴史と世界』. 清水書院.
三宅明正 外. 2016.『日本史 A - 現代からの歴史』. 東京書籍.
杉原誠四郎 外. 2016.『新版 新しい歴史教科書』. 自由社.
西尾幹二 外. 2001.『新しい歴史教科書』. 扶桑社.
石原俊·加藤美春. 2016.「沖縄戰における集團自決と援護法 — 戰傷病者戰没者遺族等援護法の適用と運用の実態」. ≪明治學院大學社会學·社会福祉學研究≫, 146.
石原昌家. 2008.「イデオロギーの問題となった集團自決という言葉の意味」. ≪南島文化≫, 30.
笹山晴生 外. 2011.『中學社會 歴史 — 未來をみつめて』. 教育出版.
笹山晴生 外. 2016a.『高校 日本史 B』. 山川出版社.
笹山晴生 外. 2016b.『詳說 日本史 B』. 山川出版社.
小風秀雅 外. 2016.『新選 日本史 B』. 東京書籍.
新崎盛暉. 2005.『沖縄現代史(新版)』. 岩波書店.
鈴木正幸 外. 2011.『中學社會 歴史的分野』. 日本文教出版.
五味文彦·戸波江二·矢ヶ崎典隆 外. 2012.『新しい社會 歴史』. 東京書籍.
≪琉球新報≫. 2020.10.14. http://030b46df30379e0bf930783bea7c8649.cdnext.stream.ne.jp/movie/entry-1207783.html(검색일: 2021.3.24).
伊藤隆 外. 2016.『新編 新しい日本の歴史』. 育鵬社.
林博史. 2001.『沖縄戰と民衆』. 大月書店.
______. 2006.「沖縄戰の実相—「つくる会會」による改ざんの動きをめぐって」. ≪地域と人權≫, 264.
______. 2007.「沖縄戰「集團自決」への教科書検定」. ≪歴史學研究≫, 9. http://hayashihirofumi.g1.xrea.com/paper82.htm(검색일: 2021.3.24).
將口泰浩. 2017.「歴史ノンフィクション 24人の終わらない夏—秘命 皇統を護れ(第2回)抗戰一転·集團自決」. ≪正論≫, 544.

田中彰 外. 2016.『日本史A』. 東京書籍.

佐佐木寛司 外. 2016.『高等學校 日本史 A―日本の近代を多視點から見る６４テーマ』. 清水書院.

≪朝日新聞≫. 2020.2.21. https://www.asahi.com/articles/ASN2P7456N2PUTIL049.html (검색일: 2021. 3.24).

曾野綾子. 2006.『沖繩戰·渡嘉敷島「集團自決」の眞實－日本軍の住民自決命令はなかった!』. WAC.

川又正之. 2014.「検定済教科書制度の問題点－(2)教科書検定制度」. ≪人文社会科學研究所年報≫.

沖本富貴子. 2017.「沖縄戦に動員された朝鮮人に関する一考察: 特設水上勤務隊を中心に」. ≪地域研究≫, 20.

沖縄県通計資料 웹사이트. https://www.pref.okinawa.jp/toukeika/estimates/estimates_suikei.html(검색일: 2021.3.24).

≪沖縄タイムス≫ 2021.3.31. http://https://www.okinawatimes.co.jp/articles/-/730272(검색일 2021.4.28).

荒野泰典 外. 2016.『高等學校 日本史 B－新視點によるテーマ105の日本通史』. 清水書院.

黑田日出男 外. 2012.『社會科中學生の歴史』. 帝國書院.

04

터키의 아르메니아인 제노사이드 부정과 역사 만들기

정재윤 한국학중앙연구원 선임연구원

1. 머리말

터키 정부는 1915년 아르메니아인 제노사이드를 강력하게 부정하고 있다. 터키 정부의 이러한 반응은 부담스러운 과거의 사실 또는 진실을 대면하는 여러 방식 중 하나인 '부정(denial)'의 대표적인 사례이다(코언, 2009: 57). 아르메니아인 제노사이드 추념일인 4월 24일마다 터키 정부는 1915년 아르메니아인들이 목숨을 잃은 것은 매우 가슴 아픈 일이지만, 이는 아르메니아인이 허구로 꾸민 것이라는 성명을 발표한다.

그러나 공식적인 터키 정부의 입장과 달리 터키 국내외에서 아르메니아 문제를 해석하고 사과하는 움직임은 활발하게 진행 중이다(이은정, 2016b: 254). 'Özür Diliyorum(나는 사죄합니다)'는 2008년 터키에서 시작

* 이 장은 정재윤(2019)의 내용을 수정·보완한 것이다.

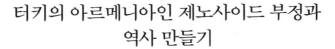

된 아르메니아 제노사이드에 대한 사죄 캠페인이다. 지식인, 정치인, 언론인이 중심이 된 이 캠페인에 'www.ozurdiliyouruz.com' 사이트를 통해 많은 터키인들이 동참했다. 이에 터키 정부는 '형법' 301조에 따라 이 사이트를 폐쇄하고 서명한 사람들을 처벌하도록 명령했다. 현재 이 사이트에 대한 접근이 차단되었다.[1]

2007년 1월 19일 이스탄불에서 발행하는 터키-아르메니아 주간지 ≪아고스(Agos)≫의 창립자이자 편집장 흐란트 딘크(Hrant Dink)가 암살당했다. 딘크는 ≪아고스≫를 설립한 1996년 이래로 터키에 아르메니아 문제를 알리기 위해 꾸준히 기사를 기고해 터키와 아르메니아의 화해를 위해 노력했으며, 터키 내 소수민족의 인권을 옹호하는 활동을 했다 (Gültekin and Kazaz, 2017).

그의 장례식에서 4만 명 이상의 참석자들이 터키어, 아르메니아어, 쿠르드어로 "우리 모두는 흐란트 딘크입니다. 우리 모두는 아르메니아인입니다!"라고 쓰인 피켓을 들고 거리 행진을 함께했으며(Radikal, 2007.1.24), 터키에서 매년 그를 추모하는 행사가 개최되고 있다. 그가 사망한 지 10주년을 맞은 2017년에는 이스탄불, 앙카라는 물론이고 베를린·파리·리옹·토론토·런던 등지에서 그를 추모하는 행사가 열렸으며(Agos, 2017), 2021년 1월에는 전 세계적인 코로나19의 대유행으로 인해 온라인으로 진행하는 등 그를 추모하는 열기가 지속되고 있다(Agos, 2021).

아르메니아인 제노사이드를 부정하는 터키 정부의 변함없는 입장과 아르메니아에 대한 사죄와 반성을 촉구하는 터키 국내외의 분위기가 공

---

1 현재 이 사이트는 접근이 차단되었으나, http://www.ozurdiliyoruz.info/index.html에서 이를 확인할 수 있다(검색일: 2021.4.4).

존하고 있다. 이 글에서는 오늘날 터키의 아르메니아인 제노사이드 부정에 대해 살펴보고, 터키 역사교육에서 아르메니아인 제노사이드를 어떻게 다루고 있는지 살펴봄으로써 우리의 역사교육에 어떤 시사점을 주는지 살펴보고자 한다.

2. 터키의 아르메니아인 제노사이드 부정

2020년 6월 터키의 레젭 에르도안(Recep Erdoğan) 대통령은 국제사회에서 터키가 아르메니아인을 말살했다는 '의혹'에 대응하고, 이에 대한 전략을 수립하는 '자율적이고 시민적인, 새로운 구조'를 갖춘 조직을 설립하자고 제안했다. 에르도안 대통령이 주재한 대통령 고등자문위원회 회의에서 이 조직은 정치뿐만 아니라 문화·역사·선전·법률 등 여러 쟁점에 대해 면밀히 살펴보고, 정부 및 국가와 직접적으로 연관되지 않은 자율적이고 독립적인 기관이어야 한다는 데에 의견을 모았다(Babacan, 2020). 그동안 터키 정부는 아르메니아인 제노사이드는 해외, 특히 미국에 거주하는 아르메니아인들이 국제사회에 로비 활동을 벌여 만든 결과이므로 대응할 가치가 없다고 치부해 왔다. 터키 정부가 기존 입장에서 선회한 배경에는 2019년에 일어난 사건이 자리하고 있다.

2019년 12월 12일 미국 상원은 터키의 아르메니아인 제노사이드를 공식 인정하는 결의안을 채택했다. 이 결의안에서는 '공식적인 인식과 기억을 통해 제노사이드를 기념하는 것이 미국의 정책'이라고 밝혔다(*Hürriyet Daily News*, 2019). 그간 미국은 공식 석상에서 터키의 아르메니아인 대량학살을 제노사이드로 인정하는 것을 피해왔다. 미국은 나토 동맹국인 터키와 군사 안보 차원에서 긴밀한 관계를 맺으며 시리아에서의 IS 공습을 비롯해 여러 방면에서 협력을 유지하기 위해 노력해 왔다. 그러나 2018년 터키는 시리아 내의 IS를 격퇴할 수 있게 도움을 준 시리아의 쿠르드족을 공격하면서 미국의 국가 안보 방향과 정면으로 충돌하게 되었다. 또한 도널드 트럼프(Donald Trump) 대통령의 독자적인 외교정책이 터키에도 적용될 수 있으며, 아르메니아인 제노사이드를 공식적으로 인정하면서 다른 외교적 이득을 취할 가능성이 있다는 분석이 나왔다. 일례로 러시아의 경우 아르메니아인 제노사이드를 공식적으로 인정했음에도 러시아와 터키의 관계는 경색되지 않았다(Chemali, 2018). 2018년의 변화된 상황은 미국이 2019년에 아르메니아인 제노사이드를 공식적으로 인정하는 결의안을 채택하는 데 영향을 주었다. 터키에 우호적이었던 미국의 입장 변화는 터키가 그동안과는 다른 방향으로 나아가는 계기가 되었다고 볼 수 있다.

오늘날 아르메니아인 제노사이드[2]를 공식적으로 인정한 국가는 독일, 프랑스, 이탈리아 등 20개국 이상[3]에 이른다. 벨기에와 스위스의 경우 아

---

2 제노사이드란 하나의 독립된 집단으로 생존하는 데 본질적으로 갖추어야 할 기반 자체를 파괴할 목적으로, 다양한 행위를 통해 한 국가나 종교 혹은 민족 집단을 완전히 절멸(annihilation)하기 위해 계획되고 공모된 행위라 할 수 있다. 이 계획의 목표는 특정 집단의 정치제도와 사회제도뿐만 아니라 문화·언어·민족·감정·종교 및 경제적 생존 기반을 해체하고, 개인적 안전과 자유 그리고 건강과 존엄성을 파괴할 뿐만 아니라 심지어 그 집단에 소속된 개인의 생명까지 파괴하는 데 있다. 따라서 학살자들은 정치적·사회적 구조와 문화, 언어, 국민감정, 종교, 국가의 경제적 기반에 이르기까지 철저하게 파괴를 시도하고, 학살의 목표로 정한 집단의 개인적 자유, 안정, 위엄성, 개개인의 목숨까지도 근절하고자 한다(Chalk and Jonassohn, 1990: 8; Lemkin, 2008: 80; 파워, 2004: 54~68; 김상기, 2008: 119 재인용).

르메니아인 제노사이드를 역사적 사실로 부인하는 사람에 대해서 형사 책임을 묻고 있으며, 2015년 유럽 의회는 터키에 아르메니아인 대량학살을 인정하라는 결의안을 채택하기도 했다. 프랑스는 2012년 '아르메니아 대학살 부인 금지법'을 통과시킨 후(김영술, 2015: 221~222), 2019년에는 '아르메니아인 종족학살 국가 추념일'을 공식 지정했다. 2019년 미국이 공식적으로 아르메니아인 제노사이드를 인정하면서, 아르메니아인 제노사이드가 아르메니아인 디아스포라[4]에 의해 꾸며진 것이라는 터키 정부의 주장은 국제사회에서 힘을 잃은 가운데, 터키 정부가 설립할 아르메니아인 제노사이드 전담 기관이 앞으로 어떠한 방향과 모습으로 나아갈지 주목된다.

터키 정부는 아르메니아인 제노사이드에 대한 공식적인 입장을 터키 외교부(Ministry of Foreign Affairs, 이하 MFA) 사이트를 통해 제시하고 있다.

---

3 아르메니아인의 대학살을 제노사이드로 인정한 국가는 프랑스, 독일, 이탈리아, 벨기에, 스웨덴, 네덜란드, 스위스, 러시아, 폴란드, 리투아니아, 그리스, 슬로바키아, 사이프러스, 리비아, 우루과이, 아르헨티나, 베네수엘라, 칠레, 캐나다, 바티칸, 오스트레일리아 등으로 20개국이 넘는다(김영술, 2015: 221).

4 오늘날 아르메니아 디아스포라를 보면, 본국인 아르메니아에 거주하는 인구수보다 훨씬 더 많은 수의 아르메니아인들이 해외에 거주하고 있다. 아르메니아인들은 일찍부터 교역을 위해 타국으로 이주를 시작했다. 이뿐 아니라 7세기 아랍의 통치, 10세기 비잔틴제국의 지배, 13세기 몽골의 지배, 15세기 오스만 튀르크와 티무르 제국의 지배 등은 아르메니아인들이 해외로 이주하는 요인으로 작용했다. 특히 1915년 터키의 아르메니아인 대량학살은 아르메니아 디아스포라를 본격적으로 확대하는 계기가 되었다. 특히 해외에 거주하는 아르메니아인들은 정치경제적 영향력을 바탕으로 본국에 상당한 도움을 주고 있다. 아르메니아는 소련으로부터 독립한 후 정치경제적으로 불안정한 상황에 놓이면서 외부의 지원이 절실히 필요했고, 이런 시점에서 아르메니아 디아스포라의 경제적 지원은 본국에 큰 도움이 되었다(김혜진, 2009: 344~345).

다음은 터키 외교부 사이트에서 제공 중인 아르메니아인 제노사이드를 정리한 것이다(MFAa, 2011).

터키 정부는 오스만제국 말기에 모든 오스만제국 구성원이 고통을 겪고 희생을 치렀기 때문에 전체적인 측면에서 이해되고 존중되어야 하는데, 이를 위해서는 신뢰할 수 있는 사실을 기반으로 한 아르메니아인 제노사이드에 대한 개방적인 접근과 공감이 필요하다고 밝혔다. 그러나 아르메니아인들은 그들이 겪은 고통만을 선택해 여러 가지 형태로 가공함으로써 터키인들이 대량학살이라는 범죄를 저질렀다고 주장했고, 이를 반박하는 터키 측의 역사와 연구 결과물은 선전에 불과한 것으로 무시하거나 거부했다고 밝혔다. 게다가 일부 급진적인 아르메니아인 디아스포라 집단의 테러 활동으로 인해 1970년대와 1980년대 31명의 터키 외교관들과 가족을 비롯해 43명이 목숨을 잃는 사건이 발생했고, 아르메니아인들의 급진적인 테러 활동으로 터키와 아르메니아의 평화로운 관계는 잊혔다고 밝혔다. 그 대신 양국 사이에는 1915년에 일어난 비극적인 사건만 남았고, 터키는 양국이 솔직한 대화를 통해 성공적인 결론에 도달해 국가의 평화와 안정에 기여하기를 원한다고 했다. 터키 정부는 국가의 기억은 중요하지만 터키인과 아르메니아인의 국가적 기억은 서로 상충되기 때문에 양국은 공통적으로 신뢰할 수 있는 정보를 기반으로 접근해야 한다고 강조했다. 터키는 터키와 아르메니아 역사가들로 구성된 합동위원회를 설립하고 터키와 아르메니아의 기록보관소와 제3국에 위치한 기록보관소 자료에 근거해 1915년 사건을 연구하고 그 결과를 국제사회와 공유할 것을 제안했다(MFAb, 2011).

터키 정부는 아르메니아 문제에 대해 아르메니아와 협력하고 공동 연구의 필요성을 제안한다고 밝히고 있으나, 실제 터키 국내에서 이는 불가능한 상황이다. 실제 터키 국내에서 아르메니아인 제노사이드에 대해 사죄하거나 공개적으로 이를 언급한 사람들은 기소되거나 죽음으로까지 내몰리고 있는 상황이다. 대표적으로 노벨 문학상 수상자 오르한 파묵(Orhan Pamuk)은 아르메니아인 제노사이드로 인해 2006년 3만 명의 쿠르드인과 100만 명의 아르메니아인이 살해되었다고 외신과 인터뷰한 혐의로 기소되었고, 아르메니아인 제노사이드를 주장한 타네르 악참(Taner Akçam) 또한 기소되었다. 파묵과 악참은 터키 정부의 기소에 대해 EU를 비롯한 국제사회의 비난을 이끌어내었고, 유럽인권재판소(ECtHR)에 터키 정부의 판결에 대해 반대 소송을 제기함으로써 기각될 수 있었다. 그러나 아르메니아인 제노사이드를 주제로 소설을 쓴 엘리프 샤팍(Elif Shafak), ≪아고스≫에 아르메니아 관련 기사를 낸 딘크는 기소를 피할 수 없었고 2007년 1월에는 딘크의 암살로 이어졌다. 터키 정부는 '터키와 다른 국가에서의 집단학살에 대한 이야기는 국가 안보와 국익에 불리하게 영향을 미친다'는 내용을 담은 '형법' 301조에 따라 이들을 처벌했다고 해명했다. 그러나 터키는 유럽평의회 일원으로 '유럽인권협약' 10조 '공권력 간섭 없이 정보와 아이디어를 받고 전달할 수 있는 자유'를 위반했다고 국제사회로부터 지탄을 받았고, 결국 EU와 국제사회의 압력으로 301조는 개정되었다. 그러나 301조가 개정되었음에도 여전히 기소는 계속되고 있다(Ghazaryan, 2017: 180~184).

아르메니아인 제노사이드에서 얼마나 많은 사람들이 희생당했는지 보여주는 공식적인 통계는 찾기 어렵다. 다만 1914년부터 1918년까지 사망한 아르메니아인들을 서구의 학자들은 150만 명 이상, 터키 정부는 대략 60만 명 이상(호바니시안, 2011: 187)으로 추산하고 있을 뿐이다. 이에 대해 터키 외교부는 당시 제국 내 아르메니아인 인구가 150만 명 미만이었고, 이주 과정에서 희생당한 아르메니아인들은 60만 명 미만으로 추산할 수 있다고 한 인구통계학자 저스틴 매카시(Justin McCathy)의 견해를 인용했다. 이는 영국 역사가 아널드 토인비(Arnold Toynbee)가 제시한 수치와 동일하며, 프랑스 선교사 몽세뇌르 투셰(Monseigneur Touchet)가 추정한 사망자 50만 명에 근접한다고 밝혔다. 무엇보다 터키 정부는 아르메니아인을 절멸시킬 의도는 전혀 없었고 이에 대한 증거 또한 없다고 주장했다. 오히려 당시 터키의 동부 지역을 중심으로 아르메니아인들이 오스만제국으로부터 정치적·경제적 자유를 달성하기 위해 러시아와 연합해 다시나크(Dashnaks)와 훈차크(Hunchaks)와 같은 아르메니아 혁명단체를 만들어 활동하고 있었고 오스만제국을 공격했다고 강조했다. 이런 상황에서 오스만제국의 아르메니아인들은 인종적이거나 종교적인 정체성 때문이 아니라, 러시아군과 폭력적인 정치적 동맹을 맺게 되면서 이주의 대상이 되었다고 설명했다.

터키 TOBB 경제기술대학교(TOBB University of Economics and Technology) 교수 무스타파 세르다르 팔라브의크(Mustafa Serdar Palabıyık)는 터키 정부 측의 입장과 동일하게, 1915년 아르메니아인들이 목숨을 잃게 된 것은 법적인 차원에서 제노사이드로 볼 수 없다고 주장했다(Palabıyık, 2015). 그는 당시 오스만제국에 다양한 공동체가 살고 있었고, 오스만제국의 붕괴와 함께 아르메니아인뿐만 아니라 다른 민족들 또한 유사한 고통을 겪었다고 설명했다. 그는 1912~1913년 발칸전쟁으로 수십만 명의 무슬림과 터키인들이 이주하면서 희생당했고, 1915년 아르메니아인 또한 전쟁 중 이주(tehcir)로 인해 목숨을 잃는 등 여러 민족이 전쟁 중에 겪었던 "일반적인 고통"일 뿐 아르메니아인만을 대상으로 한 특정한 제노사이드가 아니었다고 강조했다. 이주 과정에서 아르메니아인들이 전염병과 굶주림으로 목숨을 잃기도 했고, 갱단의 공격을 받거나 일부 오스만 지방 관료들에게 학대를 당하기도 했으며, 터키인과 아르메니아인 공동체 간의 갈등이 촉발되기도 했다고 설명했다. 당시 많은 수의 아르메니아인들이 희생되었으나, 이는 사전에 계획된 것이 아니라 전쟁이라는 특수한 상황 속에서 발생한 것임을 강조했다.

팔라브의크는 제노사이드 개념에 비추어볼 때, 터키는 아르메니아인에 대한 인종적 증오에 근거한 체계적인 반아르메니아주의는 없었으며, 아르메니아 공동체를 말살하려는 의도도 없었다고 주장했다. 무엇보다 상당한 비용과 위험이 따름에도 불구하고 1915년 아르메니아인을 이주시키기로 결정한 것은 러시아 군대를 지원하는 아르메니아인들의 군사 활동이 당시 안보에 위협이 되었기 때문이라고 설명했다. 게다가 오늘날 아르메니아인 디아스포라는 터키가 아르메니아 제노사이드 혐의가 있는 국가임을 국제사회에 알리는 활동을 하고 있으며, 이는 아르메니아 국내 정치에도 영향을 미치고 있다고 주장했다(Palabıyık, 2015).

아르메니아인 제노사이드를 부정하는 터키 정부의 입장은 홀로코스트를 부정하는 주장과 예외 없이 일치한다. 터키 정부는 자신들의 주장이 사료와 증거에 기반한 신뢰할 만한 학문적 연구 결과임을 강조하고 있으나, 대부분은 기존의 합의된 연구 성과를 무시하거나 생략하고 있으며, 서로 인용하거나 베끼고, 근거가 희박한 숫자를 제시하며 그들의 정치적 목적에 맞게 근거 없는 오래된 주장들과 해석을 반복했다. 결국 홀로코스트 부정주의자들의 주장과 마찬가지로 아르메니아인 제노사이드를 부정하는 터키 정부의 주장 또한 학술적 계몽으로 치장한 정치적 프로파간다라는 데 이견은 없을 것이다(이진일, 2019: 32~33).

이러한 터키 측 입장에 대해 타네르 악참은 아르메니아인 제노사이드는 청년튀르크당에 의해 사전에 철저히 계획된 사건임을 주장했다. 악참(Akçam, 2019)은 터키인 역사학자 중 처음으로 아르메니아인 제노사이드를 인정한 학자로, 아르메니아인 절멸을 결정한 구체적인 시기가 제시된 오스만 기록보관소의 문서를 분석했다. 그는 오스만 기록보관소에서 나온 문서들이 그동안 알려진 시기보다 이른 시기인 1914년 12월에 작성되었고, 이 문서들은 아르메니아인들의 말살을 결정하는 내용을 담고 있음을 최근 연구를 통해 밝혔다(Akçam, 2019). 또 다른 문서는 1915년 3월 3일 아르메니아인 제노사이드를 설계한 주요 인물 중 하나인 바하틴 샤키르(Bahattin Şakir)의 서한으로, 청년튀르크당의 연합진보위원회가 아르메니아인들을 몰살하기로 결정했다는 내용을 담고 있다고 다음과 같이 주장했다(Akçam, 2019).

악참은 전쟁이라는 당시의 상황은 오히려 오랫동안 미리 결정되었던 아르메니아인 절멸 정책을 실행하는 데 적합한 구실로 작용했을 뿐이라고 주장한 바하큰 다드리안(Vahakn Dadrian)의 견해에 동의했다. 다드리안은 아르메니아인 제노사이드는 전쟁기에 발생한 비정상적이거나 우발적이거나 또는 일시적인 착오로 발생한 것이 아니라, 제노사이드를 자행한 연합진보위원회 내부에는 이미 폭력의 문화가 지배하고 있었다고 주장했다(Akçam, 2019: 459~460 재인용). 따라서 학살이 언제 시행되었는지 오히려 중요하지 않을 정도로 폭력 문화가 팽배한 가운데, 아르메니아인 제노사이드는 기밀로 처리되지 않을 정도로 공공연하게 논의되고 있었고, 전시 상황에서 필요한 군사적 조치를 취하기 위한 목적 또한 아니었다는 것이 다드리안과 악참의 공통된 주장이다.

그동안 학계에서 아르메니아인 절멸을 결정한 시기는 3월 말에서 4월 초로 널리 받아들여졌다. 이는 아르메니아인 제노사이드를 실행한 핵심

인물인 메흐메트 탈라트(Mehmed Talaat/Talat Pasha)의 회고록에 1915년 3월 1일 마지막 회의를 마치고 휴회한 이후 재개회가 지연된 이유를 아르메니아인 추방 때문이었다고 판단한 것이 그 근거가 되었다. 그러나 악참은 아르메니아인의 절멸은 1915년 3월 이전에 결정되었다고 주장하며 바하틴 샤키르의 서한을 재해석했다. 샤키르는 터키 연합진보위원회 아래 설립된 특수 조직 테슈킬라트 마흐수사(Teşkilât Mahsûsa/ Teskilat Mahsusa)의 수장으로 아르메니아인 대량학살 설계자 중 한 명이다. 1915년 3월 3일 샤키르의 첫 서한에는 '터키 연합진보위원회는 아르메니아인들을 단 한 명도 남기지 않기 위해 전멸시키기로 결정했고, 정부에 폭넓은 권한을 부여해 달라고 요청했다. 이번 살인과 학살이 어떻게 진행될 것인지 묻는 질문에 "(중앙)정부는 지방의 관료와 군 지휘관들에게 필요한 지시를 내릴 것이다"라고 답했다. 1915년 4월 7일 샤키르의 두 번째 서한에는 "연합진보위원회는 수년 동안 주장해 온 여러 세력을 근본적으로 소멸시키기로 결정했으며, 불행하게도 잔인한 조치를 취할 수밖에 없을 것이다. 우리는 이 조치들로 인해 공포에 시달리고 있음을 확신한다. 그럼에도 불구하고 위원회는 국가의 존립을 유지하기 위해 다른 방법은 없다고 본다"(Andonian, 1921: 116~117; Akçam, 2019: 464~465 재인용)라고 썼다. 샤키르의 서한은 닥터 메흐메트 나짐(Dr. Mehmett Nazim)이 1914년 말 청년튀르크당 비밀 총회에서 연설한 내용과도 거의 일치한다. "아르메니아인들을 뿌리 뽑아야 한다. 그래서 우리나라에 단 한 명의 아르메니아인도 남아 있지 않아야 한다. …… 나는 튀르크인을 원한다. 그리고 이 땅이 튀르크인들로 가득 차고, 튀르크인들만 살기 원한다"(Rifat, 1929: 89; 호바니시안, 2011: 108~109 재인용).

터키 정부는 아르메니아인 제노사이드는 아르메니아 측의 일방적인 주장이라며 국제사회의 여론을 무시한 채, 그들만의 터키 만들기에 집중하고 있다. 터키 정부가 아르메니아인 제노사이드를 부정하며 제시한 증거들은 학문적으로 검증되지 않았을 뿐만 아니라 역사적으로 신뢰할 만한 사료로 보기 어렵다. 터키 정부와 터키 정부의 입장을 옹호하고 있는 팔라브의크, 그리고 다음에 살펴볼 터키 교과서의 아르메니아인 제노사이드 서술 내용은 서로 동일한 견해의 내용을 반복하며 상호 참조적으로 활용되는 특성이 있다. 게다가 악참이 발표한 최근 논의에 대해서 터키 정부는 직접적인 반론을 제기하지 못한 채, 아르메니아인 제노사이드 전담 기관 개설만 제안하고 있는 점에 주목할 필요가 있다.

3. 터키 교과서 속 아르메니아인 제노사이드

오늘날 국제사회에서 터키의 아르메니아인 대량학살은 제노사이드로 인정되고 있음에도 불구하고 터키 정부는 이를 지속적으로 부인하고 있다. 그렇다면 터키에서 아르메니아인 제노사이드는 어떻게 가르치고 있는지 터키 역사 교과서에 서술된 아르메니아 관련 내용을 중심으로 살펴보고자 한다.

역사 교과서는 특정 국가의 정체성과 애국주의를 육성하는 데 기여하는 과거의 '공식적이거나 공인된 이야기'를 제시한다. 따라서 국가와 사회의 관계에 일정한 질서를 부여하고, 국가 공민으로서의 자격에 대한 경계를 설정한다. 이것은 해당 사회 또는 국가의 구성원에 대한 과거 기억을 담은 매체들, 가령 문화재, 박물관, 기념행사와 기념물을 비롯한 여러 비공식적인 매체나 창작품을 통해 획득되기도 하지만, 가장 권위 있고 체계적으로 전수되는 방식은 제도교육을 통해 이루어진다. 제도교육에 포함된 교과서는 주변의 학교와 가정으로 전파되고, 직접적으로든 간접적으로든 국가의 승인에 기반을 두고 있으므로 상당한 권위가 내재되어 있다(김유경, 2003: 6; 헤인·셀든, 2009: 32~33). 특히 터키에서 교과서는 법률에 근거해 정부의 관리·감독하에 제작된다. 터키 교육부의 승인 절차를 통해 제작된 교과서 내용은 터키 정부의 공식적인 견해가 투영된 결과이므로, 터키 역사 교과서에 수록된 내용은 공식적이거나 공인된 사실로 학교에서 교육하는 중요한 지식으로 작용한다고 볼 수 있다(정재윤, 2017: 128). 게다가 터키 교과서를 심사하는 기준은 집필 기준의 준수 여부에 있으므로 심사를 통과한 터키 교과서는 내용이나 구성이 천편일률적인 모습을 하고 있다. 따라서 여러 출판사에서 다양한 교과서가 발행되고 있지만 그 내용과 구성에서 차별성을 찾아내기 쉽지 않다(이은정, 2016b: 243~244). 터키 역사 교과서의 아르메니아인 제노사이드 관련 서술 또한 이와 동일한 경향이 나타난다.

이 글에서는 2017년 발행된 터키 역사 교과서 중 아르메니아인 제노사이드 관련 내용이 수록된 다음과 같은 6권의 역사 교과서를 중심으로 살펴보고자 한다.

Akgün, Ergün 외, ÇAĞDAŞ TÜRK VE DÜNYA TARİHİ 12(Ankara: BİR-YAY, 2017); Ataş, Çiğdem, Türkiye Cumhuriyeti İNKILAP TARİHİ VE ATATÜRKÇÜLÜK 8(Istanbul: TOP, 2017a); Ataş, Çiğdem, T.C. İNKILAP TARİHİ VE ATATÜRKÇÜLÜK 8(Istanbul: MEB, 2017b); Ürküt, Mahmut, TÜRKİYE CUMHURİYETİ İNKILAP TARİHİ VE ATATÜRKÇÜLÜK (Ankara: ATA, 2017); Tüyüz, Sami, TARİH 10(Istanbul: TUNA, 2017); Okur,

Yasemin 외, ÇAĞDAŞ TÜRK VE DÜNYA TARİHİ 12(Istanbul: MEB, 2017).

이 교과서들의 목차에서 아르메니아인 제노사이드 문제는 '아르메니아 문제', '아르메니아 분쟁', '아르메니아 주장', '터키에 대한 위협으로의 터키와 아르메니아 관계' 등으로 구성되어 제2차 세계대전 이후(Ataş, 2017a; 2017b), 1919년 이후(Ürküt, 2017), 데탕트 시대와 그 이후(Okur, 2017; Akgün et al., 2017) 시기에 배치된다. 그러나 실제 교과서에 서술된 내용은 목차에 제시된 것보다 더 넓은 범위에서 나타난다. 즉, 오스만제국 시대 터키인과 아르메니아인의 관계, 1915년 아르메니아인 폭동, 이주정착정책, 제1차 세계대전과 아르메니아인 테러 조직과 반란, 목적과 활동 등이 구체적으로 소개된다.

아르메니아인 제노사이드는 제1차 세계대전 시기인 1915년에 발발했으나, 사건이 발발하기 이전 터키인과 아르메니아인의 관계는 오스만제국 시기부터 살펴볼 수 있다. 터키 정부는 공식적으로 아르메니아인 제노사이드를 전면 부인하며 이를 '이주정착법(Sevk ve İskan Kanunu/ Tehcir Kanunu)'으로 설명하고 있는데, 터키 정부가 일관되게 부정하는 근거로 제시한 것은 오스만제국 시대에 충성스러운 신민이었던 아르메니아인들이 터키를 배신하고 터키인을 대상으로 테러 활동을 일삼았기 때문이라고 설명했다.

아르메니아인들은 수 세기 동안 아나톨리아의 여러 마을과 도시에서 터키인들과 함께 살았다. 오스만제국이 제공한 평온, 신뢰 그리고 평화로운 환경으로부터 혜택을 받은 아르메니아인들은 중개업, 무역, 농업 및 다양한 기량을 통해 부유해졌다. 19세기 중반 이후부터는 고위 정부 관료와 심지어 정부의 장관직에도 임명이 되었다. 아르메니아인들은 오랫동안 프랑스 혁명이 발생시킨 민족주의의 영향을 받지 않았다. 세르비아인들과 그리스인들이 오스만제국의 통치에 대항해 반란을 일으키는 상황에서도 아르메니아인들은 자치 또는 독립과 같은 요구를 하지 않았다. 아르메니아인들은 오스만제국에 속해 있으면서 터키 사회와도 융합되었기 때문에 "밀레트 사드카(Millet-i Sadıka, 충성스러운 신민)"로 불렸다(Tüyüz, 2017: 177).

아르메니아인들은 오스만제국 시절, 영토 내 다양한 지역에서 튀르크 민족과 함께 공존하며 살았다. 아르메니아인들과 튀르크 민족의 평화와 행복 속 공존은 19세기 중후반까지 이어졌다. 19세기에 일어난 민족주의 물결은 제국주의의 지배를 받던 민족들이 봉기하는 길을 열었다. 단, 오스만제국 영토 안에 있는 민족들은 외세의 자극을 받아 그 결과를 행동에 옮기게 되었다. 새로운 이익을 원하는 일부 국가들은, 오스만제국 내에 있는 비이슬람교도들의 권리를 보호한다는 역할을 자처했다. 이로부터 수년의 기간 동안 러시아와 영국을 필두로 오스만제국의 와해를 원하는 유럽 열강들은 아르메니아 민족 역시 그들의 목적에 맞게 활용하기를 원했다. 러시아와 영국은 오스만제국에 대한 야망을 실현시킬 목적으로 아르메니아인들에게 폭동을 장려했다(Ataş, 2017b: 206).

튀르크 민족이 아나톨리아 반도를 정복하고 난 후 아르메니아 민족은 튀르크 민족의 보호 아래 수 세기 동안 함께 서로 화합해 살았다. 오스만제국 시절에는 다양한 관직도 역임해 대사, 주지사 더 나아가 장관까지도 오를 수 있었다. 하지만 프랑스 혁명을 기점으로 세계에 번진 민족주의적 사상의 여파와 영국과 러시아의 간섭으로 아르메니아인들은 오스만제국에 대적하려는 작업들을 시작하게 된다. 아르메니아인들의 목표는 독립된 하나의 국가를 수립하는 것이었다. 하지만 아르메니아인들은 오스만제국 영토의 다양한 지역에 흩어져 살았기 때문에 그 어떤 지역도 튀르크인들에게 대항할 이유가 없었다. 정부 수립을 원한 아르메니아인들은 아나톨리아 동부 지방의 소수였을 뿐이었다(Ürküt 2017: 80).

오스만제국의 통치 아래 아르메니아인들이 '평온'한 삶을 유지하고 있을 때, 러시아는 오스만제국 영토에 있는 기독교인들을 보호한다는 명목으로 아르메니아인들을 러시아 편으로 끌어들이려 했고, 러시아를 견제하고자 했던 영국 또한 아르메니아에 개신교를 전파하고 아르메니아 역사와 문화 수업을 통해 국민감정을 동원하고자 했으며, 프랑스 또한 아르메니아에 가톨릭을 전파하기 위해 교회를 설립했다고 서술하며(Tüyüz, 2017: 177) 당시 오스만제국 내 아르메니아인에 대한 유럽 열강들의 지원 활동을 구체적으로 제시했다. 오스만제국을 멸망시키기 위해 유럽 열강들은 아르메니아 민족을 활용했으며 아르메니아인들에게 폭동을 장려하기 위해 무력 활동과 아르메니아 정부 수립을 위한 지원을 아끼지 않았음을 비중 있게 서술했다(Ataş 2017b: 206). 이어서 오스만제국에 거주 중인 아르메니아인들 가운데 일부는 오스만제국에 반하는 어떤 행위도 하지 않았으며 오히려 오스만제국을 계속 지지했다고 기술했다(Tüyüz, 2017: 178).

당시 오스만제국을 둘러싼 유럽 열강들의 정치 구도는 첨예하게 대립되었으므로 외적 영향이 컸던 것은 사실이다. 제1차 세계대전 이후 터키는 협상국의 점령으로 인해 주변국과 유럽 열강에 대한 불신에 사로잡혔다. 이로 인해 터키는 주변 국가들을 적으로 상정하며 전쟁의 패배 원인과 국내의 문제를 외부 요인으로부터 기인한 것이라고 주장했다(이은정, 2016b: 256). 이러한 상황에서 아르메니아인 또한 오스만제국의 충성스러운 일원이었으나, 유럽 열강의 편에서 제국을 배신하며 멸망을 초래한 위협적인 대상으로 낙인찍히고 타자화되었다. 이는 보편적으로 나타나는 제노사이드 메커니즘[5] 중 첫 번째 단계로 우리와 그들을 구분하는 '분류(classification)'에 해당하며 제노사이드의 강력한 전조 현상임을 확인할 수 있다(Stanton, 2004: 김태우, 2015: 175).

다양한 민족과 다양한 종교, 다양한 문화로 표상되는 오스만제국에서 아르메니아 민족이 충성스러운 신민에서 반란 조직으로, 나아가 오스만제국을 위협하는 배신자로 변화된 원인을 설명하면서 유럽 열강이라는 외적 요인만을 제시하는 것은 문제가 있다. 오스만제국 내에서 아르메니아인들의 위치와 상황에 대한 설명은 누락시켜 오스만제국 내부의 민족 간 갈등의 책임을 유럽 열강으로 전가하는 것은 설득력이 떨어진다.

그러나 터키 교과서에 서술된 것처럼 오스만제국 내 아르메니아인의 상황을 단순하게 묘사하기 어려운 측면이 있다. 오스만제국 시기, 도시에 거주했던 아르메니아인들은 교육을 받은 부유한 계층으로 사회적으로 높은 계층에 속해 있었으나, 농촌에 거주한 아르메니아인들은 대부분 문맹으로 경제적으로 열악한 지위에 있었다(강윤희, 2018: 10). 이 중 동부

---

5 그레고리 스탠튼(Gregory H. Stanton)은 제노사이드가 발생하는 단계를 기존 8단계에서 discrimination(차별화)와 persecution(박해), 2단계를 추가해 10단계로 확장했다. ① classsification(분류), ② symbolization(상징화), ③ discrimination(차별화), ④ dehumanization(비인간화), ⑤ organization(조직화), ⑥ polarization(양극화), ⑦ preparation(준비), ⑧ persecution(박해), ⑨ extermination(대량학살), ⑩ denial(부정). 더 자세한 내용은 https://www.genocidewatch.com/tenstages(검색일: 2021.3.28) 참고.

아나톨리아 지역에 거주했던 아르메니아인들은 근대교육의 혜택을 받아 성공적으로 아르메니아인 밀레트(Millet) 자치제도와 법을 마련하게 되면서 다양한 분야에서 두각을 나타냈다. 물론 아르메니아인 인구의 대다수를 차지하는 농민의 열등한 위치를 고려하면 소수에 해당하는 아르메니아인들의 약진은 과장된 것으로 볼 수 있다. 그럼에도 불구하고 아르메니아인들의 가시적인 발전은 같은 지역에 거주했던 쿠르드인들의 두려움과 경쟁 심리를 불러일으키는 계기가 되었음을 부정하기 어렵다(Bloxham, 2007: 18; 이은정, 2016a: 100~101 재인용).[6]

유럽 열강의 지원을 받은 아르메니아인 단체의 무력 활동은 터키 교과서에 구체적으로 소개된다. 아르메니아 무장 단체의 반란은 1890년에 에르주룸(Erzurum), 1892~1893년 메르지폰(Merzifon), 카이세리(Kayseri)와 요즈갓(Yozgat), 1894년 사손(Sason), 1895년 제이툰(Zeytun) 등지에서 일어났으며, 1896년 반 지역에서의 반란이 가장 큰 규모였다. 같은 시기에 에르진잔(Erzincan), 시바스(Sivas), 비틀리스(Bitlis), 마라쉬(Maraş), 우르파(Urfa), 디야르바크르(Diyarbakır), 말라트야(Malatya), 엘라즈으(Elazığ)에서도 반란이 있었다. 아르메니아 게릴라 조직은 이후 몇 년 동안 오스만제국이 다양한 국내 및 국외 문제 해결을 위해 노력하는 것을 기회 삼아 반란 영역을 넓혔다. 1896년 이스탄불의 오스만은행을 폭파

6 오스만제국 탄지마트 개혁의 내용과 실패는 이러한 문제를 더욱 위기 상황으로 몰아갔다. 탄지마트 개혁으로 촉발된 무슬림과 기독교인들의 간극, 그리고 경제적 차이의 불균형은 단순한 박탈감 이상으로 배제와 대립을 초래하는 결과로 치닫게 되었다(이은정, 2016a: 100~101). 19세기 후반 오스만제국 기독교인들에 대한 무슬림들의 집단감정이 부상했던 관계를 논의한 내용은 이은정(2016a) 참고.

한 아르메니아 테러리스트들이 1905년에도 압둘하미드(Abdülhamid) 2세에 대한 폭탄 암살을 시도했으며, 아르메니아 게릴라 조직은 1909년에 아다나(Adana)에서 일으킨 사건들로 많은 사람들을 죽음으로 내몰았다고 서술된다(Tüyüz, 2017: 178; Ataş, 2017b: 206).

일부 아르메니아인들은 트리폴리타이나 전쟁과 발칸 전쟁을 기회로 삼아 그들이 머물렀던 지역을 혼란스럽게 만들었다. 이 전쟁들 직후에 시작된 제1차 세계대전 속에서 전쟁의 이득을 본 일부 아르메니아인들은 활동을 더욱 확대했고, 코카서스 전선에서 러시아군과 함께 우리 군대를 공격했다. (그러나) 진실은 수 세기 동안 아나톨리아에서 무슬림 집단과 함께 평화와 행복 속에 살아온 아르메니아인들이 이 공격을 인정하지 않았다는 것이다. 안타깝게도, 아르메니아 무장단체들에 반기를 든 아르메니아인들 또한 그 아르메니아 무장단체들로부터 처벌을 받았다(Ataş, 2017b: 206).

1914년 사르카므쉬 작전에서 아르메니아 무장 그룹은 러시아와 연합해 오스만군대의 뒤통수를 쳤을 뿐만 아니라 …… 아르메니아인들은 자발적으로 러시아의 노예가 되어 그들의 앞잡이 노릇을 했고 또한 러시아인들과 함께 오스만제국 군대에 맞서 싸우고 있었다. …… 동시에 오스만 군대에 복무중인 일부 아르메니아 병사들과 장교들은 무기를 가지고 도망쳐 러시아 군대에 합류하기도 했다(Tüyüz, 2017: 201).

(아르메니아인들은) 자발적으로 러시아의 노예가 되어 그들의 앞잡이 노릇을 하면서 다른 한편으로는 러시아인들과 함께 오스만제국 군대와 맞서 싸우고 있었다(Tüyüz, 2017: 203).

터키 역사 교과서는 아르메니아인 제노사이드를 서술할 때 오스만제국이 처한 상황에 대해 매우 구체적으로 제시하고 있으며, 오스만제국이 얼마나 어려운 상황에 처해 있었는지 비중 있게 서술한 것이 특징이 다. 터키 교과서에서는 이러한 어려움을 타개하기 위한 노력으로 이주정착법이 제정·시행되었다고 반복적으로 제시한다. '이주정착법'의 법령, 시행 방법, 이주민들에 대해 어떠한 조치가 취해졌고 어떤 배려가 있었는지, 그리고 위법을 저지른 오스만의 관리들을 어떻게 엄벌했는지 지나치게 세부적인 내용까지 나열된다. 역사 교과서는 해당 국가의 입장을 가장 무게 있게 반영한다는 점을 감안하더라도, 터키의 입장만 일방적으로 기술되어 있고 아르메니아에 대한 내용은 당황스러울 정도로 나타나지 않는다.

터키 교과서에서 아르메니아인들의 반란은 구체적으로 그리고 반복적으로 강조되는 특징이 있다. 게다가 오스만제국을 와해시키려는 목적을 가진 유럽 열강과 아르메니아인이 합세해 반란을 일으킨 것은 터키 입장에서 충격적이었으며 제국을 위협하는 것으로, 무엇보다 적극적으로 조치하고 해결해야 할 사안이었다. 따라서 아르메니아인들의 반란을 진압하고 이에 대해 조치를 취하는 것은 당연한 순서였으므로, 이로 인해 발생한 희생과 피해는 의도적인 결과이기보다는 부차적인 것으로 인식하도록 유도하는 방향으로 서술되었다. 터키 교과서 서술에 나타난 이러한 일련의 과정은 터키가 아르메니아인 제노사이드를 부정하는 주요한 기반으로 활용되고 있다.

터키 교과서에서 아르메니아인 제노사이드는 아르메니아인들의 일방적인 주장으로 해외에 거주하는 아르메니아인들이 이주한 국가들에 동화된 결과로 기술된다. 그들은 민족의식을 지키기 위한 수단으로 대량학살을 주장하고 있는데, 이는 사실이 아님을 본문 서술을 통해 터키 교과서에서 직접 부정하고 있다.

아르메니아인들이 대량학살을 주장하는 목적은 터키로부터 영토와 배상을 받기 위한 것으로 이를 실현하기 위해 아르메니아 무장단체는 구체적인 계획을 세워 활동하고 있으며, 이와 동시에 이들은 해외에 거주하는 터키 외교관들을 대상으로 테러 활동을 하고 있다고 기술했다.

터키는 제1차 세계대전 시기의 이주·정착 정책 서술을 통해 이주자들을 보호하기 위해 노력했음을, 나아가 이주·정착 정책은 아르메니아인 대량학살이 아님을 반복적으로 서술했다. 이주·정착 정책은 아르메니아인들의 반란 여부를 중심으로 지역을 선정했고, 고아들은 사전에 고아원으로 보냈으며, 환자, 장애인, 의회 의원, 공무원, 교사, 개신교와 가톨릭교 아르메니아인들은 이주 대상에서 제외했다고 기술된다. 이주·정착 정책은 아르메니아인들이 터키 영토 내에서 그들만의 국가 건설을 저지하기 위해 실시한 것으로 아르메니아인을 말살하기 위한 것은 아니었으므로 아르메니아인들의 안전이 우선적으로 보장되었고, 경제적인 지원을 통해 이주민들의 요구 사항들을 충족시켜 주기 위한 노력이 있었다고 서술했다.

> 이주정책 시행 과정에서 부족들 혹은 도적들의 습격에 대응하기 위해 오스만 정부는 광범위한 대책을 준비했다. 직권을 악용하는 관리들을 재판해 다양한 형벌을 받게 했다. 이주하는 동안 발생하는 아르메니아인들의 모든 요구 사항들은 오스만제국에서 부담했다(Ürküt, 2017: 41).

'이주정책법'은 공공질서가 다소 문란한 상황에서 시행되었고, 이주·정착 후 이주 기간에 겪은 어려움과 부당한 대우를 조사하기 위해 오스만제국은 조사위원회를 설립해 군인과 경찰 등 1397명을 처벌했다. 그럼에도 불구하고 이주 과정에서 불리한 기상 조건, 도로의 붕괴, 교통수단의 부재, 강도의 공격, 식량 부족과 전염병 등으로 아르메니아인들이 목숨을 잃었다. 당시 이주한 아르메니아인의 수는 대략 38만 3000명으로 이주 과정에서 대략 5만 6000명의 인명 손실이 있었으나, 오늘날 아르메니아인들은 대략 150만 명의 아르메니아인들이 목숨을 잃었다고 주장하고 있다(Tüyüz, 2017: 205).

이주정책의 대상이 된 아르메니아인 인구

이주된 인구: 43만 8758명

이주 지정 지역 거주인구: 38만 2148명 (Ürküt, 2017: 41).

터키 교과서의 '이주정책법' 서술에서 주목할 만한 부분은 희생자의 수다. 전쟁 기간에 인명 손실 통계의 정확성을 측정하기는 어렵지만, 역사를 이해할 때 통계는 불가피한 측면이 있다. 희생된 개인의 죽음이 '수백만 명' 중 하나라고 해서, '수십만 명' 중 하나의 죽음보다 덜 중요한 것은 아니다. 그러나 개인이 아닌 특정 사회 또는 국가 단위에서 통계는 어느 쪽이 더 큰 희생을 치렀는지에 대한 논쟁으로 쉽게 이어지며, 희생자가 더 많은 쪽이 도덕적으로 정당성을 확보할 수 있다고 여겨진다(임지현 2019: 10).[7] 터키 교과서에서 아르메니아인 희생자 수 또한 이와 동일한 선상에 있으며 터키의 정당성을 확보하고 아르메니아인의 거짓을 증명

7 제2차 세계대전에서의 폴란드인 사망자 수, 난징 대학살의 사망자 수에서도 어느 쪽의 희생이 더 컸으며, 수치 측정을 누가 했는지에 따라 희생자 수는 큰 편차를 보였다. 이에 대한 자세한 내용은 임지현(2019) 참고.

하기 위한 근거로 제시된다.

이 내용에 이어 아르메니아인에 의한 터키 외교관 테러에 대한 내용이 교과서에 수록되어 있다. 아르메니아인의 반란과 '이주정착법'은 이 글에서 살펴본 6권 중 4권의 교과서에 기술되고 있으며,[8] 터키 교과서에서 '이주정착법'이 서술될 때면 반드시 아르메니아인 테러단체에 의해 터키 외교관들이 목숨을 잃었다는 내용이 함께 적혀 있다 . 특히 아르메니아인에 의한 터키 외교관 테러 관련 내용은 '이주정착법'이 소개되지 않은 교과서에도 실려 있다는 특징이 있다.

아르메니아인들이 제노사이드를 주장하는 목적은 터키로부터 영토와 배상을 받기 위한 것으로 이를 실현하기 위해 아르메니아 무장단체는 구체적인 계획을 세워 활동하고 있으며, 동시에 이들은 해외에 거주하는 터키 외교관들을 대상으로 테러 활동을 하고 있다고 기술했다. 아르메니아 무장단체의 목표는 다음과 같이 소개된다. "세계 각국들과 국제기구들에 터키가 아르메니아인들을 대량학살 했음을 알려 터키가 세계 각국들의 압력 아래서 대량학살을 인정하도록 하며, 터키의 대량학살 피해자 또는 그들의 자손들에게 배상금을 지불하도록 하여 터키의 동부 지역이나 아르메니아 서부 지역의 영토를 터키로부터 제공받아 위대한 아르메니아 국가를 수립하는 것이다"(Akgün et al., 2017: 177; Okur, 2017: 160; Tüyüz, 2017: 206, 208). 아르메니아는 이를 달성하기 위해 이주 중 발생한 아르메니아인 인명 손실을 터키의 계획된 대량학살의 결과라고 주장하고 있으며, 아르메니아인들은 스스로를 '억압받는 공동체'이며 '아나톨리

---

8 아르메니아인의 반란과 '이주정착법'이 기술된 교과서로는 Ataş(2017a), Ataş(2017b), Okur(2017), Tüyüz(2017) 등이 있다.

아 지역의 주권을 터키인들이 강탈했다'고 주장했다. 아르메니아인들은 이러한 주장으로 서방 국가들의 지지를 얻기 위해 노력했으며, 1970년대부터는 터키인들을 대상으로 테러 활동을 시작했다고 제시했다(Tüyüz, 2017: 206).

특히 아르메니아 테러단체들에 의해 목숨을 잃은 터키 외교관들의 죽음을 "순교(Şehit)"라고 표현하고 있다. 터키 교과서는 이들의 사진과 함께 이름과 지위가 구체적으로 적힌 당시 신문기사를 주요 참고 자료로 교과서에 수록했다(Okur, 2017: 160; Akgün et al., 2017: 177; Ataş, 2017a: 207; Ataş, 2017b: 204).

이러한 기술은 가해의 역사를 피해의 기억으로 전환시킨 전형적인 사례로 해석할 수 있다(임지현, 2019: 103). 세계의 여론은 무고한 희생자에게 더욱 동정적인 경향이 있기 때문에 여러 민족은 세계무대에서 "누가 더 고통을 많이 받았는지"를 경쟁하는 데 필사적인 모습을 찾아볼 수 있다(임지현, 2016: 5). 이와 비교 가능한 사례로 일본의 원자폭탄 희생자가 있다. '세계 유일의 피폭국'인 일본은 일본인들이 자신들의 희생을 자국의 전쟁 범죄와 가해행위를 상쇄하고도 남는 희생으로 여기게끔 만들었다. 일본인들에게 아우슈비츠와 더불어 히로시마는 인간이 저지른 가장 끔찍한 범죄행위의 상징이었다. 따라서 일본인들에게 히로시마와 나가사키를 기억하게 하는 일은 난징대학살이나 일본군위안부, 연합군 포로 학대 등 일본군이 저지른 잔학 행위를 잊어버리게 만드는 일이기도 했다(임지현, 2019: 103~104). 터키 역사 교과서 또한 터키인들의 희생을 부각함으로써 아르메니아인 제노사이드를 상대적으로 희석해 책임을 회피하고 있으며, 교과서라는 매체를 통해 터키 민족주의를 강조하고 있음을 확인할 수 있다.

터키 입장에서는, 1915년에 일어난 이주 사건은 결코 대량학살이 아니다. 왜냐하면 1948년에 채택된 UN의 대량학살 범죄 방지 및 처벌 협약에서 대량학살은 "국민, 인종, 민족 및 종교 집단을 전부 또는 일부를 파괴할 의도로 행해진 행위"로 정의되기 때문이다. 전선 후방이 안전하지 않았기 때문에 이주를 시행했고, 거주민들은 그 지역을 떠나야만 했다. 다른 한편으로는 대량학살 혐의가 형성되기 위해서는 국가에 의한 고의적인 파괴 의도가 있어야 한다. 만약 오스만제국이 아르메니아인들을 의도적으로 학살하고자 했다면, 이들을 이주시키지 않고 그들이 거주하던 곳에서 목숨을 잃게 할 수도 있었을 것이다. 그리고 이주정책을 시행하는 과정에서 임무를 소홀히 했던 사람들을 처벌하지 않았을 것이며, 반대로 그들에게 표창을 했을 것이다(Tüyüz, 2017: 208).

이 글은 터키 역사 교과서에 수록된 아르메니아인 제노사이드에 대한, 오늘날 터키 정부의 입장이다(Tüyüz, 2017: 208). 터키 정부의 입장을 교과서 본문에 넣어 마치 역사적 사실인 것처럼 혼동하게 만드는데, 이로써 터키 역사 교과서는 역사에 대한 이해를 적극적으로 방해할 뿐 아니라 터키 정부가 추구하는 이념을 이식하는 효율적인 전략 도구로 기능하게 되었다. 터키 정부는 악참(2007)이 터키 민족주의를 인종차별주의라고 주장한 것을 비판하면서 1913년 발칸전쟁 이후 터키 민족주의가 성장한 것은 사실이지만, 터키 민족주의는 애국심에서 기인한 것이라고 설명했다(MFAd, n.d.). 터키 역사교육의 목적이 애국심에 있음을 공식적으로 강조한 것은 직접 역사 만들기에 뛰어든 터키 정부의 일관된 법적·정책적 기조를 확인할 수 있는 주요한 지점으로 볼 수 있다.

4. 맺음말

터키 정부는 아르메니아인 제노사이드를 부정하고 자국의 역사적 기억에서 이를 지우려고 부단히 노력하고 있다. 아르메니아인 제노사이드를 부정하는 터키 정부의 일관된 기조는 터키 정부의 강력한 통제를 받고 있는 교과서 서술에서 더 명확하게 나타난다. 터키 교과서에서 '아르메니아인 제노사이드'는 '이주정착법'으로 설명되고 있으며, 아르메니아인에게 테러를 당한 터키인들을 '순교자'로 표현하며, 피해자는 오히려 터키인임을 강조했다. 아르메니아인 제노사이드는 아르메니아인들의 일방적인 주장인데도 아르메니아 디아스포라의 국제적인 로비 활동으로 세계 각국의 인정과 지지를 받음으로써 터키는 위협받고 있다는 터키 정부의 입장 또한 교과서 서술로 자리하면서 터키의 역사적 사실로 치환되었다.

물론 터키가 아르메니아인 제노사이드를 인정하는 문제는 윤리도덕적인 차원에 한정된 것은 아니다. 아르메니아가 과거 아르메니아인들이 거주했던 지역에 대해 영토 소유권을 주장하면서 정치적 성격을 띠게 되었고, 아르메니아인 거주 지역은 쿠르드인들이 대다수 거주하는 쿠르디스탄의 일부이므로 쿠르드족 문제와도 연관되어 있으며(김영술, 2010: 421), 이웃 국가인 아제르바이잔과의 외교문제, 아제르바이잔과 아르메니아와의 관계에 이르기까지 폭넓게 얽혀 있는 특징이 있다. 그러나 제1차 세계대전에서부터 오늘날에 이르기까지 터키가 처했던 복합적인 상황을 고려한다 할지라도 터키 정부의 바람대로 아르메니아인 제노사이드가 없었던 일이 되는 것은 불가능하다.

오늘날 터키 정부는 오스만제국의 몰락을 스스로 위로하고 제국의 영광을 상실한 데 대한 보상으로 이전보다 강력하고 견고한 터키 만들기에 여념이 없다. 터키 정부가 강력하게 주도하고 있는 터키 역사 만들기 한가운데 아르메니아인 제노사이드가 있으며, 터키의 오랜 염원인 EU 가입을 가로막는 주요 원인 중 하나가 아르메니아인 제노사이드인데도 아르메니아인 제노사이드 부정에 대한 터키 정부의 입장은 물러설 여지가 보이지 않는다.

아르메니아인 제노사이드는 일견 한국과 멀리 떨어진 곳에서 발생한 어떤 사건으로 거리감 있게 보일 수 있다. 그러나 오늘날 전 지구적 환경은 한국도 아르메니아도 아닌 미국에서 두 국가가 이어지는 계기를 만들었다. 특히 아르메니아인 제노사이드 문제는 일본군'위안부' 문제와 독특한 관련이 있는데, 다름 아닌, 미국 캘리포니아주 글렌데일에 세워진 '평화의 소녀상'이 그것이다. '평화의 소녀상' 건립은 일본 정부의 강력한 로비와 보수적인 일본계 미국인 단체의 반대가 있었으나, 글렌데일의 시의회 의원 자레 시나얀(Zareh Sinanyan)은 소녀상 건립을 적극 지지하고 추진했다. 그는 아르메니아인 제노사이드 생존자의 손자로, 아르메니아의 수도 예레반에서 태어나 미국으로 이민 온, 이른바 성공한 이민자 중 한 명이다. 그는 희생자들이 느꼈을 고통과 공포를 누구보다 잘 이해할 수 있다고 밝히면서 일본군위안부 피해자들에 대한 정서적 공감을 표현했다. 아르메니아계 미국인 이민자의 도움으로 소녀상이 건립될 수 있었던 것은 글렌데일에 해외에서 가장 큰 아르메니아 공동체가 있다는 사실과 무관하지 않다(임지현, 2019: 159~162).

글렌데일은 전체 인구가 20만 명도 되지 않는 작은 도시로 이 중 아르메니아계가 8만 명이 거주하고 있으며, 한인은 1만 2000명 정도 거주한다. 글렌데일에서 아르메니아 공동체의 강력한 지지 없이 한인의 힘만으로 소녀상을 세우는 것은 어려웠을 것이며, 아르메니아인 제노사이드에 대한 기억이 글렌데일의 아르메니아인들로 하여금 일본군 '위안부' 피해자들의 고통에 예민하게 반응하도록 만들었을 것이다(임지현, 2019: 162). 지구화에 따라 전후 기억은 국가의 경계를 넘나들게 되었고, 제2차 세계대전 이후 전례 없는 규모의 인구 이동으로 낯선 땅에 정착한 사람들은 전쟁, 식민주의와 제노사이드 등 그들만의 고유한 기억을 새로운 이주 공간에 이식하고 공유하게 되었다(임지현, 2016: 3). 글렌데일이라는 낯선 곳에서 낯선 기억이 만나 공통의 기억 공간을 만들고, 기억을 통해 이루어진 초국가적 연대는 타자의 고통에 공감하면서 서로 교감할 수 있는 희생자 집단에서 자주 목격되는 현상으로, 자신이 기억하는 고통이 타자의 아픔에 대한 인권적 감수성을 높여준 덕분으로 풀이할 수 있다(임지현, 2019: 166). 국경을 넘어 공유된 희생자들의 기억이 연대하는 모습이 비교적 최근의 현상이라면, 그 이전에 이미 전쟁과 식민주의, 제노사이드의 희생이 무시되고 은폐되었던 역사적 부정주의의 연대가 있었다.

프랑스 극우 지식인을 대표하는 모리스 바르데슈(Maurice Bardèche), 폴 라시니에(Paul Rassinier), 피에르 기욤(Pierre Guillaume) 등은 제2차 세계대전 기간에 유대인 강제수용소에 설치되었던 가스실의 실체를 거부하면서 나치의 대량학살은 20세기의 대표적 거짓말이라고 주장했다. 이들은 부정주의 논리를 만들어냈고, 이탈리아·독일·영국에서 만들어낸 같은 종류의 담론들이 서로가 하나의 동일한 논리를 만드는 근거가 되면서 '유대인 대량학살은 없었다'라는 새로운 신화를 써나갔다. 일본은 1990년대에 이와 같은 부정주의 담론을 수입해 일본의 침략전쟁과 식민지 지배에 대한 책임을 부정하고, '보통 국가'를 넘어 '우등 국가'로 인식하게 만드는 전략을 취했다. 그런데 일본의 역사수정주의 논리는 2019년 한국에서 발간된 『반일종족주의』에서도 찾을 수 있다. 특히 일본군위안부 문제를 '종족주의의 아성'으로 단정하며 집중적으로 다뤘는데, 그 핵심 논지와 내용은 1990년대 이후 일본 우파 지식인들이 주장해 온 것과 크게 다르지 않다(신동규, 2014: 114~115; 신동규, 2017: 88, 227~228; 방지원, 2020: 8~12).

전 지구적 환경 속에서 부담스러운 과거에 대한 부정주의의 초국가적 연대와 함께, 희생자들의 연대의식 속에서는 자신의 희생이 타자의 그것보다 더욱 특별하다는 희생자 의식의 민족주의적 기억 간 경쟁이 더욱 부추겨지며(임지현, 2019: 168~169), 점점 더 복잡한 스펙트럼을 형성하고 있다. 어떤 사건에 대한 기억의 문제는 국가 간의 갈등이 충돌되는 지점이기도 하지만, 한 국가 안에서도 특정 상황과 사건을 두고 가해자가 되기도 하고 피해자가 되기도 하는 등 서로 다른 입장이 교차되고 있다. 우리 또한 일본군위안부, 한국전쟁에서 미군에 의한 민간인 학살, 베트남전쟁에서 한국군의 민간인 학살과 라이따이한 문제 등이 여전히 해결되지 않은 채 과거가 아닌 지금, 나아가 앞으로의 문제로 남아 있다.

역사 교과서 국정화 논란이 있었던 2015년, 갈등지수가 높은 국가들의 교과서 채택에 대한 교육부 장관의 발언을 계기로 그간 "형제의 나라"라는 수식어구 정도로 단편적으로 언급되던 터키가 언론에 오르내리게 되었다(이은정, 2016b: 220~222). 그 전에 터키는 한국의 역사교육에서 그다지 주목받는 국가는 아니었다. 그러나 터키가 아르메니아인 제노사이드를 부정하며 만들어가고 있는 터키의 역사 만들기는 우리에게 자민족 중심주의와 특정 민족, 집단 또는 대상에 대한 타자화가 얼마나 위험한 것이며 역사교육의 근간까지 전소시킬 수 있다는 점을 다시금 깨닫게 한다.

우리 역사교육에서 과거의 실재'들'(복수성)을 하나가 아닌 다양한 관점의 사료를 통해 밝힐 수 있다는 다원적 관점과 상충하는 기억들도 협상 가능하도록 하며, 충돌하는 대상들이 공존하는 기억의 경관을 허용하는 '포용'의 관점을 중심으로 갈등의 역사를 가르칠 수 있기를 기대한다(뤼케·췬도르프, 2020: 62~63; 82~83).

참고문헌

강윤희. 2018. 「아르메니아 문제와 유럽 강대국 외교: 1877~78 러시아-투르크 전쟁과 베를린 회의를 중심으로」. ≪러시아연구≫, 28(2).

김상기. 2008. 『제노사이드 속 폭력의 법칙』. 선인.

김영술. 2010. 「아르메니아인 제노사이드 인정문제와 국제관계: 디아스포라 정치의 관점에서」. ≪민주주의와 인권≫, 10(2).

______. 2015. 「아르메니아인 대학살을 어떻게 볼 것인가」. ≪내일을 여는 역사≫, 60.

김유경. 2003. 「과거의 부담과 역사 교육: 홀로코스트와 독일의 중등학교 역사 교과서」. ≪서양사학≫, 77.

김태우. 2015. 「제노사이드의 단계적 메커니즘과 국민보도연맹사건: 대한민국 공산주의자들의 절멸 과정에 관한 일고찰」. ≪동북아연구≫, 30(1).

김혜진. 2009. 「아르메니아 디아스포라의 형성과 모국과의 관계에 대한 연구」. ≪슬라브학보≫, 24(4).

뤼케, 마르틴(Martin Lücke)·이름가르트 췬도르프(Irmgard Zundorf). 2009. 『공공역사란 무엇인가』. 정용숙 옮김. 푸른 역사.

방지원. 2020. 「기억의 정치와 역사부정, 역사 교육은 어떻게 대처할까?」. ≪역사와 세계≫, 58.

신동규. 2014. 「프랑스 부정주의의 논리: 홀로코스트에 대한 인식과 해석」. ≪역사와 문화≫, 28.

______. 2017. 「극우의 역사 서술 전략과 제국의 위안부 역사적 사건의 상대화」. 문학사학회 엮음. 『기억은 역사를 어떻게 재현하는가』. 한울엠플러스

이은정. 2016a. 「19세기 후반 오스만제국에서 무슬림 집단 감정의 부상: 1850년대에서 1880년

대까지를 중심으로」. ≪동양사학연구≫, 136.
______. 2016b.「터키 역사 교육과 역사 논쟁」. ≪역사교육연구≫, 26.
이진일. 2019.「독일 역사수정주의의 전개와 '희생자-가해자' 전도」,『근현대사기념관 한일공동심포지엄 자료집 '한일 뉴라이트의 '역사부정'을 검증한다'』.
임지현. 2016.「전지구적 기억공간과 희생자 의식: 로코스트, 식민주의 제노사이드, 스탈린주의 테러의 기억은 어떻게 만나는가?」. ≪대구사학≫, 125.
______. 2019.『기억전쟁, 가해자는 어떻게 희생자가 되었는가』. 휴머니스트.
정재윤. 2017.「터키 역사·지리 교과서를 통해 본 한국에 대한 터키의 인식」. ≪지중해지역연구≫, 19(2).
______. 2019.「터키 역사 교과서에 나타난 아르메니아인 제노사이드」. ≪국제문화연구≫, 12(1).
코언, 스탠리(Stanley Cohen). 2009.『잔인한 국가 외면하는 대중: 왜 국가와 사회는 인권침해를 부인하는가』. 조효제 옮김. 창비.
헤인, 로라(Laura Hein)·마크 셀든(Mark Selden). 2009.『역사 검열과 역사 교육-일본·독일·미국에서의 공민권과 전쟁의 기억』. 정용도 옮김. 동북아역사재단.
호바니시안, 니콜라이(Nikolay Hovhannisyan). 2011.『아르메니아인 제노사이드』. 이현숙 옮김. 한국학술정보.

Andonian, Aram. 1921. *Medz Vociri* . Boston.
Rifat, Mevlan Zade. 1929. *Türkiye inkilabinin iç yüzü*. Aleppo.
Agos. 2017.1.11. "Commemorating Hrant Dink." http://www.agos.com.tr/en/article/7444/commemorating-hrant-dink(검색일: 2020.3.28).
______. 2021.1.16. "Hrant Dink commemoration to be held online due to pandemic." http://www.agos.com.tr/en/article/25183/hrant-dink-commemoration-to-be-held-nline-due-to-pandemic(검색일: 2021.4.4).
Akçam, Taner. 2019. "When Was the Decision to Annihilate the Armenians Taken?" *Journal of Genocide Research*, 21(4).
Akgün, Ergün et al. 2017. *Çağdaş Türk ve dünya tarihi*, 12. Ankara.
Ataş, Çiğdem. 2017a. *Türkiye Cumhuriyeti ink ı lap tarihi ve Atatürkçülük*, 8. Ankara.
______. 2017b. *T.C. ink ı lap tarihi ve Atatürkçülük*, 8. Ankara.
Babacan and Nuray. 2020.6.23. "Son dakika haberi: Cumhurbaşkani Erdoğan talimat verdi! Türkiye artik kendini daha iyi anlatacak." *Hürriyet*. https://www.hurriyet.com.tr/

gundem/son-dakika-haberi-cumhurbaskani-erdogan-talimat-verdi-turkiye-artik-kendini-daha-iyi-anlatacak-41547985(검색일: 2020.3.28).

Chemali and Hagar Hajjar. 2018.4.23. "How Trump could tell the truth about Armenian genocide." CNN. https://edition.cnn.com/2018/04/23/opinions/trump-could-tell-truth-about-armenian-genocide-chemali/index.html(검색일: 2020.3.28).

Dadrian, Vahakn N. 1993. "The Role of the Special Organization in the Armenian Genocide during the First World War." in Panikos Panayi(ed.). *Minorities in Wartime* Oxford and Providence.

Bloxham and Donald. 2007. *The Great Game of Genocide: Imperialism, Nationalism, and the Destruction of the Ottoman Armenians*. Oxford.

Erbal and Ayda. 2012. "Mea Culpas, Negotiations, Apologias: Revisiting the "Apology" of Turkish Intellectuals." in Birgit Schwelling(ed.). *Reconciliation, Civil Society, and the Politics of Memory: Transnational Initiatives in the 20th and 21st Century*. Bielefeld.

Ghazaryan, Nariné. 2017. "A centenary of dinial-The case of the Armenian genocide." in Paul Behrens et al.(ed.) *Holocaust and Genocide Denial-A Contextual Perspective*. New York.

Hürriyet Daily News. 2019.12.13. "US Senate passes so-called Armenian genocide resolution." https://www.hurriyetdailynews.com/us-senate-passes-resolution-that-recognizes-so-called-armenian-genocide-149797(검색일: 2020.3.28).

MFAa. 2011. "Controversy between Turkey and Armenia about the Events of 1915." http://www.mfa.gov.tr/controversy-between-turkey-and-armenia-about-the-events-of-1915.en.mfa(검색일: 2021.4.4).

MFAb. 2011. "The Events of 1915 and the Turkish-Armenian Controversy over History: An Overview." http://www.mfa.gov.tr/the-events-of-1915-and-the-turkish-armenian-controversy-over-history_-an-overview.en.mfa(검색일: 2020.3.28).

MFAc. 2011. "The Armenian Allegation of Genocide: The issue and the facts." http://www.mfa.gov.tr/the-armenian-allegation-of-genocide-the-issue-and-the-facts.en.mfa(검색일: 2020.3.28).

MFAd. n.d "A Shameful Act: The Armenian Genocide and the Question of Turkish Responsibility, by Taner Akçam." http://www.mfa.gov.tr/data/DISPOLITIKA/2016/16_-yucel-guclu_-a-shameful-act.pdf(검색일: 2020.3.28).

Okur, Yasemin et al. 2017. *Çağdaş Türk ve dünya tarihi*, 12. Ankara.

Palabıyık, Mustafa Serdar. 2015. *1915 Olaylarini Anlamak: Türkler ve Ermeniler*. İstanbul.

Radikal. 2007.1.24. "İstanbul İstanbul olali böyle tören görmedi Hrant Dink'i 100 bin kişi uğurladi." https://web.archive.org/web/20121024092108/http://www.radikal.com.tr/index.php?tarih=24%2F01%2F2007(검색일: 2020.3.28).

Stanton, Gregory H. 2004. "Could the Rwandan genocide have been prevented?" *Journal of Genocide Research*, 6(2). https://www.genocidewatch.com/tenstages(검색일: 2020.3.28).

Tüyüz, Sami. 2017. *Tarih 10*. Ankara.

Uygar, Gültekin and Kazaz Gözde Kazaz, "Dink cinayeti davasinin 10 yili Dink cinayeti davasinin 10 yili." *Agos*(2007.1.24). http://www.agos.com.tr/tr/yazi/17489/dink-cinayeti-davasinin-10-yili(검색일: 2020.3.28).

Ürküt, Mahmut. 2017. *Türkiye Cumhuriyeti inkilap tarihi ve Atatürkçülük*. Ankara.

05

프랑스의 노예제 역사교육과 '기억법'

홍용진 고려대학교 역사교육과 부교수

1. 머리말

역사교육에서 점점 더 많은 관심을 받고 있는 역사 갈등과 역사 화해라는 주제는 민주, 인권, 평화라는 교육적 가치와 관련해 매우 중요한 위치를 차지한다. 이와 관련해 국내에서 가장 모범적이라고 제시된 사례가 바로 프랑스와 독일 간의 역사 화해다. 예를 들어 제2차 세계대전 이후 양국의 역사를 함께 조망한 『독일 프랑스 공동 역사교과서』는 화해와 평화를 위한 모범적인 역사교육 사례로 평가받곤 했다(가이스·르 캥트렉, 2008; 김승렬, 2003; 김승렬, 2008; 이용재, 2007; 한운석, 2015; 한해정, 2015). 이때 중요한 지점은 양차 세계대전을 일으킨 가해자 독일이 전후 진정성 있는 반성을 통해 다양한 피해자를 대표하는 프랑스와 역사적인 차원에

* 이 장은 홍용진(2020)의 내용을 수정·보완한 것이다.

서 대화와 협력의 틀을 구축했다는 점이다. 이는 현대사 교육에만 국한되는 것은 아니다. 두 나라의 기원이 되는 중세 초기와 관련해서도 프랑크 왕국을 어느 한 나라만의 기원으로 주장하는 19세기 민족주의적 역사 서술이나 역사교육이 현재는 상당히 완화되었다는 사실로도 알 수 있다. 그렇다면 제2차 세계대전의 피해자인 프랑스는 역사적 갈등, 특히 비서구 사회가 피해자가 되고 프랑스가 가해자가 되는 역사에 대해서는 어떻게 가르치고 있을까?

사실 프랑스의 역사교육이 전반적으로 프랑스 중심의 유럽중심주의에 입각해 있다는 점은 이미 잘 알려져 있다. 역사교육이 늘 한 국가의 역사교육인 만큼 이와 같은 자국중심주의적 성격은 그다지 놀라운 모습은 아니다. 특히 프랑스는 보편사를 기대하게 만드는 '역사'라는 과목명에도 불구하고 역사 교과서 서술에서 매우 강한 자국사 중심의 서사구조를 보여준다. 이에 따르면 프랑스는 프랑스 혁명 이전에는 유럽에서 가장 부유하고 강력한 세력으로 유럽을 이끌었으며 프랑스 혁명 이후로는 여러 역경을 극복하고 민주공화정을 확립해 나간다. 나아가 프랑스는 민주주의와 인권이라는 가치의 확대 과정과 궤를 같이하면서 보편적 인류의 대의를 이끈다. 하지만 2000년대 이래로 프랑스에서는 이러한 자국사 중심주의와 민족서사의 한계를 극복하고 유럽과 비유럽 세계 간의 교류 또는 비유럽 세계의 역사에 대한 개방적 성격을 강조해야 한다는 주장들이 크게 대두되었다. 이어서 2015년 중학교 역사 교과 개정 당시에는 자국사와 세계사의 비중을 둘러싼 역사 교과 논쟁이 촉발되었다. 결국 역사 교과에서 자국사의 비중을 줄이고 세계사로의 비중을 확대하려는 초기의 시도가 후퇴하고 자국사의 비중이 다시 강화되었다. 그럼에도 유럽중심주의 테두리 내에서일지라도 기존에 비해 세계사적 맥락이 더 강화된 것은 사실이다(이용재, 2016).

이 글에서는 2015년에 개정된 프랑스 중학교 역사과 교육과정과 교과서에서 비서구 세계와의 관계를 다루는 역사적 주제 중 노예제와 노예무역을 어떻게 다루고 있는지를 살펴보고 이를 분석해 보고자 한다. 이는 유럽 각국이 일차적으로 초래한 비유럽 세계와의 역사적 갈등을 프랑스 역사 교과서가 어떻게 다루고 있는지를 보여주는 시금석이 될 수 있을 것이다. 사실 1980년대 중반 이래로 프랑스 역사학계와 역사교육에서 알제리 식민지와 알제리 전쟁은 프랑스 제국주의의 부끄러운 민낯을 보여주는 사건으로서 중요한 이슈로 자리를 잡았다(이용재, 2006). 반면 오직 프랑스 역사만의 문제로 환원되지 않는 노예제와 노예무역은 상대적으로 덜 쟁점화되는 편이었다.

그러나 2020년에 들어와 프랑스에서는 흑인과 관련한 인종 문제와 과거 노예무역의 역사는 전례 없이 큰 사회적 쟁점이 되기 시작했다. 먼저 2020년 5월 미국에서 일어난 조지 플로이드 사망 사건과 '흑인의 생명은 소중하다(Black Lives Matter)' 운동은 프랑스 사회에서 발언권을 갖지 못했던 흑인 차별 문제를 사회 쟁점으로 부각하는 데 크게 기여했다. 사실 프랑스의 사회적 갈등이 극심해진 2010년대에 경찰 폭력으로 총 11명의 민간인이 희생당한 사건이 발생했는데, 이 중 흑인이 5명에 이르렀다.[1]

---

1 2000년대에 들어와 더 가혹해진 프랑스의 경제위기는 다양한 사회적 갈등을 산출했고 이는 종종 인종차별적 태도와 맞물렸다. 아프리카와 서아시아계 이민자 출신 프랑스인들은 대부분 경제적 약자이자 사회적 소외계층을 이루었고 이들은 종종 프랑스 경찰의 감시와 통제 대상이 되어왔다. 2010년대에 들어와 이러한 경향은 더욱 증가했고 2018년에 시작된 '노란 조끼' 운동은 경찰의 강압적이고 폭력적인 성향을 강화했다. 2011년부터 2019년까지 경찰 폭력 사망한 흑인은 바바카르 게예(2015), 아다마 트라오레(2016), 테오 뤼아카(2017),

이러한 상황에서 미국의 시위 소식이 프랑스에 전해지자 프랑스 사회에서도 흑인에 대한 경찰의 폭력적 대우에 맞서 이와 유사한 시위가 전개되었다. 더군다나 2020년 8월에는 극우파 성향의 주간지 ≪발뢰르 악튀엘(Valeurs actuelles)≫이 가봉 출신의 프랑스 의원인 다니엘 오보노(Danièle Obono)를 목에 쇠사슬을 한 노예로 묘사하는 캐리커처를 내보내 인종차별 논란에 불을 지피기도 했다. 이와 같은 사건들은 제국주의와 인종주의적 편견들이 여전히 중요한 사회문제가 되고 있다는 점을 보여주며(심재중, 2007), 프랑스가 행한 노예제와 노예무역의 반인륜성에 대한 더 철저한 역사교육의 필요성을 제기한다.

이러한 차원에서 이 글은 프랑스의 노예제와 노예무역 관련 역사를 일별한 후, 이 문제를 현재 프랑스 중학교 역사 교과서가 어떻게 다루는지 살펴보고 이러한 교과서 서술에 영향을 미치고 있는 기억 관련 법안의 내용과 문제점을 검토해 보고자 한다.

2. 프랑스와 노예무역

많은 학자들이 동의하는 것처럼 15~19세기 동안 유럽인이 본격적으로 주도한 대서양 삼각무역에 의한 노예제와 노예무역은 이전에 4000여 년

아부바카르 포파나(2018)이다. 물론 백인들 또한 경찰 폭력의 희생양이 되었는데 환경운동가인 레미 프레스(2014), 노란조끼운동과 관련된 일명 '마리아'(2018), 스티브 마이아 카니소(2019), 앙젤로 가랑(2017)이 있다. 아랍계로는 비삼 엘얌니(2011), 지넵 르두안(2018)이 있고 중국계로는 리우 샤오야오(2017)가 있다.

동안 이루어진 노예제와 근본적으로 다른 모습을 보여준다. 자본주의 체제의 심화와 더불어 무자비한 인간 사냥, 유통, 매매가 유럽인들의 조직적인 사업이 되었고 이로 인해 대륙의 수준에서 인구 구성을 크게 바꿔놓았기 때문이다. 더 중요한 점은 유럽 자본주의가 노예제를 이용한 대규모 플랜테이션 농장으로 세계적 수준에서 자본을 축적해 나갈 수 있었다는 사실이다. 살아 있는 노동이 죽은 노동으로 전환되는 과정은 영국 맨체스터 이전에 아메리카에서 더욱 잔혹하고 무자비하게 먼저 이루어졌다(포머란츠, 2003: 433~438; 들라캉파뉴, 2015: 11, 186; 윌리엄스, 2014; Blackburn, 2010). 또한 근대 서구 노예제는 외모와 문화상의 차이를 사회적 차별에서 나아가 인종차별로까지 변형시켰다. 전근대적 노예제가 한 사회 내에서 노예가 된 자에게서 자유를 박탈하고 그를 물품처럼 취급하는 데에 그쳤다면, 근대 노예제는 유럽 사회 내부에서뿐만 아니라 전 세계의 비유럽 지역 전체에 대한 경멸과 증오, 폭력을 정당화하고 당연시하는 인종주의의 기반이 되었다(아렌트, 2006; 염운옥, 2019: 1~2장).

프랑스 근대사는 노예제 및 노예무역과 매우 깊은 관계를 보여준다. 1501년부터 1866년까지 총 1250만 명의 노예가 아프리카에서 아메리카로 이동했는데 이때 가장 많은 수의 노예를 거래한 국가로 580만여 명을 매매한 포르투갈이 1위를 차지했으며 2위는 326만여 명을 거래한 영국이 차지했다(〈표 5-1〉). 그리고 3위를 차지한 국가는 프랑스로 138만여 명을, 그다음으로 4위는 에스파냐로 100만여 명을 매매했다. 특히 프랑스의 경우 시기적으로 볼 때 계몽사상의 시대라고 불리는 18세기에 노예무역이 그 어느 때보다도 성행했다. 대서양 노예무역 전 기간을 놓고 볼 때 프랑스는 명실상부 제3위의 노예무역 대국이었다. 이러한 점에서 프랑스 역사에서 노예제와 노예무역과 관련한 역사적 사실들은 간과할 수

표 5-1 유럽 주요 국가의 노예 무역량(1501~1875)

(단위: 명)

연대	에스파냐	포르투갈	영국	네덜란드	프랑스
1501~1550	31,738	32,387			
1551~1600	88,223	121,804	1922	1,365	66
1601~1650	127,809	469,128	33,695	33,558	1827
1651~1700	18,461	542,065	394,567	186,373	36,609
1701~1750	0	11,143	964,639	156,911	3,834
1751~1800	10,654	1,201,860	158,659	173,103	758,979
1801~1875	784,639	2,469,879	283,959	3,026	203,889
합계	1,061,524	5,848,266	3,259,441	554,336	1,381,404

자료: 에모리대학교, '노예 이동' 프로젝트.

없는 중요성을 지닌다.

미국과 유럽 역사가들이 수십 년에 걸쳐 구축한 데이터베이스를 바탕으로 구축된 에모리대학교의 '노예 이동' 프로젝트 통계에 따르면 프랑스인들이 노예무역에 처음으로 참가한 시기는 15세기 말이었지만 본격적으로 뛰어든 시기는 17세기부터였다. 이 당시 프랑스는 1625~1675년의 기간 동안 약 9000명의 노예를 거래했는데 갑자기 17세기 말에 이르러 3만 명으로 매매 규모가 급증했다. 물론 17세기만 놓고 보면 노예무역의 주도권은 수십만 명을 거래하고 있던 포르투갈과 영국에 있었고 네덜란드와 에스파냐가 그 뒤를 따르고 있었다. 그리고 앞서 말한 바와 같이 18세기에 이르러 프랑스의 노예무역도 수십만 명 단위로 급증하기 시작했다. 프랑스 역사에 포개어볼 때 노예무역이 본격적으로 시작된 시기는 루이 13세 치세(1610~1643)였으며, 이후 루이 14세 치세(1643~1715)에 이르러 급격히 확대되었다. 그리고 뒤이은 루이 15세 치세(1715~1774)와 루이 16세 치세(1774~1792)까지, 즉 18세기 말까지 프랑스는 노예무역을 확대일로에 있었다. 즉 프랑스사에서 '위대한 세기(Grand siècle)'와 '계몽의 세기(Siècle des Lumières)'라고 불리는 17~18세기에 이른바 '절대주의' 왕정은 중상주의 정책의 일환으로 노예무역에 적극적으로 참가하기 시작했다.

절대왕정 시기의 프랑스는 노예무역의 규모에서뿐만 아니라 노예제의 질적인 변화 과정에서도 결정적인 역할을 했다. 1685년 루이 14세는 『흑인 법전(Code noir)』을 반포함으로써 17세기까지 법적인 근거가 전혀 없던 노예제에 궁극적인 합법성과 정당성을 부여했기 때문이다. 18세기 초까지 아메리카의 프랑스령 식민지[마르티니크, 과들루프, 생도맹그(Saint-Domingue), 기얀, 레위니옹, 루이지안]에 확대 적용된 이 법안은 유럽에서 최초로 흑인 노예에 대한 인간 자격 박탈과 가혹한 폭력을 합법화했다(들라캉파뉴, 2015: 210~214). 물론 그 이전에도 영국령 식민지인 바베이도스(1636)와 버지니아(1662)에서도 노예의 지위를 합법화하기 위한 국지적인 시도가 있었지만, 루이 14세의 『흑인 법전』은 18세기 내내 꾸준히 재반포되면서 이미 세계화가 이루어진 노예제와 노예무역에 지대한 영향을 미쳤다. 아울러 프랑스의 절대왕정 시대는 교과서에서도 잘 알려진 것처럼 중상주의 정책이 시행되었다. 중요한 점은 이 중상주의에서 가장 핵심적인 품목으로 자리 잡은 것이 노예무역이었고 루이 14세와 장 바티스트 콜베르(Jean Baptiste Colbert)의 프랑스 정부가 식민지 팽창 경쟁에 본격적으로 뛰어들었다는 사실이다(Pluchon, 1991: 82~93).

18세기 전반까지 프랑스에서 노예제는 당연한 것으로 여겨지기 시작했고, 따라서 이에 대한 비판은 찾아보기 어려웠다. 하지만 '인권'이라는 용어가 사회 전반에 확산되어 가던 18세기 후반 일군의 계몽사상가들은 이제 흑인 노예 제도에 대해 분명한 비판의 목소리를 내기 시작했다. 나와 다른 처지에 있는 사람들이 고통받을 때 생겨나는 공감과 동정심은 린 헌트(Lynn Hunt)가 지적하듯이 보편적인 인간의 권리를 사고하는 기반이 되었다(헌트, 2009: 1~2장). 이러한 지적 분위기에서 몇몇 계몽사상가들, 예를 들어 장자크 루소(Jean-Jacques Rousseau), 몽테스키외(Montesquieu), 볼테르(Voltaire), 드니 디드로(Denis Diderot), 올랭프 드 구주(Olympe de Gouges) 등은 당시에 무비판적으로 진행되고 있던 노예제와 노예무역을 신랄하게 비판했다(망스롱, 2013: 53~66; 들라캉파뉴, 2015: 241~249).

하지만 곧이어 발발한 프랑스 혁명은 노예제와 관련해 이중적인 태도를 보여주었다. 분명히 1789년에 공표한「인간과 시민의 권리선언(Déclaration des droits de l'homme et du citoyen)」에서는 어떠한 차별도 인정하지 않는 보편적인 인간의 권리에 대해 천명하고 있지만, 실제로 그 권리를 적용받을 수 있는 대상 범위를 어디까지 설정해야 할지는 많은 논란을 불러일으켰다. 식민지 노예 해방 문제는 1791년 5월 입헌의회에서 처음으로 논의 안건으로 제기되었지만, 권리나 법 적용에서 프랑스 본국과 식민지를 구별해야 한다는 식민주의자의 입장은 노예제 폐지를 어렵게 했다. 그리하여 프랑스 혁명이 진행되고 있던 기간 동안 식민지에서는 프랑스 혁명을 지지하던 노예들이 프랑스계 이주민들에 의해 잔혹하게 고문받고 학살당하는 일이 비일비재하게 일어나고 있었다(망스롱, 2013: 68~76). 무엇보다도 1791년부터 프랑스령 아메리카 식민지인 생도맹그에서는 인류사를 뒤흔들 아이티 혁명이 이미 시작되었다. 프랑스에서 일어난 프랑스 혁명이 보편적 인권에 대해 외면하고 있을 때 오히려 식민지 생도맹그는 혁명의 보편성을 담보할 급진적 운동을 전개했다.

1793년 프랑스에서 제1공화정의 수립과 함께 혁명이 급진화하자 노예제 폐지 논의가 다시 수면 위로 떠올랐다. 1793년에 재작성된 「인간과 시민의 권리선언」은 인간의 평등에 입각해 노예제 금지를 명확히 했으며, 이를 헌법 전문으로 삼은 제1공화정은 1794년 2월 노예제도를 공식적으로 폐지했다. 이제 국민공회는 식민지에서도 인권의 원리가 적용되어야 한다고 생각했고 만약 주민들이 원한다면 또 다른 국가로 독립할 수 있다는 점을 인정하기도 했다. 1794년 여름 로베스피에르의 국민공회가 몰락하고 1795년부터 총재정부가 출범했을 때 생도맹그는 더 이상 프랑스의 식민지가 아니었다. 투생 루베르튀르(Toussaint Louverture, 1743~1803)와 장자크 데살린(Jean-Jacques Dessalines, 1758~1806)이 이끄는 혁명군이 생도맹그 전체를 장악하고 이미 자치정부를 이끌고 있었다. 결국 1801년 7월에 투생 루베르튀르는 생도맹그의 자치와 독립을 의미하는 헌법을 발표했다.

그러나 생도맹그는 또 다시 거대한 저항에 직면했다. 1799년 쿠데타로 집권한 나폴레옹은 구체제와 같은 방식의 노예제를 복구하고자 했으며 1802년에는 『흑인 법전』에 따라 이를 실행에 옮겼다. 이미 1801년에는 생도맹그와 과들루프의 혁명 세력을 탄압하기 위한 함대가 파견되었으며 1802년부터 본격적인 대학살극과 잔혹극이 시작되었다. 이에 생도맹그 혁명 세력은 결사 항전을 전개해 1804년 아이티 공화국을 수립하는 데 성공했다. 하지만 독립하지 못한 여러 식민지에서는 복구된 노예제가 지속되었고, 영구적인 폐지가 선언되기까지는 1848년 혁명을 기다려야 했다. 제1제정과 왕정복고 시기 동안 노예제 폐지를 줄기차게 주장했던 공화주의자들의 요구는 7월 왕정기인 1830년대에 가서야 공식적인 정치적 이슈로 떠오르기 시작했다. 빅토르 쇨셰르(Victor Shoelcher, 1804~1893)

로 대변되는 노예제 폐지 운동은 1848년 4월 27일 제2공화정 성립 후 노예제 폐지령이라는 성과를 거둘 수 있었다.

하지만 제2공화정 당시에 이루어진 노예제 폐지의 실상은 제1공화정 당시의 폐지에 비교했을 때 많은 부분에서 모호하고 모순되는 모습을 보여주었다. 예를 들어 노예였던 이들에게 보상금을 지급하고 토지를 분배해 주자는 의견은 오히려 노예주였던 이들의 재산권을 보장해 주기 위해 보상금을 지급해야 한다는 주장에 자리를 내주었다. 더군다나 이 보상제도는 노예제 폐지 이후에 노예를 구입한 사람이 노예를 해방시켜 보상금을 받는 식으로 악용될 수 있었다. 실제 정책에서뿐만 아니라 이른바 공화주의적 원칙이라는 것도 크게 변화했다. 1794년의 노예제 폐지가 보편적인 인권 담론에 입각해 프랑스인과 노예를 동등하게 보는 입장에서 이루어진 반면, 1848년의 노예제 폐지는 인종주의와 식민주의, 서구 중심주의적 진보론에 입각한 문명의 특전이라는 담론에 자리를 내주었다. 또한 1794년의 공화주의자들이 식민지가 주체적으로 독립을 선택할 수 있다는 점을 긍정했다면, 1848년에는 가장 급진적이라고 할 수 있는 쇨셰르마저도 문명화된 프랑스에 대한 공화주의적 동화주의를 강하게 주장했다. 불과 50여 년 사이에 제1공화정의 주역들과 달리 제2공화정의 주역들에게는 인종주의에 입각한 문명화 사명, 위대한 프랑스의 구현이라는 담론이 뿌리 깊게 각인되어 있었다. 이러한 맥락에서, 하지만 너무나 기이하게도, 제2공화정 당시의 공화주의자들은 (예를 들어 자유주의자인 토크빌까지까지도) 비인간적인 노예제 폐지뿐만 아니라 알제리 침략과 식민화에도 적극적으로 앞장섰다(망스롱, 2013: 122~136; 서병훈, 2011; 권윤경, 2013; 권윤경, 2017).[2] 이러한 입장은 본격적으로 제국주의 정책을 감행했던 제3공화정에도 그대로 이어졌다. 19세기 말 프랑스에서 노예제는 이미 옛일이 되었지만, 노예제 당시 자행된 잔혹하고 야만적인 폭력과 비인간적 멸시는 새롭게 프랑스령으로 편입된 아프리카 식민지에서 반복되었다. 또한 프랑스는 온갖 사이비 과학적 인종주의 이론과 '무주지(terra nullius) 선점론'의 요람이기도 했다(망스롱, 2013: 169~199, 269~277; 이재원, 2010; 2011).

이상과 같이 노예제의 역사에서 프랑스라는 나라가 차지하고 있는 비중이나 역할은 과소평가될 수 없다. 아울러 프랑스 노예제의 역사에서 발견할 수 있는 특수한 역사적 주제들, 예를 들어 루이 14세 치세에 편찬된 『흑인 법전』, 프랑스 혁명과 아이티 혁명, 노예제와 인종주의적 식민주의 등에 대한 성찰은 인권과 민주주의, 역사 화해에 입각한 교육적 가치와 관련해 중요성을 지닌다. 먼저 『흑인 법전』은 어떻게 일방적인 국가권력이 이데올로기, 통치, 경제 등의 목적을 위해 비인간적 차별을 정당화하는지를 보여주는 사례다.[3] 이와 달리 프랑스 혁명의 영향

---

2 18세기 말과 19세기 중반이라는 두 시기 사이의 변화를 가장 극적으로, 또 상징적으로 보여주는 인물이 바로 '호텐토트의 비너스'라 불린 사르키 바트만(Saartjie Baartman)이다. 남아프리카 코이코이족 출신의 여성 바트만은 1810년부터 1815년 사망할 때까지 런던과 파리에서 오락성 전시와 과학적 관찰이라는, 관음증으로 얼룩진 가혹한 인종주의 시선의 대상으로 인격을 유린당했다. 즉 18세기 말에 흑인은 동등한 인격적 주체로 여겨졌다면 19세기 중반에 흑인은 '비문명 상태'에 대한 흥미와 관찰의 대상으로 전락했다(홉스, 2011; 문종현, 2015; 염운옥, 2019: 152~169).

3 1685년에 반포된 『흑인 법전』은 사실 루이 14세의 칙령 형식으로 반포되었다. 이 왕령은 같은 해에 「낭트칙령」 폐지를 위해 반포된 「퐁텐블로칙령」과 동일한 정치적 맥락을 공유한다. 즉 두 칙령은 왕국과 식민지 전체에 왕의 권위에 입각한 통일적이고도 질서정연한 통치의 확립을 목표로 한다. 즉 국내에서 「퐁텐블로칙령」은 '하나의 신앙, 하나의 법, 하나의 국왕'에 입각한 국내의 질서유지를, 『흑인 법전』은 식민지에서는 점점 수가 늘어나는 흑인 노예에 대한 소수

관계 속에서 탄생한 아이티 혁명은 프랑스 혁명의 보편성을 입증한다. 두 혁명은 단순히 동시대에 병렬적으로 발생한 혁명이 아니라 긴밀하고도 대등한 인적·사상적 교류와 영향을 수반한 혁명이었다. 무엇보다 프랑스 혁명에 대한 교육적 의의가 실제로 진행된 역사적 사실보다도 당대인들이 꿈꾼 이상과 목표에 있기에 더욱 그러하다(듀보이스, 2014: 6~7장). 마지막으로 19세기 중반 노예제 폐지의 한계에 대한 비판적 논의는 19~20세기에 출현하는 인종주의와 제국주의, 나아가 전체주의의 발생사적 맥락을 이해하는 데 중요한 기여를 할 수 있다. 이는 문명의 이름으로 역사에서 벌어진 반인간적 행태들을 특정 국가나 특정 시기로 국한하는 것을 탈피해, 다양한 역사적 갈등 간의 상호 비교와 참조를 가능하게 하고, 이로써 반성과 화해, 연대의 역사교육을 유도한다(권윤경, 2015). 이렇게 프랑스의 노예제와 식민주의의 역사, 이른바 '식민지 사실(fait colonial)'에 대한 역사교육은 인권과 민주주의 및 역사 화해와 관련해 중요한 주제를 이룰 수 있다.

3. 중학교 역사 교과서에 나타난 노예제와 식민지

이제 프랑스 중학교 교과서에서 어떻게 노예제 문제를 다루는지 살펴보도록 하자. 물론 프랑스의 경우 교육에서 교사의 권한이 큰 만큼 교과서 내용이 실제 현장을 그대로 반영한다고 볼 수는 없다(서지영 외, 2011:

백인들의 위계적 권위 보장을 통한 식민지 질서 유지를 지향한다(Drévillon, 2011: 320~323).

표 5-2 2015 개정 프랑스 중학교 역사 교과 내용

학년	역사 교과 내용
6학년 (6e)	주제 1: 인류의 오랜 역사와 이주 - 인류의 시작/ 신석기 '혁명'/ 최초의 국가들, 최초의 기록
	주제 2: 지중해 세계 (문명의) 기초 이야기들 - 신앙과 시민성 - 고대 그리스 도시들의 세계/ 로마, 신화에서 역사로/ 다신교 세계에서 유대 유일신교의 탄생
	주제 3: 고대 로마제국 - 로마의 정복과 평화, 로마화 과정/ 제국 내 기독교인들/ 다른 고대문명들과 로마제국의 관계: 비단길과 중국 한나라
5학년 (5e)	주제 1: 기독교와 이슬람(6~13세계), 세계들 간의 만남 - 비잔티움과 카롤루스 유럽 / 이슬람의 탄생에서 몽골인들의 바그다드 점령까지: 정치, 사회, 문화
	주제 2: 서구 봉건사회에서의 사회와 교회, 정치권력 - 영주제적 질서: 그 형성과 농촌 지배/ 도시사회의 새로운 성장/ 왕정국가의 성장: 카페와 발루아 왕조
	주제 3: 16~17세기 유럽의 변형과 세계로의 개방 - 카를 5세와 술레이만의 시대/ 인문주의, 종교개혁과 종교 갈등/ 르네상스 군주에서 절대왕정으로(프랑수아 1세, 앙리 4세, 루이 14세)
4학년 (4e)	주제 1: 18세기의 팽창, 계몽, 혁명 - 상업 부르주아지, 국제교역과 노예무역/ 계몽주의 유럽: 사상의 전파, 계몽전제군주와 절대주의에 대한 저항/ 프랑스 혁명과 제국: 프랑스 및 유럽의 새로운 정치질서와 혁명기 사회
	주제 2: 19세기 유럽과 세계 - 유럽과 산업혁명/ 식민지 정복과 식민지 사회
	주제 3: 19세기 프랑스의 사회, 문화, 정치 - 민주정 정착의 난관들: 1815~1870년/ 제3공화정/ 사회변동기 여성의 조건들
3학년 (3e)	주제 1: 유럽, 총력전의 주 무대(1914~1945) - 제1차 세계대전 당시 민간인과 군인들/ 전간기 유럽의 민주주의 위기와 전체주의 경험/ 제2차 세계대전, 절멸전쟁/ 프랑스의 패배와 점령, 비시 정부와 나치 협력, 레지스탕스
	주제 2: 1945년 이후의 세계 - 새로운 국가들의 독립과 건설/ 냉전 시기 세계의 양극화/ 유럽통합 계획의 확립과 착수/ 1989년 이후 세계의 쟁점과 분쟁
	주제 3: 공화국에 대해 다시 성찰한 프랑스인들(여성과 남성) - 1944~1947년 공화국의 재주조와 민주주의 재정의/ 제5공화정, 드골주의 공화국에서 좌우 정권교체 및 동거 정부까지/ 1950~1980년대 사회에서 여성과 남성: 새로운 사회 및 문화적 쟁점들과 이에 대한 정치적 대안들

26~27). 그렇지만 프랑스 교육부가 제시한 교육과정과 이에 충실하게 집필된 교과서를 통해 프랑스의 주된 교육 방향을 충분히 이해할 수 있으리라 생각한다. 이 글에서는 일단 2015년에 개정된 교육 과정에 따라 집필된 중학교 교과서를 분석 대상으로 삼고자 한다.[4] 2015년에 개정된 중학교 역사 교과는 〈표 5-2〉에서 제시하는 것과 같이 서유럽을 중심으로 한 통사 위주로 구성되어 있다(Ministère de l'éducation, 2015). 중학교 4년 과정 중 첫 학년인 6학년[5]에서는 인류의 기원과 서양 고대사를, 5학년에서는 서유럽 중심의 중세사와 16~17세기의 역사를 배운다. 4학년에서는 18~19세기 서유럽과 프랑스의 역사를, 마지막 3학년에서는 20세기의 역사를 집중적으로 학습한다. 대체로 서유럽 역사의 맥락과 배경을 먼저 살펴보고 동시대 프랑스 역사의 전개 과정을 살펴보는 형식으로 구성되어 있다. 이 중 노예제 문제를 다루고 있는 부분은 5학년의 "주제 3: 16~17세기 유럽의 변형과 세계로의 개방", 4학년의 "주제 1: 18세기의 팽창, 계몽, 혁명들", "주제 2: 19세기 유럽과 세계"이다. 사실 에스파냐와 포르투갈의 아메리카 침략과 정복은 2장에서 살펴본 프랑스 노예제의 역사와는 직접 관련된다고 볼 수 없지만, 이로 인한 아메리카 원주민 인구의 급감이 대서양 노예제와 노예무역의 주요한 배경을 이룬다는 점에서 프랑스 중학교 역사 교과서가 이를 어떻게 다루고 있는지 주목해야

4 고등학교 교육 과정은 2019년에 개정되어 2020년도에 교과서가 간행되기 시작했다. 이는 또 다른 논문에서 집중적으로 다루어야 할 것이다.

5 프랑스 초중등 교육은 초등학교 5학년제, 중학교 4학년제, 고등학교 3학년제로 구성되어 있다. 프랑스의 6학년은 중학교 첫 학년이고 한국과 비교하면 초등학교 6학년 나이에 상응한다. '6~3학년(6e~3e)'이 중학교(collège) 과정이고 '2, 1, 최종학년(2de, 1re, Tle)'이 고등학교(lycée) 과정이다.

할 이유는 충분하다. 이상의 세 주제를 전체적인 교과 내용의 맥락 속에서, 또 앞서 살펴본 프랑스 노예제의 역사를 참조하며 살펴보도록 하자.

1) 아메리카 침략과 정복

먼저 5학년 교과서의 세 번째 대주제인 "16~17세기 유럽의 변형과 세계로의 개방"에서 제시되고 있는 주요 하부 주제로는 "카를 5세와 술레이만 시대의 세계", "인문주의, 종교개혁과 종교 분쟁", "르네상스 군주에서 절대주의 왕으로: 프랑수아 1세, 앙리 4세, 루이 14세"이다. 여기에서는 먼저 지중해를 중심으로 합스부르크와 오스만이라는 두 제국이 대결하는 국제정치의 맥락을 설명하고 서유럽 공통의 역사적 현상으로 동시대에 진행되었던 인문주의와 르네상스, 그리고 종교개혁과 이에 따른 종교분쟁을 다룬다. 그리고 마지막에는 당시 프랑스 왕정의 발전을 유럽사의 맥락에 따라 설명한다. 유럽 내에서 카를 5세의 경쟁자이자 프랑스 인문주의를 발전시킨 프랑수아 1세, 종교전쟁을 종식한 화합의 국왕 앙리 4세, 귀족 세력을 억누르고 강력한 왕권을 구축한 루이 14세를 다룬다. 이를 통해 본 대주제가 내세우는 세 가지 핵심 세부 주제는 '최초의 세계화'에 대한 접근, '유럽의 변형'에 대한 이해, '프랑스 왕권의 변화'이다.

세 주제 중 신항로 개척 또는 대항해 시대라고 부를 수 있는 사건은 첫 번째 세부 주제에서 다룬다. 여기에서 중요한 핵심은 최초의 세계화로 이에 대한 배경으로서 카를 5세 제국과 오스만제국 간의 대립이 제시된다. 하지만 교육과정에는 이 세부 주제와 관련해 최초의 세계화라는 제목이 무색하게도 비서구 세계에 대해서는 구체적으로 다루지 않고 있으며 오직 유럽 주도의 '세계화(mondialisation)'의 양상과 '대발견(Grandes

Découvertes)'을 가능하게 한 조건들만을 다룬다. 실제 교과서에서 신항로 개척 관련 주제는 6장 "카를 5세와 술레이만 시대의 세계"에 기술되어 있는데 이는 크게 두 부분으로 구분된다(Chaudron·Arias·Chaumard, 2016: 98~113). 첫 번째인 강의(Cours) 1은 16세기 지중해를 둘러싼 세력 경쟁과 교류를 다루며, 강의 2는 유럽의 대항해와 이로 인한 최초의 세계화 과정을 다룬다. 바로 여기에서 아메리카 침략·정복과 에스파냐 및 포르투갈에 의한 아메리카 식민지화, 그리고 유럽인의 학살과 전염병에 의한 아메리카 원주민 인구의 급감이 짤막하게 언급된다. 강의 2와 관련해 두 편의 탐구 자료(Dossier)가 제시되는데 하나는 마젤란[페르낭 드 마갈량이스(Fernão de Magalhães)]의 탐험으로 이와 관련한 각종 기록과 배의 구조, 세계지도 등이고, 다른 하나는 에르난 코르테스(Hernán Cortés)의 멕시코 정복과 관련한 이미지들과 각종 기록이다.

두 번째 탐구 자료인 "멕시코의 콩키스타도르 코르테스"를 좀 더 자세히 살펴보자. 처음에는 코르테스 정복에 대한 간략한 설명과 함께 5개의 자료가 좌우 2페이지에 걸쳐 제시된다. 코르테스와 목테수마 2세의 만남(1519)을 보여주는 17세기 회화 작품, 에스파냐 성직자가 기록한 아스테카인의 에스파냐인에 대해 놀라움을 표현한 자료, 테노치티틀란의 규모와 활기찬 모습에 놀라는 에스파냐인의 모습을 보여주는 코르테스 부하의 증언, 아메리카 원주민 인구의 급감(16세기 초 2500만 → 17세기 초 100만 명)과 이들에 대한 기록 두 편(세풀베다와 라스카사스), 마지막으로 정복자들의 폭력을 소재로 한 원주민이 그린 그림을 보여준다. 주목할 점은 이 탐구 자료에서 바야돌리드 논쟁(Junta de Valladolid)의 두 입장을 다루는 자료는 학생들에게 논쟁의 지점을 제공하고 있다는 사실이다. 세풀베다의 기록이 원주민을 노예근성을 지닌 야만인으로 묘사하며 폭력으로 굴복시켜야 한다고 주장하고 있다면 라스카사스의 기록은 반대로 이들이 가톨릭 개종이 가능한 지성을 지니고 있는데도 에스파냐인들이 이들을 잔혹하게 학대하고 학살하고 있다고 이야기하고 있기 때문이다. 실제로 자료 아래 지시 사항은 아메리카 원주민에 대한 두 저자들의 관점이 어떻게 다른지 설명하라고 요구한다. 이때 원주민을 야만인 취급하는 세풀베다의 주장은 앞서 제시된 테노치티틀란시(市)가 보여주는 아스테카 문명에 대한 내용으로 반박될 수 있다.

아메리카 정복과 식민화라는 주제는 탐구 자료에서 다루고는 있지만, 본문은 물론이고 교과서 전체에서 차지하는 비중은 매우 미약하다고 할 수 있다. 정작 교과서 본문이라고 할 수 있는 강의 2에서 제시하고 있는 관련 자료 4개 중 3개가 신항로 개척과 관련된 것들(카라벨라선과 콜럼버스의 나침반, 신항로 개척 항해 경로)이고 마지막 네 번째 지도만이 에스파냐와 포르투갈의 식민지를 나타낸 지도로, 정복과 침략의 결과만을 보여준다. 6장을 마무리하는 연습문제에서도 아메리카 침략과 정복 과정에 대한 내용은 전혀 등장하지 않는다. 2015년 개정 중학교 역사 교과에서 모호하게 표현된 "최초의 세계화"는 교과서에서 남아메리카에 대한 침략과 정복 및 에스파냐와 포르투갈의 식민제국 건설로 구현되고 있다. 하지만 이 두 가지 중 교과서에서 강조하는 것은 식민제국의 형성으로, 아메리카 침략과 정복은 그 자체로는 크게 강조되고 있지 않은 실정이다. 유럽의 변형이 대주제인 만큼 아메리카 원주민의 비극적 상황은 참고 사항에 머무르고 있다는 인상을 지울 수 없다.

2) 노예제와 노예무역

다음으로 노예제와 관련한 내용은 "18세기의 팽창, 계몽, 혁명"이라는 제목이 붙은 4학년 교과서의 첫 번째 대주제다. 이 부분은 다시 "상업 부르주아지, 국제교역과 노예무역", "계몽주의 유럽: 사상의 전파, 계몽전제군주와 절대주의에 대한 저항", "프랑스 혁명과 제국: 프랑스 및 유럽의 새로운 정치질서와 혁명기 사회"라는 하부 주제들로 나뉜다. 솔직히 말해 세 주제는 다름 아닌 노예무역과 계몽사상, 프랑스 혁명을 다룬다고 할 수 있다. 이 대주제에서 흥미로운 점은 교육과정상의 지침이 노예무역과 계몽사상은 유럽적 현상이라는 점을 강조하면서 혁명은 오로지 자국사만을 제시한다는 점이다. 전체적인 흐름은 신항로 개척의 결과 유럽 세계의 교역이 팽창했고 유럽 외부 세계에 존재하던 노예무역이 자본주의화되어 유럽의 대서양 삼각무역에 들어오게 되었다는 점, 노예무역은 대서양 삼각무역의 한 요소였을 뿐이며 콜베르 등이 실시한 중상주의의 산물이라는 점, 이러한 노예무역은 경제적으로는 자유주의자(중농주의자)와 계몽사상가들로부터 비인간적이라고 비판을 받았다는 점을 강조한다. 그러면서 자연스럽게 학습 초점이 전 유럽적 현상인 계몽사상으로 넘어가고 절대왕정에 대한 비판으로 이어진다. 이렇게 해서 첫 번째 대주제는 프랑스 혁명과 나폴레옹 제국이라는 전형적인 내용으로 대미를 장식한다.

이제 4학년 교과서에서 노예무역을 다루고 있는 제1장 "18세기 부르주아 상인, 국제교역과 노예무역"의 내용을 구체적으로 살펴보자(Lécreux, 2016: 16~25). 첫 두 페이지에는 두 이미지가 학생들을 맞이하는데 좌측은 미국의 면화 플랜테이션 농장의 모습으로 흑인 노예들이 조면

기를 돌리고 백인들이 품질을 검사하는 내용이며, 우측은 베냉의 조각품에 나타난 포르투갈 노예 무역상을 보여준다. 강의 내용은 세 부분으로 나뉘는데 첫 부분은 17세기 아메리카 플랜테이션 농업의 성장과 흑인 노예의 도입을, 두 번째 부분은 대서양 삼각무역(영국의 리버풀과 플리머스, 프랑스의 낭트가 주요 교역지로 제시된다)과 부르주아 상인들의 번영을 다룬다. 그리고 세 번째 부분에서는 교역을 독점하는 합자회사의 등장과 교역의 리스크 상존과 노예제 반대운동이 어색하게 병치된다. 이러한 내용 구성은 '토비라법'(2001) 이후 노예제의 부정성을 유럽 사회에서 등장한 노예제 반대운동을 빌려 내세우고는 있지만 이를 중상주의에 입각한 대서양 삼각무역과 그에 따른 경제적 문제로 상당 부분 상쇄한다. 여기에 등장한 보조 자료는 대서양 삼각무역에 대한 개념도, 『흑인 법전』 발췌문, 노예 무역선의 상황을 보여주는 삽화, 낭트의 부르주아인 뒤르베의 저택 사진, 그리고 볼테르가 『캉디드(Candide, ou l'Optimisme)』에서 서술하고 있는 처참한 수리남 노예의 상황이다. 주목할 만한 점은 『흑인 법전』에 대한 소개에서 단순히 "1685년 프랑스 왕의 참사회원들이 60개 조항으로 작성했다"라고만 밝히면서 콜베르와 루이 14세의 이름을 감추고 있다는 사실이다. 또한 노예 무역선의 상황도 강한 색으로 채색된 백인 선원들에게 초점이 맞춰져 노예들의 비극적 상태가 잘 나타나지 않는다.

뒤이어 두 편의 탐구 주제가 이어지는데 첫 번째는 마다가스카르 동쪽에 위치한 라레위니옹(La Réunion)에 정착한 프랑스계 사탕수수 플랜테이션 농장주 데바생가(Debassyns家)의 생활상을 다룬다. 이와 관련해 데바생가 저택 사진과 데바생 부인의 유언, 노예 노동에 의한 사탕수수 작업, 도망가는 노예 이미지와 추노꾼의 권한에 대한 설명, 그리고 또 다시 데바생 부인의 유언장에 재산으로 표기된 노예 목록이 자료로 제시된다.

두 번째는 나이지리아(베냉 왕국) 출신의 미국 노예였으나 해방된 후 영국에서 노예제 폐지운동을 전개한 흑인 올라우다 에퀴아노(Olaudah Equiano, 약 1745~1797년)의 생애를 소개한다. 여기에는 대서양을 중심으로 에퀴아노가 이동한 경로, 에퀴아노의 자서전에 나타난 노예 무역선의 비참한 상황, 노예제 폐지를 위한 에퀴아노의 역할에 대한 서술, 노예무역 장면을 보여주는 삽화, 에퀴아노 자서전에 나타난 노예 거래 장면과 플랜테이션 농장의 상황이 노예에게 씌운 여러 형틀 이미지와 함께 자료로 제시된다.

노예주와 노예의 상반된 처지를 대조시키고 있는 이러한 탐구 주제는 어떠한 교육적 목표를 지향하는지 분명하게 드러나고 있지 않다. 가장 먼저 부각되는 사실은 프랑스 노예주를 다루는 자료들에서는 어떠한 폭력성도 잘 드러나지 않는다는 점이다. 도망 노예의 모습은 그리 극적으로 보이지 않으며 데바생 부인의 유언장은 노예를 돈으로 환산한 기록으로 노예제의 끔찍한 상황을 무색무취하게 만든다. 오히려 말끔하고 아름답게 정돈된 노예주의 저택이 학생들의 시선을 매혹하고 있을 뿐이다. 반면에 에퀴아노를 다루는 자료들은 모두 미국과 영국에 관련된 것이며 제도권 내부에서 노예제 폐지운동을 전개한 내용을 보여준다. 앞선 노예선의 삽화처럼 노예 거래소의 삽화나 잘 정돈된 형틀 이미지도 생동감을 주지 못한다. 에퀴아노의 삶과 활동은 분명 영국 노예제 폐지와 관련해 중요하다고 할 수 있지만 정작 프랑스의 역사에서 중요한 투생 루베르튀르와 아이티 혁명에 대해서는 전혀 언급하지 않는다는 점이 의아할 뿐이다.[6] 결국 프랑스 식민지 노예주의 평화로운 생활상과 노예제 폐지를 주

---

6 교육과정에는 생도맹그 봉기가 너무도 간략하게 한 문장으로 제시되고 있지만

장하는 에퀴아노의 생애는 처참하고 가혹했던 프랑스령 서인도제도 노예제의 상황을 은폐한다. 이 상반된 두 탐구 자료는 '민족서사(récit national)'라는 프랑스의 고질적인 자국사 중심주의를 교묘하게 세계사로 포장했다는 느낌을 지울 수 없다.

3) 노예 해방과 식민 제국

마지막으로 노예제와 관련된 부분은 4학년의 두 번째 대주제인 "19세기 유럽과 세계"로, 하부 주제로는 "유럽과 산업혁명", "(식민지) 정복과 식민지 사회"가 제시되고 있다. 같은 학년에서 배우는 지리 교육의 세계화라는 주제[7]와도 연결되는 이 부분은 유럽의 경제성장이 어떻게 세계에 대한 지배로 나아가게 되었는가에 대한 문제의식을 기반으로 한다. 여기에서는 영국에서 시작된 산업혁명의 발전 과정과 성격, 1차와 2차 산업혁명의 차이, 산업화의 지리적 확산과 이로 인해 초래된 도시와 농촌에서의 사회적 변화, 자본주의 발전에 따른 민족국가의 강화와 식민 제국주의의 등장, 식민지 사회의 변화와 저항 등이 학습 주안점으로 제시되고 있다. 노예제와 관련해서 2015 교육과정은 식민지 팽창 정책을 강력히 추진한

("1791년에 생도맹그 노예 봉기가 발생했다"), 교과서에서는 전혀 등장하지 않고 있다. 1794년 노예제 폐지나 1802년 나폴레옹의 노예제 복구는 3장의 프랑스 혁명이 아니라 다음 주제인 노예 해방과 노예제 폐지의 전사(前史)로 언급된다.

7 통상 프랑스에서 역사 교과서는 지리 교과서와 합본을 이룬다. 여기에 도덕·시민교육(Enseignement moral et civique) 교과서가 추가 합본되는 경우도 있다. 4학년 지리 교과의 대주제는 "1. 세계의 도시화", "2. 국가 간 인적 이동", "3. 세계화에로 변형된 공간"으로 구성되어 있다.

쥘 페리(Jules Ferry)의 '문명화 사명(mission civilisatrice)' 이념을 신중히 다룰 것을 주문한다. 이 생각은 빅토르 쇨셰르가 주도한 프랑스의 노예제 폐지운동에서도, 또 빅토르 위고가 1879년에 쓴 「아프리카에 대한 연설문(Discours sur l'Afrique)」에서도 발견되기 때문이다.[8] 이와 더불어 별도의 단락을 통해 교육과정은 식민지 현실은 문명화 사명과 달랐다는 점을 강조한다. 동시에 인류학자 조르주 발랑디에(Georges Balandier)의 개념인 '식민지 상황' 개념을 소개한다(Balandier, 1951). 이 방법론적 개념은 식민지 사회를 단순하고도 정태적인 경제·문화적 지배 관계로 환원시키기보다는 피식민지인들이 지역 엘리트들과 저항과 접변 관계를 맺으면서 해방의 준비 과정을 역동적으로 파악할 것을 제안한다.

이상의 교육과정이 어떻게 구현되는지 교과서를 살펴보자(Lécreux, 2016: 82~91). 교육과정과 동일한 제목의 대주제 2는 4장 "산업혁명기의 유럽"과 5장 "정복과 식민지 사회"라는 두 개의 장으로 구성되어 있다. 여기에서 4장은 다시 두 강의로 나뉘는데 하나는 "산업의 시대: 주요한 경제적 격변"으로 산업혁명이 가져온 기술산업 발전과 도시화 등의 변화를 다루고, 다른 하나는 "산업의 시대: 새로운 사회와 새로운 정치 이데올로기들"로 산업화가 초래한 사회적 변동과 이에 대한 다양한 정치 이데올로기(사회주의, 온정주의, 협동조합운동)를 다룬다.[9] 5장에는 "새로운

---

8 1879년 5월 18일 노예제 폐지를 기념하는 연회에서 빅토르 위고가 한 연설을 말한다. 그는 아시아나 남아메리카와 달리 아프리카에는 어떠한 문명도 없었다는 이유로 유럽 열강의 아프리카 식민화 사업을 적극적으로 옹호했다(망스롱, 2013: 244~246).

9 이 4장의 탐구 주제는 다음과 같다. '산업화 시기의 도시, '코튼폴리스'라 불린 맨체스터', '19세기 노동자: 노르베르 트뤼캥', '1848년 인민의 봄', '이민(émigration)의 땅, 이탈리아'.

식민제국"이라는 제목의 한 강의와 "식민도시 알제", "1848년 노예제 폐지"라는 제목의 두 탐구 자료로 구성되어 있다. 5장의 도입부에서는 처음에 다음과 같은 설명이 제시된다. "19세기에서 20세기 초 사이에 유럽 열강들은 아시아와 아프리카에 새로운 식민지를 정복해 나간다. 이렇게 해서 열강들은 세계에 자신의 지배력을 확대한다. 대서양 무역과 노예제에 기반을 둔 옛 식민지 체제는 점차 사라진다. 새로운 식민지 사회에서 유럽인들은 원주민에 대한 관리를 확립하고 상업경제를 발전시키며 서구 문화를 확산시킨다." 그리고 두 장의 이미지가 〈그림 5-1〉, 〈그림 5-2〉와 같이 제시된다.

왼쪽에는 현재 베냉인 다호메이 왕국에서 이루어진 철도 공사를 보여주는 1900년경의 흑백 사진이, 오른쪽에는 1901년에 학습 노트 표지로 사용된 "프랑스 식민지"라는 제목의 삽화가 제시되어 있다. 특히 이 삽화 밑에는 이미지의 각 요소가 무엇을 의미하는지에 대한 설명이 첨부되어 있다. 일단 두 이미지는 식민화의 현실과 당대 프랑스의 이상을 대비시키는데, 매체에서도 현실은 사진이, 이상은 삽화가 제시하고 있다는 점에서 중요한 차이점이 있다. 철도 공사 사진에는 수많은 사람이 삽과 곡괭이로 열악한 상황에서 고된 노동에 종사하는 모습이 드러나 있다. 반면 삽화는 프랑스 식민주의의 이상이 다양한 상징 장치로 구성되어 있다. 중세식 갑옷을 입은 프랑스(잔다르크의 몸과 마리안느의 머리)가 오른손엔 평화를 상징하는 월계수를, 왼손에는 프랑스 국기의 삼색 바탕 위에 "진보", "문명", "교역"이라는 문구를 새긴 긴 방패를 들고 배에서 뭍으로 막 내리는 장면이 중심을 차지한다. 뭍에는 아시아와 아프리카 등지의 사람들이 여신을 맞이하고 있다. 흥미로운 점은 여신 뒤에는 당대의 프랑스 군인 외에 프랑스 왕실 깃발을 든 17~18세기 군인들이 함께 묘사되어 있다는 점

그림 5-1 1900년경 다호메이(현 베냉) 철도 건설

그림 5-2 1901년 학습 노트 표지

자료: 식민지에 대한 두 이미지(아셰트판 4학년 교과서).

이다. 삽화 설명에 따르면 전자가 당대의 제2차 식민화를 의미한다면, 후자는 절대왕정기에 이루어진 제1차 식민화를 뜻한다.

강의 본문에서는 어떻게 식민화 과정이 열강들의 세계 지배 수단이 되었는지를 질문하면서 세 가지 주제들로 나누어 설명한다. 첫 번째로는 17~18세기의 제1차 식민 제국의 변형을 다룬다. 미국 등 아메리카 각국이 독립한 상황에서 영국은 대제국을 유지하지만, 프랑스는 식민지를 상실했다는 점을 지적한 후 18세기 전반기 노예제 폐지운동과 그 성과를 다룬다. 두 번째로는 19세기 후반부터 이루어진 제2차 식민 제국의 형성을 서술한다. 아시아와 아프리카를 둔 유럽 열강들 간의 경쟁을 제시한 후 그 이유로 산업화 이후의 경제적 이유(원료 확보와 교역 확대)와 문명화 사명, 국가의 영광 고취가 제시된다. 마지막으로 식민지 사회를 다루는 부분에서는 원주민들의 저항과 유럽인의 문명화 사명을 대비시킨 후, 식민지 사회가 강제 노동과 착취가 상존하는 불평등 사회였지만 소수 유럽인과 원주민이 공존하는 사회였다고 서술한다. 그리고 노예선 반란을 주

제로 한 회화(1833), 아시아 지도 위로 나아가는 서구 열강들을 보여주는 책 표지 삽화, 식민화의 이유를 설명하는 쥘 페리의 연설문(1885), 1907년 프랑스령 콩고에서 전개된 의료 활동 사진이 관련 자료로 제시되고 있다. 이는 몇 가지 특징을 보여주는데 먼저 17~18세기의 식민 제국과 19세기의 것이 서로 다르다는 점을 시기와 성격(노예제 폐지 및 산업화에 의한 부국강병)으로 구분한다. 또한 식민지에 대한 착취 현실을 보여주며 당대에 강조되었던 문명화 사명이 이상에 불과했다는 점을 인정하면서도 교육과 의료에서 식민지에도 삶의 개선이 이루어졌다는 점을 애써 보여주고자 한다.

다음으로 두 편의 탐구 주제가 이어진다. 첫 주제는 1830년 프랑스로부터 정복당하기 시작해 1848년에 프랑스로 통합된 알제리와 관련되며 6개의 탐구 자료를 통해 수도인 알제(Alger)가 점차 확장되어 간 상황과 "유럽인과 이슬람교도"가 서로 다른 구역에서 분리된 채 살았던 실상을 보여준다(Lécreux, 2016: 86).[10] 관련 자료로 1830~1914년 알제시의 확장을 보여주는 지도, 해군사령부에서 내려다 본 알제시 전경, 유럽인과 알제리인으로 구분된 알제시의 인구 곡선, 알제시 중심부 사진, 이슬람 구역인 카스바를 찍은 사진(1895), 소설가 기 드모파상의 알제 여행기(1884) 발췌가 제시되어 있다. 관련 자료들은 서로 모순되는 의미 작용을 만들

---

10 본문에는 "Les populations européenne et musulmane cohabitent ……"라고 표현되어 있다. '유럽인과 북아프리카인(또는 알제리인)', '기독교도와 이슬람교도'라는 구분에 비해 용어 사용이 정당해 보이지 않는다. 실제 알제에 거주하는 토착 식민지인들이 모두 이슬람교도였고 19세기 이래로 이러한 표현이 관례적으로 사용되었다 할지라도 비교 대상이 적확하지 않기 때문에 용어 사용에 있어 수정이 필요해 보인다.

어내는데 먼저 알제시 확장 지도와 인구 그래프는 식민화 덕택에 도시가 역동적으로 성장했다는 점을 보여주지만 두 장의 사진은 번영했지만 평화로운 도심과 항구를 보여줌으로써 정적인 느낌을 제공한다. 마지막으로 낡은 흑백사진이 알제리인들의 삶의 고단함을 보여주지만 어떠한 저항의 느낌도 없다. 마지막으로 제시된 모파상의 글은 '야만인'에 대한 온갖 편견을 보여준다. 종합해 보건데 이 탐구 주제는 식민지는 발전했지만, 식민지인들은 여전히 문명화되지 못한 채 유럽인과 공존했다는 것을 보여준다. 이와 동시에 프랑스인이 알제리에서 저지른 각종 폭력은 물론이고 알제리인들의 능동적인 저항은 모두 사라졌다. 과연 이것이 조르주 발랑디에(Georges Balandier)가 말한 "식민지적 상황"에 입각한 교과서 구성일까?

두 번째 탐구 주제는 프랑스에서 이루어진 노예제 폐지 과정을 다룬다. 본문의 설명은 프랑스에서 노예제는 프랑스 혁명 당시인 1794년에 폐지되었으나 나폴레옹에 의해 1802년에 다시 복구된 사실, 그리고 여러 논란 끝에 1848년에 가서야 빅토르 쇨셰르 주도로 노예제 폐지가 이루어진 점을 서술한다. 이와 관련된 자료로 1848년 노예제 폐지의 날짜별 과정, 식민지에서의 노예제 폐지 선언을 주제로 한 유화 작품(1849년 작), 1848년 4월 27일에 반포된 노예제 폐지령 발췌문, 라레위니옹에서의 노예 해방을 주제로 한 유화 작품(1848년 작), 그리고 해방된 자들이 갖게 된 권리와 새로운 삶의 조건들(주거와 직업 선택, 결혼 문제)이 여전히 불확실하다는 점을 담은 경찰 문서와 정부 문서 등이 제시되고 있다. 본 탐구 주제는 노예 해방이라는 인도적 처사라는 프랑스의 사례를 강조하며 특히 쇨셰르라는 한 인물의 영웅주의에 입각해 있다. 앞서 노예제에 대한 저항을 에퀴아노의 사례로 영미권과 관련해서 서술했다는 점과 비교해 볼 때 놀라지 않을 수 없다. 더구나 프랑스 혁명 당시에 벌어진 생도맹그 혁명을 프랑스인 주도의 노예제 폐지와 복구로 환원시키고 있다. 또한 쇨셰르의 노예 해방이 갖고 있던 시대적 한계는 물론이거니와 노예제 폐지를 지지했던 자들이 바로 제2차 식민화에 대해서는 긍정적으로 바라봤다는 점에 대해 어떠한 비판 가능성의 지점도 찾아볼 수 없다.

4. 역사 교과서와 기억법

앞서 살펴본 프랑스 중학교 교과서 서술의 특징을 종합해 보자. 가장 먼저 눈에 띄는 사실은 노예무역과 식민지와 같은 사실에서 세계사적인 시야가 조금 더 넓어졌다는 점이다.[11] 물론 그럼에도 불구하고 2015년 교육과정의 형성 과정이 잘 보여주듯 자국사를 강조하는 보수적 입장이 크게 반영되면서 여전히 '민족서사'에 입각한 '자국사 중심주의적 유럽중심주의'가 교과서 서술의 기조를 이루고 있다. 흥미로운 사실은 세계사와 프랑스사의 관계 설정이다. 앞에서 간략하게 살펴본 바와 같이 프랑스의 역사는 신항로 개척 이후 유럽이 자행한 아프리카 및 아메리카 식민지화와 노예제의 역사에 매우 깊이 개입되어 있다. 단순히 노예무역의 규모 면에서뿐만 아니라 『흑인 법전』과 같은 노예제의 합법화나 아이티 혁명과 같은 노예들의 주체적이고 자발적인 공화국 수립이라는 사건은 영웅화된 쇨셰르의 노예제 폐지운동 못지않게 식민지와 노예제 역사에

11 예를 들어 고대사 부분에서는 프랑스 역사 교과서 사상 처음으로 로마제국과 중국 한나라와의 실크로드 교역이 소개되고 있다.

서 중요한 의미를 지닌다. 하지만 앞서 살펴본 프랑스 역사 교과서에서는 이 두 가지 사건은 매우 축소 및 왜곡된 채 서술되었다. 프랑스 중학교 역사 교과서의 문제를 다음과 같이 두 가지로 정리해 볼 수 있다.

첫 번째 문제는 프랑스사뿐만 아니라 세계사에서 매우 중요한 의미를 지니는 프랑스 노예제·식민지 역사의 주요 주제가 탈맥락화된 상태로 소략하게 제시되어 있다는 점이다. 즉 노예제와 식민화의 만행을 저지른 국가나 국민이 특정되지 않도록 희석되었거나 에스파냐, 미국, 영국과 같은 타국의 자료들을 제시함으로써 프랑스 역사에는 어떠한 오점도 남기지 않고 있다. 특히 프랑스 민족 정체성 형성과 관련해 자랑스럽게 내세우는 루이 14세 시기와 프랑스 혁명이라는 두 역사적 주제를 결부시키지 않으려는 노력으로 보인다. 즉 세계사적 요소를 확대했다고는 하지만, 또 노예제를 보다 중점적으로 다룬다고는 하지만 어떤 경우에도 '민족서사'에는 흠집이 생기지 않도록 구성하고 있다. 특히 당황스럽게도 노예제 폐지와 관련해서는 영국의 사례나 윌리엄 윌버포스(William Wilberforce)에게는 어떠한 관심도 주지 않고 있다. 노예제와 계몽사상의 유럽성과 국제성을 강조하던 태도는 이 부분에서 사라지고 오로지 1848년 혁명 이후 이루어진 쇨셰르의 성과만을 추켜세운다. 결국 '부끄러운 역사'와 관련해 위대한 프랑스사는 갑자기 몸을 낮춰 세계사 뒤편으로 숨어든 모양새다.

다음으로 두 번째 문제는 그나마 노예제의 참상을 전하겠다고 서술된 부분을 보더라도 인간적인 공감을 불러일으킬 만한 요소들은 전혀 보이지 않는다는 점이다. 비참하고 반인간적이라고 쓰고는 있지만 모든 자료와 설명은 무미건조하게 탈색되어 있다. 이 두 번째 문제는 두 가지 전략으로 이루어지고 있다. 그중 하나는 노예제와 식민지 문제를 다른 주제들, 예를 들어 부르주아 상인이 주도한 대서양 무역 강조나 문명화 사명에 대한 부분적인 인정(도시 성장, 의료와 교육의 확대)과 뒤섞는 것이다. 노예제가 어떠한 점에서 인간성에 반하는지를 구체적인 자료들을 통해서 제시하려는 노력은 잘 드러나지 않으며 대서양 삼각무역과 문명화 사명이라는 주제와 혼합된 상태로 오히려 이 주제들에 압도된 모습을 보여준다. 또 다른 전략은 모든 역사적 과정에서 비유럽인을 주체에서 제외하고 비유럽 지역에서는 역사성을 제거하는 것이다. 영국에서 노예제 폐지운동을 전개한 에퀴아노의 사례를 제외한다면 기본적으로 모든 자료의 구성은 유럽인의 입장에서 생산된 것들이다. 문명화와 진보의 사명으로 진행된 노예제 폐지는 이러한 생각의 정점을 이룬다. 반면에 노예들이 스스로 혁명을 통해 쟁취한 아이티 혁명은 교육과정상으로도 단순한 '봉기(révolte)'로 치부되고 있을 뿐이며 제대로 다루어지지 않고 있다(트루요, 2015). 또한 유럽의 산업 노동자나 혁명 시위대의 모습만큼 공감을 표현할 수 있는 시각적 자료는 거의 존재하지 않고 있다. 이러한 태도와 시선은 유럽 이외의 지역에 역사성을 제거하고 대상화·사물화하는 결과를 초래한다. 모든 역사의 능동적 주체는 유럽인들 또는 유럽인에게 영향을 받은 비유럽인(에퀴아노)에게만 국한되어 있을 뿐이다. 이러한 점에서 프랑스 중학교 역사 교과서는 텍스트의 내용은 아니더라도 구성과 형식 면에서 여전히 인종차별적 태도를 고수하고 있다고 말할 수 있다.

이상과 같은 노예제에 대한 교과서 문제는 프랑스 사회가 지닌 독특한 현상인 '기억 관련 법'과 밀접한 연관을 지닌다. '기억법(loi memorielle)'이란 특정한 역사적 사건에 대한 국가의 공식적인 입장을 표명하고 이와 관련한 여러 권고 및 의무 사항을 부과하는 법이다. 현재까지 네 가지 종류의 법이 제정되었으며 그 목록은 다음과 같다(〈표 5-3〉 참고).[12]

표 5-3 프랑스 기억법의 종류와 내용

명칭	별칭	내용
1990년 7월 13일 법	게이소법	유대인 제노사이드 등 반인륜범죄를 부정하는 표현이나 행위를 범죄로 규정한다는 내용
2001년 1월 29일 법	-	프랑스 정부가 1915년 터키 정부가 자행한 아르메니아 대학살을 제노사이드로 인정한다는 내용
2001년 5월 21일 법	토비라법	노예제와 노예무역이 반인륜범죄라는 점을 인정하고 이를 교육해야 한다는 내용
2005년 2월 23일 법	-	프랑스 해외 식민지, 특히 북아프리카에서 프랑스의 긍정적 역할을 교육해야 한다는 내용

이 네 가지 법 중 노예제 문제와 직접 관계된 것은 2001년 5월 21일 법, 일명 '토비라법'이다. 하지만 이 법은 반인륜범죄라는 차원에서 1990년 7월 13일 법(게이소법)부터 함께 설명할 필요가 있다. '게이소법'은 1985년 독일에서 제정된, 제노사이드의 중요성을 부정하거나 축소하는 것을 금지하는 법의 영향 아래 프랑스에서 제정된 법이다. 이 두 국가의 법은 1970년대 말부터 독일과 프랑스에서는 제2차 세계대전 당시 자행된 제노사이드에 대한 부정주의(négationisme)나 축소주의적 인식 경향이 팽배해져 가자, 이에 대한 반작용으로 등장했다고 볼 수 있다(신동규, 2014). 프랑스에서는 '게이소법'의 연장선에서 두 번째 기억법이 2001년 1월 29일 제정되었다. 1915년 터키 정부가 저지른 아르메니아 대학살을 제노사이드로 인정한다는 내용을 담고 있는 이 법은 사실 당시 외교적 문제와 깊은 관련이 있다. 1999년 헬싱키 조약에서 유럽연합(이하 EU) 이사회는 터키에 가입 후보국 자격을 정식으로 부여했지만, 유럽 각국에서는

12 https://www.vie-publique.fr/eclairage/18617-lois-memorielles-la-loi-le-politique-et-lhistoire(검색일: 2021.3.1).

터키의 EU 가입에 대한 반대 의견이 만만치 않은 상황이었다. 이러한 상황에서 터키와의 동거를 불편하게 생각한 당시 프랑스 시라크 정부는 터키의 아르메니아 대학살을 공식적으로 문제 삼기 시작했고, 결국 터키 정부의 제노사이드 인정과 사과·반성 여부가 터키의 EU 가입에 주요한 조건이 되었다.

하지만 제노사이드라는 반인륜범죄를 내세워 터키를 EU에서 밀어낸 보수적 논리는 같은 해에 프랑스가 저지른 반인륜범죄에 대한 반성을 촉구하는 새로운 시민사회운동에 직면해 있었다. 노예제와 노예무역 문제에 대한 프랑스의 역사적 책임을 강조하던 일련의 시민운동 흐름이 노예제 폐지 150주년을 맞이한 1998년부터 본격적인 사회문제로 주목받기 시작했기 때문이다. 노예제 폐지 150주년이었지만 프랑스 정부는 어떠한 국가적 기념행사도 개최하지 않았고, 정부의 무관심에 항의하는 노예제 폐지 기념 행진과 각계각층에서의 비판적 의견이 이어졌다. 그 이후 노예제와 노예무역이 유대인 학살에 버금가는 중요한 반인륜적 범죄라는 여론이 모이기 시작했고 프랑스공산당(Parti communiste français, PCF)과 사회당(Parti socialiste, PS) 의원들을 중심으로 법안 제출이 계속 시도되었다. 세 차례의 시도가 실패로 끝난 후, 2001년에 가서야 네 번째로 크리스티안 토비라(Christiane Taubira) 의원의 제출안이 통과되었다. 그리해 2001년 5월 21일에 반포된 일명 '토비라법'은 노예제와 노예무역을 반인륜범죄(crime contre l'humanité)로 규정하며 노예제에 대한 경각심을 가질 것을 강조하고 있다.[13]

13 '토비라법'의 정식 명칭은 '노예 무역과 노예제를 반인륜 범죄로 인정받도록 하기 위한 법(Loi tendant à la reconnaissance de la traite et de l'esclavage en tant que crime contre l'humanité)'으로 남아메리카 프랑스령인 기얀

하지만 이후 '토비라법'은 역풍을 맞기 시작했다. 바로 2005년 2월 23일 프랑스의 식민지 통치, 특히 북아프리카 식민지 통치의 긍정적인 면을 학교에서 교육할 것을 규정하는 법안이 반포되었기 때문이다. 이는 제국주의를 '문명 전파' 식민주의 이데올로기로 바라보려는 전통적이면서도 보수적인 역사관의 반격을 의미하며, 당연히 기본적인 역사적 관점에서 2001년의 '토비라법'과 충돌한다. 수많은 지식인과 시민단체, 특히 과들루프, 기얀, 마르티니크와 같은 해외 프랑스령 사람들과 알제리 정부의 거센 비판을 받았지만 현재까지도 이 법안은 앞서 언급했던 세 법안(게이소법, 아르메니아 제노사이드법, 토비라법)과 함께 '기억법' 목록에 등재되어 있다.

이후 프랑스에서는 2008년과 2015년 두 차례에 걸쳐 중학교 교육과정 개편이 진행되었으며 앞서 살펴본 교과서 서술의 성격은 이 두 법안이 빚어내는 모순성에 기인한다. 노예제와 노예무역이 반인륜성뿐만 아니라 프랑스의 식민정책의 긍정성도 가르쳐야 한다는 법적 강제성은 자연스럽게 프랑스를 제외시키면서, 또는 노예제와 노예무역과 관련해서 책임져야 할 국가들의 국적을 흐릿하게 하면서, 그것이 지닌 반인륜성만을 부각한다. 그리고 이는 노예제와 노예무역의 반인륜성에 대한 논의를 시민 사회 일부로 국한하는 동시에(권윤경, 2019) 구조적으로 프랑스 노예제와 노예무역의 진면목을 역사 교과서에 반영하지 못하도록 만든다. 결국 노예제와 노예무역 문제에서 프랑스의 중요성을 탈색하는 역사 교과서 서술은 프랑스가 대면하고 책임져야 할 반인간적 범죄의 진면목을 역

(Gyuyanne) 출신의 프랑스 의원 크리스티안 토비라가 발의했다. 2006년부터 프랑스에서는 이 법안이 통과된 5월 10일을 노예제 및 노예제 폐지 추념일로 정했다.

사교육에서 주변화하고 만다.

그나마 다행스럽게 프랑스 교육부는 2020년에 벌어진 일련의 사건이 발발한 후인 9월 17일, 노예제와 노예무역, 노예제 폐지에 대한 역사교육과 관련해 새로운 수정안을 제시했다. 여기에서 프랑스 교육부는 2015년 중학교 교육과정은 물론이고 2019년 고등학교 교육과정 중 역사, 지리, 도덕·시민교육 전반에 걸쳐 노예제 관련 지침을 보다 구체적이고 세부적으로 수정하고 있다. 중학교 교육과정에서는 노예제와 플랜테이션 농업의 기원이 대서양 교역을 둘러싼 유럽 국가 간의 경쟁에서 비롯되었다는 점을 강조하고 식민지 사회를 보다 구체적으로 다루고 노예해방의 기나긴 과정을 다룰 것을 권하고 있다(Ministère de l'éducation, 2020). 또한 최근에는 역사교육계에서도 그간 식민지와 노예제라는 과거사에 무비판적이었던 상황들을 반성하는 목소리가 커지고 있다.[14] 무엇보다 이러한 상황은 기존의 공화국 정체성을 중심으로 한 동화주의 중심의 역사교육이 사회통합에 기여하는 데 실패했기 때문일 것이다. 지속적으로 외면했던 프랑스 이외 지역의 프랑스 역사를 이미 보편적인 명칭을 지닌 '역사' 교과서가 끌어안을 수 있을 때라야, 17세기까지 올라가는 '반인륜적인 범죄'에 대해 프랑스의 역사교육계가 솔직히 대면하고 반성하고 화해할 수 있을 때라야 사회통합의 가능성이 열릴 수 있을 것이다. 하

---

14 대표적으로 로랑스 드 코크(Laurence De Cock)와 같은 역사 교사들이 이러한 운동을 주도하고 있다. 그는 1980년대부터 이루어진 '식민지 사실'에 대한 역사 교육과정을 분석하는 책을 출간했다(De Cock, 2018). 이와 관련해 현재 프랑스에서 전개되고 있는 여러 담론과 운동에 대해서는 또 다른 체계적인 연구가 필요할 것이다. 아쉽게도 본 논문은 현재 유통되고 있는 두 교과서만을 분석하고 있을 뿐이다. 향후 후속 작업으로 프랑스 시민 사회와 역사교육계의 현황에 대한 더 폭넓고 주도면밀한 조사가 이루어져야 할 것이다.

지만 무엇보다 이를 위해서는 프랑스에 독특하게 가장 뿌리 깊이 남아 있는 '문명화 사명'이라는 허위의식을 떨쳐버려야 할 것이다.

5. 맺음말

프랑스의 노예제와 식민지에 대한 역사 서술은 자국사 중심적 역사교육이 어떻게 불편한 과거사를 형식적으로 받아들이면서도 책임 소재를 피하는지를 보여준다. 자국 역사의 장점은 크게 부각하면서 단점은 익명성 뒤로 숨기는 이와 같은 태도는, 타자에 대한 상호 이해와 존중의 범위가 점점 넓어지는 인권 존중과 세계화의 시대에 과연 적합할까? 오히려 자국 역사의 장점을 다른 나라와의 교류와 소통 과정에서 창발한 것으로 접근하고, 그 단점은 똑바로 응시하며 솔직히 인정함으로써 책임소재를 명확히 하는 태도가 필요할 것으로 보인다. 물론 이러한 성격이 서로 모순되는 두 종류의 기억법에 따라 형성되었다고 말할 수 있다. 하지만 이 두 기억법 제정 자체는 프랑스 사회가 당면한 현 상태를 보여주는 주요한 상징적 지표가 아닐까? 인권을 향한 프랑스와 영광을 향한 프랑스의 충돌이 향후 역사교육에서 어떻게 전개될지 계속해서 지켜볼 필요가 있다.

그나마 다행스러운 점은 프랑스 역사교육이 역사 교과서에만 전적으로 의존하고 있는 구조는 아니라는 사실이다. 교사의 자율권이 매우 높은 프랑스에서 교사는 교과서 범위 외에 자신이 새로운 교재를 활용해 수업을 자율적으로 이끌어나갈 수 있기 때문이다. 그러한 만큼 프랑스에서 실제 역사교육이 어떻게 진행되는지를 교과서만으로는 파악하기 어렵다고 할 수 있다. 프랑스에서 이루어지는 실제 역사교육의 면모를 파악하는 작업은 매우 중요하다고 할 수 있으나 현실적으로는 부분적으로만 가능할 수 있을 뿐이다.

이상과 같은 프랑스의 사례는 한국에 어떠한 시사점을 제공해 줄 수 있을까? 첫 번째로 노예제에 대한 프랑스 역사 교과서 서술은 반면교사로 삼아야 할 사례를 제공한다. 이는 바로 '가해의 역사를 똑바로 마주하고 반성하기'라는 주제로 요약할 수 있다. 여기에는 무엇보다 프랑스와 유사하게 한국 사회에도 강력한 영향을 미치고 있는 한국식 '민족서사'로부터의 탈피가 요구된다. 이는 역사교육에 있어서 일제강점기 일본 제국주의가 자행한 가해의 역사뿐만 아니라 한국사에서 한국 정부나 한국인이 자국민이나 타 국민에게 가한 가해의 역사에 대해서도 대면하고 반성할 것을 요구하기 때문이다.

두 번째로 프랑스의 사례는 기억법의 문제를 한국 사회에 생각해 볼 문제로 제기한다. 사실 네 번째 기억법인 '2005년 2월 23일 법'이 반포된 직후, 피에르 노라(Pierre Nora), 피에르 비달나케(Pierre Vidal-Naquet) 등 유수의 역사학자들이 주도해 결성한 '역사를 위한 자유(Liberté pour l'histoire)'는 국가와 정치가 역사 연구에 개입하는 것을 비판하는 운동을 전개하고 있다. 비록 네 번째 기억법에 대한 반발로 이와 같은 운동이 시작되었지만 '역사를 위한 자유'의 주요 입장은 앞의 세 기억법에 대한 비판과 폐지 요구도 포함한다. 이러한 법안은 역사 연구에 어떤 절대적 도그마를 도입하는 것과 마찬가지 결과를 초래할 수 있다. 이들은 "역사는 종교가 아니다. 역사가는 어떤 도그마도 받아들이지 않고 어떤 금지도 인정하지 않으며 어떠한 타부도 알지 못한다", 또 "자유로운 국가에서 역사적 진실을 규명하는 일은 고등법원이나 사법부의 관할이 아니다"라고 주장한다. 이들에 따르면 역사 연구와 관련한 활동을 법과 정치담론이 규정하고 단죄하는 것은 있을 수 없는 일이며, 역사 연구는 오로지 역사학자들의 몫으로 남겨두어야 한다.

하지만 이러한 입장에 모든 역사학자들이 동의하는 것은 아니다. 제라르 누아리엘(Gérard Noiriel)이나 니콜라 오펜슈타트(Nicolas Offenstadt)와 같은 더 진보적인 역사학자들이 2006년에 조직한 '역사의 공적 사용 감시위원회(Comité de vigilance face aux usages publics de l'histoire)'는 오히려 기억법 폐지 주장이 극우 정치 세력이 발호할 명분을 줄 수 있다는 점에서 '역사를 위한 자유'의 주장을 비판하는 실정이다. 이들은 기억법 폐지보다도 기억법은 물론이거니와 역사적 사실에 대한 역사학자들의 감시와 비판 기능을 강조한다. 이와 같은 두 역사 단체의 활동은 궁극적으로 역사가의 객관성과 사회참여라는, 상반된 두 가지 전통적 가치관의 대결로 요약될 수 있다. 하지만 여기에서 더 나아가 눈여겨봐야 할 점은 역사 연구와 역사교육이라는 서로 다른 영역 간의 대립이다. '역사를 위한 자유'가 역사적 사실을 밝히는 역사 연구자의 입장을 강조한다면, '역사의 공적 사용 감시위원회'는 역사적 사실의 사회적 활용을 포괄하는 역사교육자의 입장을 중요시하기 때문이다. 역사적 사실은 분명 사법부의 판결로 규명되는 것은 아니다. 하지만 역사적 사실에 대한 해석이 역사학자들만의 것으로 국한되는 것은 아니다. 역사적 사실은 한 사회의 공적 기억인 한에서 그것은 그 사회의 정체성 또는 성격과 연결되며, 따라서 사회구성원 모두가 공유하는 것이 되기 때문이다.

참고문헌

가이스, 페터(Peter Geis)·기욤 르 캥트렉(Guillaume Le Quintrec). 2008. *Histoire/Geschichte: L'Europe et le monde depuis 1945*. 『독일 프랑스 공동 역사 교과서: 1945년 이후 유럽과 세계』. 김승렬·이학로·신동민·진화영 옮김. 휴머니스트.

권윤경. 2013. 「프랑스 혁명과 아이티 혁명의 역사적 유산, 그리고 프랑스의 식민지 개혁론: 프랑수아앙드레 이장베르의 정치 경력을 통해 본 프랑스의 노예제폐지론, 1823~1848」. ≪프랑스사 연구≫, 28.

______. 2015. 「기억의 경쟁에서 기억의 연대로?: 홀로코스트와 프랑스 탈식민화 기억의 다방향적 접합」. ≪역사비평≫, 113.

______. 2017. 「노예해방과 시민권: 1848년 혁명과 빅토르 쇨세르의 공화주의적 동화주의」. ≪프랑스사 연구≫, 37.

______. 2019 「노예제의 보이지 않는 기억: 프랑스 항구도시들과 기억의 장소」. ≪역사학보≫, 241.

김승렬. 2003. 「숙적관계에서 협력관계로: 독일-프랑스 역사 교과서 협의」. ≪역사와 경계≫, 49.

______. 2008. 「역사의 국경을 넘다: 독일-프랑스 공동 역사 교과서」. ≪역사비평≫, 82.

듀보이스, 로런트(Laurent Dubois). 2014. 『아이티 혁명사』. 박윤덕 옮김. 삼천리.

들라캉파뉴, 크리스티앙(Christian Delacampagne). 2015. 『노예의 역사』. 하정희 옮김. 고양: 예·지.

망스롱, 질(Gilles Manceron). 2013. 『프랑스 공화국 식민사 입문: 인권을 유린한 식민침탈』. 우무상 옮김. 경북대학교출판부.

문종현. 2015. 「영화 〈검은 비너스(Vénus noire)〉에 나타난 사르키 바트만의 삶」. ≪사림≫, 52.

베커트, 스벤(Sven B eckert). 2018. 『면화의 제국: 자본주의의 새로운 역사』. 김지혜 옮김. 휴머니스트.

서병훈. 2011. 「'유치한 제국주의': 토크빌을 위한 변명」. ≪정치사상연구≫, 17(2).

서지영·김정호·김덕근·권유진·장근주·김정효. 2011. 『교과서 정책 국제 비교(연구보고 RRO 2011-1)』. 한국교육과정평가원.

신동규. 2014. 「프랑스 부정주의의 논리: 홀로코스트에 대한 인식과 해석」. ≪역사와 문화≫, 28.

심재중. 2007. 「아프리카와 흑인의 이미지: 18~19세기 프랑스를 중심으로」. ≪불어문화권연구≫, 17.

아렌트, 한나(Hannah Arendt). 2006.『전체주의의 기원 1』. 이진우·박미애 옮김. 한길사.
에모리 대학 '노예이동' 프로젝트. https://slavevoyages.org/(검색일: 2020.9.23).
염운옥. 2019.『낙인찍힌 몸: 흑인부터 난민까지, 인종화된 몸의 역사』. 돌베개.
윌리엄스, 에릭(Eric Williams). 2014.『자본주의와 노예제도』. 김성균 옮김. 우물이 있는 집.
이용재. 2006.「'알제리전쟁'을 어떻게 가르칠 것인가: 프랑스의 식민유제 청산과 역사 교육」. ≪한국프랑스학논집≫, 53.
______. 2007.「갈등의 역사에서 화합의 역사로: 프랑스·독일 역사 교과서 합의와 제1차 세계대전의 문제」. ≪프랑스사 연구≫, 17.
______. 2016.「탈민족 다문화 시대의 자국사 교육: 프랑스 '민족서사' 역사 교육 논쟁」. ≪서양사론≫, 128.
이재원. 2010.「식민주의와 '인간 동물원(Human Zoo)': '호텐토트의 비너스'에서 '파리의 식인종'까지」. ≪서양사론≫, 106.
______. 2011.「프랑스의 식민주의 교육과 '호모 임페리얼리스(Homo imperialis)'의 탄생」. ≪프랑스사 연구≫, 24.
트루요, 미셸롤프(Michel-Rolphe Trouillot). 2015.『과거 침묵시키기; 권력과 역사의 생산』. 김명혜 옮김. 그린비.
포머란츠, 케네스(Kenneth Pomeranz). 2003.『설탕, 커피 그리고 폭력』. 박광식 옮김. 심산.
프랑스 기억법. https://www.vie-publique.fr/eclairage/18617-lois-memorielles-la-loi-le-politique-et-lhistoire(검색일: 2021.3.1).
한운석. 2015.「유럽통합을 위한 역사 교육: 독일의 사례를 중심으로」. ≪동북아역사논총≫, 47.
한해정. 2015.「1차 세계대전에 관한 독일-프랑스 공동 역사 교과서 분석: 독일 역사 교과서와의 비교」. ≪역사교육≫, 134.
헌트, 린(Lynn Hunt). 2009.『인권의 발명』. 전진성 옮김. 돌베개.
홈스, 레이철(Rachel Holmes). 2011.『사르키 바트만』. 이석호 옮김. 문학동네.
홍용진. 2020.「세계사 뒤로 숨은 자국사?: 프랑스 중학교 교과서에 나타난 노예제와 식민지」. ≪역사교육연구≫, 38.

Balandier, Georges. 1951. "La situation coloniale: approche théorique." *Cahiers Internationaux Sociologique,* 11.
Blackburn, Robin. 2010. *The Making of New World Salvery: From the Baroque to the Modern, 1492~1800.* London: Verso.

Chaudron, Éric, Arias, Stéphan, Chaumard, Fabien(dir.). 2016. *Histoire: Géographie-Enseignement moral et civique*, 5e. Paris: Belin.

De Cock, Laurence. 2018. *Dans la classe de l'homme Blanc: L'enseignement du fait colonial en France des années 1980 à nos jours.* Lyon: Presses universitaires de Lyon.

Drévillon, Hervé. 2011. *Les rois absolus 1629~1715.* Paris: Belin.

Lécreux, Cristine etc.(dir.). 2016. *Histoire: Géographie*, 4e. Paris: Hachette.

Ministère de l'éducation nationale. 2015.11.26. "De la jeunesse et des sports." *Bulletin officiel Spécial n°ll.*

_____. 2020.9.17. *L'esclavge, les traites négrières et leurs abolitions dans les programmes scolaires d'enseignement. Document IGESR-DGESCO.* https://eduscol.education.fr/cid99022/s-approprier-les-differents-themes-programme.html#lien1(검색일: 2020.9.25).

Pluchon, Pierre. 1991. *Histoire de la colonisation française, t. 1.* Paris: Fayard.

06

독일의 헤레로 전쟁 논쟁과 식민주의 청산의 딜레마

고유경 원광대학교 역사교육과 교수

1. 머리말

"폭력의 세기"(한나 아렌트)로 불리는 20세기의 세계사는 전쟁·착취·대량학살로 얼룩져 있다. 서구 지성계를 빛낸 "천재들의 나라"(피터 왓슨)에서 유례없는 폭력의 원흉으로 한순간에 전락한 독일의 과거사는 그 한복판에 위치한다. 1945년 이후 독일 사회는 홀로코스트의 기억에서 벗어날 수 없었으며, 나치 범죄와 연결된 모든 흔적을 성찰하려는 노력은 독일을 '과거청산의 모범국'으로 알려지게 했다. 한국에서 과거청산에 기울인 독일의 노력은 흔히 일본의 경우와 비교되면서 상대적으로 높이 평가되어 왔다.

그렇다면 독일의 또 다른 제노사이드, 곧 1904~1908년 독일령 남서아

* 이 장은 고유경(2019)의 내용을 수정·보완한 것이다.

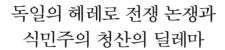

프리카(현 나미비아)에서 저지른 헤레로족과 나마족의 대량학살[1]에 대한 독일 사회의 태도는 어떠한가? 널리 알려진 홀로코스트의 그늘에서 독일 식민주의 과거사는 오랫동안 정치적으로도, 학문적으로도 방치되어 왔다. 이러한 '망각'은 격동했던 독일 현대사의 궤적에서 연유하며, 무엇보다도 1945년 이후 홀로코스트에 집중된 독일의 과거청산이야말로 식민주의 과거의 기억을 가리는 장치로 작동했다. 제국으로부터 대상화되었던 식민지인들은 과거청산의 위계에서도 주변화된 것이다.

21세기 들어와 헤레로 전쟁 100주년(2004), 터키의 아르메니아 제노사이드 100주년(2015)을 차례로 맞이한 독일 사회에서는 차츰 식민주의 과거에 대한 본격적인 성찰을 요구하는 목소리가 커지고 있다. 역사교육 또한 이러한 움직임에 동참해 식민주의 문제에 관심을 기울이고 있다. 식민주의는 타자 이해, 다원적 관점, 논쟁성, 현재와의 관련성 같은 역사교육의 목표 및 방법론과 관련해 매우 생산적인 논점들을 제시한다. 이 글은 독일 역사교육이 헤레로 전쟁의 해석을 둘러싼 논쟁[2]들

---

1 대부분의 역사서는 헤레로 전쟁의 종점을 1907년으로 서술하고 있다. 그러나 이 장에서는 전쟁 중 강제수용소에 수감된 헤레로족이 마지막으로 풀려난 1908년을 종전 시점으로 간주하는 포스트식민주의 시각을 따른다. 전쟁으로 사망한 식민지 주민의 정확한 숫자를 파악하기는 어렵지만, 대략 헤레로족 80%와 나마족 절반, 도합 10여만 명이 희생되었다고 본다. 한편 헤레로 전쟁보다는 상대적으로 덜 알려졌지만, 1905년 독일령 동아프리카에서 발생한 식민지 전쟁의 희생자 수도 7만 5000명에서 많게는 30만 명으로 추산된다.

2 헤레로 전쟁을 포스트식민주의 관점에서 접근한 최근 연구로는 Melber (2005), Förster(2010), Zimmerer(2011), Kössler(2015) 등이 대표적이다. 국내 연구 가운데 정현백(2013)은 헤레로 전쟁의 성격을 제1차 세계대전과의 연속성 측면에서 검토한다. 정희윤(2018)은 독일에서 있었던 남서아프리카 식민지인들의 유골 반환 문제를 중심으로, 헤레로 전쟁이 나미비아와 독일 사회에

의 교육적 가치를 활용하는 방식을 소개함으로써, '갈등의 역사'에 대한 우리 역사교육의 접근법을 모색하는 데 일조하고자 한다.

2. 상충하는 해석

'독일의 특수한 길'인가, 식민주의의 보편사인가?

식민주의[3] 과거는 오랫동안 독일인들의 역사적 정체성을 구성하지 못했다. 독일이 20세기 초 아프리카 식민지에서 자행한 대량학살은 오랫동안 주변화되거나 심지어 망각되었으며, 간혹 기억된 것은 제국의 지배에 대한 식민지인들의 '저항'일 뿐이었다. 1904~1908년 독일령 남서아프리카와 1905~1907년 독일령 동아프리카에서 있었던 참혹한 인권유린 사태가 오랫동안 헤레로 '봉기', 마지마지(Maji-Maji) '봉기'로 통칭되어 왔던 사실은 제국의 관점을 반영한 전형적인 사례로, 식민지인들의 시선이 여전히 성찰의 대상이 되지 못했음을 보여준다. 제국의 시선은 '독일 최초의 제노사이드'[4]로 불리는 이 사건에 대한 해석을 오랫동

미친 영향에 주목한다.

3 제국주의와 구별되는 개념으로서의 식민주의는 영토 점령과 경제적 침투를 넘어 집단 간의 '지배 관계'에 초점을 맞춘다. 특히 근대 식민주의는 ① 주변부, 곧 식민지를 중심, 곧 제국의 필요에 종속시키려는 의지, ② 종속된 사회에 대한 문화적 배려의 부재, ③ 제국의 문화적 우월성에 대한 확신(식민주의 정신)과 그 장기적 지속을 특징으로 한다(오스터함멜, 2006: 32~34). 그럼에도 오스터함멜은 '단일한' 서양 식민주의는 존재하지 않는다고 역설한다. 식민지배의 방식과 그 효율성, 식민지 폭력의 정도와 양상, 식민지의 문화적 주체성 상실과 저항, 탈식민화 과정 등은 국가별로 상이하다는 것이다.

안 지배해 온 것이다.

냉전 시기 독일의 과거청산을 위한 노력은 불가피하게 나치 범죄에 집중되었으며, 식민주의 과거에 대한 성찰은 망각되거나 왜곡되었다. 동독의 경우 반파시즘·반제국주의 정책의 일환으로 추진된 옛 식민 기념비 철거는 과거사에 대한 진정한 반성이라기보다 정치적 퍼포먼스의 성격을 띤 것이었다. 서독에서는 1968년 혁명을 계기로 급진적 대학생들이 제3세계와의 연대를 강조하면서, 독일 내 식민주의 상징들이 비판적으로 조명되기 시작했다. 대표적인 사례는 1910년 건립된 괴팅겐의 '남서아프리카 기념비' 일부가 1978년 대학생들에 의해 훼손된 사건이다. 하지만 이 역시 식민주의 과거에 대한 전 사회적인 성찰을 불러일으키기에는 역부족으로, 일회성에 그치는 것이었다.

21세기에 들어와 헤레로 전쟁이 세간의 주목을 받게 된 것은 두 계기를 통해서다. 첫째는 2001년 9월 헤레로족 대표 리루아코(Riruako)가 식민지 시절 독일 기업들이 자행한 불법 행위를 미국 연방법원에 제소한 사건이다.[5] 이 건은 기각되었는데, 이유는 배상 청구 주체가 국가가 아닌 단체(Herero People Reparations Corporation)라는 것이었다. 두 번째 계기는 헤레로 전쟁 100주년인 2004년에 찾아왔다. 이해에 쾰른 민속학박물관과 베를린 독일역사박물관은 '나미비아와 독일: 분리된 역사'라는 주제로 순회

4 헤레로 전쟁을 제노사이드로 간주하는 근거는, 전쟁 당시 원주민들에게 내린 퇴거 명령에 불복하는 "여성과 어린이를 포함한" 모든 헤레로족 구성원에 발포를 명령한, 1904년 10월 2일 자 독일군 트로타 사령관의 악명 높은 포고령이다. 트로타는 훗날 헤레로 학살을 '인종전투(Rassenkampf)로 규정했다(Speitkamp, 2014: 126f). 트로타의 포고령 원문은 Grewe and Lange(2015: 123f) 참조.

5 해당 기업은 독일은행(Deutsche Bank)과 뵈어만 해운(Woermann-Linie, 현재 함부르크 소재 Deutsche Afrika-Linien)이다.

전시회를 개최해 대중의 관심을 일깨웠다(Förster et al., 2004).[6]

사회적 분위기가 전환되었음에도 독일 정부는 나미비아에 경제원조를 제공하되 배상 의무와 직결된 책임 있는 발언은 피한다는 태도를 견지했다. 2004년 여름 나미비아 수도 빈트후크를 방문한 연방경제협력개발부 장관 하이데마리 비초레크초일(Heidemarie Wieczorek-Zeul)은 배상금 지불에 대한 사법적 의무는 언급하지 않고 "오늘날 사람들이 인종학살이라 부르는" 전쟁에서 저지른 범죄에 용서를 구했지만, 독일 정부는 이것이 개인적인 견해일 뿐이라고 명확히 선을 그었다(Zimmerer and Zeller, 2016: 9). 그러나 이를 계기로 언론은 나미비아에 대한 공식 사죄와 배상 문제를 본격적으로 논의하기 시작했다.

독일 정치권에서 식민주의 과거사에 전향적인 태도를 보인 시점은 터키의 아르메니아 학살 100주년인 2015년부터로 볼 수 있다. 그해 7월 연방의회 의장 노르베르트 라머트(Norbert Lammert)는 "아르메니아인에 대한 제노사이드를 논하는 자는 헤레로족과 나마족에 대한 독일의 대량학살에 침묵해서는 안 된다"라고 발언했다(Lammert, 2015). 이듬해 독일 정부는 '인종학살(Völkermord)'이라는 개념이 헤레로 전쟁에 대한 정부의 입장을 반영한다고 공식적으로 밝혔다. 2016년 6월 연방의회가 아르메니아 학살에 독일의 공동 책임이 있음을 인정하자, 헤레로 학살에 대해서도 정부가 사과해야 한다는 주장이 여론을 달구었다. 나미비아에 대한 안겔라 메르켈(Angela Merkel) 총리의 공식 사죄 가능성이 언론에서 타진되었으나, 이는 아직도 실현되지 않고 있다.

---

6 이 전시회는 독일 식민주의의 역사와 헤레로 전쟁의 추이뿐만 아니라 이를 둘러싼 기억문화, 포스트식민주의 관점에서 본 전쟁의 영향, 이와 관련된 정치적 쟁점들을 소상히 다루었다.

한편 정부의 입장과는 별도로 시민 사회를 주축으로 하는 '아래로부터의 사죄'는 독일의 역사문화 내지 기억문화의 맥락에서 다양한 방식으로 진행되었다. 1932년 건립된 브레멘의 독일식민기념비는 1996년 나미비아 초대 대통령 삼 누조마(Sam Nujoma)의 방문을 기해 "나미비아 제노사이드의 희생자들을 기리는" 기념비로 재차 봉헌되었다. 헤레로 학살의 주역 로타르 폰 트로타(Lothar von Trotha)의 이름을 딴 뮌헨의 거리는 2007년 '헤레로 거리'로 개명되었으며, 하노버는 독일령 동아프리카에서 "아프리카의 사자"로 불렸던 파울 폰 레토포어베크(Paul von Lettow-Vorbeck) 장군의 이름이 붙은 거리 이름을 2013년 '나미비아 거리'로 바꾸었다. 그러나 두 경우 모두 개명을 둘러싼 논쟁이 수년간 지속되었다는 사실은 식민주의 그늘이 여전히 독일 사회에 짙게 드리워 있음을 뜻한다.[7]

독일 역사학계에서도 이 주제는 오랫동안 변방에 위치했다. 라인하르트 코젤렉(Reinhart Koselleck) 등이 편집한 『역사적 기본 개념(Geschichtliche Grundbegriffe)』(전 7권, 1972~1992)에는 '식민주의' 항목이 없으며, 프랑수아와 슐체의 『독일 기억의 장소(Deutsche Erinnerungsorte)』(2003)에도 식민주의와 관련된 기억의 장소는 전무하다. 베를린 독일역사박물관의 상설전에 헤레로 전쟁에 대한 식민지인들의 시선이 빠져 있다는 사실은 한동안 열띤 논란의 대상이 되었다(Grewe and Lange, 2015: 98). 이러한 '망각' 또는 '은폐'의 원인은 무엇보다도 독일 현대사가 오랫

7 이와 반대되는 사례로, 독일령 동아프리카에서 추문을 일으켰던 카를 페터스(Carl Peters)의 이름을 딴 베를린의 페터스 거리(Petersallee)는 논란에도 불구하고 그대로 남아 있다. 베를린시는 거리 명칭을 바꾸는 대신 무명의 시의원 한스 페터스(Hans Peters)를 내세우는 방식으로 대처함으로써, 식민주의 과거를 은폐한다는 비판을 받았다.

동안 나치 과거에 집중되어 있었다는 점에, 또한 독일 식민주의가 유럽의 다른 제국주의 국가들에 비해 짧은 역사와 제한된 영향력을 지녔다는 점에 기인한다. 게다가 독일 식민지의 경제적 가치가 크지 않았으며, 유일한 정주 식민지였던 독일령 남서아프리카의 독일인이 1914년 1만 2000명에 불과했다는 점, 현재 독일에 옛 식민지 출신 주민들이 상대적으로 적게 거주하고 있다는 사실 또한 '망각'에 영향을 미쳤다. 1990년 이후 과거청산 대상에 동독 사회주의 독재가 추가되면서, 이러한 상황은 한동안 지속되었다. 결과적으로 식민주의 과거에 대한 독일 사회의 깊이 있는 성찰은 오랫동안 지연되었다.

헤레로 전쟁의 성격을 둘러싼 논쟁을 정리하는 작업은 녹록지 않다. 독일뿐만 아니라 나미비아에서도 이 주제는 학계의 뜨거운 불씨였다. 제노사이드의 존재 자체를 인정하지 않는 일명 '부정주의자'들까지 가세하면서 논쟁은 더욱 가열되었다.

제노사이드 테제를 부정하는 입장은 나미비아 국립문서고 소장 브리기테 라우(Brigitte Lau)의 논문 「불확실한 확실성(Uncertain certainties)」(1989)에서 촉발되었다. 이 논문에서 라우는 헤레로 전쟁 당시 독일군의 절멸 의지와 전략적 우월성 및 그 '성공'을 강조하고 원주민을 수동적 '희생자'로 몰아가는 견해 자체가 유럽중심주의라고 공격하며 이를 '헤레로 전쟁의 신화'라고 칭했다. 그녀는 1904~1908년에 사망한 원주민들의 숫자가 과장되었으며, 따라서 이를 제노사이드로 볼 수 없다고 주장했다.[8]

---

8 독일어 번역본은 http://www.traditionsverband.de/download/pdf/Ungewisse_Gewissheiten.pdf 참조(검색일: 2018.9.3). 반면 힐레브레히트는 라우가 제노사이드 테제를 부정했던 까닭은 논문 발표 당시 접근 불가능했던 식민청(Kolonialamt)의 사료를 이용하지 못했기 때문이라고 보며, 근본적으로 제노사

'부정주의'의 영향은 심지어 2018년까지도 헤레로 학살이 '사실'이 아닌 '판단'에 불과하다는 주장이 여전히 제기되고 있다는 점에서도 나타난다(Lau, 2018: 58f). 이제 독일어권 연구 성과를 중심으로 헤레로 전쟁의 해석을 둘러싼 논쟁을 요약해 보고자 한다.

독일 식민주의 연구를 대표하는 위르겐 치머러(Jürgen Zimmerer)는 독일제국이 아프리카 식민지에서 자행한 폭력과 나치의 절멸 정책 사이에 중요한 이념적·실제적 연결고리가 있다고 주장한다. "헤레로에서 홀로코스트로" 또는 "빈트후크에서 아우슈비츠로" 이어지는 '연속성 테제', 곧 '독일의 특수한 길' 테제의 식민주의 버전에 따르면, 나치가 동유럽에서 자행한 범죄는 물론이고 '생활공간'과 '인종적 순수성'에 대한 집착은 모두 20세기 초 남서아프리카 식민지의 경험에서 비롯되었다는 것이다(Zimmerer, 2011).[9] 두 사건 사이에는 행위자로서의 국가, 절멸 과정의 관료주의, '폭력의 무제한성' 같은 구조적 유사성이 엿보일 뿐만 아니라, 인종·공간 같은 이념적 공통분모가 발견된다는 점이 주요 논거다. 여성과 아동을 포함하는 무제한 발포 명령과 강제수용소의 존재 또한 양자의 공통점에 포함된다. 그는 나치 이념과 정책들이 매우 복잡하고 절충주의적인 태도에 기원하고 있기는 하지만, 식민주의는 타 인종의 절멸을 실제 행동에 옮겼다는 점에서 홀로코스트의 기원 가운데 중요한 위치를 차지한다고 말한다. 결국 치머러에게 헤레로 학살은 '홀로코스트의 전사'로

이드 개념에 대한 그녀의 이해가 잘못되었다고 지적한다. 그는 라우의 주장이 아프리카인의 내적 동력을 강조하려는 의도에서 출발했으나, 결과적으로 극우파에게 오용되었다고 말했다(Hillebrecht, 2007: 73~95).

9 연속성 테제를 지지하는 다른 논의는 Trotha(2003), Melber(2005), Kössler (2015) 참조.

압축된다.

치머러의 주장을 뒷받침하는 구체적인 논거로는 먼저 인적 연속성을 들 수 있다. 헤레로 전쟁에 참전했던 프란츠 리터 폰 에프(Franz Ritter von Epp)는 훗날 나치의 지지자로서 1936년 제국식민동맹(Reichskolonialbund) 회장으로 임명되었으며 바이에른 유대인의 강제수용소 이송을 주도했다. 또한 1908년 독일령 남서아프리카의 혼혈인 연구로 교수 자격 논문을 쓴 인류학자 오이겐 피셔(Eugen Fischer)는 아우슈비츠의 악명 높은 의사 요제프 멩겔레(Josef Mengele)의 스승으로, 나치 인종정책에 지대한 영향을 미쳤다. 결국 헤레로 전쟁과 마지마지 전쟁에 참전했던 독일 군대가 베르사유 조약 이후 자유군단(Freikorps)과 나치당에서 중요한 역할을 했다는 것이 치머러의 주장이다. 또 다른 논거는 헤레로 학살과 홀로코스트 사이의 이념적 평행이론이다. 20세기 초 식민지에서 나타난 뚜렷한 인종주의적 색채가 그것으로, 독일령 남서아프리카에서는 1905년 '인종 간 결혼(Mischehe)'을 금지하는 포고령이 발표되었으며, 그 이전에 독일 남성과 식민지 여성 사이에 태어난 자녀들의 독일 시민권도 박탈되었다. 식민지의 이러한 상황은 1935년의 '뉘른베르크법'을 연상시킨다는 것이다.

홀로코스트의 식민주의 기원을 강조하는 입장은 독일 식민주의에 대한 새로운 해석과도 부분적으로 맞물린다. 필리프 테어(Philip Ther)와 데이비드 블랙번(David Blackbourn)은 식민지를 향한 독일제국의 욕망이 궁극적으로 동유럽을 지향했다고 주장함으로써 특수한 길 테제를 확장한다. 테어에 따르면 독일 식민주의는 실제로 해외 영토를 보유했던 1884~1919년에 국한되지 않는다. 즉, 짧게는 1772년 프리드리히 2세의 1차 폴란드 분할을, 길게는 중세 독일인들의 엘베강 동쪽 진출을 역사적 기원으로 하며, 그 궁극적인 종점은 히틀러의 폴란드 '식민화'와 소련 점령 의지였다는 것이다. "러시아는 우리의 인도"라는 히틀러의 발언은 이러한 견해를 뒷받침한다(Conrad, 2016: 103). 테어는 19세기 중반부터 독일 지식층 사이에 '동유럽을 향한 독일인의 역사적 사명' 담론이 확대되고 있었으며, 이는 폴란드인이 원시적이고 나태하며 독자적 문화를 형성할 수 없는 민족이라는 사고를 유포시켰다고 말한다. 그는 이러한 담론이 아프리카를 포함한 독일제국의 해외 식민 활동을 이념적·실제적으로 뒷받침했으며, 폴란드 점령정책에도 영향을 미쳤다고 본다(Ther, 2004). 마찬가지로 블랙번도 19세기 후반에 독일제국의 해외 식민지보다는 오히려 동유럽이 경제적·인적 교류에서 더 중요한 역할을 담당했다고 주장함으로써 독일제국의 폴란드 담론과 아프리카 담론 사이의 상호연관성을 강조한다. 폴란드인이 주로 거주하던 도시 구역이 '검둥이 동네(Negerdörfer)'로 불렸다는 사실이 이를 방증한다는 것이다(Blackbourn, 2004: 304).

반면 '특수한 길' 테제에 반론을 제기하는 연구자들은 헤레로 전쟁이 과연 나치 범죄와 마찬가지로 '단일하고 예외적인' 성격이 있는지 묻는다. 물론 이들도 '특수한 길' 논자들과 마찬가지로 인종주의, 사회주의, 식민주의 사이에 이념적 연결고리가 있음은 인정하지만, 그보다는 헤레로 학살을 유럽 내지 트랜스내셔널 차원의 식민지 폭력이라는 보편사적 맥락에서 보아야 한다고 주장한다.

로베르트 게르바르트와 슈테판 말리놉스키(Robert Gerwarth and Stephan Malinowski)는 헤레로 전쟁에서 나타난 독일의 절멸 정책을 유럽과 미국 식민주의 전통의 일부로 간주한다. 트로타가 헤레로족에게 자행한 폭력은 영국의 오스트레일리아 원주민 살해와 1857~1858년 인도전쟁과 보어전쟁, 에스파냐의 쿠바 점령, 벨기에의 콩고 지배, 미국의 필리핀 점령, 프랑스의 알제리 식민지배에서 나타난 폭력 등과 동일한 맥락에서 보아야 한다는 것이다. 요컨대 독일 식민주의의 역사는 홀로코스트와는 달리 제국주의 국가 공동의 유산이라는 것이다. 또한 이들은 인적 연속성 테제는 제3제국 시기에 헤레로 학살 관련자들이 이미 은퇴 연령이 되었다는 사실로 미루어볼 때 설득력이 떨어진다고 주장하며, '특수한 길' 테제로는 1904년의 남서아프리카 식민지와 제2차 세계대전 시기 나치의 동유럽 점령 사이의 시간적 공백을 설명할 수 없다고 본다(Gerwarth and Malinowski, 2007). 남서아프리카 식민지에서는 나치의 절멸 정책에서 나타났던 '체계적이고 공업화된 대량학살'이 부재했다는 사실(Conrad, 2016: 100~103) 역시 '특수한 길' 테제에 대한 그들의 반론을 뒷받침한다.

그렇다면 제국의 경험을 공유한 다른 국가들이 1933년 이후 독일처럼 노골적 인종주의를 드러내지 않았던 까닭은 무엇인가? 이 질문에 대한 그들의 답변은 분명하지 않다. 게르바르트와 말리놉스키는 '영국과 프랑스 국내정치의 상대적 안정'이라는 소극적 답변을 제시하면서 1904년보다는 제1차 세계대전 이후 나타난 독일 사회의 불안정성에서 홀로코스트의 직접적인 원인을 찾아야 한다고 말한다. 마지막으로 이들은 제노사이드 이론을 식민주의 연구에 적용할 때의 강점과 약점이 무엇인가를 묻는다. 제노사이드 연구가 인권의식을 확산시킨 것은 사실이지만, 역사가는 대량학살의 구체적이고 실질적인 기원들을 탐구해야 한다는 것이다.

비르테 쿤드루스(Birthe Kundrus) 역시 홀로코스트의 유일무이성을 강조하는 입장에서 '특수한 길' 테제가 내포하는 구조적 결함을 지적한다

(Kundrus, 2006: 45~62). 그녀는 히틀러를 비롯한 나치 지도자들이 영국의 인도 지배에서 차용한 식민주의적 '수사'와 실제 동유럽 점령 '정책'은 달랐다고 강조함으로써 식민주의와 나치즘의 연속성을 부정한다. 또한 헤레로 학살의 기원은 인종주의보다는 독일의 군사문화 내지 군국주의에서 찾을 수 있다고 지적한다. '특수한 길' 테제의 옹호자들이 헤레로 학살과 홀로코스트 간의 인적 연속성을 거론했다면, 쿤드루스는 독일령 동아프리카 총독 헤르만 비스만(Hermann Wissmann)처럼 식민주의를 선도했던 독일 장교들이 벨기에 국왕 레오폴드 2세의 콩고 정복이나 의화단 전쟁에도 참여했음을 지적함으로써 인적 차원에서 이 주제가 갖는 트랜스내셔널 성격을 부각한다. 그녀는 헤레로 학살과 홀로코스트 간의 평행이론이 곧 연속성을 뜻하는 것은 아니며, 독일 식민주의의 역사를 제3제국의 그림자로부터 해방시켜 그 자체의 맥락에서 파악해야 한다고 역설한다(Kundrus, 2005: 300f).

흥미로운 사실은 특수한 길 테제의 옹호론자와 반대론자 모두 아렌트의 해석에 빚지고 있다는 점이다. 아렌트가 전체주의의 뿌리를 유럽의 식민지 폭력에서 찾았을 때[10] '특수한 길' 테제의 대표자들이 그 연속적 흐름에 주목한 반면, 그 반대파들은 아렌트가 분석했던 반유대주의·제국주의·인종주의가 유럽적, 트랜스내셔널 차원의 문제임에 집중하고 있는 것이다. 예컨대 게르바르트와 말리놉스키는 아렌트의 행정대량학살(Verwaltungsmassenmord) 개념이 독일이 아닌 영국의 사례에 근거하고 있음에 주목한다(Gerwarth and Malinowski, 2007: 445; 아렌트, 2006:

10 "아프리카의 식민지는 나중에 나치 엘리트가 될 집단을 개화시키는 데 가장 비옥한 토양이 되었다"(아렌트, 2006: 394).

47, 363, 409).

트랜스내셔널 관점에서 독일 식민주의를 분석하는 논의는 독일제국의 역사를 민족주의의 강고한 패러다임으로부터 해방시키는 작업의 연장선상에 있다. '특수한 길' 테제를 대표하는 치머러도 차츰 이러한 해석을 수용해 "남서아프리카의 제노사이드는 **독일사와 인종학살의 보편사**에서 핵심적인 역할을 수행했다"(강조는 필자)라고 결론을 내린다(Zimmerer, 2011: 346). 다만 그가 우려하는 상황은 식민지 폭력이 제노사이드임을 여전히 부정하는 소수의 주장이 정치적으로 오용되는 일이다. 예컨대 논쟁성 원칙에 입각해 진행되는 토론에서, 헤레로 전쟁에 대한 극우주의 해석을 공적 담론의 장에서 배제하는 것은 간단한 문제가 아니다.

역사교육 관점에서 이 주제를 둘러싼 복잡다단한 논점들이 내포하는 효용가치는 크다. 그것은 헤레로 전쟁과 홀로코스트라는 독일사와 유럽사의 특수 주제에 대한 이해를 넘어 연속성과 변화·인과관계·정체성 같은 역사학의 핵심 주제들에 대한 성찰로 확장될 뿐 아니라 인권·민주주의·평화 같은 시민적 가치들을 일깨울 수 있다. 헤레로 전쟁과 같은 논쟁적인 주제를 역사 수업에서 어떻게 다루어야 할 것인가? 역사교육의 방법론인 다원적 관점과 논쟁성의 함양에 대한 논의를 바탕으로, 최근 독일 역사 교과서의 헤레로 전쟁 서술 양상과 그 변화의 추이를 검토해 보고자 한다.

3. 다원적 관점과 논쟁성의 도입

독일 역사교육에서 다원적 관점을 둘러싼 논의는 1970년대부터 진행된 역사교육의 개혁과 더불어 시작되었다.[11] 여기에는 사회사·구조사·일상사 등 새로운 연구 경향 대두, 민주시민교육 강조, 탐구-발견 학습 도입 등 역사학계와 교육학계에서 일어난 전반적인 변화가 직간접적으로 영향을 미쳤다. 다원적 관점의 도입은 교사의 권위적 설명에 의존하던 오랜 역사 수업 방식에 대한 비판이자 극복을 의미한다. 1976년 서독의 보이텔스바흐(Beutelsbach) 합의는 "학문과 정치에서 논쟁적인 주제는 수업에서도 논쟁적이어야 한다"라는 원칙을 제시함으로써 역사교육에서 다원적 관점과 논쟁성에 대한 논의와 실천을 한 단계 진전시켰다.[12]

1990년의 통일은 동서독 역사교육의 통합이라는 과제에 직면함으로써, 그리고 2005년 독일의 이주국 선언은 이주 배경을 지닌 학생들을 위한 수업 방법 모색이라는 현안을 제기함으로써, 다원적 관점을 독일 역사 수업의 방법론으로 확립하는 데 결정적인 영향을 미쳤다.[13] 오늘날 독일에서 다원적 관점은 역사교육의 방법론을 넘어 수업 내용을 규정할 뿐 아니라 성찰적 역사의식의 형성이라는 역사교육 목적의 기틀이 되는 핵

---

11 다원적 관점을 둘러싼 독일 역사교육의 논의는 Bergmann(2016)을 기초로 한다. 베르크만은 다원적 관점을 역사교육의 기본 원리로 확립했으며 다양한 사례를 제시함으로써 이 이론의 실제 적용 가능성을 입증했다. 이병련(2015; 2016)의 논문 또한 베르크만의 연구에 기초하고 있다.

12 보이텔스바흐 합의의 3대 원칙은 강압성 금지·논쟁성 도입·학습자 중심 원칙이다. 그중에서도 논쟁성은 교수자의 강압성과 학습자의 수동적 자세를 방지하는 원칙으로, 보이텔스바흐 합의의 핵심이다. 보이텔스바흐 합의에 관해서는 이병련(2015), 이동기(2016), 심성보 외(2018) 참조.

13 자우어는 역사 수업의 방법론적 원칙으로 다원적 관점과 논쟁성, 타자 이해(상호문화적 학습), 개인화, 행위 지향, 현재와의 관련성을, 판델은 다원적 관점, 현재지향, 탐구-발견 학습, 문제 지향, 학문 지향, 경험 지향, 행위 지향, 방법 지향, 프로젝트 지향을 제시한다(Sauer, 2008; Pandel, 2013 참조).

심 원칙이다.

역사 학습에서 다원적 관점이란 역사적 사건을 다양한 행위자들과 관련자들의 입장과 관점에서 관찰하고 판단하며 서술하는 것을 의미한다. 이때 문제가 되는 '관점'이란 단지 개인적 평가의 차이를 뜻하는 것이 아니라 개인/집단이 근거하고 있는 사회적 위치와 관련된다. 즉 개인/집단이 처한 정치·경제·종교·인종·성별·이념·상황적 위치(가해자/피해자, 원고/피고, 공격자/방어자 등)를 배경으로 하는 시각 또는 견해다. 결국 역사학과 역사교육에서 다원적 관점이란 역사적 사건을 과거와 현재의 다양한 사회적 관점으로 재구성하는 것을 의미한다. 다원적 관점은 역사 인식과 서술의 근간일 뿐만 아니라 열린 수업, 학생 중심 수업을 위한 방법론적 원칙으로서 중요하다. 무엇보다도 그것은 학생들에게 "역사를 스스로 사고하는"[14] 역량을 함양하는 방법이다.

다원적 관점의 역사 학습이 갖는 효용성은 무엇보다도 학생들에게 역사적 사고의 핵심 요소들을 체험하게 한다는 점에 있다. 클라우스 베르크만(Klaus Bergmann)은 이를 다섯 가지로 정리한다(Bergmann, 2007: 65f.). 첫째, 학생들은 과거 행위자들의 관점을 수용함으로써 인간을 시간 속에서 사유하고 그들의 행위를 현재가 아닌 과거의 가치 속에서 '이해'할 수 있다. 역사교육에서 이는 '감정이입'으로 표현된다. 둘째, 학생들은 과거 사람들의 행위를 그들이 처한 삶의 조건 속에서 '설명'할 수 있다. 셋째, 다원적 관점의 역사 학습은 과거 사람들의 행위를 재구성하는 것이 '해석' 행위임을, 따라서 '하나의 역사'는 존재하지 않음을 깨

---

14 베르크만의 'Multiperspektivität. Geschichte selber denken'라는 책 부제가 이를 가리킨다.

닫게 한다. 넷째, 학생들은 자신이 동료 학생들과 구별되는 주체적 관점으로 역사적 사실을 해석적으로 '재구성'하고 있음을 인식한다. 다섯째, 이러한 과정을 거쳐 학생들은 이성과 감성의 균형에 바탕을 둔 일련의 '판단'에 이른다. 이처럼 다원적 관점의 수업은 이해에서 판단에 이르는 일련의 단계를 아우르며 학생들을 역사의 본질에 접근시킨다.

다원적 관점의 도입을 둘러싼 논의에서 반드시 제기되는 문제는 상대주의의 위험성이다. 식민과 독재를 경험한 한국 역사교육의 상황에서는 다원적 관점에 수반되는 상대주의가 정치적으로 오용될 가능성을 우려하는 시각도 있다(김한종, 2017: 109~116). 그보다 현실적으로 더 문제가 되는 것은 수업시간의 제약이다. 한정된 수업시간에 쟁점과 관련된 관점이나 입장들을 모두 성찰하기란 불가능하며, 교육과정과 교과서 의존도가 절대적인 한국 역사교육의 상황에서는 더 말할 것도 없다. 수업에 직접 개입하지 않으면서도 관련된 쟁점을 파악하고 이를 수업에 적용할 수 있는 교사의 능력 또한 필요하다. 무엇보다도 다원적 관점의 수업은 성찰 역량이 뛰어나지 않은 학생들을 수업에서 소외할 수 있으며, 그럼으로써 역사 학습의 흥미를 저하시킬 가능성이 있다는 점 또한 문제다.

역사 학습에서 실제로 활용되는 다원적 관점의 유형은 좀 더 면밀하게 구별할 필요가 있다. 이 주제와 관련된 논의의 초창기에 보도 폰 보리스(Bodo von Borries)는 다원적 관점을 사료 비판에 제한하고 역사가의 상이한 해석을 '논쟁성'으로, 사료와 해석에 대한 학생들의 다양한 의견을 '복수성(Pluralität)'으로 명명한 바 있다(Borries, 1983: 558f). 외른 뤼젠(Jörn Rüsen)은 다원적 관점을 두 차원으로 구분한다. 첫째는 과거 사실에 대한 행위자 및 관련자들의 상이한 인식이며, 둘째는 이에 대한 역사가들의 서로 다른 해석이다(Rüsen, 2017). 전자는 사료 비판으로, 후

표 6-1 역사 학습에서 활용되는 다원적 관점

다원적 관점의 세 차원		
과거 행위자의 인식: 사료 비판 (협의의 다원적 관점)	역사가의 해석 (논쟁성)	학생의 의견 (복수성)

자는 과거 사실에 대한 학문적 논쟁으로 부를 수 있다. 베르크만은 여기에 세 번째 차원을 추가한다. 즉 학생들이 논쟁적이고 다원적인 관점의 서술들을 다룰 때 형성되는 역사적 사실에 대한 견해와 판단의 복수성이 그것이다(Bergmann, 2016: 29). 학생들은 사료 비판이라는 역사학 고유의 방법론에 입각한 학습 과정을 통해(이병련, 2015: 209), 모든 종류의 인식과 사고는 역사적 행위자 또는 역사가의 특정한 관점에 입각해 있다는 사실을 배운다. 수업 중 토론에서 제시되는 복수의 의견은 학생들의 역사적 사고력을 신장시키고 타자 이해 능력을 증진시킬 뿐 아니라 성찰적 역사의식의 형성이라는 역사교육의 목적에 접근하게 만든다. 이상을 정리하면 〈표 6-1〉과 같다.

논쟁성은 해석으로서의 역사학의 본질에 조응한다. 논쟁을 통해 학생들은 과거 사실이 역사가 되는 과정과 그것이 의미하는 바를 반추하는 능력, 곧 성찰적 역사의식을 형성할 수 있다. 그러나 논쟁성 개념을 학문적 쟁점에만 국한시키게 되면 오해를 불러올 수 있다. 독일 교육에서 논쟁성은 무엇보다도 다원주의에 기초한 민주시민 양성을 목표로 하는 보이텔스바흐 합의에 입각해 이해된다. 논쟁성을 원칙으로 하는 수업에서 문제가 되는 것은 그 허용 범위다. 대립되는 견해는 무시되거나 침묵되지 않아야 하지만, 극우주의처럼 극단적인 내용과 방식으로 제시되는 의견의 경우 수업에서 허용되는 한계를 과연 어떻게 설정할 것인가?

정치교육에서든 역사교육에서든 그 경계는 구체적인 쟁점에 따라 정해질 수밖에 없다(심성보 외, 2018: 94~106). 그럼에도 인권 존중이라든가 독일의 경우 기본법에서 규정한 '자유롭고 민주적인 기본질서(Freiheitlich-demokratische Grundordnung, FDGO) 수호' 같은 보편적인 시민적 규범은 항시 논쟁적 주제를 다루는 기준이 될 수 있다.

논쟁성을 지향하는 수업에서 교사의 역할은 단순히 개입을 최소화하고 중립성을 지키는 데 머무르지 않는다. 논쟁의 형식 측면에서 나타날 수 있는 일부 학생들의 비민주적인 태도가 학생들 내부에서 자체적으로 교정되지 않는 경우, 교사는 명확한 입장을 취할 필요가 있다. 논쟁의 내용 측면에서 학생들의 관점이 대동소이하거나 별다른 문제 제기가 없을 경우 교사는 때로는 도발적인 질문을 제기함으로써 학생들의 관심을 의식적으로 환기시키고, 반대로 논쟁이 과열될 경우에는 갈등 조정자가 될 수 있다. 무엇보다도 교사에게 필요한 것은 논쟁의 모호성을 인내하고 스스로의 관점을 상대화하는 일이다.

실제 역사 수업 현장에서 다원적 관점·논쟁성·복수성 사이의 경계는 명확히 구분되지 않는다. 다원적 관점의 역사 수업에서 사료 비판과 학문적 논쟁에 대한 검토와 학생들의 의견 제시는 종합적으로 이루어져야 한다. 무엇보다도 학생들이 "역사를 스스로 사고하고" 그에 대한 의견을 피력하기 위해서는 앞의 두 요소가 전제되어야 한다. 베르크만은 독일 사학사에서 유명한 논쟁들(피셔 논쟁, 역사가 논쟁, 골드하겐 논쟁)의 사례를 들어, 이 논쟁들의 바탕이 된 다양한 입장과 규범들이 서로를 비판하고 보완하는 가운데 좀 더 포괄적인 관점 획득을 가능하게 했다고 설명한다. 그는 난이도가 높은 학문적 논쟁이라 할지라도 단순하고 이해하기 쉬운 사례들로 학생들에게 제시되어야 한다는 점을 특히 강조한다(Bergmann, 2016: 29f.). 학생들은 학문적 논쟁의 복잡한 세부 사항을 모두 파악하기 어렵고 이를 통해 독자적인 판단을 내릴 능력이 부족할 수 있지만, 최소한 학습 과정에서 절대적으로 옳은 '하나의 역사'는 없다는 사실을 깨닫게 된다. 학생들은 또한 특정 주제에 관한 교과서 서술이 동일한 시점에도 다양하게 나타날 수 있다는 사실과 시간의 흐름에 따라 변화한다는 것을 인지할 수 있다.

한스위르겐 판델(Hans-Jürgen Pandel)은 실제 역사 수업에서는 다원적 관점을 학생들의 인식 발달 수준에 맞게 단계적으로 도입해야 한다고 말한다(Pandel, 2013: 350~352). 즉 초등교육 단계인 5/6학년까지는 이원화된 관점(주인/노예, 영주/농노 등)을 활용하고 중등교육에서는 이를 확장해 학생 스스로 상이한 관점을 추구하는 훈련을 하도록 하며, 무엇보다도 역사적 사건을 '영웅', 즉 중심 행위자와 동일시하지 않고 관련된 모든 사람들의 관점에서 조명하도록 유의해야 한다는 것이다. 무엇보다도 사료 비판에 있어 학생들의 학습 방식은 본질적으로 역사가의 그것과 다르지 않아야 하며(Sauer, 2008: 81), 역사 수업에서는 가능한 한 다양한 관점의 자료가 제시되어야 한다. 이로써 학문적 논쟁은 수업 현장의 논쟁으로 이어진다. 논쟁을 통해 학생들은 고정불변의 해석은 있을 수 없고 역사란 현재적 관점으로부터 비롯되는 구성물임을 깨닫게 됨으로써 역사의식을 확장시킬 수 있다.

4. 성찰적 역사의식 함양을 위하여

역사 교과서에 나타난 헤레로 전쟁

2절에서 다룬 헤레로 전쟁의 성격을 둘러싼 논쟁은 이 사건을 기억하는 방식의 차이를, 그리고 이 주제와 관련된 학문과 정치, 사회갈등과 합의를 반영한다. 국정 교과서 도입에 관한 최근 우리 사회의 논란이 입증하듯이 제도화된 역사교육, 특히 역사 교과서는 이러한 갈등과 합의의 현 상태를 압축하는 특별한 기억의 장소다. 교육 내용의 표준화와 교육을 통한 사회화의 필요성에도 교과서 발행에 최소한의 규제를 적용하는 독일에서도 마찬가지로, 이 매체는 해당 사회가 후속 세대에 전달하기에 적절하다고 판단하는 지식과 관점을 담고 있다. 즉 독일 역사 교과서의 헤레로 전쟁 서술은 독일 사회의 공식화된 집단기억을 함축한다. 식민주의 유산은 오늘날 독일에 무엇을 의미하는가? 식민주의 역사와 그 가해자들에 대한 과거의 평가는 현재의 시각에서 어떻게 보아야 하는가? 헤레로 전쟁에 대한 바람직한 기억문화는 무엇인가? 이는 이 주제에 대한 독일 역사교육의 대표적인 질문이다(Sauer, 2010: 6).

독일 역사교육에서 식민주의 과거에 새로운 시각을 도입하자는 주장은 최근의 것이 아니다. 1980년대에 보리스는 식민주의 수업에서 유럽중심주의를 배제하고 세계의 상호의존성을 부각시켜야 한다고 제안한 바 있다. 그는 당시 독일 역사 교과서에 나타난 식민주의 서술의 문제를 ① 비유럽 세계 서술 분량의 심각한 부족, ② 유럽적·기독교적 편견의 존재, ③ 역사적 사실 은폐 또는 부분적 전달, ④ 정보 왜곡으로 요약한다(Borries, 1987: 179~194). 그러나 그의 글은 역으로 '발견과 정복'의 담론이 1980년대까지도 여전히 독일 역사 교과서의 식민주의 서술을 지배하고 있었음을 증언한다.

21세기 들어와 독일 역사교육계에서는 식민주의 수업 방식의 전환이 나타나기 시작했다. 오늘날 학생들에게 식민주의가 식민지와 제국에 미친 장기적 영향을 성찰하고 식민주의 사고의 구성성을 인식하도록 가르치는 것은 성찰적 역사의식의 함양이라는 독일 역사교육 목표의 중요한 구성 요소다. 2012년 게오르크 에커트 교과서연구소가 포스트식민주의 이론을 도입한 식민주의 수업 자료 목록을 제작한 것도 이러한 과정의 일부로 볼 수 있다. 또한 헤레로 전쟁을 소재로 한 포스트식민주의 시각의 수업 모델과 수업 자료가 다양하게 제시되었다(Scriba, 2010; Karasch, 2010; Ludwig, 2015). 2014년 12월 11일 독일 교육부장관회의(Kultusministerkonferenz, 이하 KMK)에서도 '미래를 위한 기억'이라는 제목으로 식민주의·독재·타자 지배의 결과를 성찰하도록 가르칠 것을 권고한 바 있다. 이는 독일이 이민국을 표방한 상황에서 상이한 경험과 이해 및 판단 기준을 보유한 어린이와 청소년들의 문화적 감수성과 관점을 수업에서 고려해야 한다는 인식을 바탕으로 한다. "따라서 역사-정치 교육은 **다원적 관점과 논쟁성**이라는 교육 원칙을 유념해야 한다"(Sekretariat der KMK, 2014: 4). 이러한 권고에는 동유럽의 사라예보나 아프리카 르완다 등지에서 실제로 인권침해를 경험한 이주민·난민 학생들에 대한 배려가 깔려 있다고 볼 수 있다.

그럼에도 헤레로 전쟁에 대한 독일 사회와 역사학계의 논의, 교육정책, 역사 교과서의 수용 사이에는 다소 시차가 나타난다. 2004년 간행된 『역사와 사건(Geschichte und Geschehen)』을 보자. 헤레로 문제가 세간의 주목을 받았던 시점에 나온 이 교과서는 중등 1단계 3권 '제국주의와 제1차 세계대전' 단원에서 이 주제를 다룬다. 교과서는 비스마르크 식민정책의 국제·국내 정치적 맥락을 간략히 소개한 후 헤레로 원주민들에 대한 독일 관리의 부당한 취급, 독일군의 잔혹한 진압, 사망한 원주민들의 숫자를 제시한다(Epkenhans et al., 2004: 270). 이 교과서는 '인종학살' 개념 대신 "거의 완전한 종족 절멸"이라는 표현을 사용한다.

전체적으로 독일 식민주의에 대한 『역사와 사건』의 서술은 '민족국가로서의 독일제국'이라는 거대 서사의 일부로 집필되었다는 인상을 주며, 놀라울 정도로 유럽중심주의 관점을 반영한다.[15] 심지어 "아프리카 서해안과 동해안이 **제국의 보호** 아래 위치하게 되었다"라는 표현조차 제대로 걸러지지 않으며, "1907년 나마족 절멸에 대한 **독일 내의 비판적 여론에 직면해 식민지 행정에 개혁이 나타났다**"라고 언급한다. 이를 뒷받침하는 사료로 독일 식민정책을 비판한 사민당 의원 아우구스트 베벨(August Bebel)의 제국의회 연설과 식민지의 경제적 중요성에 관한 독일 식민청장 베른하르트 데른부르크(Bernhard Dernburg)의 글이 제시된다. 그러나 인용된 연설문의 내용은 식민지 주민들의 인권유린보다는 자본주의 착취에 대한 공격에 방점이 찍혀 있기에, 이를 전쟁 중 반인륜적 학살 행위에 대한 비판 근거로 보기에는 미흡하다.

최근까지도 독일 역사 교과서는 여전히 식민주의를 지배-착취의 1차원적 체제로 이해하는 경향을 보였다. 제국주의와 식민주의는 '제1차 세계대전의 전사', 즉 유럽 식민제국의 각축전이라는 서사로 서술되며, 이는 곧 제국의 관점에서 식민지를 바라보는 일방통행식 서술이나 다름없다(Grewe, 2016: 22ff; Hinz and Meyer-Hamme, 2016: 137ff). 그레베(Bernd-

15 2004년 이전 교과서에서는 이러한 양상이 더 심각하게 나타난다(Grindel, 2008: 702~706).

Stefan Grewe)는 '발견의 시대'(대항해 시대)부터 제국주의 시대에 이르는 교과서 서술이 가해자-피해자의 이분법으로 점철되어 있다고 비판하면서, 무엇보다도 식민지인을 행위자로 보는 시각의 전환 곧 포스트식민주의 이론 도입이 필요하다고 주장한다. 식민주의를 포괄적이고 광범위한 사고 구조로 파악하고자 하는 포스트식민주의는 식민주의 과거에 대한 다양하고 새로운 관점과 식민지배가 식민지와 제국에 미친 장기적 영향에 주목하도록 함으로써 성찰적 역사의식의 함양에 기여할 수 있다. 그레베는 현재까지도 독일인들의 집단기억에 식민주의 과거에 대한 '공백'이 존재한다는 사실은 독일 역사교육의 책임이며, 이를 해결하기 위해서는 다원적 관점에 입각해 새로운 자료와 수업 방법을 발굴해야 한다고 역설한다.

2014년 KMK의 권고가 있은 뒤에도 식민주의는 여전히 독일 역사교육에서 주변화된 주제에 속한다. 물론 역사교육에서 다루어야 할 내용의 방대함에 비추어 선택과 집중의 필요가 있음은 자명하다. 하지만 민주시민의 자질을 기르고 과거와 현재의 연속성을 인식하도록 하는 역사교육 본연의 과제를 생각할 때, 학생들의 인권 감수성을 함양하고 역사의 현재적 관련성, 논쟁성, 구성성을 일깨울 수 있는 주제로 손색이 없는 식민주의가 교육 현장에서 더욱 주목받아야 함은 마땅하다. 2018년을 기준으로 독일 16개 연방주의 교수 지침 또는 교수 계획 가운데 '헤레로'라는 핵심어가 등장하는 경우는 브란덴부르크와 작센안할트 두 주뿐이다.

2015년 11월 개정된 브란덴부르크주 역사과 교수 계획은 '역사적 사고 학습'의 일환으로 다원적 관점과 논쟁성을 강조한다. 구체적으로 9/10학년 사회과 통합수업의 주제인 '갈등과 갈등 해결'에서 국제 갈등 분석에 다원적 관점을 도입하도록 하고 있으며, 선택 주제로 '인종학살과 대중폭력' 사례로 헤레로족과 나마족의 학살 및 그에 대한 기억 문화를 제시한다.

이상의 방침이 교과서에 어떻게 반영되어 있는가를 2017년 발간된 베를린/브란덴부르크용 교과서를 통해 살펴보자. 『역사와 사건』 9/10학년 교과서는 1단원 "제국주의와 제1차 세계대전"에서 독일 외교정책과 식민정책을 개괄한 후 6단원 선택 주제 '남은 책임? 헤레로와 나마의 절멸'에서 포스트식민주의 관점에 입각해 헤레로 전쟁 문제를 심화 서술한다(Sauer et al., 2017: 12~21, 208~211). 단원 첫머리의 문제 제기에서 '대량학살', '제노사이드', '인종학살' 개념을 사용하며, 전쟁이 가져온 현재적 결과를 성찰하도록 주문한다. 1883년 독일 상인 아돌프 뤼데리츠(Adolf Lüderitz)와 나마족 추장의 거래에서 비롯된 남서아프리카 식민지 획득을 "사기"로 표현하며, "보호령", "헤레로 봉기", 식민지 "평화 유지" 같은 표현에 강조 표시를 함으로써 당대에 관철된 제국의 시선으로부터 의식적으로 거리를 둔다. 식민지 독일인들이 원주민에게 가한 육체적·경제적 착취가 전쟁 원인으로 지목되며, 독일군의 의도가 '헤레로족 절멸'에 있었음을 명시함으로써 제노사이드 테제를 확인한다. 종전과 강제수용소 해방의 배경으로 독일 국내의 비판이 아닌 외국의 항의를 거론하고, 사죄와 배상 문제를 둘러싼 주요 사건(2001년 미 연방법원 제소, 2004년 경제협력개발부 장관 사죄)의 추이를 상술한다. 사료로는 유럽 복장의 헤레로 여성 사진, 트로타의 '절멸' 포고령, 헤레로 전쟁 생존자 사진이 제시되는데, 원주민의 내러티브가 포함되어 있지 않은 점은 다소 아쉽지만 2004년판과 비교하면 교과서 서술에 상당한 진전이 있음이 확인된다.

『역사와 사건』 2017년판은 헤레로 전쟁에 관한 심화학습 자료로 독일 식민정책의 결과에 대한 역사학자 치머러의 해설, 배상과 사죄 문제에 대한 2017년도 언론 보도를 제시한다. 전쟁과 제노사이드가 나미비아의 저발전을 초래했다는 치머러의 평가, 독일이 나미비아에 제공한 발전 기금의 혜택이 직접 피해자인 헤레로족과 나마족에는 거의 주어지지 않았음을 꼬집은 ≪타게스슈피겔≫ 보도, 공식 사죄를 미루는 독일 정부의 태도를 비판한 ≪베를리너 모르겐포스트≫ 기사는 학생들에게 나미비아의 관점에서 헤레로 전쟁의 장기적 결과를 사유하도록 요구한다. 마지막 과제로는 헤레로 전쟁의 발발 책임을 독일과 식민지의 관점에서 각각 제시하도록 주문함으로써 다원적 관점의 함양을 유도한다.

2016년 개정된 작센안할트주 김나지움 역사과 교수 계획은 현재 독일 교육과정의 틀을 구성하고 있는 역량(Kompetenz) 모델과 식민주의 역사교육을 효과적으로 결합한 사례다(고유경, 2017: 72~74). 역사문화 역량, 해석 역량, 내러티브 역량으로 구성된 작센안할트 역사과 역량 모델에서 다원적 관점과 논쟁성은 내러티브 역량의 구성 요소로 제시되어 있다. 8학년 식민주의 부분에서는 다원적 관점 개념이 명시적으로 드러나지는 않으나, "식민주의와 제국주의의 민족적 이해와 국제적 이해 사이의 갈등을 평가하라"라는 중점 역량에서 논쟁성과 다원적 해석이라는 전제가 반영된 것으로 볼 수 있다. 헤레로와 나마족의 저항은 단원을 위한 기초 지식 내용으로 제시된다.

개정 교수 계획에 따라 2018년 출간된 작센안할트용 『역사 포럼(Forum Geschichte)』 8학년 교과서 5단원 '제국주의와 식민주의'는 헤레로 전쟁의 비중을 대폭 확대하고 있다는 점에서 돋보인다(Born et al., 2018: 118~137). 총 20쪽 가운데 독일 식민주의가 6쪽을 차지하는데, 표제지를 제외하면 전체 분량의 3분의 1을 독일의 사례에 할애하는 셈이다. 종래 역사 교과서의 제국주의 서술에서 독일의 '뒤늦은' 식민주의가 축소 또는 생략된 것과 비교하면 주목할 만한 변화라고 할 수 있다. 대단원 첫머리의 연표에서 굵은 글씨로 표시된 네 가지 주요 사건은 1884년 유럽의 아프리카 분할(베를린 회의), 1888년 세 황제의 해,[16] 1890년 비스마르크 실각, 그리고 1904·1907년 헤레로와 나마족 학살로, 헤레로 전쟁이라는 주제가 제국주의와 식민주의 역사의 전체 흐름에서 상당한 비중을 차지하고 있음을 보여준다. 독일 식민주의 부분은 다시 5개의 소주제로 나뉜다. ① 독일 식민주의의 특수성(비스마르크의 외교정책), ② 빌헬름 2세의 세계 정책, ③ 독일 팽창정책에 대한 역사적 평가, ④ 독일 식민권력에 대한 저항, ⑤ 독일 식민정책에 대한 역사적 판단이 그것이다. 각각의 소주제는 독일 식민주의 연구사의 발전단계를 함축한다.[17] 식민주의 관련 용어를 신중하게 사용하고 있다는 점은 『역사와 사건』 교과서와 마찬가지로 '보호령', 뤼데리츠의 '사기계약' 같은 표현을 강조하는 데서 드러난다. 헤레로·나마 학살과 직접 관련된 부분은 네 번째와 다섯 번째 소주제다. 『역사 포럼』은 1883~1919년 독일령 남서아프리카에서 일어난 사건들을 상세한 연표로 제시하고 식민지 갈등의 원인과 결과를 성찰하도록

---

16 이해에 빌헬름 1세가 사망하고 프리드리히 3세가 즉위했으나 100여 일 만에 사망하고 29세의 빌헬름 2세가 제위에 올랐다. 빌헬름 2세의 즉위는 독일 식민주의의 역사에서 중요한 분수령으로 간주된다.

17 콘라트에 따르면 독일 식민주의 연구는 3단계에 걸쳐 진행되었다. 첫 번째는 베르사유 조약으로 식민지를 상실한 1920년대로, 주로 외교사 맥락에서 독일 식민정책이 연구된 시기이다. 두 번째는 1960/1970년대 사회(구조)사 연구의 영향을 받은 시기로, 한스울리히 벨러(Hans-Ulrich Wehler)의 '사회제국주의' 테제로 대표된다. 세 번째는 1990년대 중반 이후 포스트식민주의 담론의 영향을 받은 시기로, 식민지인이 비로소 행위자로 등장하며 식민지와 제국의 상호작용과 식민주의의 장기적 결과가 논의된다(Conrad, 2016: 8~14).

주문한다. 관련 자료로는 독일 측의 폭력과 강간을 거론한 헤레로족 생존자 증언, 헤레로 전쟁에 대한 치머러의 평가, 1904년 당시 헤레로족 포로들과 독일군의 사진, 아프리카 전체에서 발생한 반식민지 저항의 진원지를 표시한 지도가 있다. '제노사이드', '인종학살', '절멸전쟁'이라는 용어는 교과서 본문에 나오지는 않고 치머러의 평가를 통해 간접적으로 제시되지만, 전쟁 원인 중 하나가 인종주의였음은 명시되어 있다.

전체적으로 『역사 포럼』에서 교과서 집필자들의 입장은 『역사와 사건』과 비교할 때 뚜렷하게 드러나지는 않는다. 본문에서 논쟁적인 용어들은 간접적인 방식으로 제시되며, 전쟁의 역사적 성격(독일사와 세계사적 차원)에 대한 성찰보다는 사건 설명 위주로 서술되어 있다. 그 대신 교과서는 헤레로 전쟁의 현재적 중요성에 상당한 비중을 할애한다. 2016년 여름 독일 정부의 '제노사이드' 인정 이후의 후속 과제에 대한 치머러의 인터뷰를 자료로 주고, 이를 바탕으로 ① 헤레로 전쟁이 '인종학살'인 근거를 들고, ② 배상금 지불에 대한 독일 정부의 입장과 치머러의 입장을 각각 요약하고, ③ 헤레로·나마족 후손들과 화해하는 방안을 담은 편지를 작성하라는 과제가 제시된다. 다원적 관점의 함양을 위해서는 헤레로 절멸 의도를 드러낸 1906년 독일 총사령부 보고문과 헤레로 전쟁이 제노사이드였음을 인정하고 독일-나미비아의 화해를 강조한 독일연방의회 의장 라머트의 발언을 각각 평가함으로써 헤레로 전쟁에 대한 당대의 관점과 현재의 관점을 비교하도록 한다. 마지막으로 독일이 화해와 배상을 위해 나미비아를 어떻게 지원해야 하는지 파트너와 토론하라는 과제를 제시한다.

독일 역사 교과서의 헤레로 전쟁 서술이 보이텔스바흐 합의의 논쟁성 원칙을 충실히 반영하고 있는가에 대해서는 '절반의 이행'이라는 유보적 평가를 내릴 수 있다. 사죄와 배상이라는 정치적 논제가 분석한 최근 교과서에서 빠짐없이 다루어지고 있는 데 비해, 적어도 현재까지는 '독일의 특수한 길' 대 '식민주의의 보편사'라는 학문적 논쟁을 직접 다룬 역사교과서는 눈에 띄지 않는다. 이러한 '미진함'의 이유는 아마도, 특히 중등 I 단계에서 난이도 높은 주제를 소화해야 하는 학생들의 수업 부담을 줄이려는 의도로 설명할 수 있을 듯하다. 또한 헤레로 학살의 '보편적' 성격을 명시적으로 언급할 경우 1986년의 역사가 논쟁처럼 독일이 식민지에서 저지른 범죄를 상대화한다는 논란을 우려한 것일 수도 있다. 그러나 제노사이드를 공통분모로 하는 홀로코스트나 전 지구적 식민주의의 폐해에 대한 논의는 헤레로 전쟁의 성격을 이해하는 데 본질적인 중요성을 가질 뿐만 아니라, 식민주의의 역사와 현재와의 관계를 성찰하는 토대가 될 수 있다. 향후 교과서에서는 이 부분이 개선되어야 할 것이다.

5. 맺음말

이 글은 헤레로 전쟁을 둘러싼 논쟁이 갖는 교육적 잠재력이 '갈등의 역사를 어떻게 가르칠 것인가'라는 문제에 어떻게 활용될 수 있는지 고민하는 과정에서 탄생했다. 최근 독일 역사가들은 독일령 남서아프리카 식민지에서 일어난 인종학살과 홀로코스트 간의 연속성을 지적해 왔으며, 그 주된 근거로는 인적 연속성(나치 추종자가 된 식민지 통치자)과 이념적 평행성(인종주의적 차별)이 거론되었다. 이러한 해석은 헤레로족과 나마족의 대량학살을 식민주의라는 트랜스내셔널 현상의 일부로 간주하는 역사가들에 의해 반박되었다. 상반된 두 해석은 최근 점차 수렴되는 양상을 보이고 있다.

나미비아에 대한 사죄와 배상 문제를 둘러싼 독일 사회의 논란이 입증하듯이 식민주의는 결코 과거가 아니다. 그럼에도 오랫동안 독일 식민주의는 독일제국사의 부록이거나 제1차 세계대전의 전사로만 취급되어, 독일 역사학과 역사교육의 중심에서 벗어나 있었다. 20세기 초 남서아프리카 식민지의 대량학살과 강제수용소가 '전체주의의 기원'(아렌트)으로 간주된 뒤에도 이 주제는 독일 현대사의 화두인 과거청산 문제에서 홀로코스트의 압도적 무게에 밀려 한동안 주목을 받지 못했다.

헤레로 전쟁 100주년을 맞이한 2004년 이후 독일 식민주의 역사교육은 다원적 관점과 논쟁성을 강조한 보이텔스바흐 합의와 포스트식민주의 이론의 영향을 뚜렷하게 보여준다. 식민주의를 지배체제를 넘은 사고구조로 간주하는 포스트식민주의는 헤레로 전쟁이 식민지와 제국에 각기 미친 장기적 영향에 주목한다. 2014년 KMK의 권고에 따라 최근 개편된 독일의 역사 교육과정과 역사 교과서는 '포스트식민주의로의 전환'이 나타난 대표적 사례다. 원주민들의 서사를 담은 자료 제시, 전쟁의 장구한 결과에 대한 문제 제기, 바람직한 기억문화에 대한 고민, 사죄와 배상이라는 현실정치의 논제들에 대한 집중이 그것이다. 학문적 논쟁이 교실에서도 재현되어야 한다는 논쟁성 원칙에 비추어볼 때 여전히 개선될 여지가 남아 있지만, 최근 독일 역사 교과서의 헤레로 전쟁 서술은 식민주의 과거에 대해 사료와 역사가들의 해석을 통한 다원적 접근을 시도해 학생들의 다양한 견해를 유발함으로써, 성찰적 역사의식의 함양이라는 역사교육의 목적에 부응하고 있다고 평가할 수 있다.

독일 식민주의의 어두운 과거와 그에 대한 독일 역사교육의 접근 방식은 역사교육의 목적론 및 방법론과 관련해 우리 역사교육에 근본적인 문제를 제기한다. 전쟁, 식민, 대량학살을 비롯한 갈등의 역사를 어떻게 가르칠 것인가? 갈등은 민주사회의 필수 요소이며, 그것을 생산적으로 극복하는 방법을 모색하는 것은 공교육의 중요한 과제 중 하나다. 한국 사회의 식민주의 과거청산 문제나 헤레로 전쟁과 같이 사회적·정치적으로 논란의 대상이 되는 주제에 접근하기 위해서는 경험과 기억과 해석의 복수성을 전제로 하는 다원적 관점의 도입이 무엇보다도 절실하다(강선주, 2018: 19). 상대주의로의 귀착, 교사의 역량, 수업 시수 제한 같은 현실적 장벽에도 다원적 관점과 논쟁성을 지향하는 역사 수업의 가치는 학생들을 수업의 주체로 존중하고 민주시민으로서의 역할을 준비시키는 데서 찾을 수 있다. 독일 식민주의 역사교육의 변화는 논쟁적 주제들 속에서 '역사 전쟁'을 치르고 있는 한국의 역사학과 역사교육에 의미 있는 시사점을 제공한다.

참고문헌

강선주. 2018.「학생의 다양성과 역사 교육: 학생의 역사 정체성 및 역사의식, '다원적 역사'에 대한 해외 연구 검토」. ≪역사교육≫, 148.

고유경. 2014.「변화하는 독일 역사 교과서: 자유발행제와 다원주의적 정체성을 향하여」. ≪역사비평≫, 108.

______. 2017.「독일의 역량중심 교육과정과 역사 교육의 변화」. ≪독일연구≫, 35.

______. 2019.「헤레로 전쟁을 어떻게 가르칠 것인가?: 다원적 관점의 독일 식민주의 역사 교육」. ≪독일연구≫, 40.

김한종. 2017.『민주사회와 시민을 위한 역사 교육』. 서울대학교 출판문화원.

심성보 외. 2018.『보이텔스바흐 합의와 민주시민교육』. 북멘토.

아렌트, 한나(Hanna Arendt). 2006. 『전체주의의 기원 1』. 이진우·박미애 옮김. 한길사.

오스터함멜, 위르겐(Jürgen Osterhammel). 2006. 『식민주의』. 박은영·이유재 옮김. 역사비평사.

이동기. 2016. 「정치 갈등 극복의 교육 원칙: 독일 보이텔스바흐 합의」. ≪역사교육연구≫, 26.

이병련. 2015. 「역사 교육에서의 다원적 관점 이론」. ≪사총≫, 84.

______. 2016. 「독일 역사 수업에서의 다원적 관점」. ≪독일연구≫, 32.

정현백. 2013. 「독일제국과 식민지 폭력: 남서아프리카 헤레로 봉기(1904~1907)를 중심으로」. ≪독일연구≫, 26.

정희윤. 2018. 「21세기 식민주의 유골 반환운동의 딜레마: 베를린-나미비아와 홋카이도-한국의 사례를 중심으로」. 서강대학교 석사학위논문.

Bergmann, Klaus. 2007. "Multiperspektivität." in Ulrich Mayer et al.(eds.). *Handbuch Methoden im Geschichtsunterricht*. Schwalbach/Ts: Wochenschau Verlag.

______. 2016. *Multiperspektivität. Geschichte selber denken*. Schwalbach/Ts: Wochenschau Verlag.

Blackbourn, David. 2004. "Das Kaiserreich transnational. Eine Skizze." in Sebastian Conrad and Jürgen Osterhammel(eds.). *Das Kaiserreich transnational: Deutschland in der Welt 1871~1914*. Göttingen: Vandenhoeck und Ruprecht.

Born, Nicky et al. 2018. *Forum Geschichte. Sachsen-Anhalt 8: Vom Ende des Napoleonischen Zeitalters bis zum Imperialismus und Kolonialismus*. Berlin: Cornelsen Verlag.

Borries, Bodo von. 1983. "Geschichte lernen: mit heutigen Schulbüchern?" *Geschichte in Wissenschaft und Unterricht*, 34.

______. 1987. "Abschied vom Euro- und Ethnozentrismus? Zu Bedeutung und Gestaltung von Unterricht über Kolonialgeschichte." *Geschichte, Politik und ihre Didaktik*, 15(3/4).

Conrad, Sebastian. 2016. *Deutsche Kolonialgeschichte*. München: Verlag C.H.Beck.

Eckert, Andreas and Albert Wirz. 2013. "Wir nicht, die Anderen auch: Deutschland und der Kolonialismus." in Sebastian Conrad et al.(eds.). *Jenseits des Eurozentrismus: Postkoloniale Perspektiven in den Geschichts-und Kulturwissenschaften*. Frankfurt am Main; New York: Campus Verlag.

Epkenhans, Michael et al. 2004. *Geschichte und Geschehen 3. Sekundarstufe I*. Leipzig: Ernst Klett Schulbuchverlag.

Förster, Larissa. 2010. *Postkoloniale Landschaften: Wie Deutsche und Herero in Namibia des Kriegs von 1904 gedenken*. Frankfurt am Main; New York: Campus Verlag.

Förster, Larissa et al.(eds.). 2004. *Namibia-Deutschland: Eine geteilte Geschichte. Widerstand, Gewalt, Erinnerung*. Köln: Ed. Minerva.

François, Etienne and Hagen Schulze. 2003. *Deutsche Erinnerungsorte*, 1. München: Verlag C.H.Beck.

Gentner, Elisabeth. 2017. "'Der Genozid an den Herero.' Eine Herausforderung für kultursensiblen Geschichtsunterricht." *Geschichte für heute*, 10(3).

Gerwarth, Robert and Stephan Malinowski. 2007. "Der Holocaust als 'kolonialer Genozid'? Europäische Kolonialgewalt und nationalsozialistischer Vernichtungskrieg." *Geschichte und Gesellschaft*, 33.

Grewe, Bernd-Stefan. 2016. "Geschichtsdidaktik postkolonial: Eine Herausforderung." *Zeitschrift für Geschichtsdidaktik*, 15.

Grewe, Bernd-Stefan and Thomas Lange. 2015. *Kolonialismus*. Stuttgart: Reclam.

Grindel, Susanne. 2008. "Deutscher Sonderweg oder europäischer Erinnerungsort? Die Darstellung des modernen Kolonialismus in neueren deutschen Schulbücher." *Internationale Schulbuchforschung*, 30.

Hillebrecht, Werner. 2007. "'Certain uncertainties of Venturing progressively into colonial apologetics?'" *Journal of Namibian Studies*, 1.

Hinz, Felix and Johannes Meyer-Hamme. 2016. "Geschichte lernen postkolonial? Schlussfolgerungen aus einer geschichtsdidaktischen Analyse postkolonial orientierter Unterrichtsmaterialien." *Zeitschrift für Geschichtsdidaktik*, 15.

Karasch, Kristin. 2010. "'Zum ehernen Gedenken an tapfere deutsche Krieger……' Kolonialdenkmäler untersuchen." *Geschichte lernen*, 23(134).

Kößler, Reinhart. 2015. *Namibia and Germany: Negotiating the Past*. Münster: Westfälisches Dampfboot.

Kundrus, Birthe. 2005. "From the herero to the Holocaust? Some remarks on the current debate." *Africa Spectrum*, 40(2).

______. 2006. "Kontinuitäten, Parallelen, Rezeptionen. Überlegungen zur 'Kolonialisierung des Nationalsozialismus'." *WerkstattGeschichte*, 43.

Lammert, Norbert. 2015. "Deutsche ohne Gnaden." *Die Zeit*, No.28.

Lau, Brigitte. 1995. "Ungewisse Gewissheiten. Der Herero-Deutsche Krieg von 1904." http://www.traditionsverband.de/download/pdf/Ungewisse_Gewissheiten.pdf.

Lau, Walter. 2018. "Replik auf Elisabeth Gentner 'Der Genozid an den Herero'." *Geschichte für Heute*, 11(2).

Ludwig, Bastian. 2015. *Kolonialismus und Imperialismus: Die Deutschen und die Herero.* Schwalbach/Ts: Wochenschau Verlag.

Melber, Henning. 2005. *Genozid und Gedenken: namibisch-deutsche Geschichte und Gegenwart.* Frankfurt am Main: Brandes and Apsel

Pandel, Hans-Jürgen. 2013. *Geschichtsdidaktik: Eine Theorie für die Praxis.* Schwalbach/Ts: Wochenschau-Verlag.

Rüsen, Jörn. 2017. "Die Grenzen der Multiperspektivität." *Public History Weekly*, 5.

Sauer, Michael. 2008. *Geschichte unterrichten. Eine Einführung in die Didaktik und Methodik.* Seelze: Kallmeyer-Verl.

______. 2010. "Deutscher Kolonialismus." *Geschichte lernen*, 23(134).

Sauer, Michael et al. 2017. *Geschichte und Geschehen 9/10. Berlin; Brandenburg;* Stuttgart; Leipzig: Ernst Klett Verlag.

Scriba, Friedemann. 2010. "Wiedergutmachung für die Herero? Ein Prozess über den Krieg in 'Deutsch-Südwest'." *Geschichte lernen*, 23(134).

Sekretariat der KMK. 2014. "Erinnern für die Zukunft. Empfehlungen zur Erinnerungskultur als historisch-politischer Bildung in der Schule." Beschluss der KMK, vom 11. 12.

Speitkamp, Winfried. 2014. *Deutsche Kolonialgeschichte.* Stuttgart: Reclam.

Ther, Philip. 2004. "Deutsche Geschichte als imperiale Geschichte. Polen, slawophone Minderheiten und das Kaiserreich als kontinentales Empire." in Sebastian Conrad and Jürgen Osterhammel(eds.). *Das Kaiserreich transnational: Deutschland in der Welt 1871~1914.* Göttingen: Vandenhoeck & Ruprecht.

Trotha, Trutz von. 2003. "Pazifizierungskrieg, Soziologische Anmerkungen zum Konzept des Genozids am Beispiel des Kolonialkrieges in Deutsch-Südwestafrika 1904~1907." *Zeitschrift für Genozidforschung*, 4(2).

Zeller, Joachim. 2004. "Kolonialkrieg und Denkmal. 100 Jahre Politik mit der Erinnerung." Larissa Förster et al.(eds.). 2004. *Namibia-Deutschland: Eine geteilte Geschichte. Widerstand, Gewalt, Erinnerung.* Köln: Ed. Minerva.

Zimmerer, Jürgen. 2011. *Von Windhuk nach Auschwitz? Beiträge zum Verhältnis von Kolonialismus und Holocaust.* Berlin: Lit Verlag.

Zimmerer, Jürgen and Joachim Zeller. 2016. *Völkermord in Deutsch-Südwestafrika: Der Kolonialkrieg 1904~1908 in Namibia und seine Folgen.* Berlin: Ch. Links Verlag.

07

캐나다 정착자 식민주의의 해법 모색

인디언 기숙학교의 공적 기억화

구난희 한국학중앙연구원 인문학부 교수

1. 머리말

식민주의와 이념 대립이 격심했던 20세기에 자행된 갈등과 폭력은 다양한 기억 문화를 이루고 있다. 분노와 한탄이 응어리진 갈등으로 반복되기도 하고 아예 망각 속으로 사라지기도 하는 반면, 참회와 반성으로 화해를 이끌기도 한다. 가까운 과거에 벌어진 어두운 역사는, 관련 당사자가 생존해 있거나 그 아픔을 기억하는 후속 세대가 함께 살아가고 있으므로, 현재의 공존과 평화를 위해서도 매우 중요한 영역이다.

한국에서도 어두운 과거사는 1990년대부터 이슈를 형성하기 시작해 2000년대에 들어 의문사진상규명위원회, 진실과 화해를 위한 과거사청산위원회 등이 가동되면서 본격적인 정리 작업이 추진되었다. 식민지배

* 이 장은 구난희(2020)의 내용을 수정·보완한 것이다.

그리고 분단과 전쟁 속에서 억울하게 목숨을 잃거나 인권을 유린당한 사례가 드러나고, 그 성과들은 하나둘 역사 교과서의 지면에도 등장했다. 그러나 새롭게 밝혀진 역사적 진실을 낯설게 여기고 심지어 빛바랜 반미·친북 프레임을 씌워 공격하는 현상도 있다. 여기에 더해 일본군위안부나 강제징용 문제는 한일 간의 골 깊은 갈등으로 반복되고 있고 최근에는 '반일종족주의'로 대표되는 역사 부정의 반향마저 등장하고 있다.

과거사 문제에 대한 극심한 온도차는 분단이라는 한국 사회의 특별한 역사 배경에서 비롯된 것이기도 하지만, 다른 한편으로는 과거사 정리가 진정한 대화와 성찰이 동반되지 못한 채 정치적 결단으로 진행되어야만 했던 탓도 크다. 그러다 보니 역사 교과서의 관련 서술은 그것에 대한 양자택일적 판단의 장으로 인식되고 또 다른 정치 쟁론으로 옮겨붙는 불편한 상황을 맞이하기도 했다.

기숙학교로 대표되는 캐나다의 어두운 과거사 역시 사회적 이슈로 부각된 이래 우여곡절을 겪고 있어 한국의 상황과 견주어볼 만하다. 인디언 기숙학교란 유럽에서 이주해 온 백인들이 원주민 아동들을 유럽-캐나다 문화에 동화시키기 위해 강제 입교시켜 운영한 학교이다. 원주민 아동들은 이곳에 끌려와 열악한 환경과 억압적 문화 속에서 자신들의 언어와 고유 풍습을 빼앗기고 유럽화를 강요당했다. 2008년 스티븐 하퍼(Stephen Harper) 총리가 하원 의사당에서 이를 공식 사과한 사실은 한국에도 알려진 바 있다. 우리에게는 총리의 공식 발언이 부각되었지만, 정작 캐나다에서는 오히려 이를 계기로 희생자의 명예회복 및 보상과 함께 '교육 분야'를 비롯한 사회 전반에서 비극의 과거사를 함께 기억하는 데 주력하고 있다. 그리고 이러한 데는 과거사 정리 과정에서 피해자인 원주민의 역할이 컸고, 그들이 기억 문화의 중심에 서 있다고 판단하기 때문이다.

이런 점에서 기숙학교의 사례는 서발턴(subaltern)[1] 논의에도 새로운 면면을 제공해 주고 있다. 서발턴은 갈등의 역사를 풀어가는 과정에 대한 다양한 쟁론을 이끌어왔다. 특히 가야트리 스피박(Gayatri Spivak)은 「서발턴은 스스로 말할 수 있는가」라는 글을 통해 서발턴이 스스로 말하게 해야 한다는 것은 당위적일 뿐이며 서발턴의 등장은 다른 주체에 의해 재현(representation)'당한' 것이므로 궁극적으로 그것은 서구가 만든 또 다른 방식의 타자화에 불과하다고 지적했다(Spivak, 2010). 반면 지안 프라카시(Gyan Prakash)는 서발턴의 불완전하고 왜곡된 속성이 오히려 패권주의에 대항하게 하는 동력을 제공한다고 주장했다. 비록 서발턴이 지배 효과와 분리될 수는 없지만 지배 담론의 모순과 탈구(dislocation)를 강요하는 근원을 제공한다는 것이다(Prakash, 2000: 287~289). 더 나아가 진태원은 서발턴 재현에 대한 의심은 궁극적으로 성찰을 촉구하기 위한 데 있다고 지적했다(진태원, 2014). 서발턴의 재현은 지배 담론의 연장에 불과한가, 아니면 지배 담론을 약화하는 담론 밖의 자율적 과정인가? 캐나다의 기숙학교 사례에서 나타나는 원주민의 행보와 그들이 과거사 문제를 풀어가는 과정은 이러한 물음에도 응답하고 있다.

---

1 서발턴의 개념에는 다양한 층위가 있다. 그람시는 이를 민중(working class)과 동일한 층위로 사용했지만, 이후 그 용례에 대해 많은 논쟁이 있었다(Liguori, 2015). 최근에 와서는 지식인 외의 역사 행위자를 통칭하기도 하고, 주체적 인식을 가진 실천적 개념으로 사용하기도 한다. 전자의 경우를 수용해 비극적 역사 장면에서 타의에 의해 가해자가 되어야만 했던 집단을 이에 포함하기도 한다. 그러나 이 글은 기숙학교 역사의 화해에 주목하므로 그 피해자에 한정하기로 한다.

2. 인디언 기숙학교의 실체와 이슈화

인디언 기숙학교는 19세기 초반 지금의 퀘벡 지역에서 프랑스 식민주의자들에 의해 시작되었지만 그때까지만 해도 원주민의 반발로 그다지 성과를 거두지 못했다. 이것이 다시 본격적으로 추진된 것은 19세기 중반이다. 1844년 제3대 캐나다 총독으로 온 영국인 찰스 바고트(Charles Bagot)는 인디언 문명화 정책을 담은 보고서를 제안했는데 그 주요 내용 중 하나로 기숙학교 설립이 포함되었다(Milloy, 1999; 13). 이 제안은 1857년 6월 10일에 '문명화 추진법(An Act to encourage the gradual Civilization of the Indian Tribes)'이 마련되면서 제도로 정착되었다.

기숙학교의 취지를 좀 더 분명하게 드러내는 문서는 1879년 니컬러스 다빈(Nicolas Flood Davin)의 보고서다. 이 보고서는 존 맥도널드(John MacDonald) 총독의 의뢰로 미국의 산업학교를 순방하고 작성한 것인데, 서두에서 "만약 인디언과 무언가를 하려거든 우리는 어릴 때 손을 써야 한다. 어린이들은 문명화된 조건 속에 계속 있어야만 한다"라고 밝혔다. 즉 기숙학교의 목적은 인디언 문화의 말살과 해체에 있음을 알 수 있다.

1920년대 들어 7~16세 어린이들의 등교는 의무가 되었고 이에 따라 기숙학교가 있는 지역의 원주민 아동은 모두 이곳에 입교해야만 했다. 당시 인디언 담당부서 차관 덩컨 스콧(Duncan Scott)은 "우리의 목표는 …… 궁극적으로 인디언 문제, 인디언 부서가 없어지는 것이다"라고 천명했다(Titley, 1986: 91~92).

1930년대 원주민의 저항운동으로 기숙학교 반대 요구가 제기되었지만, 오히려 불안해진 정착자들은 기숙학교 정책을 더욱 강화했다. 통계에 따르면 총 2만 8429명이 수학해 원주민 학령인구의 31.1%가 기숙학교에 입교한 것이 확인된다(TRC, 2015f: 61~62).[2] 결석이나 자퇴는 부모의 요청으로도 허용되지 않았고, 무단결석자 혹은 이탈자는 경찰을 동원해 체포해 구금했다(TRC, 2015a: 61). 강제 입교된 학생은 퇴소조차 불가능해 감금과 다를 바 없는 생활을 보냈던 것이다.

이러한 악행은 1948년 캐나다 의회의 공동위원회에서 기숙학교의 폐지가 논의되면서 비로소 제동이 걸렸다. 1960년을 기점으로 기숙학교는 점차 사라지기 시작했고 1970년대 이후 잔존했던 기숙학교는 교회와 연합해 인디언 전담 부서가 관리하다가 폐교되었다. 그러나 가장 마지막 학교인 서스캐처원주의 고든 기숙학교(Gordon Indian Residential School in Saskatchewan)는 1996년까지 존속되었다.

현재까지 진실화해위원회(Truth and Reconciliation Commission, 이하 TRC)와 진실화해를 위한 국립센터(National Centre for Truth and Reconciliation, 이하 NCTR)의 조사와 연구에서 확인된 바에 따르면 기숙학교 합의서에 서명한 기숙학교는 총 139개교에 이르며(Union of Ontario Indians, 2013: 4) 15만 명의 인디언 어린이가 기숙학교에서 생활했다. 이 수치는 연방정부나 종교단체의 지원을 받아 확인이 가능한 학교를 대상으로 한 것이므로, 개별적으로 운영되던 학교까지 고려한다면 훨씬 많은 수의 학교가 존재했다.

인디언 기숙학교 내 생활은 매우 열악했다. 부족한 식량과 비위생적인 환경으로 영양이 결핍되어 각종 질병에 노출되었고, 발병이 되어도 치료는 거의 이루어지지 않았다. 더구나 학생들은 추위와 위험한 작업

---

2 1931년 인디언 부처는 6~15세 원주민 아동의 37%가 기숙학교에 재학하고 있었다고 밝힌 바 있다(TRC, 2015a: 244~245).

환경에서 각종 노동을 강요받았다.

인신구속에 가까운 일상생활이 반복되었고 이들은 최소한의 인권조차 보장받지 못했다. 온타리오인디언연맹이나 TRC가 제시한 자료에 의하면 학생들은 원주민 언어를 사용할 수 없었고, 영어 또는 프랑스어를 사용해야 했다.[3] 이뿐만 아니라 인디언 이름을 버리고 영어 또는 프랑스어식으로 개명하거나 아예 번호로만 불린 경우도 허다했다. 여기에 더해 학생들에게 인디언 습속을 미개문화로 주지시키며 개종을 강요했다(Haig-Brown, 1988: 156). 원주민 언어를 사용하고 습속에 따랐다는 이유로 혀에 바늘을 꽂기도 하고, 옷장이나 지하실 등 폐쇄된 공간에 감금하기도 했으며, 의식을 잃을 때까지 구타하는 경우도 많았다. 심지어 성적 학대나 성폭행, 강제 낙태, 전기고문도 가해졌다.

이런 환경에서 많은 아동이 죽었다. 화재와 같은 안전사고로, 위생 상태가 열악한 환경에서 콜레라·결핵 등으로 사망하기도 하고, 폭력에 의해 목숨을 잃기도 했다(Milloy, 1999: 77~107). 이렇게 사망한 아동의 시신은 유기되다시피 했다. 1990년대 후반에 와서야 실종 아동과 집단 매장지에 대한 진상 조사가 이루어져 그 참학상이 드러났다. 2015년 현재까지 3200명 이상의 아동이 사망한 것으로 확인되었다. 이 중 32%는 이름을 알지 못하고, 23%는 성별조차 구분되지 않으며, 49%는 관련 기록조차 남아 있지 않다(Fee, 2012: 6~10).

생존했다 하더라도 그들이 겪은 기숙학교의 경험은 퇴교 이후에도 참

3 실재 원주민의 언어는 사라질 위기에 있다. 통계에 따르면 캐나다의 53개 원주민 언어 중 50개 언어가 멸종 위기에 처해 있다. 게다가 멸종 위기에 처한 50개 언어 중 13개 언어는 100명 미만의 사람만이 일부 단어를 구사할 수 있을 정도로 거의 사라진 것과 마찬가지다(Miller, 1996: 313).

혹한 비극을 재생산했다. 자신의 가정에 돌아가더라도 안착할 수 없는 경우가 많았다. 이미 원주민의 정체성을 송두리째 강탈당해 부모와 현격한 문화적 차이와 갈등을 겪을 수밖에 없었기 때문이다. 부모가 자신을 전통식 이름으로 부르는 것을 거부했고, 부모들이 간직해 온 전통문화와 가치를 비방하고 무시했다. 물리적 구속에서는 벗어났지만 정신적 구속은 여전히 그들에게 남아 자신의 부모와 함께 공동체 속에서 정상적으로 살아갈 수 없었다. 그들의 부적응과 그것을 지켜보는 가족들의 고통은 가정불화로, 인디언 사회의 혼란과 와해로 이어졌다(York, 1990: 140). 또 다른 다수는 캐나다 혹은 미국의 비원주민 가정에 입양되기도 했지만, 정상적인 양육과 보호를 받지 못하고 때로는 기숙학교 못지않은 잔학에 노출되는 경우도 많았다(TRC, 2015b: 147~173). 그들은 원주민 사회와 정착자 사회 그 어느 곳에서도 안착하지 못했다.

성인이 되어 가정을 꾸리더라도 정상적으로 자녀를 양육하기 어려웠다. 어린 시절 겪었던 억압과 폭력의 트라우마가 자신의 자녀에게 반사되어 아동학대와 가정폭력으로 이어지는 경우가 많았고, 다수는 약물이나 알코올 중독에 빠지고 가난과 질병으로 고통스럽게 생활했다.

아동 개개인이 당한 악행이 호미사이드(homicide)였다면 그것이 초래한 원주민 공동체에 대한 악행은 후속 세대까지 말살시키려는 문화적 제노사이드였다(TRC, 2015a: 1~3). 기숙학교는 캐나다 원주민 사회의 해체를 가져온 가장 근본적인 악행으로 지적되고 있다(Milloy, 2018: 14).

이러한 비극은 1990년 전후가 되어서야 본격적인 사회 이슈로 부각되었다. 1988년 원주민회의 국가 원수 조지 에라스무스(George Erasmus)는 원주민의 권리문제를 무시하면 폭동이 일어날 것이라고 공개적으로 경고하는 등 점차 캐나다 정부와 원주민 간의 갈등이 고조되기 시작했다. 이런 갈등을 증폭시킨 것은 후임 원주민회의 국가 원수 필 폰테인(Phil Fontaine)의 폭로였다. 1990년 그는 캐나다 텔레비전 방송 프로그램에 출현해 기숙학교 3학년 당시 자신과 동료 20명이 성폭력을 당했다는 사실을 폭로하고 공개적으로 조사를 요구했다.[4] 그의 폭로는 캐나다 전역을 뒤흔들었고 기숙학교 문제를 바로 잡기 위한 쟁투를 촉발시켰다. 기숙학교가 사회적 이슈로 등장한 것이 제3자의 지식인을 통해 이루어진 것이 아니라 피해 당사자, 즉 서발턴 스스로 수치스러운 기억을 용기 있게 폭로함으로써 자신들의 역사를 재현했다는 점에서 각별하다.

그러자 1991년 6월 기숙학교 유산을 조사하기 위한 국가회의에서 인디언부처(Ministry of Indian Affairs) 차관보 빌 반 아이터슨(Bill Van Iterson)은 "공무원을 대표해" 사과했다. 이는 정부 관계자로서의 첫 번째 공식사과였고, 이후 영국성공회, 가톨릭과 교회 연합 관계자들의 사과 형식의 발언이 이어졌다(Douglas, 1991).[5]

그러나 그는 정부의 대표 자격이 없는 인사이며 단지 일회성 사과로 유럽 캐나다인들의 도덕적·재정적 책임을 모호하게 만들었고(Chrisjohn, Young and Mrochuk, 1993: 53~54), 피해 당사자는 정부 시책의 '대상'으로 치부되고 말았다는 비판이 제기되었다. 그의 발언은 치유라는 정책을 내세우면서 자신들을, 문제를 해결해 주는 시혜적 제3자로 입지시켰다. 스피박이 지적한 질 들뢰즈(Gilles Deleuze)의 모순, 즉 주체를 비판하면서

4 그의 인터뷰 영상은 https://www.cbc.ca/archives/entry/phil-fontainesshocking-testimony-of-sexual-abuse(검색일: 2019.11.25)에서 확인할 수 있다.

5 더글러스는 이를 '정부'라 표현했지만, 이후 그녀의 진술에 논란이 있으므로 '정부 관계자'로 고쳐 표현한다.

또 하나의 주체를 도입하는 것(Spivak, 2010: 23~24)에 비견된다.

이에 대응해 1991년 왕립원주민위원회(the Royal Commission on Aboriginal Peoples)가 설립되고 위원회는 원주민(인디언, 이누이트, 메티스), 캐나다 정부, 인디언과 캐나다 북부 지역 및 캐나다 문화 전체의 관계 변화를 포괄적으로 조사하여 그 결과를 4000쪽에 달하는 보고서로 발간했다.[6] 기숙학교 문제는 해결되어야 할 가장 핵심 과제로 제시되었다(RCAP, 1996: 228~234, 309~394).

이를 계기로 기숙학교를 비롯한 원주민 문제와 관련된 비판이 거세지자 1998년 1월 7일 담당 장관 제인 스튜어트(Jane Stewart)는 좀 더 구체화된 분쟁 해결안을 포함한 "화해의 진술(Statement of Reconciliation)"을 발표했다. 이 진술에서 기숙학교는 구조적으로 발생했고, 그로 인한 폐해를 인정하고 '캐나다 정부'를 대표해 사과했다.[7] 아울러 성적·신체적·정신적·문화적 악습의 유산을 토착적 방법으로 치유하는 독립적인 원주민 치유 재단(The Aboriginal Healing Foundation)을 설립하고 3억 5000만 달러의 보조금을 지원할 것을 약속했다. 그러나 그녀의 발언도 갈등을 가라앉히지 못했다. 발언 중 가해 주체들을 "그들"이라고 표현해[8] 현 정부는

---

6 왕립원주민위원회(RCAP) 보고서의 지향점은 그것을 시행에 옮기는 『건강지원 정책서』에 잘 요약되어 있다. 한마디로 캐나다 정부와 원주민의 관계는 "거짓 약속"에 바탕을 두었고 캐나다 역사는 그것을 토대로 이루어진 부당한 역사임을 천명하고, 조속히 해결해야 할 과제로 인디언법, 기숙학교, 인디언의 지역 이전, 인디언 참전용사에 대한 처우 등을 들었다(Institute On Governance, 1997).

7 원제목은 "Gathering Strength–Canada's Aboriginal Action Plan"이다. 전문은 https://www.rcaanc-cirnac.gc.ca/eng/1100100015725/1571590271585 (검색일: 2020.4.20)에서 확인할 수 있다.

8 The Government of Canada acknowledges the role it played in the

여전히 일련의 책임에서 벗어나려 했고, 대규모의 보상은 제안되었으나 구체성이 없고 개개인의 보상은 언급하지 않았다(O'Connor, 2000: 202). 이는 곧 정부가 소송 당사자가 되어 복잡다단한 개별 소송에 휘말릴 수 있는 부분을 차단하고 제3자로서 이를 해결하는 역할만을 전달한 것이었다. 계속적으로 제기되던 원주민 담당 부서의 해체나 원주민 의회 설립 등의 요구도 받아들이지는 않았다(O'Connor, 2000: 207). 원주민은 여전히 어느 부분에서도 주체로 설정되지 않았다. 제3자적 해결 주체로 나선 정부의 '대리사과'는 자신의 목소리를 낸 서발턴을 수동적인 객체로 되돌리고 있었다. 다시금 스피박의 표현을 빌린다면 마치 백인 남성이 황인종 남자로부터 황인종 여자를 구하는 구조와 흡사하다. 대리 사과하는 정부와 억압했던 유럽 캐나다인은 백인 남성과 황인종 남성, 제국주의적 주체와 제국주의의 주체(Spivak, 2010: 49)를 떠올리게 하는 모호한 관계다.

한편 화해를 향한 노력을 더할수록 식민주의자들은 이에 반발했고, 아예 이를 부정하는 역반응도 쏟아냈다. 역사 부정은 기숙학교 문제가 사회 이슈로 부상하던 1980년대 말부터 나타났다. 1989년에 캐나다 정부와 다문화 부처의 지원을 받아 추진된 연구 결과인 헤이그 브라운(Haig

---

development and administration of these schools. Particularly to those individuals who experienced the tragedy of sexual and physical abuse at residential schools, and **who have carried this burden believing that in some way they must be responsible**, we wish to emphasize that what you experienced was not your fault and should never have happened. To those of you who suffered this tragedy at residential schools, we are deeply sorry(강조는 필자). 전문은 https://www.aadnc-aandc.gc.ca/eng/1100100015725/1100100015726에서 확인할 수 있다.

Brown)의 『저항과 개혁(Resistance and Renewal)』이 출간되자 일부의 목소리만을 근거로 기숙학교의 부정적인 면만을 노출했고, 기숙학교를 개선하기 위해 노력한 사람들의 목소리를 담지 않았다고 주장했다(Robert, 1989: 852~854). 심지어 일부 불행이 있었지만, 기숙학교의 기본 취지는 원주민 아동의 보호에 있었고 그를 위한 대부분의 조치는 인도주의적 차원에서 수행되었음을 항변하고, 교회와 정부의 무죄를 입증하려 하기도 했다(Chrisjohn, Young and Mrochuk, 1993: 50~51). 1998년 화해 진술 이후, 그 전까지 사죄의 제스처를 보였던 교회는 태도를 갑자기 바꿔 일련의 진술을 인정할 수 없다는 견해를 드러냈다. 식민주의론자들은 한결같이 기숙학교의 진상은 일부의 주장을 토대로 한 편협한 주장에 불과하다는 것, 증언자나 폭로자의 진술은 감정에 치우친 것이라 객관적일 수 없다는 점을 든다. 이는 서발턴의 재현을 견제하며 자신의 과거 행위를 은폐하려는 가해 권력이 사용하는 한결같은 논리다. 그들이 주장하는 기록 부재와 증언 불신은 여전히 문명과 야만이라는 이분법적 구도에 서 있다. 자아와 주체 편에 있는 진리와 실재를, 타자와 객체 편에 있는 허구와 비실재에 위치시킴으로써(조한욱, 2003) 서발턴의 목소리를 무시하고 타자화한다.

그러나 원주민들의 노력은 계속되었다. 2004년 원주민 의회(Assembly of First Nations)는 보고서를 발표하고 일련의 정부 전략이 본질적으로 인간성을 파괴하고 있으며 감정 파괴와 가족생활, 문화, 언어의 손괴를 인정하지 않는다고 비판했다(Canadian Bar Association, 2005).

결국 정부는 2005년 5월 다시 종합적인 해결 협상을 추진해 인디언 기숙학교 해결협정(The Indian Residential Schools Settlement Agreement: IRSSA)을 도출했다. 피해자 개인당 기본금 1만 달러에 피해 기간이 1년이 추가

될 때마다 3000달러를 추가한다는 보상 체제와 함께 피해 조사 및 보상에 대한 개별 평가 추진, 치유와 기억을 위한 기금을 조성한다고 발표했다. 그리고 이러한 추진의 전반적인 상황을 뒷받침하기 위해 진실화해위원회를 설립한다는 것을 골자로 했다. 종전의 선언적인 사과 발언과 달리 구체적인 보상 체계를 명시하고 추진 동력을 수렴할 수 있는 기구를 신설하는 등의 진전을 이루었지만 그 추진 의도와 실행 의지에 대한 의심은 해소되지 않았고, 기숙학교 문제를 책임질 주체는 여전히 모호했다. 정부가 스스로 가해자라는 사실을 명확히 하지 않은 것이 주원인이다.

기숙학교생존자협회 이사장이었던 테드 퀘이전스(Ted Quewezance)가 기숙학교의 설립, 운영, 폐해에 대해 국가의 책임이 있으며, 공개서한을 통해 이에 대해 사과할 것을 요청한 사건이 있었다. 종전 차관보나 장관의 발언 중에 나온 "심각하게 유감이다(deeply sorry)"라거나 "깊이 후회(profound regret)"라는 표현은 수사적일 뿐이고 뚜렷하게 문제를 해결하려는 의지도 그에 따른 법적 의미도 전혀 없다고 비판했다(Yaworski, 2008: 26). 2008년 6월 11일 하퍼 총리의 사과는 이런 가운데 나온 것이다. 이를 이끌어낸 것은 역시 서발턴인 원주민이었다.[9] 그의 사과는 이전과 다른 점이 있었다.

> 여러분, 나는 오늘 당신 앞에 서서 인디언 기숙학교의 경험자 모두에게 사과를 드립니다. 인디언 기숙학교는 우리 역사의 슬픈 장면입니다. …… 오늘 우리는 이 동화 정책이 잘못된 것이며 심대한 상처를 초래했으며 이 땅에서 받아들여

---

9 대외적으로는 그해 2월 오스트레일리아의 케빈 러드(Kevin Rudd) 총리가 "빼앗긴 세대(Stolen Generation)"에게 한 사과도 어느 정도 영향을 주었을 것이다.

질 수 없는 일임을 인정합니다. ……

정부의 사과가 없었다는 점이 치유와 화해의 장애였다는 것을 압니다. 캐나다 정부는 이 나라 원주민들에게 심대한 피해를 끼친 것에 대해 진심으로 사과하고 용서를 구합니다. ……

원주민과 캐나다인들 사이의 새로운 관계를 형성하는 긍정적인 단계가 될 것입니다. 우리는 함께 공유하는 역사 지식 위에서 관계를 형성하고, 서로를 존중하고 새롭게 이해하며 앞으로 나아가는 희망을 만들 것입니다. 이로써 강한 가족, 강한 공동체, 그리고 활기찬 문화와 전통은 우리 모두의 캐나다를 더욱 강력하게 만드는 데 기여할 것입니다.[10]

기숙학교의 폐해를 인정했고 정부의 사과가 없었던 것이 문제 해결의 장애가 되었음을 언급함으로써 적극적으로 가해 책임이 정부에 있다고 인정했다. 또한 역사의 공유, 상호 존중 등을 화해를 향한 실천 지향으로 언급했다. 하지만 가장 눈여겨볼 지점은 이 발언이 불가역적인 화해안을 선언한 것이 아니라 지속적인 대화와 공존적 인식을 제안했다는 점이다. 그리고 진실화해위원회의 활동에 힘을 실어주었다. 그 이후 위원회의 행보를 보면 그의 발언이 수사에 그치는 것이 아니라 해결을 향한 적극적인 의지를 표명한 것으로 이해할 만하다.

하지만 전체 수사 속에 비치는 원주민에 대한 지위와 인식은 여전히 혼미하고 이중적이다. 사과라는 행위를 사이에 두고 캐나다인과 원주민은 분명 동질 집단이 아닌 이질 집단으로 존재한다. 기숙학교라는 과거

---

10 원문은 https://www.americanrhetoric.com/speeches/stephenharperindianschoolsapology.htm(검색일: 2019.8.25)를 참고했다.

를 해결하기 위해서는 동화의 명분이 폭력을 가했으므로 해결의 시작은 동화를 비판하고 양자의 구분으로 출발해야 하는 것이 마땅하다. 그런데 이와 달리 말미에서는 '원주민(원문은 aboriginal people)과 다른 캐나다인의 새로운 관계'를 제시하고 이 사과가 궁극적으로 '우리 모두를 위한' 강한 캐나다를 만드는 데 기여할 것이라고 언급해 원주민을 캐나다라는 공동체 구성원에 포함시키고 있다. 이러한 모순적인 표현은, 정착자 식민주의라는 캐나다의 특성상 피식민 대상의 완전한 독립을 보장하는 방식의 탈식민주의를 채택할 수 없는 한계를 반영하고 있다. 비극의 과거와 공존의 미래는 연속선상에 있는 것이 아니라 단절의 장에 놓여 있다. 이는 곧 사과하는 현재 정부와 가해했던 과거의 정부가 혼존하는 동시에, 원주민은 캐나다 공동체의 구성원인 동시에 구분되어야 할 존재로서의 이중성을 갖게 만든다. 비극의 과거에서 강요받았던 동질성은 부정되어야 하지만, 그것은 캐나다의 정체성과 통합을 흔들 수 있다. 말미에 우리 모두를 위한 하나의 캐나다는 이를 겨냥한 봉합의 언술이다. 하지만 '따로'와 '같이'가 자연스럽게 변곡점을 거쳐 이어지지 못하는 것은 현재의 사과와 과거의 책임 사이에 간극이 해소되지 않는 탓이다. 이런 가운데 "같이"라는 구호는 또 다른 의심과 우려를 불러일으킬 수 있다.

그의 사과에 대해, 캐나다 통합이라는 현재 과제에 매달려 '부담'을 짊어질 수 있는 성숙한 캐나다라는 진보의 이야기만을 채택하고 있으므로 이는 다시금 진보와 문명이라는 제국주의의 재생을 보여준다고 비판하는 것은 바로 이런 문제의식에 서 있다. 또한 말미에 "이 땅에서 받아들여질 수 없는"이라고 언급한 것은 원주민과의 갈등을 종식하려는 봉합에 불과하다고 하며 이의를 제기하기도 했다(Roy, 2012: 580~583). 더 나아가 강경 비판론자들은 식민주의의 근본적인 청산을 원상회복으로 설정하고, 원주민의 독립을 강조했다.

이런 가운데 매슈 도럴(Matthew Dorrell)은 이전 상태로 되돌아가는 극단적 변화가 불가능하다면 몇 번의 정치적 결단으로 마련한 화해 조치를 견제하고 그 불완전성을 추구해야 한다고 주장한다(Dorrell, 2009: 36). 즉 화해라는 결과에 매진하는 것이 아니라 '불완전한 화해를 채워나가는 과정'에 주목해야 한다는 것이다.

이처럼 기숙학교의 이슈화가 진행되는 과정에는 캐나다의 딜레마가 그대로 투영되어 있다. 과거의 가해 주체와 자신을 구분하고 화해를 추진하려던 정부의 의도는 원주민들의 폭로와 비판을 벗어나지 못했다. 화해는 특정 사건으로 마무리될 수 있는 것이 아니라 계속 만들어가는 과정이며, 이를 위해 공적 기억을 재구성하는 노력이 사회 각 분야에 안착되고 있다. 그리고 이러한 과정의 중심에는 자신의 재현을 이끌어 가는 서발턴 원주민이 있다.

특히 진실화해위원회의 8년간의 활동은[11] 이러한 지향점을 꾸준히 견지하는 역할을 했다. 이는 위원회의 구성에서부터 잘 드러난다. 의장직은 원주민 출신 법조인 머레이 싱클레어(Murray Sinclair)가 담당했으며[12] 위원직은 저널리스트 겸 교수 마리 윌슨(Marie Wilson)과 원주민 출신 정치인 윌턴 리틀차일드(Wilton Littlechild)가 담당했다. 기숙학교와 관련해

---

11 물론 진실화해위원회를 둘러싼 논란과 비판도 많다. 위원회의 임무는 너무 큰 반면 활동 기간이 너무 짧은 데다 예산은 부족했다. 역사적 질문의 의미와 적용을 둘러싸고 완강한 의견 불일치가 있었고 소송의 대상이 되기도 했다(Milloy, 2013: 13).

12 초대 의장 해리 라포메(Harry Laforme)는 캐나다 최초 원주민 출신 항소법원 판사였으며, 그가 자신에 대한 불신임을 책임지고 사퇴한 후 의장이 된 머레이 싱클레어는 최초의 원주민 판사였다.

위원회는 ① 기숙학교 경험과 그 영향 및 결과를 인정하고, ② 생존자가 세상에 당당히 설 수 있도록 문화적으로 적절하고 안전한 환경을 제공하며, ③ 국가 및 지역사회 차원에서 진실과 화해를 위한 행사를 지원하며, ④ 기숙학교에 따른 세대 간, 체계적인 결과를 대중에게 교육하고, ⑤ 인디언 기숙학교 학생과 가족을 잊지 않고 기념하는 것을 지원하겠다고 확약했다(Schedule "N" of the Indian Residential Schools Settlement Agreement, pp.1~2).[13]

활동 기간 동안 캐나다 각지를 다니면서 기숙학교 관련 기록물을 수집했고 생존자와 관련자 등 7000여 명을 만나 증언을 채록했다. 이 밖에도 실종 어린이 프로젝트를 통해 기숙학교에서 사망한 아동에 관한 기초 자료도 수집했다. 이렇게 수집된 자료는 국립연구센터와 아카이브에 보관하고 일반에게 공개해 연구는 물론이고 학습의 주요 소재로 활용하도록 해 공유 기억의 깊이와 넓이를 더하고 있다.

다음으로 해결해야 할 유산(遺産, legacy)과 화해 분야로, 5개 영역 42개

---

13 http://www.residentialschoolsettlement.ca/settlement.html(검색일: 2019.9.30). 캐나다는 기숙학교 기념의 날을 국가기념일로 지정했는데, 2021년 9월 30일이 첫 공식기념일이었다. 기숙학교 희생자를 추모하고 이를 기억하는 다양한 행사가 진행되었는데, 특히 오렌지색 셔츠를 입는 이벤트가 주목된다[https://westmount.org/en/national-day-of-truth-and-reconciliation-on-september-30-2021/(검색일: 2021.10.1). 오렌지색 셔츠는 기숙학교 생존자인 필리 웹스타드가 어린 소녀 시절 선물로 받은 오렌지셔츠를 입고 기숙학교에 입교했다가 이를 빼앗기고 서구식 제복으로 갈아입기를 강요받았던 사건을 모티브로 한 것으로, 기숙학교에서 행해진 폭력을 공감하는 상징적 행위라 할 수 있다. 다만 일각에서는 이 이벤트가 일회적으로 그치고 있으며 심지어 이를 계기로 오렌지색 티셔츠 특수를 노린 상술이 성행하는 등 그 본질이 변질되었다는 비판도 있다.

항을 지정하고, 특히 화해 분야에서는 17개 영역 52개 항의 이행 권고(Calls to action)를 제안했다.[14] 특히 가장 주목한 부분은 기억 공유였고 이를 중심적으로 수행할 영역으로 교육이 강조되었다. 다음 절에서는 교육 분야 특히 역사교육에서, 진실화해위의 지향이 어떻게 실천되고 있는지 이어가겠다.

3. 기숙학교의 공적 기억화와 역사교육

진실화해위원회는 교육 분야에서 수행해야 할 사항을 제62항부터 제66항에 명시하고 있는데 그 내용을 요약하면 〈표 7-1〉과 같다(TRC, 2015a: 121~124).

원주민 문제를 교육할 수 있는 커리큘럼의 개발, 그리고 이를 위한 교사 교육과 자금 지원 체제 및 전담 책임 고위급 공무원의 신설 등의 주요 내용을 유치원부터 12학년에 걸쳐 시행하도록 했다. 소프트웨어와 하드웨어를 두루 마련하도록 한 중장기적 포석임을 알 수 있다. 이로 보면 단순히 기숙학교라는 역사적 사실을 알게 하는 데 그치는 것이 아니라 교육 내에 원주민 고유의 토착적 전통을 통합하고, 학교는 원주민의 인식이 서구 인식과 동등하게 존중될 수 있도록 하는 장소가 되어야 함을 강

14 유산 분야에서는 아동복지 5개 부문, 교육 7개 부문, 언어 및 문화 5개 부문, 건강 7개 부문, 정의(正義, justice) 5개 부문을 권고했고 화해 분야에서는 원주민의 권리와 관련된 역사 문제, 화해와 책임을 실천하는 문제, 원주민 사회와 문화에 대한 존중과 회복을 위한 문제, 비극의 역사에 대한 공적 기억과 기념에 관한 문제 등과 관련된 실천 상황과 권고 사항을 제안하고 있다.

표 7-1 교육 분야에서 수행해야 할 사항

62) 생존자, 원주민과 교육자 간 협의하에 추진할 사항	- 유치원~12학년까지 기숙학교, 조약, 원주민의 기여 등의 내용을 연령별로 커리큘럼 개발 - 교사 교육을 위한 자금 제공 - 원주민 학교에 자금 지원 - 해당 업무 추진을 위해 차관급 이상 고위직 신설
63) 교육위원회 연간 운영	- 커리큘럼 개발 및 실행, 원주민 역사, 기숙학교 유산 - 커리큘럼 정보 공유 - 문화 간 이해, 공감, 상호 존중을 위한 학생 역량 강화 - 교사 훈련
64) 종교 비교 연구	- 원주민의 정신적 신념과 관습을 포함한 비교 연구
65) 국가연구 프로그램 추진	- 그 밖에 관련 분야 국가연구 지원

조한다(TRC, 2015a: 121~124).

한편 역사교육계 내외에서는 다양한 실천을 모색하고 사회적 논쟁에 반응했다. 화해 노력이 전개되는 동안 보수론자들은 하퍼의 발언 등 일련의 정부 조치가 객관적이지 못한 기숙학교의 폭로에 떠밀려 추진된 잘못된 것이라 비난하면서 반대 여론을 확산했는데, 역사학계는 이를 크게 비판했다. 그런데 뒤이어 역사학계 내에서 자성하는 목소리가 더 높아졌다. 애덤 채프닉(Adam Chapnick)은 사회가 적정하게 대응하지 못하는 것은 역사를 제대로 알지 못하기 때문이며 이러한 데는 역사학자의 책임이 있다고 주장했다. 기숙학교 문제에 대해 반동적 움직임을 보이는 것은 그들이 고등학교 시절 과거사를 제대로 학습하지 못한 데 그 원인이 있으며 이는 곧 역사학자들이 사회적 책무를 망각했기 때문이라고 지적했다. 역사학자는 자신의 연구에만 몰두하지 말고 대중의 역사의식을 형성하는 역사교육에 관심을 기울여야 한다고 호소했다(Chapnick, 2009). 한국에서 2000년대 이후 역사 교과서 논란이 확대되면서 역사내용학 연구에만 주력하던 역사학자들이 점차 역사 교과서와 역사교육에 관심을 기울이기 시작한 상황과 흡사하다(구난희, 2013: 40~45).

이와 함께 역사교육 내부에서도 다양한 논의가 전개되었다. 캐나다는 2000년대에 들어와 교육의 기본 틀을 재구조화하는 가운데 2010년 이후 비판적 사고력(critical thinking)과 비판적 문해력(critical literacy)을 중시하고, 각 과목마다 특성에 맞는 학술적 사고(disciplinary thinking)와[15] 탐구 프로세스(Inquiry process)를 적용했다. 이에 따라 역사교육에서는 역사적 사고력 신장이 중요한 목표로 떠올랐다.

하지만 원주민 문제와 관련해서는 역사적 사고력 중심의 역사교육이 오히려 장애가 된다는 비판이 제기되기 시작했다. 이들의 비판은 캐나다 역사교육이 '정착자 문법(settler grammer)'이라는 데 초점이 모아진다. 정착자 문법이란 정착자 식민주의(settle colonism)의 맥락에서[16] 교육이나

15 전 단계에서 역사적 사고를 구성하는 4개의 개념을 제시했는데 ① 역사적 중요성(Historical Significance), ② 원인과 결과(Cause and Consequence), ③ 연속과 변화(Continuity and Change), ④ 역사적 관점(Historical Perspective)이 그것이다(ONTARIO Ministry of Education, 2013: 103~105; 2018: 103~105; 2015: 293~295). 이 개념은 브리티시컬럼비아 대학의 피터 세이셔스(Peter Seixas)의 연구 결과를 기초로 한 것이다. 2012년 출간된 그의 『여섯 가지 주요 역사적 사고 개념(The Big Six Historical Thinking Concepts)』(Toronto: Nelson, 2013)은 캐나다 역사교육에 많은 영향력을 미치고 있다. 브리티시컬럼비아주는 사료 활용(the use of primary source evidence), 역사의 윤리적 차원(the ethical dimension of history)까지 포함해 6개의 개념을 모두 수용하고 있다. 자세한 내용은 박진동(강선주 외, 2018)에서 잘 다루고 있다.

16 정착자 식민주의란 원래 형성되었던 사회를 외부에서 유입된 집단에 의해 대체하는 식민주의의 형태를 말한다. 동양 사회에서 이루어진 식민 침탈과 달리 유럽 이주민들에 의해 오스트레일리아나 북미 대륙에서 나타난 것이다. 전자

문화에 작동하는 유럽 중심적 사고를 지적한 비판개념이다. 돌로레스 칼데론(Dolores Calderon)은 로널드 바이처(Ronald Weitzer)가 지적한 원주민 '부재'와 '존재'의 이중 구도에 주목했다. 이는 유럽인들이 정착해 독립을 이룬 지역에서 나타나는 원주민에 대한 처리와 인식의 모순적 양면을 설명하는 개념이다. 부재의 구도는 원주민을 통합되거나 동화되어야 할 대상으로 보아 그들을 별도의 서사로 등장시키지 않는 것이라면, '존재' 구도는 자신의 우월적 위치를 부각하기 위해 원주민을 그들의 서사 구조 주변에 두는 것이다. 양자는 대비되는 개념인 듯하지만 본질적으로는 같은 맥락에 있다. 칼데론은 이러한 구도가 캐나다 역사교육에 남아 있다고 지적했다(Calderon, 2014: 317~319). 기숙학교라는 과거를 다루는 것은 분명 이러한 부재(그리고 동시에 존재) 구도의 모순을 폭로하는 데 서 있다. 적어도 악행을 회피하거나 부정할 수 없는 콘텍스트가 마련된 것이다. 하지만 해결 과정을 다루는 경우 이것이 또 다른 존재 구도로서 새로운 정착자 식민주의 언술이 될 여지는 여전히 남는다. 해결을 향한 다양한 실천과 그 행위 주체는 선별해 다룰 수밖에 없고, 그에 대한 평가 또한 주관적이기 때문이다.

사만타 쿠트라라(Samantha Cutrara)는 역사적 중요성을 판단하고 분석하는 행위 자체에 이미 정착자 문법이 작동하고 있다고 지적한다. 그녀에 따르면 역사적 사고력이란 일련의 사건을 권위자에 의해 선별된 정교한(?) 기록만으로 만든 원칙이다. 그러므로 역사적 사고력은 증거를 '냉정하게' 평가할 수 있는 '이성적' 행위자에게만 주는 특권에 불과하다(강조는

가 제2차 세계대전 이후 종식된 것과 달리 이는 현재에도 이어진다. 원주민을 완전히 추방하거나 제거한 경우도 있지만, 동화·화해 등의 다양한 방식에 의해 운영된다(Wolfe, 2006).

필자, Cutrara, 2018: 265~267). 역사 학습을 주도하는 역사적 사고력은 주류 내러티브를 다루는 데 한정되고 기숙학교의 역사는 주류 내러티브가 되지 못해 제대로 학습되지 않는다고 비판한다.

하지만 캐나다 역사교육의 이론적 배경을 제공해 온 세이셔스는 다른 견해를 취한다. 그는 토착적인 역사의식과 역사적 사고력이 보완적 관계라고 응답하면서도 지나치게 배타적인 이야기는 그것 이외의 이야기를 의심하고 부적합한 것으로 여기게 할 수 있다고 주의를 환기한다(Seixas, 2012: 128~130). 그의 견해에는 평가받지 않은 이야기에 대한 낯섦이 있으며 균형이라는 이름 아래 정착자 식민주의가 남은 듯한 의문도 든다. 비판론자의 논점이 왜 역사적 사고력에 집중되고 있는지 일면 이해가 가는 부분이기도 하다.

하지만 실제 역사적 사고력의 범주와 이를 위한 학습 방법은 매우 다양하다. 이 점에서 학습방법론과 관련한 논의는 또 다른 가능성을 열고 있다. 투히웨이 스미스(Tuhiwai Smith)는 자신의 이야기를 말하는 것은 단순한 구전이나 그 지역에 오래된 이름을 붙이는 행위가 아니라 사건을 증언해 정신을 회복하는 과정임을 강조하면서 이런 방식을 통해 전달되는 역사의식은 학문적 원리(discipline)와는 다르다고 주장한다(Smith, 2008). 마이클 마커(Michael Marker) 또한 유럽의 인식을 전제로 한 역사교육이 원주민 학생들을 곤란하게 만들고 있다며 네 가지 문제를 지적했다. 서구식 역사교육은 직선적인(linear) 시간 전개를 채택하므로 순환적(circle) 시간 개념을 가진 원주민의 인식과 배치된다는 점, 토지나 동물과의 관계를 정복의 시각에서 이해하고 있으므로 동물을 신성하게 여기고 인간과 동물의 관계로부터 과거를 이해하려는 원주민의 관점과 모순된다는 점, 국가적 관점에서 보는 장소의 지역성은 전통적 관념과 다르다는 점, 그리고 무엇보다 식민지화와 탈식민지화를 너무 단순하게 이해시키고자 해 원주민을 혼란스럽게 만든다는 점 등을 든다(Marker, 2011: 100~111). 궁극적으로 이성적 판단을 전제로 하는 사고력으로는 기숙학교 문제를 제대로 이해할 수 없다고 보아 새로운 학습 방법을 요구하고 있다. 이들은 분석이나 토론을 통해 일정한 결론이나 판단을 구하는 학습 방법은 기숙학교 문제를 다루기에 부적합하다고 본다. 어두운 과거의 실상을 느끼고 공감하는 동시에 원주민 사회와 문화를 존경하고 회복시키는 데 초점을 맞춰야 한다고 주장한다. 비극의 역사와 그것을 겪었던 사람들의 경험과 감정을 공감하고, 나아가 이것을 현재의 삶에서 실천하려는 태도와 능력을 역사 학습의 새로운 방법으로 제안한 것이다. 이는 역사적 사고력에 대한 새로운 환기와 방법론적 논의를 촉발하고 있다.

캐나다의 사례는 특정 역사적 사실이 언급되었는가, 그리고 그것이 어떤 맥락으로 구성되었는가 등 서술 내용을 둘러싼 비판을 넘어서 교수학습 방법의 문제로까지 확대되고 있다는 점에서 과거사 문제를 다루는 역사교육이 무엇을 준비하고 노력해야 하는가 하는 점에 일정한 시사점을 제공해 주고 있다.

그렇다면 캐나다의 실제 역사교육 현장은 어떠할까? 우선 최근 캐나다에서 이루어지고 있는 교육과정 개정이 어떤 지향을 견지하는지 살펴볼 필요가 있다. 온타리오주의 경우를 예로 들어보면 2018년에 9~10학년 교육과정이 개정되었는데, 이는 원주민 교사, 전통 지식 보유자(knowledge keepers),[17] 상원의원, 원주민 지역 대표, 주거학교 생존자들

17 Knowledge Keepers는 원주민 사회에서의 지식 연장자에 해당한다. 이들은 교육 과정 논의에 참석하는 것뿐만 아니라 다양한 교사 양성 및 교사 연수 프로그램의 교수 요원으로 활약하고 있다.

과 협력해 이루었다.[18] 앞에서 소개한 진실화해위원회의 권고를 이행하기 위한 것임을 알 수 있다.

역사 과목의 성격을 진술한 내용에서도 2013년과 2018년을 비교해 보면 이러한 노력의 일면이 엿보인다.

> 역사는 과거의 중요한 사건, 발전, 이슈뿐만 아니라 다양한 개인, 집단, 기관의 연구를 포함한다. 10학년 역사 과정은 학생들에게 제1차 세계대전 전날부터 현재까지 캐나다 역사에 대한 개요를 제공한다. 이 코스들은 캐나다의 역동적인 성격과 세계의 다른 지역과의 상호연관성을 전달한다. 학생들은 캐나다가 많은 이야기를 가지고 있고 각각은 중요하고 사려 깊은 배려가 필요하다는 것을 배운다. **학생들은 캐나다에서 일어난 식민주의, 인디언법, 기숙학교 체제, 조약, 그리고 원주민 개인과 지역사회에 대한 체계적인 인종차별주의가 미친 역사적인 영향과 현대에까지 끼치고 있는 영향을 배운다.** 학생들은 현대 캐나다 역사에 대한 이해를 심화하기 위해 역사적 사고의 개념을 적용하는 능력을 키울 것이다. 그들은 또한 역사적 문제, 발전 및 사건에 대한 조사와 결론을 얻기 위해 다양한 1차 및 2차 출처의 역사적 증거와 정보를 수집, 해석 및 분석하는 능력을 개발한다(ONTARIO Minstry of Education, 2013: 11~12).

이 내용은 9~10학년 역사 교과의 성격을 진술한 내용으로, 문장 중 강조한 부분이 2018년 개정으로 추가된 내용이다. 원주민과 관련된 내용

---

18 http://www.edu.gov.on.ca/eng/curriculum/secondary/canworld.html (검색일: 2020.1.20).

표 7-2 교과

	수록 교과서	주요 서술 내용
1	FRASH BACK CANADA (Oxford University Press, 2008)	(206쪽) 선교사에 의해 설립, 기술 습득을 목적으로 함(a1), 그러나 가정과 격리, 적절한 교육 제공 안 됨(a2), 1998년 연방정부는 잘못을 인정하고 피해자에게 사과함(b).
2	Canadian History (Irwin Publishing, 2000)	(42쪽) '차별과 인종주의' 단원에서 기숙학교에서 재봉을 배우는 원주민 소녀들의 모습 소개함(a2).
3	COUNT POINT Exploring Canadian Issues (Pearson Education, 2001)	(12쪽) 원주민이라는 단원에서 기숙학교를 언급, 연방정부의 동화정책의 일환으로 명시함(a1). (304~305쪽) 원주민의 권리를 다룸(c).
4	Continuity and Change Canada (Fitzhenry & Whiteside, 2000)	(21쪽) 기숙학교의 설립 배경과 의도를 식민주의와 동화정책으로 자세히 서술함(a1), 기숙학교 운영 주체를 '정부'로 표현함(a1), 기숙학교 폐해가 현재까지 미치고 있으며(a3), 1998년 정부가 기숙학교 악행에 대해 사과했다고 기술함(c).
5	The Canadian Challenge (Oxford University Press, 2008)	(68~69쪽) '캐나다 정체성의 확립'이라는 단원에서 덩컨 스콧의 발언을 소개함(a1). 이어 등장하는 기숙학교 서술에서 이름과 복장의 교체, 가족과의 격리, 엄격한 규율 등을 진술하고 보조 자료로 도망치다 붙잡혀 남자아이처럼 머리를 짧게 잘린 경험을 말하는 헤이그브라운의 증언을 함께 수록한 뒤(a2), 기숙학교에서의 경험을 이해하고 그들의 입장이 되어 생각해 보게 함(d). 이에 이어 원주민 의회 등 원주민 권리 쟁취를 위한 노력을 서술하고(c), 1998년 연방정부의 화해진술을 탐구과제로 제시함(b). (379쪽) '기숙학교에서의 학대'와 '1998년 화해 진술'을 소단원으로 설정해 서술하고, 같은 쪽에 원주민의회 국가원수 필 폰테인의 사진과 함께 그가 기숙학교에서 성폭력을 경험했고 그것이 원주민을 위한 권리 투쟁에 참여하는 동력이 되었음을 설명함(d).
6	Canada, Face of a Nation (gage, 2000)	(6~7쪽) '정부와 원주민과의 관계'라는 단원에서 '동화정책'이 원주민의 저항을 근원적으로 차단하려는 의도에서 추진되었다는 것을 전제로 설명하고, 기숙학교 문제를 다룸(a1).
7	Close-Up CANADA (Oxford University Press, 2007)	(169~171쪽) 기숙학교는 기술을 가르치고 유럽문화에 적응시키고자 설립된 정부정책임을 명시함(a1). 오랫동안 원주민과 공동체 문화에 영향을 주고 있음을 언급(a3) 특별히 암울한 기억장소인 기숙학교를 원주민 문화센터로 재생한 쿠타나하(Ktunaxa) 지역 기숙학교 사례를 소개하고(c), 이에 대한 판단을 과제로 제시함(d).

8	Spotlight Canada (Oxford University Press, 2000)	(145~147쪽) '원주민의 정치운동'이라는 제목하에 원주민 정책과 저항을 다루는 가운데 기숙학교를 서술(a1), 토머스 무어(Thomas Moore)의 두 사진도 게재(a2)하고, 탐구 과제를 제시함(d). * 이 밖에도 1945년 이후의 원주민의 권리운동, 이퍼워시(Ipperwash) 사건, 원주민왕립위원회(RCAP)(c), 1998년 화해 진술 등을 다룸(b) (354~355, 484~485쪽).
9	Canada, A Nation Unfolding (Mcgraw-hill, 2000)	(186~187쪽) 1920~1930년대 '원주민'이라는 소단원에서 기숙학교 등의 인디언 정책을 언급(a1)하고 인디언 연맹(The League of Indians) 등의 활동을 소개함(c).
10	Experience History (Oxford University Press, 2006)	(88쪽) '기숙학교'라는 단원 제목을 붙이고 설립(a1)과 폐해를 언급하고 토머스 무어 사진도 게재함(a2). 1998년 캐나다연합교회 빌 핍스(Bill Phipps)(a3)의 사과문을 수록하고, 교회 사과의 적정성을 평가하는 과제를 제시함(d). (339~340쪽) 기숙학교의 후유증 설명과 함께(a3) 인디언의 권리운동과 공동체 문화 복원 노력을 소개함(c). 인디언과 원주민이라는 용어 설명, 원주민 문화 복원 운동가 루안 렌츠(Luane Lentz)를 소개함(d).
11	Canadian History (Mcgraw-hill, 2006)	**'원주민의 권리에 초점을 두다'라는 코너를 설정** (120~121쪽) '점증하는 고통'이라는 제목으로 1920~1920년대의 원주민 상황을 서술함(a1). 기숙학교의 현황(a2), 후유증을 서술함(a3). 특히 기숙학교의 규율(a2), 후유증을 세심하게 묘사함(a3). 리타 조(Rita Joe)의 「미카마우의 기억(Mi'kmaw Remember)」이라는 시를 수록하고, 그녀에게 편지 쓰기 등의 과제를 제시함(d). (260쪽) 원주민의 권리 요구로서, 1969년 기숙학교 중단 요구, 1972년 원주민의 자녀 교육 담당 요구(c) 등의 과정을 소개함.
12	HORIZON CANADA MOVES WEST (Prentice-Hall, 1999)	(279쪽) 종교 단체에 의해 운영함(a1), 원주민 아동에게 기술교육과 종교교육을 실시함(a2), 트라우마를 남기고, 원주민의 문화 전수와 보호에 치명적인 타격을 줌(a3).

이 상당한 비중으로 언급됨으로써 반드시 반영하도록 권고했음을 알 수 있다.[19]

---

19 브리티시컬럼비아주의 경우도 2013년 개정 교육 과정부터 5학년과 9학년에 기숙학교가 주요 학습 사례로 언급되고 있다. 특별히 12학년의 경우, 사회교과

교과서 서술을 통해 그 현황을 살피는 것이 필요한데 안타깝게도 2018년 교육과정 개정에 따라 제작된 새로운 역사 교과서는 아직 개발되지 않았다. 이 때문에 2008년 이전에 개발되어 현재 사용되고 있는 교과서를 통해 그 추이를 개략적으로 짐작할 수밖에 없다. 검토 교과서는 모두 12책으로 10~12학년에 활용되고 있는 것이다.[20] 그와 관련된 서술은 서술 대상이나 자료의 성격에 따라 네 가지로 분류했다. 기숙학교라는 역사적 사실에 관한 서술(a), 기숙학교 문제 해결을 위한 현재의 노력(b), 원주민의 권리운동과 연계(c), 탐구 과제의 제시(d) 등이다.

먼저 기숙학교의 역사에 관한 서술 중 설립 취지(a1)와 관련해서는 대부분 식민주의 동화정책의 일환이었다고 언급하고 그것의 실행 주체가 정부라는 사실을 명시하지만, 1번 교과서와 같이 기술 습득과 아동 양육의 목적만을 제시해 그 본질을 모호하게 다룬 서술도 남아 있다. 기숙학교의 실상(a2)에 대해서는 대부분 열악한 환경과 아동 학대적 상황이었음을 언급하는데, 특별히 5번의 경우 헤이그 브라운의 증언을 소개했으며 8번과 10번의 경우 토머스 무어의 사진을 게재해 피해자들이 자신들

내에 원주민(B.C. First Peoples)이라는 별도의 과목을 두어 기숙학교를 비롯한 원주민 관련 이슈를 자세히 다룬다. 이와 달리 20세기 역사(20th Century World History)나 사회정의(Social Justice) 등의 과목에서는 전혀 다뤄지지 않는다. https://curriculum.gov.bc.ca/(검색일: 2019.12.20). 원주민 문제를 별도의 과목으로 설정했다는 점은 고무적이나 이것이 캐나다 역사와 사회의 전체 맥락에서 다뤄지지 않는 점은 별도의 평가가 필요해 보인다. 추후 다른 기회가 있다면 온타리오주와 비교해 볼 일이다.

20 이 중 12번 교과서는 브리티시컬럼비아주 교육 과정에 의거한 교과서로 명시한 반면, 다른 교과서는 특별한 언급이 없어 온타리오주와 브리티시컬럼비아주가 함께 사용하는 것으로 판단된다.

과 같은 연령기에 겪은 경험을 생생하게 전달함으로써 학생들로 하여금 공감적인 이해를 갖도록 구성한 점이 주목된다. 다음으로 기숙학교의 후유증(a3)에 대해서는 3분의 1 정도의 교과서만이 다루고 있는데, 기숙학교의 폐해가 현재까지 이어지고 있다는 점을 감안하면 아쉬움이 있다. 다만 2018 개정 교육과정 이후 좀 더 달라질 것으로 예상된다.

1998년 연방정부의 화해 진술(b)을 주요 내용으로 다루는 경우, 서로 다른 인식이 발견된다. 일부는 정부가 잘못을 인정했다는 데 초점을 두고 이것이 기숙학교 문제를 해결하는 획기였음을 강조하고 있는 반면, 정부의 화해 진술을 비중 있게 다루지 않거나 아예 언급조차 않는 교과서도 다수를 차지한다. 5번, 8번, 7번, 10번, 11번 교과서가 이 경우에 속하는데 이 교과서들은 흥미롭게도 원주민의 권리운동(c)을 비중 있게 다루고, 원주민과 함께 화해를 모색하는 구체적인 사례를 제시하고 있다. 이는 기숙학교 문제 해결의 획기를 이룬 사건들이 정부의 시혜적 조치가 아니라 원주민의 오랜 권리운동의 결과로 이해하게 만든다. 그뿐만 아니라 앞서 언급했듯 기숙학교 역사를 학생 또래 집단의 경험을 생생하게 전달하는 것과 함께 이 사실을 공감적으로 이해할 수 있는 심화 과제를 부여하고 있다(d). 또한 10번에서는 교회의 사과 태도 문제, 7번에서는 기억 장소의 재생 문제 등에 대해서 토론을 제안하고 있다.

기숙학교를 과거 사실로 다루고 정부의 화해 진술로 해결의 획기를 이루었음을 강조한 서술은 탈식민지화를 언급하지만 여전히 식민지화의 연장선에 있다고 의심할 만하다. 원주민은 해결의 '대상'일 따름이고 문제를 해결하는 (유럽) 캐나다인을 돋보이게 함으로써 이른바 '존재' 구도를 띠므로 정착자 문법의 재생일 수 있다. 이와는 달리 기숙학교를 만든 주체가 정부라는 점을 명시해 책임 소재를 분명히 한 경우도 있어 교과서 서술은 다양한 스펙트럼으로 존재하고 있음을 알 수 있다.

반면 기숙학교 해결 과정을 원주민의 오랜 권리 투쟁에서 다루는 서사는 정착자 문법의 해체로 나아가고 있다. 화해 진술 등과 같은 정치 이슈는 이러한 일련의 활동이 만들어낸 과정으로 이해되고, 기숙학교 문제의 해결 주체는 정부가 아닌 원주민으로 환치된다. 따라서 이런 종류의 서술이 정부의 화해 진술을 소홀하게 언급하거나 또는 누락하는 것은 우연이 아니다. 해결 주체의 중심은 원주민에 있고 서발턴의 재현을 지향하는 일관된 취지를 반영한 결과로 이해된다. 현재 추진 중이거나 일단락된 일에 대해서도 이를 평가하는 활동을 제시하는 것은 당연하다. 정부나 교회가 추진한 사과를 평가하도록 하고 비극의 역사 공간을 새로운 기억의 공간으로 조성하는 사례, 개인의 비극을 극복하고 원주민 인권을 위해 활동하는 인물의 사례 등을 들어 해결을 향한 노력을 공유한다. 이러한 서술이 중요한 것은 한두 차례의 선언으로 화해가 종식될 수도 없고 어느 일방의 주도에 의해 해결 정책이 추진될 수 없으며 함께 지속적으로 해결해야 하는 과제임을 전달하고 있기 때문이다.

교과서 서술을 보면 (a)-(b)의 구도와 (a)-(c)-(d)의 구도로 대별된다. 전자는 후자에 비해 문제 해결의 주체를 원주민보다는 정부로 대표되는 (유럽) 캐나다인에 초점을 맞추는 서사 구조에 가깝다. 후자는 원주민의 권리운동을 전제로 기숙학교 문제의 해결 과정을 설명한다든가, 원주민의 증언과 작품을 통해 당대인들의 경험을 추체험하게 한다든가 하는 시도는 서발턴의 목소리를 분명하게 담고 있다. 그렇다고 이것이 탈정착자 식민주의라고 단언하지 않겠다. 정착자 문법에 맞는 서사만을 수록하는 등 부지불식간에 또 다른 정착자 문법을 재생산하는 것이라고 평가될 수도 있기 때문이다. 지속적으로 이런 오류를 점검하고 반성할 필요가 있으며, 교육과정의 설계부터 원주민의 참여를 명기한 것은 이를 지향한다는 점에서 의미가 크다.

이와는 달리 일관되게 서발턴의 불운한 역사를 이해하는 데만 초점을 맞추는 경우도 있다. 다만 '있어서는 안 될 역사'로 명명백백하게 비판한다고 해서 그것이 반드시 역사 학습의 효용성을 높이는 것은 아니다. 이 또한 비논쟁화의 오류를 범할 수 있다는 점에서 주의가 필요하다. 이 지점에서 논쟁적인 주제를 비논쟁적으로 지도하는 잘못에 대한 김진아의 지적을 상기해 볼 필요가 있다(김진아, 2019: 72~73). 따라서 이를 역사 학습에서 다루면서 '청산되어야 할 역사'라는 강한 메시지만을 전달해서는 안 된다는 점이다. 자칫 그것은 정부의 화해 조치를 부각하는 서사와 결합될 우려도 있기 때문이다.

이런 점에서 화해 과정의 불완전성을 인정하고 현재적 해결 상황을 평가하고 주목할 만한 사례에 토론을 더함으로써 기숙학교 문제 해결이 계속 진행되어야 한다는 메시지를 전하려는 서사가 주는 의미는 크다. 이는 도럴이 지적한 대로 현재의 해결을 화해 상황으로 종결해 끊이지 않는 논란에 직면하기보다는 '화해를 만들어나가는 과정'(Dorrell, 2009: 36)으로 인식하도록 하기 때문이다.

4. 맺음말

유럽 캐나다인에 의해 원주민 아동에게 자행된 식민주의 동화정책의 극단적 사례인 인디언 기숙학교는 오랜 침묵과 은폐로부터 벗어나 화해를 향한 공적 기억으로 재구성되고 있다. 이러한 변화 과정에서 나타나는 특성을 축약한다면 '대화와 상호관계성', 그리고 그것을 이끄는 동력은 '화해의 불완전성 공유'라고 강조하고 싶다.

상호관계성은 서로 다른 시간의 과거와 현재에서 이루어진다. 기숙학교는 과거의 역사이지만 공적 기억화를 통해 현재와 대화하며 피해자 서발턴을 재현하고 새로운 역사를 생성하고 있다. 내셔널 아카이브나 지역센터에는 기숙학교와 관련된 기록과 구술 증언 자료를 수집·보관해 연구자는 물론이고 일반인과 학생들이 이용하고 있다. 그뿐만 아니라 연방정부와 주정부, 시민단체는 이를 기억하는 다양한 행사를 개최하고 있다. 일련의 활동은 자연스레 역사교육과 연계된다. 이는 역사 이해 과정에서 이루어지는 자연스러운 관계이기도 하다.

또 다른 상호관계성은 역사교육과 사회적 이슈 사이에 있다. 진실화해위원회는 기숙학교를 포함한 비극의 과거사를 교육과정에 반영하도록 하고, 그 구체적인 방법과 절차를 당사자와 합의하여 추진하도록 권고했으며, 실제 교육과정을 개정하는 과정에서 이것이 실현되고 있다. 교육 내용을 어느 특정 집단이 전유하지 않으며 피해 당사자인 원주민과 함께 무엇을 어떻게 기억하게 할지를 합의한다. 이러한 이행이 중요한 이유는 정치 담론에 의해 봉합된 선언적 결과를 교육에 이식하여 교육 담론이 정치 담론에 끌려다니는 형국이 아니라는 데 있다. 오히려 교육과정 논의에 이 문제를 포함함으로써 교육 담론이 사회 이슈를 형성하거나 선도하면서 또 하나의 화해 실천의 과정이 된다. 이는 캐나다적 특성으로 주목해도 좋을 듯하다.

정치 담론이 주도하는 화해는 때때로 숙성되기 전에 급속하게 추진되기도 하지만 다른 성향의 정치권력이 들어서면 강한 반발과 함께 역행하는 경우가 많다. 새롭게 밝혀진 과거사를 낯설게 여기고 기피하는 기득

권의 저항이 거세게 등장해 정작 당사자는 또다시 침묵하는 시행착오를 한국의 역사교육에서 보아온 바이다. 1994년 준거안 파동 이후 해방 후 겪은 불행한 과거사를 재조명하고 화해하는 일은 아직도 쟁론으로 남아 있다. 캐나다 또한 반발 현상이 거듭되었지만 급격하게 회귀하거나 퇴보하지 않은 데는 다방면에서의 대화가 지속되고, 그것이 상호 관계를 맺고 있기 때문이 아닐까 한다.

그리고 이러한 관계를 지속하는 동력은 현재의 화해가 불완전하다는 것을 인정하고 좀 더 나은 해결을 추구하려는 지속적 노력에서 비롯된다는 점에 주목하고 싶다. 불완전성을 인정하는 것은 지속적으로 화해를 모색하고 각 분야의 실천 과정을 이끄는 동력이 된다. 이는 최근 한국에서 과거사 '청산'이 아니라 과거사 '정리'로 달리 이름 부르는 취지(이동기, 2018: 384~389)와도 상통한다.

궁극적으로 상호관계성과 화해의 불완전성은 논쟁적 역사 학습에 유의미한 지점을 형성할 수 있다는 데 의미가 있다. 일부 교과서는 정부에 의한 화해 성과를 해결의 종착점처럼 다루기도 하지만, 원주민 즉 서발턴의 생생한 증언을 수록하고 그들의 입장에서 화해와 상호 이해를 모색하는 활동을 포함함으로써, 더욱 진전된 화해를 만들어나가야 한다는 것을 강조하는 서술이 다수를 이루고 있다. 지속적인 화해를 지향하는 원동력은 바로 피해 당사자인 원주민, 즉 서발턴의 실천으로부터 생성되고 있다. 이들은 이슈를 형성하고 정부의 모호한 가해 인식과 해결책을 바로 잡는 중심적 역할을 수행했다. 원주민 출신 활동가의 적극적인 행보부터 자신의 아픈 과거사를 세상에 풀어내는 개인의 고단한 기억 활동에 이르기까지 다양한 서발턴의 면면은 문화적 제노사이드 속에서도 서발턴 스스로가 정체성을 자각하고 이를 지키기 위해 저항하는 동력을 만들었다. 지배 담론의 외곽에서 모순을 폭로하며 지배 담론의 모순과 탈구를 제공하는 데 그치지 않고, 서발턴이 지배 담론을 무력화하고 패권주의를 극복하는 대항 담론을 선도하는 근원이 될 수 있음을 보여준다는 점에서 각별한 의미가 있다.

덧붙여 캐나다 사례에서 주목하고 싶은 것은, 기숙학교 이슈가 역사교육 내에서 주목하는 바가 어떤 지점까지 닿아 있는가 하는 점이다. 교과서 서술에 포함되어 학습 소재의 일부로 다루어지는 것을 넘어 이를 효과적으로 이해할 수 있는 새로운 역사교육론을 모색하고 있다는 데 시선을 두고 싶다. 역사적 사고력으로 대표되는 역사교육의 이론화가 주류의 서사가 제공하는 소재로 개발되었다는 지적과 함께 이성적이고 합리적인 논리만을 지향하는 역사적 사고력에 대해서도 새로운 검토를 촉구하고 있다. 소외되었거나 은폐되었던 역사나 기억을 공적 기억으로 포함해야 한다는 비판을 넘어서 그러한 역사를 '어떻게' 다루어야 하는가라는 새로운 연구 영역을 제안하고 있는 것이다.

참고문헌

강선주·고유경·구난희·박소영·박진동·방지원·윤세병·이미미·홍용진. 2018. 『세계는 역사를 어떻게 교육하는가』. 한울엠플러스.

구난희. 2013. 「1990년대 이후 역사 교육 정책 네트워크의 구조와 양상 변화」. ≪역사교육≫, 127.

______. 2020. 「캐나다의 어두운 과거사 기억하기: 인디안 기숙학교를 중심으로」. ≪역사교육≫, 154.

김진아. 2019. 「미국에서 논쟁 수업을 둘러싼 논의」. ≪역사교육연구≫, 34.

이동기. 2018.『현대사 몽타주』. 돌베개.

조한욱. 2003.「타자의 역사: 그 외연과 내포」. 2003년 역사학대회발표집.

진태원. 2014.12.25. "서발턴은 정치 주체가 될 수 있는가". ≪한겨레신문≫, A24.

기숙학교 청산 법원. http://www.residentialschoolsettlement.ca.

캐나다 변호사협회. http://www.cba.org.

캐나다 아카이브. https://www.bac-lac.gc.ca.

캐나다 온타리오 교육부. http://www.edu.gov.on.ca.

캐나다 정부. https://www.aadnc-aandc.gc.ca.

캐나다 정부 간행물. http://publications.gc.ca.

캐나다 진실화해 위원회. http://www.trc.ca.

Adam, Chapnick. 2009. "Rethinking the Impact of the Harper Government on Canadian History: It's Our Fault Too, forum: history under harper." *Labour/Le Travail*, 73.

Asch, Michael. 1997. *Aboriginal and Treaty Rights in Canada: Essays on Law, Equity, and Respect for Difference.* Vancouver: University of British Columbia Press.

Assembly of First Nations. 2004. *Report on Canada's Dispute Resolution Plan to Compensate for Abuses in Indian Residential Schools.*

Baldwin, Doug et al. 2008. *The Canadian Challenge*. Don Mills: Oxford University Press.

Battiste, Marie. 1998. "Enabling the Autumn Seed: Toward a Decolonized Approach to Aboriginal Knowledge, Language, and Education." *Canadian Journal of Native Education*, 22(1).

Bogle, Don et al. 2000. *Canada, Continuity And Change.* Markham: Fitzhenry & Whiteside.

Bolotta, Angelo et al. 2000. *Canada, Face of A Nation.* Toronto: Gage.

Calderon, Dolores. 2014. "Uncovering Settler Grammars in Curriculum." *Educational Studies: A Journal of the American Education Studies Association*, 50.

Canadian Bar Association. 2005. *The Logical Next Step: Reconciliation Payments for All Residential School Survivors.*

Chrisjohn, Roland D., D. Pace, S. Young and M. Mrochuk. 1993. "Psychological Assessment and First Nations: Ethics, Theory and Practice." *Mokakit Journal of Canadian Native Research*, 4(1).

Cranny, Michael et al. 1999. *Horizons Canada Moves West.* Ontario: Prentice-Hall.

Cranny, Michael et al. 2001. *Count Point: Exploring Canadian Issues.* Toronto: Pearson Education.

Cruxton, J. Bradley et al. 2000. *Spotlight Canada.* Don Mills: Oxford University Press.

Cruxton, J. Bradley et al. 2007. *Close-Up Canada.* Ontario: Oxford University Press.

Cruxton, J. Bradley et al. 2008. *Frash Back Canada.* Don Mills: Oxford University Press.

Cutrara, Samantha. 2018. "The Settler Grammar of Canadian History Curriculum: Why Historical Thinking Is Unable to Respond to the TRC's Calls to Action." *Canadian Journal of Education/Revue canadienne de l'éducation*, 41(1).

Department of the Interior. 1880. "Report on Industrial Schools for Indians and Half-Breeds: Nicholas Flood Davin. 14th March 1879." *Canada Annual Report.*

DesRivieres, Dennis et al. 2006. *Experience History.* Don Mills: Oxford University Press.

Dorrell, Matthew. 2009. "From Reconciliation to Reconciling: Reading What 'We Now Recognize' in the Government of Canada's 2008 Residential Schools Apology." *English Studies in Canada*, 35.

Fee, Margery 2012. "The Truth and Reconciliation Commission of Canada." *Canadian Literature*, 215.

Gini-Newman, Garfield et al. 2006. *Canadian History: A Sense Of Time.* Toronro: Mcgraw-Hill.

Haig-Brown, Celia. 1988. *Resistance and Renewal: Surviving the Indian Residential School.* Vancouver: Tillicum Library.

Hundey, Ian M. et al. 2000. *Canadian History.* Toronto: Irwin Publishing.

Institute On Governance. 1997. Summary of the Final Report of The Royal Commission on Aboriginal Peoples: Implications for Canada's Health Care System.

Library and Archive Canada. 2012. *Terminology Guide: Research on Aboriginal Heritage.*

Liguori, Guido. 2015. "Conception of Subalternity in Gramsci." in Mark McNally(ed.), *Antonio Gramsci.* London: Palgrave Macmillan.

Marker, Michael. 2011. "Teaching History from an Indigenous Perspective: Four Winding Paths up the Mountain." in Penney Clark(ed.). *New Possibilities for the Past: Shaping History Education in Canada.* Vancouver: UBC Press.

Miller, J. R. 1996. *Shingwauk's Vision: A History of Native Residential Schools.* Toronto: University of Toronto Press.

Milloy, John. 1999. *A National Crime: The Canadian Government and the Residential*

School System 1879~1986. Winnipeg: University of Manitoba Press.

______. 2013. "Doing Public History In Canada's Truth and Reconciliation Commission: National Council For Public History Keynote Address." *The Public Historian*, 35(4).

______. 2018. "Indian Act Colonialism A Century OF Dishonour, 1869~1969." *Research Paper For The National Center For First Nations Governance*.

Morris, Rosalind C. 2010. *Reflections on the History of an India: Can the Subaltern Speak?* New York: Columbia University Press.

O'Connor, Pamela. 2000. "Squaring the Circle: How Canada is Dealing with the Legacy of Its Indian Residential Schools Experiment." *Australian Journal of Human Rights*, 6(1).

ONTARIO Ministry of Education. 2013. *The Ontario Curriculum, Grades 9 AND 10: Canadian and World Studies*.

______. 2015. *The Ontario Curriculum, Grades 11 AND 12: Canadian and World Studies*.

______. 2018. *The Ontario Curriculum, Grades 9 AND 10: Canadian and World Studies*.

Prakash, Gyan. 2000. "The Impossibility of Subaltern History." *Nepantla: View from South*, 1(2).

Quinn, John et al. 2000. *Canada, A Nation Unfolding*. Toronto: Mcgraw-Hill.

Robert, Carney. 1989. "BOOK REVIEWS(COMPTES RENDUS)Resistance and Renewal: Surving the Indian Residential School." *Canadian Review of Sociology & Anthropology*, 26(5).

Roy, Sudesshna. 2012. "'Indian Drum in the House': A Critical Discourse Analysis of an Apology for Canadian Residential Schools and the Public's Response." *International Communication Gazette*, 74(6).

Royal Commission on Aboriginal Peoples. 1996. *Looking Forward, Looking Back: Report of Royal Commission On Aboriginal Peoples*.

Seixas, Peter. 2012. "Indigenous Historical Consciousness: An Oxymoron or a Dialogue?" in Mario Carretero, Mikel Asensio and Maria Rodríguez-Moneo(eds.). History Education and the Construction of National Identities. Charlotte: Information Age Publishing.

Smith, L. T. 2008. *Decolonizing Methodologies: Research and Indigenous Peoples*. London: Zed Books.

Spivak, Gayatri Chakravorty. 2010. "Can the Subaltern Speak?" in Rosalind C. Morris(ed.), Reflections on the History of an India: Can the Subaltern Speak? New York: Columbia University Press.

Titley, Brian E. 1986. *A Narrow Vision: Duncan Campbell Scott and the Administration of Indian Affairs in Canada*. Vancouver: University of British Columbia Press.

Todd, Douglas. 1991. "Churches, Feds Apologize to Natives." *The Vancouver Sun*, 22.

Truth and Reconciliation Commission of Canada. 2015a. Canada's Residential Schools: The History, Part 1 Origins to 1939, The Final Report of the Truth and Reconciliation Commission of Canada Vol.1. Montreal: McGill-Queen's University Press.

_____. 2015b. Canada's Residential Schools: The History, Part 2 1939 to 2000, The Final Report of the Truth and Reconciliation Commission of Canada Vol.1. Montreal: McGill-Queen's University Press.

_____. 2015c. Canada's Residential Schools: Missing Children and Unmarked Burials, The Final Report of the Truth and Reconciliation Commission of Canada Vol.4. Montreal: McGill-Queen's University Press.

_____. 2015d. Canada's Residential Schools: Reconciliation, The Final Report of the Truth and Reconciliation Commission of Canada Vol.6. Montreal: McGill-Queen's University Press.

_____. 2015e. The Survivors Speak: a report of the Truth and Reconciliation Commission of Canada. Otawa: Public Works & Government Services Canada.

_____. 2015f. Honouring The Truth, Reconciling For The Future; Summary of the Final Report of the Truth and Reconciliation Commission of Canada. Toronto: James Lorimer & Company Ltd.

Union of Ontario Indians. 2013. *An Overview of the Indian Residential School System*.

Wertsch, James V. 2004. "Specific Narratives and Schematic Narrative Template." in Peter Seixas(ed.), Theorizing Historical Consciousness. Toronto: University of Toronto Press.

Wolfe, Patrick. 2006. "Settler Colonialism and the Elimination of the Native." *Journal of Genocide Research*, 8(4).

Yaworski, Kiply. 2008. "Gifts from God." *The Presbyterian Record*, 132(5).

York, Geoffrey. 1990. *The Dispossessed: Life and Death in Native Canada*. London: Vintage Press.

08

인도-파키스탄 분립 역사 재구성과 종교 공동체 간의 화합 모색

박소영 한국학중앙연구원 책임연구원

1. 머리말

인도-파키스탄 분리 독립은 인도가 영국의 지배로부터 해방되었다는 측면에서 역사적인 의미가 있지만, 분립 과정에서 촉발된 힌두-무슬림의 반목, 폭력적 사태의 경험에서 기인한 상호 증오와 트라우마, 이에 따른 정치·사회적 갈등은 현재까지도 인도가 극복해야 할 과제로 남아 있다.

분립 과정에서 수백만 명의 무슬림이 파키스탄으로 이주했지만, 파키스탄의 무슬림 인구보다도 더 많은 수의 무슬림은 여전히 인도 국민의 구성원이다. 분립 직후 독립운동의 배후 원동력이었던 인도국민회의는 이 무슬림들을 완전한 인도 시민으로 융화하고자 각 종교 공동체의 정체성과 문화적 고유성을 존속·유지한다는 원칙의 세속주의(secularism)를

* 이 장은 박소영(2020)의 내용을 수정·보완한 것이다.

국시로 표방했다.

그러나 세속주의는 시간이 흐르고 식민지 역사의 기억이 희미해지면서 힌두 민족주의자의 도전을 받게 된다. 독립 과정에서 무슬림은 인도로부터의 분리를 주장하며 파키스탄을 건국했으므로, 인도는 힌두 국가로서의 정체성을 기반으로 해야 한다고 주장하는 힌두 민족주의 세력이 정치적으로 영향력을 행사하게 된 것이다. 세속주의와 힌두 민족주의 간의 갈등 양상은 특히 국가적 서사가 반영되는 역사 교과서 영역에서도 단적으로 나타났다.

힌두 민족주의자들은 세속주의 원칙에 따라 간행된 역사 교과서에는 친힌두 성향의 내용이 부재한 데 반해 이슬람 문명에 대해서는 우호적으로 서술되어 있다며 문제를 제기했다. 동시에 이들 세력이 주도하여 인도가 본질적으로 힌두 국가라는 이데올로기를 역사 교과서에 반영하고자 했다. 이에 대해 인도 역사학계는 물론이고 사회 각계에서 항의 성명을 발표하고 사료와 객관적 사실을 제시하며 힌두 민족주의자들에 의해 발간된 교과서 내용의 왜곡을 비난하는 행위가 장기간 지속되기도 했다.

이와 같은 역사 교과서 논쟁 사태 이후 새롭게 구성된 교과서 집필진은 역사 교과서를 정치적 선전 수단으로 간주하지 않으며 이슬람과 파키스탄을 공정하고 정확하게 기술하겠다고 강조했다(도쉬너·셜록, 2010: 588). 인도-파키스탄 분리 독립에 관한 서술은 이와 같은 역사교육의 새로운 방향성을 반영하고 있으며 힌두-무슬림을 비롯한 종교 공동체 간의 화합을 시도하고 있는 것으로 보인다.

이 장에서는 세속주의 원칙으로 회귀해 분리 독립의 역사를 조명하는 현행 표준 인도 역사 교과서에서의 새로운 시도들을 구체적으로 살펴볼 것이다. 교과서의 서술 내용뿐만 아니라 제시되는 원자료의 유형과 특징에 관해서도 포괄적으로 고찰함으로써 우리에게 주는 시사점도 함께 탐색해 보고자 한다.

2. 인도 역사 교과서를 둘러싼 논쟁: 세속주의에 대한 도전

8세기 무렵 북인도 지역에 이슬람 세력이 유입되면서 인도 아대륙에서는 힌두와 무슬림이 공존하는 역사가 시작되었다. 13세기에는 델리 술탄 왕조가 북인도를 완전히 장악했고, 1526년에는 티무르의 후손으로 알려진 바부르(Babur)가 무굴제국을 건설했다. 세 번째 황제 아크바르(Akbar)는 힌두에 대한 관용, 이들과의 타협을 통해 힌두와 무슬림 간 융화의 기반을 마련하고 강력한 제국으로 발전하기 위한 기틀을 마련한 것으로 잘 알려져 있다.

델리 술탄 왕조부터 무굴제국까지의 유구한 역사 속에서 힌두와 무슬림은 각자의 고유한 문화를 지켜나가면서도 상호 간에 문화적 융합이 이루어졌다. 이들은 서로의 상이한 문화를 드러내기보다는 다름을 인정하며 함께 살아가는 모습으로 융화되어 있었다.

무슬림이 정복자로서의 지위에서 힌두와 공존했지만, 두 세력이 종교적 정체성을 드러내며 갈등이 표면화되었던 경우는 매우 드물었다(고홍근, 2003: 5). 힌두와 무슬림이라는 상대적 정체성과 공동체 인식은 19세기 초에 나타났으며(이광수, 2003: 88), 두 공동체 간의 갈등은 영국의 식민통치하에서 표면화되었다.

영국이 실시한 힌두-무슬림 분리지배 정책은 인도와 파키스탄의 분리독립이라는 결과를 만들어냈으며, 그 과정에서 양 세력은 상대측에서 자행하는 폭력을 경험해야만 했다. 그러나 분립 이후에도 인도에는 여전히 소수 공동체로서 무슬림이 인도 국민의 일원으로 남아 있으며, 인도 정부는 그들을 국가의 주류 속에 통합하고자 노력해 왔다. 모든 종교적 신념 간의 본질적인 평등을 강조하는 세속주의를 국시로 표방하며 하나가 된 인도를 지향한 것이다. 그리고 세속주의 원칙은 국가 차원의 교육 정책에서도 중요하게 적용되었다.

1961년 인도 정부는 국립교육연구훈련원(National Council of Educational Research and Training, 이하 NCERT)을 설립해 언어와 문화, 사회적 배경이 다양한 각 주에서 실시되는 초중등 교육이 전국적으로 동질성을 유지할 수 있도록 국가 수준의 교육정책과 프로그램을 마련토록 했다. 이뿐만 아니라 중앙정부 차원의 표준 교과서를 발간하는 중요한 역할도 부여했다.[1] 이에 따라 NCERT는 1966년에 첫 번째 역사 교과서(1차 교과서)를 발간했다.

이 교과서는 세속주의 원칙하에 식민사관과 종교적 편견을 지양하고 독립국가로서의 정체성을 형성하는 데 도움이 되는 역사 기술을 목표로 삼았다. 1차 역사 교과서는 2001년까지 35년간 사용되었으며, 그사이에

1 인도의 교육은 중앙정부와 주정부 양자가 관할하는 영역으로 구분된다. NCERT는 학교 교육과 관련해 중앙정부 교육부의 정책 수립과 계획을 수행하기 위해 설립된 전 인도적 기관이다. 국가 수준 커리큘럼 수립, 교과서 정책의 입안과 교과서 발간, 교사 연수 등의 역할을 수행한다. NCERT 교과서는 중앙중등교육위원회(Central Boaord of Secondary Education, 이하 CBSE) 관할하의 학교에서 교육용 교재로 지정되어 있다. 그러나 CBSE와 각 주 관할하의 학교들에서 제10학년, 제12학년 수료 시에 행해지는 일제 시험은 NCERT 교과서 내용에 기반하고 있으며, 각종 공무원 시험에서도 그 내용이 반영되므로 실제로는 출판 부수를 넘는 상당한 영향력을 갖고 있다고 할 수 있다.

내용을 수정·보완한 개정판이 지속적으로 출간되었다(구하원, 2018: 7).

1차 역사 교과서에 대한 정치적 개입은 1977년에 정권을 잡은 힌두 보수 성향인 자나따당(Janata Party) 연합 세력에 의해 행해졌다. 1947년 독립 이후 인도의 정치는 인도국민회의(India National Congress)에 의해 줄곧 일당 우위 체제가 유지되었지만, 1977년 반(反)인도국민회의 연합세력으로 결성된 자나따당에 의해 와해된다. 자나따당을 구성하는 정당 중에는 잔 상그(Jan Sangh)와 같은 힌두 성향이 강한 세력이 포함되어 있었으며, 이들의 모체는 국민자원봉사단(Rashtriya Swayamesevak Sangh, 이하 RSS)이다. RSS는 1925년에 결성되어 "하나의 국가, 하나의 민족, 하나의 문화"라는 슬로건을 내걸고 다른 종교, 특히 이슬람, 크리스트교와 그 신도에 대해 공격적이고 배타적인 자세를 강하게 보여왔다. 1980년대 이후로 접어들면서 RSS와 인도인민당(BJP)은 인도의 정치, 사회에 중대한 영향을 미치게 된다(內藤雅雄, 2004: 1).

RSS의 일원이 작성한 것으로 여겨지는 무기명의 메모가 당시 총리인 데사이(Morarji Desai)에게 전달되는 사건이 있었는데 그 메모에는 NCERT의 1차 역사 교과서는 "공산주의자들의 옷을 입고 있는 저자에 의해 그 내용이 편향되었다"라는 지적과 함께 학교 교재 지정 철회를 요구하는 내용이 적혀 있었다. 이 메모를 전달받은 P. C. 춘데르(P. C. Chunder) 교육부 장관은 NCERT에서 이 교재들에 대한 학교 교재로서의 적절성 여부를 검토하도록 지시했다. NCERT는 검토 결과 이러한 비판은 타당하지 않다고 결론지었지만, 교육부는 이 교과서들이 학교에서 사용되고 재판(再版)되는 것을 금지했다(內藤雅雄, 2004: 2).

1차 역사 교과서에 대한 문제 제기의 핵심 내용은 이슬람 왕조가 인도 아대륙의 대부분을 지배했던 시기에 관한 것으로 당시 갈등의 원인을 종교보다 사회적·경제적 관점에서 해석하는 등 친힌두 성향이 부재하다는 것이었다(구하원, 2018: 8).

게다가 RSS를 중심으로 한 세력이 교육부 산하의 인도역사연구학회(Indian Council of Historical Research, 이하 ICHR)를 마르크스주의자들의 집합이라고 공격했고, 그 결과 ICHR 멤버가 완전히 교체되었다. 이에 대해 전(全) 인도적 역사연구자 학회인 인도역사학회(Indian History Congress, 이하 IHC)가 중심이 되어 정부 탄핵을 요구했으며 각지에서의 항의 행동도 계속되었다. 그러나 1980년 내분에 의해 자나따 정권이 붕괴되고 총선거 결과 인도국민회의 정권이 부활하면서 1차 역사 교과서 개입 시도는 자연스럽게 소멸되었다(內藤雅雄, 2004: 2).

그러나 1998년 인도인민당은 인도국민회의와 그 동맹 세력을 상대로 선거에서 승리한 후 자신들의 이데올로기를 전국적으로 확산시켜 나간다. 동시에 RSS계 조직에 의한 무슬림과 크리스트교에 대한 계획적 공습으로 여겨지는 사건들이 다발해[2] 커다란 사회불안을 초래했다. 그뿐만 아니라 이 세력들은 역사연구와 역사교육에도 정치적·이데올로기적으로 깊은 영향력을 미쳤다. 힌두 민족주의자들은 오래전부터 인도 역사에

2 인도 북부에 위치한 아요댜 지역의 모스크 '바브리 사원'이 힌두 원리주의자들에 의해 1992년 파괴되었다. 「라마야나」의 주인공 아요댜의 왕 '라마'의 탄생지에 세워졌던 힌두 사원을 무굴 세력이 16세기에 파괴해 그 터에 바브리 사원을 세웠다고 힌두 원리주의자들이 주장하며 사원 재건운동을 전개한 것이었다. 이 사건으로 종교 공동체 간의 폭동이 다발하게 되었다. 그중 중요한 사건이 2002년 구자라트주에서 일어난 무슬림 학살 사건이다. 구자라트주에서 60여 명의 힌두교도가 성지순례를 다녀오던 길에 열차 폭발 사고로 사망하자, 이 사건을 무슬림의 소행으로 판단한 힌두교 과격파가 2000명이 넘는 무슬림을 학살한 것이다.

대한 다문화적 접근 방식이 종교적 소수집단, 특히 무슬림들을 두둔하는 쪽으로 흘러가고 힌두 문명의 업적을 불필요하게 폄하하고 있으며, 힌두 문화와 인도 문화 간 연계의 중요성을 간과하고 있다고 주장해 왔다(도쉬너·셜록, 2010: 574).

NCERT, ICHR, 인도사회과학연구학회(Indian Council of Social Science Research, 이하 ICSSR) 등의 교육, 역사 및 사회과학 연구 기관들은 RSS 세력에 의해 거의 장악되었고 역사 교과서도 전면적인 개정 작업에 들어가게 되었다. 이와 동시에 기존 1차 역사 교과서 서술 중 힌두 민족주의적인 관점에서 문제가 제기된 부분이 삭제되기 시작했다. 특정 종교와 카스트에게 상처를 준다는 것이 그 이유였는데 삭제된 주요 내용은 고대 인도에서의 소고기 섭취와 의례를 위한 도살, 억압적인 바르나 제도, 라마신과 아요댜, 크리슈나신과 마투라와의 연관을 부정하는 고고학적 견지 등에 관한 서술이다(栗屋利江, 2004: 3).

한편, 2000년 NCERT에서는 학교 교육을 위한 「국가교과과정요강(National Curriculum Framework for School Education)」(이하 NCFSE)을 새롭게 발표했다. 이 요강에서는 인도 헌법 전문에 있는 세속주의가 현 교육에서는 종교의 부정으로 오해를 받고 있다며 종교 교육의 필요성을 주장했다. 이러한 인식의 근본은 종교가 중핵이 되는 '가치 교육'이라는 점에 있었다. 그리고 "학교 커리큘럼은 …… 인도문명과 인도의 세계문명에 대한 공헌을 의식적으로 이해하는 것을 통해 인도인이라는 데 자긍심을 갖게 하지 않으면 안 된다. …… 학교 커리큘럼은 민족적 정체성과 심오한 애국주의, 민족주의를 양성하기 위해 특별한 내용을 포함해야 한다"라는 점을 교육 목표의 중요한 방향으로 명시했다(栗屋利江, 2004: 4). 즉 '인도의 토착 지식(indigenous knowledge)과 인류에 대한 인도의 공헌'을 강조함으로써 '식민지배, 마르크스·공산주의, 이슬람'이라는 세 가지 외래의 영향을 제거하고 힌두 중심의 민족주의 이데올로기를 교육을 통해 확산해 나가고자 했다.

NCFSE 2000에 근거해 집필된 2차 역사 교과서는 서술 내용을 둘러싸고 뜨거운 논쟁에 휩싸였다. 인도 역사 연구자들은 2002년 말 연차대회에서 특별 위원회를 조직해 2차 역사 교과서들을 대상으로 사실 오인, 해석상의 편견, 근거가 없는 서술을 열거한 책자(Habib et al., 2003)를 출판했다. 이에 대해 비판의 대상이 된 2차 역사 교과서 집필자들의 반론서(Lal et al., 2003)도 NCERT에서 출판되는 등 역사 교과서 서술을 둘러싼 논쟁은 치열해졌다. 그뿐만 아니라 ≪힌두(The Hindu)≫, ≪타임스 오브 인디아(The Times of India)≫ 등의 전국 일간지, ≪프론트라인(Frontline)≫ 등의 넓은 독자층을 갖는 주간지에 의해서도 2차 역사 교과서에 대한 반대 캠페인이 장기간 지속되었다(內藤雅雄, 2004: 21).

1차와 2차 역사 교과서에서 가장 두드러진 차이는 인도의 고대문명과 무굴제국에 대한 서술에서 찾을 수 있다. 특히, 2차 역사 교과서는 베다 시대의 문명이 인도에서 자생한 고유의 문명이며, 인더스 문명과 함께 인도문명의 뿌리를 이루고 있다고 주장했다. 인도문명이 자생적인 힌두 문명임을 부각함으로써 2차 역사 교과서의 필진은 차후 인도사에 등장하는 '외래 문명', 즉 1200년 이후 정착한 이슬람 술탄 왕조와 그 후손들을 타자화한 것이다(구하원, 2018: 11).

또한 근현대 인도사에서도 무슬림의 입장에 대해서는 오해와 곡해의 관점을 견지하고 있다. 예컨대 세포이 항쟁에 대한 서술을 보면, 무슬림 제국을 예전의 영광의 자리로 복귀시키기 위해 무슬림이 반란에 참가했다고 설명하거나 독립 과정에서 보인 무슬림연맹의 독선적이고 과격한 태도를 결과론적으로 서술함으로써 그 경과가 정확하게 전달되지 않아 분리 독립의 책임이 어디까지나 무슬림연맹에 있다는 해석을 제시하고 있다.

그러나 인도국민회의가 이끄는 통합진보연합(United Progressive Alliance: UPA)이 2004년 선거에서 승리하면서 논란의 2차 역사 교과서는 폐기 수순을 밟았다. 그리고 새롭게 집필진을 구성하고 새로운 국가교과과정요강(NFCSE, 2005)에 따라 3차 역사 교과서를 2007년에 출간했다. 3차 역사 교과서는 힌두 민족주의적 요소를 배제하고 종교 공동체 간의 우열을 두지 않는 내용으로 구성되어 있다고 평가되고 있다. 또한 역사 서술의 객관성을 중시하고 역사 탐구 역량을 함양하기 위한 교수 방법의 도입, 일상생활의 기록을 통한 역사의 재구성과 같은 새로운 시도도 이루어졌다. 이 교과서들은 인도인민당이 다시 집권한 2014년 이후에도 전면적으로 개정되지 않고 현재까지 사용되고 있다.

3. 힌두-무슬림 공동체의 형성과 갈등의 정치화 및 분립

3차 역사 교과서 발간 주체는 이슬람과 파키스탄을 공정하고 정확하게 기술할 것을 주요 방향 가운데 하나로 제시했다(도쉬너·셜록, 2010: 588). 인도-파키스탄 분립에 관한 역사 교과서의 서술은 힌두-무슬림 공동체의 형성과 갈등 관계에 대한 관점을 보여주기 때문에, 역사 교과서 논쟁 과정을 겪은 후 인도를 구성하는 다양한 공동체의 화합을 위한 역사교육의 지향점을 가늠할 수 있다.

세속주의와 인도의 복합적 문화를 강조했던 1차 역사 교과서나 힌두 민족주의에 근거한 2차 역사 교과서 모두 분립의 원인과 그 과정에서 발생한 유혈 사태에 대한 책임을 무슬림연맹과 이 조직을 이끌고 파키스탄을 건국했던 무함마드 알리 진나(Muhammad Ali Jinnah)에게 전가한다는 점에서 서술 기조는 유사했다. 그러나 3차 역사 교과서 집필진은 앞에서도 언급한 것처럼 공정한 관점에서 객관적 사실에 근거한 분립의 역사 서술을 지향했다.

인도-파키스탄 분리 독립은 12학년 역사 교과서 『인도사의 주제들 3권(Themes In Indian History Par III)』, 「주제 14: 분립의 역사 이해하기: 정치, 기억, 경험들(Understanding Partition: Polotics, Memories, Experiences)」이라는 장에서 상세히 다룬다. 영국으로부터 독립하는 과정에서 설립된 인도국민회의와 무슬림연맹, 영국 정부 간의 정치적 논의들을 다루고, 분립을 경험했던 서민들의 다양한 기억으로 역사의 재구성을 시도했다. '정치, 기억, 경험들'이라는 부제를 통해서도 내용을 짐작할 수 있다.

주요 구성과 전개를 보면 1절에서는 분립 이후 힌두 연구자가 파키스탄에 위치한 라호르를 방문해 자료 조사를 하는 과정에서 경험한 세 가지 이야기를 통해 폭력을 동반한 분립 과정에서 각 개인이 처했던 상황에 따라 상대 공동체에 대한 다양한 층위의 감정이 존재할 수 있다는 점을 알려준다.

2절에서는 분립 과정에서 일어난 폭력사태와 희생의 정도를 구체적으로 제시하고 이러한 인종청소는 종교 공동체 대표를 자칭하는 이들에 의해 자행된 것으로 국가 주도의 몰살이 목격되지는 않았으며, 근대식 통제 기법과 조직에 의해 자행된 독일의 홀로코스트와도 다르다는 점을 전제로 한다.

3절에서는 주로 정치적 관점에서 종교 커뮤널리즘(communalism)의 형

표 8-1 인도 12학년 역사 교과서의 인도-파키스탄 분립 내용 구성

절	내용
1절	몇 가지 분립 경험 ▷ 구술 자료 1: 나는 그냥 내 아버지의 빚을 갚는 것뿐이다. ▷ 구술 자료 2: 꽤 오랫동안 나는 편잡인 무슬림을 만나지 못했다. ▷ 구술 자료 3: 당신은 절대 우리가 될 수 없어요.
2절	중요한 지표 2.1. 분립인가 홀로코스트인가? 2.2. 고정관념의 힘
3절	왜 그리고 어떻게 분립이 일어났는가? 3.1. 오랜 역사의 절정 3.2. 1937년 선거와 인도국민회의 내각 3.3. 파키스탄 결의 3.4. 갑작스러운 분립 3.5. 전후의 전개 3.6. 분립의 대안 3.7. 분립을 향해
4절	법과 질서의 철회 4.1. 1인 군대 ▷ 구술 자료 4: 한 발의 총성도 울리지 않았다.
5절	분립의 젠더화 5.1. 복구된 여성들 5.2. 명예의 보존 ▷ 구술 자료 5: 여성들이 복구된다는 것의 의미
6절	지역에 따른 다양한 상황들
7절	도움, 인류애, 화합 ▷ 구술 자료 6: 작은 포도 바구니
8절	구술 증언과 역사

자료: NCERT(2007: 376~402)를 바탕으로 필자가 재구성.

성과 고착화, 인도의 정치 지도자들과 영국 정부가 인도의 독립을 논의하는 과정에서 점증되었던 반목과 불신 그리고 분립으로 귀결되는 과정을 다룬다.

4절부터 7절까지는 분립을 경험한 평범한 사람들의 회고록과 개인의 기록 등을 통해 정치적·영토적 분립을 인간적 차원에서 역사를 재구성하고자 시도한다. 그리고 마지막 8절에서는 공적 기록물과 구술 증언 각각의 의미, 한계점을 확인하고 구술이 중요한 자료로서 역사를 구성할 수 있는지에 관한 가능성을 살펴본다.[3]

먼저, 정치적 측면에서의 분립에 관한 서술 관점을 파악하기 위해 교과서 전반부(2~3절)의 내용, 즉 힌두와 무슬림의 종교적 정체성 자각, 종교 커뮤널리즘이라는 이념으로의 발전, 그리고 정치 지도자들의 논의를 중심으로 한 독립 과정을 살펴보도록 하겠다.

종교 커뮤널리즘으로 불리는 힌두와 무슬림의 갈등 관계 형성에는 영국에 의한 인도의 분할 통치 정책이라는 정치적 요인이 중요하게 작용했지만, 그보다 이른 시기부터 각 종교 집단이 내재적으로 가지고 있었던 문화 민족주의도 중요한 단초를 제공했다. 인도 고유의 문화에 도전하는 서구 문명에 대한 위기의식에서 비롯된 배타적 힌두 민족주의는 그에 대한 반작용으로 이슬람 민족주의를 형성하는 자극제가 되었다(이지은, 2016: 306~307).

교과서에서도 이러한 사실이 서술의 바탕이 되고 있으며, 두 공동체 간의 갈등 구도 형성에 관여되는 다양한 층위의 양상들에 대해서도 주목

3 〈표 8-1〉에서 알 수 있듯이 교과서에서는 다양한 구술 자료가 사용되고 강조되고 있다. 12학년 역사 교육과정에서는 중요한 역사 자료를 심층적으로 탐구하며 역사적 사건과 과정을 학습할 것을 명시하고 있는 것과 관련이 있다. 교과서의 각 주제(각 장)마다 역사 연구를 위한 특정 유형의 사료가 지정되어 있는데 학습자들이 역사가들이 각 사료를 분석하고 해석하는 방법을 익힐 수 있도록 하며, 역사적 사건과 인물에 대한 다른 형태의 사료 조사와 연계해 더 확대된 틀에서 역사를 이해할 수 있도록 하고 있다(NCERT, 2006: 93~94).

하고 있다. 양 진영에서 생성·확산·고착화되었던 상호에 대한 혐오 정서와 고정관념에 대한 문제점을 교과서 서술의 도입에서 제기하고 있다. 상호에 대한 적대감과 고정관념은 분립 과정에서 표출된 상호 폭력의 기억과 더불어 세대를 통해 재생산되고 있다는 문제의식을 드러내며, 이것을 현재의 인도와 파키스탄이 안고 있는 문제와도 연관시킨다. 분립은 과거의 사건에만 머무는 것이 아니며 현재에도 진행되는 과제로 다루고자 한다.

또한 힌두-무슬림 간의 역사·문화·정치적 관계를 시대적 변화와 연계시키며 20세기 초반 무렵부터 종교 커뮤널리즘이 심화되는 중요한 계기들에 관해서도 다룬다. 힌두와 무슬림의 역사적 관계에 관해 오랜 나눔과 문화교류의 역사가 공존해 왔다는 점을 부각하고, 일부 역사학자들이 두 공동체 사이의 갈등의 역사만을 강조하는 데 비판을 가한다.

정치적 환경의 변화로는 영국 식민주의자들에 의한 분할통치 정책의 일환으로 실시된 무슬림 분리 선거구제를 거론하며 선거 정치의 논리가 개입되면서 각 공동체의 정체성이 고착화되었다고 보고 있다. 종교적 정체성은 근대 정치 시스템과 만나면서 소속 공동체가 유리한 정치적 입지를 다지기 위해 이용되었고, 이것은 이제 더 이상 종교적 믿음과 신뢰의 단순한 차이를 나타내는 것이 아니며 서로에 대한 적대감을 의미하게 되었다는 점을 설명한다. 이와 동시에 1920년대와 1930년대 초반에 걸쳐 불거진 배타적 종교 이슈들에 의해 커뮤널리즘이 심화되었다(NCERT, 2007: 383)는 점을 언급하고 있다.

대표적인 사례로 거론되는 종교 이슈로는 아리아 사마즈(Arya Samaj)가 전개한 힌두교로의 재개종 활동인 슛디(shuddhi) 운동, 암소 보호운동, 그리고 모스크 앞에서 행한 음악 연주(music before mosque)[4]와 관련된 것들이다. 무슬림 진영에서 전개된 대척적인 움직임들로는 탄찜(tanzim)[5], 타블리(tabligh)[6]를 언급하고 있으며, 이 운동들의 급속한 확산은 힌두를 분노케 했다(NCERT, 2007: 383~384)는 점을 설명하고 있다.

종교 중심의 공동체에 정치적 논리가 개입되면서 종교 커뮤널리즘이라는 이념으로 발전하게 된 상황에 관해서도 신중히 언급하고 있다. 이것은 미래의 인도를 이끌어갈 학습자들에게 커뮤널리즘의 기원과 이 이념의 문제점을 이해시키고, 현재에도 사회적·정치적 분열의 요인으로서 향후 극복해야 할 문제점으로 인식시키기 위한 것으로 보인다. 교과서 내용의 일부를 인용하면 다음과 같다.

> 우리의 정체성에는 많은 측면이 있다. …… 소득 수준은 가정마다 다르기 때문에 우리 모두는 이에 맞는 특정의 사회적 계층에 속해 있다. 우리 대부분은 종교가 있고, 카스트도 우리의 삶에서 중요한 역할을 할 수 있다. 즉 우리의 정체성은 수많은 특징이 있으며 이것들은 복잡하다. 종교와 같이 사람들이 선택한 특정 측면에 더 큰 의미를 부여할 때가 있다. 그러나 이것 자체는 공동체로 묘사될 수 없다. …… 종교 커뮤널리즘은 다른 공동체에 대

---

4 무슬림의 예배시간에 사원 앞에서 행해졌던 음악 연주이다. 무슬림은 이것을 신과의 평화로운 교감을 방해하는 것으로 보았다(NCERT, 2007: 383).

5 탄찜(tanzim)은 조직(organization)이라는 뜻의 아랍어이며, 식민지기에 인도의 무슬림을 결속시키기 위해 시작된 정치운동을 의미한다(NCERT, 2017: 125).

6 따블리(tabligh)는 따블리 자마트(Tablighi Jamaat)를 의미하는 것으로 보인다. 이 운동은 1926년 마울라나 일리야스(Maulalna Muhammad Iliyas)와 그의 추종자에 의해서 델리 근교와 메와트(Mewat)에서 소규모로 시작된 이슬람화 운동이다(이희수, 1995, 272).

한 적대적인 대립 관계 속에서 종교적 정체성을 중심으로 하나의 공동체로 통합하려는 정치를 말한다. 이것은 공동체 정체성을 근본적이고 고정된 것으로 규정하려고 한다. …… 종교 커뮤널리즘은 '다름'으로 정의된 것에 대한 증오의 정치를 만들어낸다고 할 수 있다. 무슬림 커뮤널리즘의 경우에는 힌두이며, 힌두 커뮤널리즘에서는 무슬림인 것이다. 이 증오심은 폭력의 정치를 먹잇감으로 삼는다. 커뮤널리즘은 종교적 정체성을 정치화한 특별한 개념이며 종교 공동체 간의 갈등을 조장하려는 이념이다(NCERT, 2007: 384).

한편, 종교 간 갈등이 정치화한 것과 분립의 연관성에 관해서는 분립 직전 10년간의 영국의 통치 정책에 주목할 것을 제시한다. 힌두와 무슬림 간의 불화는 항상 존재하는 측면이 있었지만, 이 때문에 분립과 그 과정에서 발생한 폭력과 강제적 이주를 수반할 정도는 아니었다(NCERT, 2007: 384)는 것이다. 그러면서 중요한 정치적 계기를 열거한다. 1937년 선거에서 무슬림연맹의 패배, 1940년의 라호르 선언, 1945년의 심라 협상의 결렬, 1946년 선거에서의 무슬림연맹의 약진, 1947년의 분립 결정에 관한 것이다.

이 사건들에 관한 교과서 서술 내용을 살펴보면 우선 1937년 지방선거에서 무슬림연맹은 예상과 달리 의석수 확보에 실패하게 되는데 그 이유로는 무슬림연맹이 아직 무슬림을 대표할 만한 입지가 견고하게 마련되어 있지 않았기 때문으로 이 시점부터 본격적으로 사회적 지지를 얻기 위해 노력했다(NCERT, 2007: 385)는 정도로 선거 결과를 분석하고 있다. 그리고 인도국민회의는 이 지방선거에 앞서 UP주에서의 완승에 확신이 없었기 때문에 무슬림연맹에 연정을 제안했었다. 예상과 달리 무슬림연맹이 의석수 확보에 실패하고 인도국민회의가 압승하자 연정 제안을 파기해 무슬림연맹과의 불신을 자초한 측면이 있지만, 교과서에서는 이 내용을 언급하지 않고 있다.[7]

1940년의 라호르 선언에 관해서는 무슬림이 수적으로 우세한 지역을 독립적이고 주권을 가진 '독립주'로 구성해야 한다는 것을 의미하며, 무슬림연맹 대표 무함마드 알리 진나는 이 결의안을 무슬림을 위해 더 많은 혜택을 확보하는 데 유효한 협상 창구로 생각했다(NCERT, 2007: 386)고 설명하고 있다. 즉 라호르 선언은 무슬림 다수 지역에 대한 자치 조치를 요구한 것으로 보고 있다. 교과서에서는 무슬림연맹에 의한 분립의 첫 공식적 선언이라는 의미를 부여하는 정통적 견해가 아니라 무슬림의 자결권 원칙을 제시한 것으로 전략적 행동이라는 수정주의자의 견해를 취함으로써 무슬림의 독립국가 건설 의지를 부각하지 않는다.

제2차 세계대전으로 지체되었던 인도의 정권 이양을 위한 협상이 1945년에 재개되었는데, 인도의 장래를 논의하기 위한 총독 '와벨(Wavell)'의 계획안이 발표되었고 총독 집행위원회(Viceroy's Executive Council) 구성을 위해 심라에서 인도국민회의와 무슬림연맹 대표들이 참석했다. 그러나 대표 지명을 둘러싸고 양측이 이견을 보여 협상은 교착상태에 빠졌고 결국 회합이 무산되었다(조길태, 2009: 175~177). 교과서에서는 이 협상의 결렬에 관해 무슬림연맹이 무슬림 대표를 지명할 권리를 집요하게 주장했고, 인도국민회의와 영국에 우호적인 무슬림이 여전히 존재하기 때문에 영국은 적극적으로 중재를 하지 않았다(NCERT, 2007:

7 교과서에서는 UP주에서의 지주 제도를 둘러싸고 인도국민회의는 폐지를, 무슬림연맹은 지지의 입장을 취하고 있던 것을 연정 거부의 이유로 거론하고 있다.

387)고 서술함으로써 협상 결렬의 책임을 무슬림연맹과 영국 정부에 전가하고 있다.

심라 협상 결렬 후 실시된 1945~1946년 중앙·지방의회 선거에서는 무슬림연맹이 승리를 거두게 되는데, 이것에 관해 교과서에서는 1946년 후반이 되어서야 무슬림연맹은 무슬림 유권자들 사이에서 우세한 정당으로 자리매김했다고 언급하면서도, 선거에서 투표권을 누렸던 무슬림 유권자의 낮은 비율을 제시하며(NCERT, 2007: 388) 무슬림연맹이 갖는 대표성에 대한 해석을 유보하고 있기도 하다.

이후의 사건에 대한 교과서 서술에서도 독립 인도의 논의를 위한 연방정부의 구성, 분립으로의 결정 논의 등 협상의 중요한 국면에서 보인 무슬림연맹의 독단적 주장과 비타협적인 태도를 부각함으로써 협상 결렬의 중요한 요인, 분립 과정에서 촉발된 유혈 폭동 사태에 관해서 그 책임을 무슬림연맹에 전가하려는 경향을 보인다.

반면, 인도국민회의의 태도와 관련해서는 무슬림연맹과의 불신을 자초하거나 협상에 비타협적 태도를 보였던 사실은 생략되어 있어 인도국민회의에 우호적인 서술 태도를 취하고 있음을 알 수 있다. 영국의 협상 논리와 태도에 관해서는 영국 정부가 실리를 고려해 적극적인 중재를 하지 않았다는 점, 각료 사절단의 제의에 대한 양측 해석에 오해의 여지가 있었고 이것이 분립으로 나아가게 된 중요한 원인이 되었다고 보고 있다.

4. 구술 자료를 통한 분립 역사의 재구성

인도에서는 식민지배 시기부터 해방 이후 1980년대에 이르기까지 인도의 역사 쓰기에서 지배적인 세 가지 담론, 즉 인도에 대한 지배를 정당화하기 위한 오리엔탈리즘, 인도 엘리트 중심의 민족주의, 마르크스주의 등의 대안으로 역사적으로 박해받고 배제되었던 이른바 서발턴(subaltern)을 역사적 경험의 주체로 복원하는 연구가 활발하게 진행되었다. 그러나 서발턴 연구에 대한 인식론적·방법론적 문제점, 즉 서발턴이라는 용어가 규정하는 집단의 한계, 서발턴의 과도한 주체성 강조, 헤게모니적 담론과 서발턴 문화 간의 상호관련성·연속성 무시가 지적되었고, 이에 대한 보완적인 방법론의 한 가지로 구술사적 연구 방법이 적합할 것이라는 주장이 제기되었다(김경학, 2001: 158~165).

교과서 후반부(5~7절)에서는 분립을 경험했던 평범한 사람들에 관한 서사를 구술 자료를 활용해 보여줌으로써 새로운 역사 쓰기를 시도하고 있다. 일기, 회고록, 구술 인터뷰 자료의 제시와 연구자, 서민, 경찰과 군인, 지도자, 여성, 의사에 관한 내러티브를 통해 분립을 경험한 개인의 역사에 집중하고 분립의 역사를 개인사적 측면에서 접근하고 있다.

먼저 교과서 도입부에서 '몇 가지 분단 경험(Some Partition Experiences)'이라는 제목으로 3가지 이야기를 소개하고 있다. 힌두 인도인 연구자가 몇 세대에 걸쳐 조화롭게 살아온 사람들이 어떻게 1947년에 서로에게 많은 폭력을 가할 수 있었는지를 조사하기 위해 파키스탄에서 현지 조사를 진행했으며, 파키스탄 라호르에 있는 대학 도서관과 유스호스텔에서 조우한 파키스탄인들과 나눈 이야기들로 구성되어 있다.

첫 번째 이야기는 도서관 사서(무슬림 파키스탄인)가 연구자(힌두 인도인)에게 예상하지 못했던 호의를 보이자 그 이유에 관해 물었고, 도서관 사서는 분립에 따른 폭동에 직면했던 자기 아버지의 경험담을 들려준다. 아버지가 힌두 폭도들에 쫓기어 죽음의 문턱에 다다랐을 때 힌두 중년 여성에게 도움을 받아 무사히 탈출할 수 있었다며, 자신이 보인 호의는 아버지의 빚을 돌려주는 의미라고 설명한다. 두 번째 이야기는 파키스탄인 유스호스텔 지배인이 1950년대에 인도 델리를 방문하게 되었고 그곳에서 파키스탄 지역 출신이며 지금은 인도인이 된 시크교도를 길에서 우연히 만났던 일에 관한 것이다. 시크교도는 그 지배인이 파키스탄에서 온 펀잡어를 구사하는 무슬림임을 알고는 동향인으로서 반가움을 느꼈었다는 경험담에 관한 것이다. 세 번째 이야기는 라호르에서 인도인 연구자를 파키스탄인으로 착각하고 그에게 호의를 베풀었던 한 남성에 관한 것이다. 이 남성은 연구자가 인도인이라는 사실을 뒤늦게 알게 되자 그에게 적대감을 보이며 태도가 돌변했으며, 1947년에 힌두가 본인의 마을을 전멸시켰기 때문에 힌두와 무슬림은 함께할 수 없는 영원한 적임을 단호히 밝혔다(NCERT, 2007: 377~379)는 내용이다.

이 세 가지 사례를 통해 세대를 거쳐 공유되는 분립의 경험이 서로에게 생명의 은인으로서의 고마움, 과거에 같은 공동체 구성원이었다는 동질감, 상대 공동체에 대한 적대감 등과 같이 다양한 감정의 층위가 나타날 수 있음을 말하고 있다.

한편, 영국 정부는 유혈 사태에 대한 통제를 회피하면서 시민들에게 인도 지도자에게 도움을 요청하도록 했으며, 영국인들은 인도를 떠날 준비에 여념이 없었다는 점을 지적하고 있다. 간디를 제외한 인도의 지도자들은 독립을 위한 협상에 참여하고 있었고, 인도인 군인과 경찰은 사명감을 잊은 채 자신들이 속한 종교 공동체의 일원이 되어 상대 구성원을 공격함으로써 사태를 더 심각하게 만들었다(NCERT, 2007: 392)는 사실을 밝혔다. 공권력 기능의 상실로 유혈 사태가 더 악화되었던 상황을 지적하기 위해 문(Moon)이라는 개인의 회고를 인용했다.

이러한 가운데 '1인 군대(The One-man Army)'라는 제목으로 마하트마 간디(Mahatma Gandhi)가 신뢰를 회복해 나갔던 방식과 그 속에서 작은 사회의 분위기가 어떻게 변화되어 갔는지에 관한 내러티브가 샤이드 아마드 델라비(Shahid Ahmad Dehlavi)라는 무슬림의 기록을 통해 회상된다. "이 모든 혼란 속에서 화합을 회복하고자 했던 한 사람의 용감한 노력이 결실을 맺었다"(NCERT, 2007: 394)라고 언급하면서 간디가 동벵골, 비하르, 캘커타, 델리를 방문하여 두 공동체 사이에서 벌어진 살육을 멈추게 하고 신뢰를 회복케 했던 경험담을 들려주고 있다.

여성에게 더 가혹했던 분단의 경험에 관해서도 숨기지 않고 이야기를 풀어낸다. '복구된 여성들(Recovering Women)'과 '명예의 보존(Preserving Honour)'이라는 주제로 젠더 문제를 다루고 있다. 교과서에서는 국가권력이 인간관계의 복잡성에 얼마나 무감각했으며 여성의 권리가 얼마나 침해당했는지에 관해 비판하기 위해 프라카시 탠든(Prakash Tandon)의 『펀잡의 세기, 1857~1947(Punjabi Century, 1857-1947)』에서 재조명된 한 커플의 경험을 인용하고 있다. 힌두에 의해 집단학살이 일어나던 와중에 시크교 청년이 무슬림 소녀를 데려가서(납치해서) 결혼을 하고 아이를 낳아 단란한 가정을 이루었다. 이 소녀는 살해당한 부모와 이전 생활에 대한 기억을 잊고 살아가고 있었다. 그러나 인도와 파키스탄 정부는 분립 과정에서 납치된 여성들이 국경의 잘못된 편에 서 있다고 믿고 그들을 원래 자리로 되돌려 보내는 데 합의했다. 납치 여성에 대한 조사와 추적이 시작되었고 이 한 쌍은 경찰들의 탐색을 피해 도망 다니다가 결국 그 무슬림 소녀는 병을 얻어 사망했다. 남편은 경찰이 그녀를 빼앗아갈 것을 두려워한 나머지 병원에 데려갈 엄두를 내지 못했기 때문(NCERT, 2007: 395)이라는 이야기를 소개하고 있다. 이 이야기의 끝에는 '인도와 파키스탄 정부는 왜 납치된 여성들을 교환하는 데 동의했을까? 이것이 과연 옳은 결정이었을까?'라는 질문을 던지며 토론으로 발전시킨다. 그리고 국가권력의 정책 결정이 합당했는지에 의문을 제기한다.

지역사회가 명예를 보존한다는 명분으로 여성에게 희생을 강요했던 사실도 폭로하고 있는데, 교과서에서는 우르바시 부탈리아(Urvashi Butalia)의 저서『침묵의 이면에 감추어진 역사(The Other Side of Silence)』[8]에서 언급된 시크교도 마을에서 일어난 사건을 소개하고 있다.

토지와 여성을 자신들의 소유물로 여기고 외부인에게 전용되는 것으로부터 보호할 수 있는 능력이 중요하다는 것이 북인도를 중심으로 퍼져 있었던 명예 관념이었다. 이 때문에 분립에 따른 폭동이 절정에 이르렀을 때 '적'의 손에 넘겨지는 것을 우려해 이 마을 여성 90명이 자진해서 우물에 뛰어들었던 것이 사건의 주요 내용이다. 그런데 이 마을에서 델리로 이주해 온 주민들은 아직도 시크교 사원에서 매년 이 사건을 기리

---

8 우르바시 부탈리아(Urvashi Butalia)는 분립을 이해하기 위해서는 정치 과정보다도 사람들에게 분립이 어떻게 기억되고 있는가가 중요하다고 확신하고 70여 명의 인터뷰를 진행했고, 그 내용을 저서에 담았다. 페미니스트를 자칭하는 그녀였기에 분립을 경험한 여성과 어린이의 기억에 초점을 맞췄으며, 종래의 분립에 관한 연구가 경시해 온 몇 가지 문제를 공개적으로 드러냈다. 그중 한 가지가 가족과 공동체 내에서만 계승되었던 여성 '순교'의 실상과 분립 직후 인도·파키스탄 양 정부가 추진한 '납치된 여성들에 대한 교환정책'이다. 이에 대해 부탈리아는 페미니스트의 관점에서 비판적으로 고찰했다(栗屋利江, 2017: 36~37).

고 있으며 여성들에게 이 순교를 기억하고 같은 틀에 자신들을 던질 것을 요구한다는 사실도 우르바시의 저서를 인용해 밝히고 있다(NCERT, 2007: 396). 이 공동체가 기억하려고 하지 않는 것은 죽음을 바라지 않았지만 그들의 의지에 반해 삶을 끝내야만 했던 여성들의 이야기(NCERT, 2007: 396)라는 저자의 지적을 교과서에서도 그대로 싣고 있다. 분립에 따른 여성의 비극적 삶과 함께 인도 사회에 내재한 전근대적 관념의 폐해도 교과서를 통해 지적하고 있는 것이다.

마지막 이야기는 공동체를 초월해 발현된 인류애에 관한 서사이다. '도움, 인류애, 화합(Help, Humanity, Harmony)'이라는 제목으로 "분단의 폭력과 고통의 잔해 밑에 묻혀 있는 것은 도움과 인류애 그리고 화합의 거대한 역사이다(NCERT, 2007: 399)"라고 서술하면서 구술 자료를 통해 보통 사람들의 경험을 재조명한 이유를 설명하고 있다. 이를 위해 시크교도 의사 쿠시데바 싱(Khushdeva Singh)의 회고록 『사랑은 증오보다 강하다: 1947년의 기억(Love Is Stronger than Hate: A Remembrance of 1947)』이 인용되고 있다. 현재 히마찰 프라데시(Himachal Pradesh)에 위치한 다람푸르(Dharampur)에 파견되었던 싱은 무슬림, 시크교도, 힌두교도들에게 의술적 치료, 음식, 피난처, 사랑과 안전을 제공하는 등 밤낮으로 부상자 치료와 피난민에게 안식처를 제공하는 데 몰두했다. 싱이 보여주었던 인간에 대한 믿음은 델리의 무슬림과 다른 이들이 간디에게 품었던 존경심과 유사하게 발전되었다면서 한 무슬림이 "아주 겸손한 마음으로 나는 당신(싱)의 보호가 아닌 곳에서 내 자신이 안전하다고 느껴본 적이 없었다는 것을 말씀드리고 싶다"(NCERT, 2007: 399)라고 언급한 것을 소개하고 있다. 그의 도움을 받은 사람들은 소속되어 있는 공동체를 막론하고 친구가 되었고, 싱이 2년 뒤 그들과 재회했을 때 그들이 보여준 소박하지만 감동적인 우정에 관해서도 언급하고 있다.

이처럼 소속 공동체, 직업, 성별 등이 각기 상이한 구술자들의 경험을 통해 전하고자 하는 메시지도 다양하다는 것을 알 수 있다. 공권력의 기능이 상실되고 남용되었다는 문제점을 지적하고 있으며, 여성의 이야기에서는 인도 전통사회에 내재된 관념의 폐해와 분립 이후에도 정부의 정책 결정에 따라 다시 비극이 재생산되었던 문제를 분명히 인식하고 있다. 이와 동시에 간디에 대한 무슬림들의 회고, 시크교도 의사 싱의 회고를 통해 공동체 간의 신뢰 회복 노력과 화합을 실현했던 역사의 단면들이 분명히 있었다는 점을 전하고 있다.

구술 자료의 한계를 주지하면서도[9] 공적인 문서에서 추출하기 어려운 개인의 역사를 통해 분립을 재조명하고 있는데, 이 점이 3차 역사 교과서의 특징을 잘 보여줄 수 있는 요소이다. 기존 역사 교과서가 공적 문서 기록에 근거해 정치적 관점에서 분립의 원인과 과정을 중심으로 서술해 왔다면, 3차 역사 교과서에서는 구술 자료를 통해 아대륙에 공존했던 힌두, 무슬림, 시크교도 등 다양한 공동체 구성원들이 분립을 겪으며 비참한 변화를 맞이해야 했던 그들의 삶에도 관심을 기울이고 있다.

그렇다면 학생들이 분립에 관한 개인적 내러티브를 접하고 난 이후 분

---

9 교과서에서는 구술 자료가 정확성이 부족하고 개인적 경험이라는 특수성 때문에 일반화가 어렵다는 주장을 제시하면서 많은 역사가들이 구술사에 회의적이라는 점도 주지시키고 있다. 그렇기 때문에 구술 자료와 (공적) 문서의 진술을 상호 비교하고, 각각의 출처에서 확인된 내용을 제공해 내부 모순을 경계해야 한다고 지적하고 있다. 예컨대 납치 여성 교환 문제와 관련해, 정부 문서는 인도와 파키스탄이 교환한 여성의 숫자를 알려주지만, 그들의 고통에 대해 말해 줄 수 있는 사람은 바로 그 당사자들이라는 점을 강조한다(NCERT, 2007: 401).

립을 이해하는 관점에 변화가 나타났는지에 관해 의문이 생기는데 이에 대해 주목할 만한 보고(Jayagopalan, 2016: 44~53)가 있어 소개하고자 한다.

인도의 한 대학원 수업에서 힌두와 무슬림 간에 증가하는 증오의 원인으로 인도-파키스탄 분립을 소환하게 되는 경향이 있지만 주류의 역사 기록에서 충분히 논의되지 않은 다른 궤도, 즉 구술 자료를 통해 분립을 인간적 차원에서 조명할 필요가 있다는 의견이 제기되었다. 그러면서 이 장에서 살펴본 12학년용 역사 교과서의 사례를 좋은 본보기로 거론하고 있다.

교과서에 수록된 구술 자료를 통해 분립을 학습한 학생들은 인간적 측면을 이해해 분립에 대한 '정서적인 문해력(affective literacy)'을 만들어낼 수 있으며, 이 역사적 사건이 단순히 '발생한 것(happening)'이 아니라 '발생한 것을 이해하는 범주(category of understanding the happening)'로 받아들이게 된다는 것이다. 또한 힌두-무슬림 공동체를 배경으로 하는 학생들에게 종교로 인해 확정되는 이분법적 위치, 한쪽 공동체의 폭력적 행동으로 심대한 피해를 입은 지역 출신이라는 물리적·공간적 배경들이 해체되고 인간적 차원에서 슬픔, 절망, 상실과 같은 정서적 전환이 이루어짐으로써 '힌두와 무슬림 간의 증오' 현상을 기존과는 다른 틀에서 인식할 수 있게 된다는 교육적 의미가 보고되었다.

5. 맺음말

인도는 아대륙에서 전개된 공동의 역사를 공유하면서 다양한 문화와 사람들로 구성된, 다원화된 국가이다. 동시에 종교적 분열이라는 어려운 과제에 직면해 있기도 하다. 식민지배기와 인도-파키스탄 분립의 역사가 전개되는 과정에서 힌두교도와 무슬림 간의 증오는 심각한 형태로 표면화되었다. 이러한 복잡한 배경에서 출발한 독립 인도는 모든 종교 신념 간의 본질적 평등을 강조하는 세속주의를 채택했지만, 시간이 지나면서 수적으로나 영향 면에서 지배적인 힌두의 정체성을 강화하려는 힌두 민족주의자들에 의해 도전을 받았다. 그리고 역사교육을 통해 힌두 중심의 국가적 서사를 확립하고자 했던 시도들은 뜨거운 논쟁을 불러일으켰다.

힌두-무슬림 종교 공동체 간 충돌과 분립의 역사는 현재에도 진행 중이며, 다양한 종교 공동체에 속한 학생들로 구성된 교실 수업에서 학생들의 관점이 부딪칠 수 있는 논쟁적 요소를 내포하고 있다. 그러나 12학년 역사 교과서 『인도사의 주제들 3권』에서는 분립에 대한 개인사적 서사를 활용함으로써 각 공동체에 속한 학생들에게 상호 관점에서 분립과 그 과정에서 표출된 폭력의 역사를 새롭게 해석할 수 있도록 인도하고 있다고 여겨진다. 정치적 관점에서는 여전히 분립의 원인과 책임을 영국의 통치 정책과 무슬림연맹의 독단적 태도에 돌리려는 경향이 발견되지만, 정치외적으로는 다원성을 존중하며 모든 공동체를 하나 된 인도의 구성원으로 결속시키려는 지향점에 맞춰 분립의 역사를 구성하고 있다. 특정 종교 공동체의 일원이 아니라 힌두, 무슬림, 시크교도 등의 이야기를 들려줌으로써 종교 공동체 간의 대립과 반목이 극도로 표출되었던 분립의 역사를 대립적으로 구도화하는 것을 지양하고 있다. 이와 동시에 개인, 공동체, 국가 차원에서 행해진 비인간적 사건들을 반성하고 있다. 더 나아가서는 인류애적인 서사를 통해 다양성을 존중하면서도 이들을 하나 된 인도의 구성원으로 다루고자 노력하는 모습을 발견할 수 있다.

그러나 이 장에서 살펴본 NCERT에서 발간한 표준 교과서의 범주 밖에서는 여전히 힌두 민족주의자들에 의한 역사 교과서와 교육에 대한 개입 사례들이 보고되고 있다. 2017년에 발간된 라자스탄(Rajasthan)주의 공립학교 역사 교과서에서는 인도의 초대 총리 네루에 대한 서술이 삭제되고 간디 암살사건에 대해서도 다루지 않았다. 인도인민당의 모체인 RSS는 간디와 네루가 무슬림에게 우호적 태도를 취해왔던 것을 비판하는 경향이 있기 때문이다. 그 대신 RSS가 표방하는 힌두국가를 제창한 V. D. 사바르카르(V. D. Savarkar)를 영웅으로 미화한 내용이 새로 추가되었다. 그러나 2019년 교과서검토위원회는 이 내용이 정치적 이익을 충족하고 역사를 왜곡한다고 판단해 사바르카르를 미화한 문구를 수정하라고 권고하여 수정된 적이 있다.[10]

또한 힌두지상주의 세력이 운영하는 학교에서는 세계힌두협회(Vishwa Hindu Parishad: VHP)에서 발간한 교재를 교과서 대신에 사용하도록 했는데, 이 교재에는 라마왕 탄생지 아요댜의 힌두사원이 이슬람 세력에게 파괴되었다는 내용을 넣어 학생들에게 교리문답식으로 이를 기억하도록 하려는 시도도 있었다(栗屋利江, 2010: 189).

인도 연방정부 교육부는 2020년 신교육정책을 발표했고, 이에 따라 NFCSE와 교과서 개정을 준비하고 있다. 힌두 민족주의 세력은 새로 발간될 역사 교과서에 대한 요구들을 노골적으로 드러내고 있다. 2차 역사 교과서 발간 당시 NCERT 대표였던 J. S. 라즈뿌트(J. S. Rajput)와 RSS의 교육 부문을 담당하는 BSM(Bhartiya Shikashan Mandal) 대표는 국회 교육

10 https://www.indiatoday.in/india/story/savarkar-is-not-veer-in-rajasthan-textbooks-1549039-2019-06-14(검색일: 2021.2.5).

위원회(The parliamentary panel on education)에서 현재 역사 교과서에는 인도를 침략한 무굴 통치자들을 찬양하는 내용이 많은 반면, 쫄라(Chola)와 빤댜(Pandya) 왕국을 포함한 힌두 통치자의 역할에 대해서는 거의 언급하지 않아 고대 인도사를 왜곡하고 있다고 문제를 제기했다. 또한 1960~1970년대 공산주의자와 좌파 역사가들이 교과서 내용에 영향을 미쳤기 때문에 이러한 왜곡이 일어나고 있다고 하면서 인도 아대륙의 침략의 역사는 영국 통치 200년간이 아니라 이슬람 왕조가 세워졌던 1200년으로 거슬러 올라가서 살펴봐야 한다고 주장하고 있어,[11] 이슬람 문명과 그 후예들을 부정하려는 의도를 노골적으로 드러내고 있다.

2005년에는 미국 캘리포니아주 교과서 개정을 둘러싸고 고대 인도의 역사와 종교에 관한 수정안이 미국 내 힌두 단체에 의해 제출되었으나 학술적 근거를 이유로 대부분 수용되지 않자 소송을 제기해 세계적으로 주목받은 바 있다. 이 사안은 이민국인 미국에서 힌두 사회의 내셔널리즘적 측면이 표면화된 것으로, 인도와 미국 내의 힌두 민족주의 조직 단체에 의한 힌두 지상주의의 이데올로기를, 더 나아가서는 인도 사회 다수파의 이데올로기에 의한 소수파 옥죄기를 미국 사회로 끌어들여 규정하고자 했던 시도로 해석되고 있다(梶原三恵子, 2012: 103).

역사교육의 범주 밖에서도 여러 가지 도전에 직면해 있다. 무슬림에 대해 부정적 묘사를 허용하는 상업적 매스미디어의 영향력이 점증하고 있고 힌두 우월주의 성향의 정치가와 정치 단체들을 지지하는 소비 지향적 중산층이 부상(浮上)하고 있다(도쉬너·셜록, 2010: 589). 최근에는 '시민

11 https://theprint.in/india/revise-textbooks-with-distorted-history-they-glorify-mughals-ex-ncert-head-to-house-panel/584957/(검색일: 2021.3.16)

법' 개정으로 무슬림 진영에서의 불만이 폭력적 형태로 표출되고 있어 공동체 간의 갈등 국면으로 발전될 수 있는 위험 요소가 되고 있다.[12]

그럼에도 불구하고 힌두 민족주의에 바탕을 둔 2차 역사 교과서를 둘러싼 비판과 우려, 교과서 사태의 경험에서 나온 교훈들을 통해 적어도 국가 차원에서 주도하는 교육 현장에서는 세속주의가 중요한 역사 서술 담론으로서 지속·유지되어야 한다는 데는 공감하고 있는 듯하다. 그러나 이러한 인도 역사의 국가적 서사의 방향성이 힌두 민족주의 이데올로기를 기반으로 하는 현 정권에서도 무방하게 지속될 수 있을지는 앞으로 있을 교과서 개정을 통해 가늠할 수 있을 것이다.

한편 인도-파키스탄 분립 역사를 다루는 것과 같은 접근 방식은 인도의 역사교육 체계, 교과서의 단원 구성, 단원마다 활용되는 역사 자료 유형 등과 연계해 살펴볼 필요가 있다. 역사가 선택 과목으로 전환되는 11~12학년에서는 6~10학년 공통 과정에서 학습되는 방식과는 다르게 특정 주제를 심층적으로 탐구하도록 설계되어 있기 때문에, 교과서에서는 주제별로 지면을 충분히 할애할 여지가 있다. 이것은 또한 인도의 '교과서 문화'와 교육 환경과도 관련지어 살펴볼 부분이기도 하다. 인도의 교육제도가 시험에 크게 의존하고 학생들이 좋은 점수를 받기 위해 교과서를 암기하려는 경향이 강하며(Kumar, 1988: 453), 교사들에게도 교과서가 가장 중요한 교수학습 교재이기 때문에 가능한 한 교과서에 교수학습에 필요한 역사적 사실, 역사적 쟁점과 토론, 탐구 활동에 필요한 자료들을 모두 포함시킨다.

---

12 https://www.bbc.com/news/world-asia-india-50833361(검색일: 2021.2.5).

그렇지만 이와 같은 주제 중심 체계의 인도 역사 교과서는 학습자들이 단계별 수준에 맞게 역사적 사건 자체를 학습하면서 사건을 다각도로 해석할 수 있는 역사적 사고력과 탐구 역량에 집중할 수 있도록 하며 역사학과 역사교육 학계의 새로운 연구 성과 반영과 다양한 형태의 '역사하기(doing history)'[13]의 연계가 가능하도록 해준다. 이 장에서 다룬 분립 역사의 경우, 역사적 주체로서 조명을 받지 못했던 평범한 사람들의 분립 경험, 더 나아가서는 젠더 이슈까지 구술사적 연구 방법을 통해 조명함으로써 학생들이 역사적 사실을 기억하는 것에 머무르지 않고 다양한 역사해석이 가능하도록 해주고 있다.

논쟁은 과거에서 현재, 미래로 확장되는 그 시간의 선상에 학생들의 삶을 위치시키며, 학생들은 과거가 자신의 현재 삶과 연결될 때 논쟁이 가치를 가진다고 여긴다. 내 삶과 연결된 과거를 보며 미래의 삶을 전망하고 현재를 가꿔 나아가도록 역사 학습이 도울 수 있다(방지원, 2019: 35). 이 장에서 살펴본 분립에 관한 인도 역사 교과서의 구성과 서술 방법은 지금까지 소외되었던 역사나 기억의 문제를 조명하는 것과 동시에 논쟁 학습의 요소를 구현한 참고할 만한 사례라고 볼 수 있을 것이다.

---

13 '역사하기(doing history)'는 어떤 역사적 주제에 대한 지식과 정보, 개인의 지적·정서적 경험, 비판적인 자료 읽기를 통한 의문의 제기, 의문을 해결하기 위한 다양한 활동과 그 결과의 표현 등으로 구성되는 과정이다(방지원, 2007: 101~102).

참고문헌

고홍근. 2003.「인도종파주의의 성격」. ≪남아시아연구≫, 8(2).

구하원. 2018.「인도의 역사 교과서 논쟁과 시기별 역사 교과서에 나타나는 유네스코 세계유산에 대한 서술」. ≪인도연구≫, 23(1).

김경학. 2001.「인도 구술사 연구의 동향과 그 전망: 인도 서브얼턴 연구를 중심으로」. ≪인도연구≫, 6(2).

도쉬너, 존(Jon Dorschner)·토마스 셜록(Tomas Sherlock). 2010.「인도와 파키스탄의 집단적 정체성 형성에서 역사 교과서의 역할」. 엘리자베스 콜(Elizabeth Cole) 엮음. 김원중 옮김.『과거사 청산과 역사 교육: 아픈 과거를 어떻게 가르칠 것인가』. 동북아역사재단.

박소영. 2020.「인도-파키스탄 분리독립에 관한 인도 역사 교과서의 서술 특징 분석」. ≪인도연구≫, 25(1).

방지원. 2007.「고등학교『한국 근·현대사』교과서 구성 방식의 비교」. ≪역사교육연구≫, 6.

______. 2019.「최근 논쟁 중심 역사 수업 논의와 교과 전문성, 교사교육」. ≪역사교육≫, 149.

이광수. 2003.「인도의 다문화주의: 근대주의와 식민주의를 넘어서」. ≪역사와 문화≫, 7.

이은구. 2020.「영령 인도에서의 힌디-우르두어 분쟁: 힌두-무슬림의 분리된 정체성의 발상」. ≪남아시아연구≫, 25(4).

이지은. 2016.「반(反)서구중심주의에서 원리주의까지」, ≪역사와 담론≫, 78.

이희수. 1995.「탈식민시대 파키스탄의 이슬람화 운동: 타블리 자마트의 대중계몽운동을 중심으로」. ≪한국민족학회≫, 1.

조길태. 2009.『인도와 파키스탄』. 민음사.

Habib, Irfan, Suvira Jaiswal and Adiya Mukherjee. 2003. *History in the New NCERT Textbooks: A Report and an Index of Erros*. Kolkata: Indian History Congress.

https://theprint.in/india/revise-textbooks-with-distorted-history-they-glorify-mughals-ex-ncert-head-to-house-panel/584957/(검색일: 2021.3.16).

https://www.bbc.com/news/world-asia-india-50833361(검색일: 2021.2.5).

https://www.indiatoday.in/india/story/savarkar-is-not-veer-in-rajasthan-textbooks-1549039-2019-06-14(검색일: 2021.2.5).

Jayagopalan, Gaana. 2016. "Orality and the Archive: Teaching the Partition of India through Oral Histories." *Radical Teacher*, 105.

Kumar, Krishna. 1988. "Origins of India's 'Textbook Culture'." *Comparative Education Review*, 32(4).

Lal, Makkhan, Meenakshi Jain and Hari Om. 2003. *History in the New NCERT Textbooks: Fallacies in the IHC Report*. New Delhi: NCERT.

NCERT. 2006. *Syllabus for Secondary and Higher Secondary*. New Delhi: NCERT.

______. 2007. *Themes In Indian History Part III*. New Delhi: NCERT.

______. 2017. *Dictionary of History for Schools*. New Delhi: NCERT.

内藤雅雄. 2004. 「インドにおける歴史研究と歴史教育: インド人民黨支配下での歴史教科書問題」. ≪専修史學≫, 37.

栗屋利江. 2004. 「インドにおける歴史教科書論争をめぐって」. ≪歴史と地理 世界史の研究≫, 199.

______. 2010. 「歴史研究・叙述に賭けれるもの: 実証と表象の隘路を越えて」. ≪南アジア研究≫, 22.

______. 2017.『歴史は「沈黙」を破ることろできるのか?』. 東京: 東京外國語大學出版部.

梶原三恵子. 2012. 「カリフォルニア州教科書の古代インド史古代インド史記述をめぐる論争と訴訟: 二十一世紀初頭アメリカにおけるヒンドゥー至上主義の一断面」. ≪現代インド研究≫, 2.

09

과테말라 원주민 학살 기억의 소환과 미국의 '문화투쟁'

박구병 아주대학교 사학과 교수

1. 머리말

1959년 과테말라 엘키체주의 치멜(Chimel)에서 태어난 리고베르타 멘추 툼(Rigoberta Menchú Tum)은 1982년 1월 파리에서 베네수엘라 출신의 인류학자 엘리사베스 부르고스드브레(Elisabeth Burgos-Debray)와 대담하면서 자신이 겪은 과테말라 내전기의 원주민 학살과 군부통치의 잔혹성에 대해 고발했다. 18시간 분량의 테이프에 담긴 이 증언은 1983년 에스파냐어판『내 이름은 리고베르타 멘추, 내 의식은 이렇게 탄생되었다(Me llamo Rigoberta Menchú y así me nació la conciencia)』, 그 이듬해에는 영역판『나, 리고베르타 멘추: 과테말라의 원주민 여성(I, Rigoberta Menchú: An Indian Woman in Guatemala)』으로 출간되어 국제적인 관심을 불러일

* 이 장은 박구병(2009)의 내용을 수정·보완한 것이다.

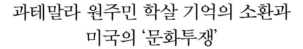

으켰다. 1980년대 초 내전 절정기에 과테말라군의 원주민 학살을 생생하게 구술한 증언서사(testimonio) 덕분에 멘추는 무명의 원주민에서 일약 "5세기에 걸친 정복과 억압에서 살아남은"(Lovell, 1988: 25) 마야인의 상징으로 떠올랐다.[1]

그 뒤 멘추는 군부독재에 항거하는 반정부 망명 세력의 일원으로 활동하다가 1988년 4월 국제대표단과 함께 과테말라로 돌아왔고 1991년에는 국제연합(이하 UN)의 원주민 권리 선언을 위한 준비 작업에 참여해 국제 원주민 포럼을 개최하기도 했다. 그는 원주민의 권리 회복과 지위 신장 운동에 기여한 공로를 인정받아 1992년 10월 노벨평화상과 1998년 '아스투리아스 왕세자(Prince of Asturias) 국제협력상' 등을 받음으로써 국제적인 명사가 되었다.[2]

하지만 『나, 리고베르타 멘추』는 1990년대에 들어 상당한 파장을 일

---

1 멘추는 마야인 부족 가운데 하나인 키체 마야(Quiché/K'ichee' Maya) 출신이었다(Menchú and Burgos-Debray, 1984: xi). 1830년 독립 당시 과테말라의 인구 67만 명 가운데 원주민은 46만 9000명으로 전체 대비 약 70%를 차지하고 있었다. 이 비율은 1960년대 중엽에 50%, 1980년에 전체 인구 687만 명 중 323만 명으로 47%, 1988년에는 750만 명 중 400만 명으로 약 52%를 유지했으며 1990년대 말에는 60%에 이르렀다(Montejo, 1999: 32).

2 1992년 노르웨이의 노벨평화상위원회는 멘추를 수상자로 발표하면서 그가 주도한 종족적·인종적 차별에 대한 저항, 원주민 권리의 옹호, 환경보존과 자원 나눔, 빈부 격차의 해소 노력, 여성의 역할 확대 등을 높이 평가했다. 이어 멘추는 빈곤층에게 가격이 저렴한 복제 약품(複製藥品)을 공급하는 기업 '모두에게 건강을(Salud para Todos)'의 회장으로 활동하면서 2007년에는 원주민 정당 '과테말라회의(Encuentro por Guatemala)'를 창설해 대통령 선거에 입후보하기도 했다. 과테말라 대통령 선거에 출마한 최초의 여성 후보 멘추는 3.1%의 득표율로 7위에 머물렀다(Patai, 2012: 207~208).

으킨 논쟁에 휘말렸다. 미국의 인류학자 데이비드 스톨(David Stoll)은 1991년 라틴아메리카학회(LASA) 연례 발표회에서 멘추의 증언 가운데 몇 가지 주요 진술의 신빙성에 의혹을 제기한 뒤 1999년에 『리고베르타 멘추와 가난한 과테말라인 모두의 이야기(Rigoberta Menchú and the Story of All Poor Guatemalans)』라는 제목의 단행본을 출간했다. 이 단행본에서 스톨은 멘추가 남동생의 피살을 비롯한 충격적인 사건들을 실제로 목격한 것처럼 진술하고 잠시 중등교육을 받았음에도 자신을 정규교육을 전혀 받지 않은 농장 노동자로 소개했으며, 아버지가 연루된 토지분쟁의 원인을 왜곡했다고 주장했다. 멘추가 중요한 사실을 숨기거나 부풀렸다는 스톨의 주장이 도화선이 되어 멘추를 유명 인사로 만든 증언의 진실성과 경력 조작 의혹, 장르의 분류를 비롯한 증언서사의 적절한 이해 방식, 그리고 멘추의 원주민 대표성 등 여러 가지 쟁점을 둘러싸고 미국과 과테말라에서 열띤 논쟁이 벌어졌다.

그동안 국내외 연구자들은 『나, 리고베르타 멘추』의 진실성에 의혹을 제기하는 스톨의 주장에 관한 비판이나 동의(Arias, 2001; Patai, 2012; Stoll, 2013), 증언서사의 장르적 특성(Varas, 2011; Mariscal, 2017), 하층민(subaltern)[3]의 발화(發話) 또는 진술의 권한 문제(Mallon, 1994; Beverley,

3 이는 원래 안토니오 그람시가 지배층(the dominant)에 종속되어 있는 집단을 지칭하기 위해 쓴 표현이다. 하지만 1980년대 이래 탈(脫)식민주의 담론 수립에 뚜렷하게 기여한 인도의 역사가 라나지트 구하(Ranajit Guha)를 비롯한 '하층민 연구 집단'이 인도 역사에 대한 제국주의적 시선뿐 아니라 민족주의 역사학이나 마르크스주의 역사 서술을 모두 인식론적 공생 관계에 있는 지배적 권력담론으로 간주하면서 하층민의 역사를 복원하고자 했을 때, 더욱 주목을 끌게 되었다. 적절한 번역어를 찾기가 쉽지 않은 탓에 김택현은 이를 '서발턴'으로 표기했으며(김택현, 1999), 국내의 문학·문화 연구자들은 '하위주체'로 옮

2012)뿐 아니라 『나, 리고베르타 멘추』의 배경을 이루는 과테말라 내전과 제노사이드(genocide) 등을 다뤄왔다. 또 교육학의 관점에서 진실이라는 주제를 다루는 사례 연구로서 멘추의 진술을 면밀히 조사하거나(Clark, 2007), 원래 테이프에 담긴 증언의 어조와 활자화된 『나, 리고베르타 멘추』 간의 차이에 착목하는 연구(McEnaney, 2020)도 진행되었다. 이 글에서는 이런 연구들의 주요 논점을 정리하면서 특히 멘추-스톨 논쟁이 미국 내 '문화투쟁'과 어떤 지점에서 만나는지에 주목하고자 한다. '문화투쟁(Kulturkampf)'이란 원래 1870년대 통일독일제국에서 오토 폰 비스마르크 총리와 가톨릭교회 사이에 발생한 정치사회적 갈등을 지칭하는 표현이지만, 미국 학계의 진보-보수 논쟁을 일컫는 용어이기도 하다(Gates, 1992; 정경희, 2009; 최재인, 2009; Hartman, 2015). 한 역사학자에 따르면, 미국에서 '문화투쟁(cultural wars)'은 20세기 말 핵심적인 정치적 쟁점 중 하나가 되었다(Jensen, 1995: 17).

이 글에서는 먼저 논쟁의 배경이 되는 과테말라 내전과 원주민 학살 문제를 개괄한 뒤 1990년대 말과 2008년에 미국과 과테말라의 학계와 언론계를 중심으로 벌어진 멘추-스톨 논쟁의 구체적인 내용을 정리하고자 한다. 아울러 멘추의 증언서사와 스톨의 비판에 대한 찬반양론이 '문화투쟁,' 달리 말해 미국 대학 내 교양과목과 필수 도서 목록의 개편을 둘러싼 갈등에 어떻게 연루되었는지 살펴보고 그것이 지닌 역사학과 역사교육 차원의 시사점이 무엇인지 짚어보고자 한다.

긴 바 있다(우석균, 2007). 하지만 이 글에서는 이를 전문용어가 아니라 일상적인 용어에 가까운 '하층민'으로 표기할 것이다.

2. 과테말라의 내전과 원주민 학살

흔히 '제2의 냉전 시대'로 지칭되는 1980년대 내내 코스타리카를 제외한 중앙아메리카 곳곳에서는 전쟁과 반란이 끊이지 않았다(Halliday, 1983; Pearce, 1998: 587). 특히 중앙아메리카에서 원주민의 비율이 가장 높은 과테말라는 1980년대 초 군부정권의 '반란 진압 작전'이 본격적으로 펼쳐지기 훨씬 전부터 외세 개입과 군부독재, 그리고 군부와 저항 세력 사이의 장기 내전을 겪었다. 중도좌파 성향의 하코보 아르벤스 구스만(Jacobo Arbenz-Guzmán) 대통령이 농업개혁 정책을 추진했을 때, 이에 반발한 다국적 식품기업 유나이티드 프루트(United Fruit Company)가 1954년 미국 중앙정보국(CIA)과 함께 과테말라 군부의 쿠데타를 지원하면서 이른바 '10년의 봄(diez años de primavera)'을 허물어뜨렸다(Cullather, 1999). 쿠데타로 집권한 과테말라 군부는 헌법의 효력을 정지시키고 반대파를 탄압했다. 이에 맞서다가 쿠바혁명의 성공에 고무된 일부 소장 장교들이 1960년 최초의 게릴라 단체를 결성하고 산악지대에 거점(foco)을 마련함으로써 길고 치열한 내전이 시작되었다.

1996년 12월 노르웨이의 오슬로에서 과테말라 정부와 게릴라 세력의 결집체인 '과테말라혁명연합(Unidad Revolucionaria Nacional Guatemalteca)' 사이에 평화협정이 조인될 때까지 36년 동안 지속된 내전은 라틴아메리카를 반공동맹의 틀 속에 묶어두려는 미국의 냉전 전략과 긴밀하게 연관되어 있었다. 1966년 미국의 린든 B. 존슨 행정부는 그린베레[4]를 파견해

4 주로 게릴라진압작전을 수행하는 미국 육군의 특수 부대로서 대원들이 녹색 베레모를 쓴 데서 유래한 표현이다.

과테말라 군을 훈련시키는 동시에 자금을 지원했다. 1970년대 말 카터 행정부가 인권침해, 학살, 부정선거 등을 문제 삼으면서 과테말라에 대한 무기 판매를 금지했지만, 1983년 로널드 레이건 행정부는 금지 조치를 해제하고 이어 과테말라 군부정권에 대한 경제·군사 원조를 재개했다.

니카라과 '산디니스타민족해방전선(FSLN)'의 영향력이 커지자 이를 우려한 미국이 중앙아메리카 정책을 재조정하는 시기에 과테말라 군부의 '반란 진압 작전'은 더욱 거세졌다. 로메오 루카스 가르시아(Romeo Lucas García) 장군과 그의 동생이자 육군 총사령관인 베네딕토 루카스 가르시아, 국방장관 루이스 멘도사 팔로모(Luis René Mendoza Palomo)는 '빈민의 게릴라 부대(Ejército Guerrillero de los Pobres: EGP)', '무장민중조직(Organización del Pueblo en Arms: ORPA)' 등의 게릴라 세력을 농촌의 잠재적인 지지 기반으로부터 떼어내기 위해 전면적인 진압 작전을 벌이는 동시에 비무장 원주민까지 표적으로 삼았다(Sanford, 1999: 38, 40). 1981~1983년에 군부는 고지대의 마야 원주민을 게릴라의 실제 또는 잠재적인 지지 세력, 달리 말해 '내부의 적'으로 간주한 셈이었다(CEH, 1998: 39). 이 시기에 군부는 공산주의 세력, 특히 쿠바 정부와 산디니스타 정권의 간섭에 맞서 전쟁을 수행하고 있다고 강조했다(Lovell, 1988: 45; Sanford, 2001: 18).

내전의 피해는 두 가지 보고서에 명시되었다. 하나는 준(準)공식기구로서 내전 기간에 벌어진 위법 행위에 대해 처음으로 광범위하게 조사한 '과테말라대주교구인권국(ODHAG)'의 보고서였다. 이 「역사적 기억의 회복 프로젝트」는 3년 동안 수집된 6000여 건의 증언에 근거했는데, 1998년 『과테말라, 눈카마스(Guatemala, Nunca Más)』[5]라는 제목으로 간행되었다(ODHAG, 1999). 또 다른 보고서는 12권에 이르는 「과테말라, 침묵의 기억(Guatemala, Memoria del Silencio)』으로서 이는 내전이 종료된 뒤 UN의 후원으로 발족한 '역사적진실규명위원회(Comisión para el Esclarecimiento Histórico, CEH)'가 작성한 것이었다(Rothenberg, 2012).[6] 약 2년의 활동 끝에 1999년 2월 과테말라 정부와 게릴라 단체 대표, UN 사무총장의 대리인에게 제출된 위원회의 보고서에 따르면, 정부군의 조직적인 폭력 행위로 626곳의 촌락이 파괴되고 20만 명이 넘는 원주민들이 피살되거나 실종되었으며 150만 명이 삶의 터전을 잃었고 15만 명 이상이 멕시코를 비롯한 인근 국가로 피신했다(Sanford, 2003: 149). 촌락 파괴의 65%(415건)와 3만 7000여 건에 이르는 대다수 살인과 실종 사건은 1981년 6월부터 1982년 12월까지 18개월 동안 집중적으로 발생했다(ODHAG, 1999: 290~291, 307). 이 시기, 즉 루카스 가르시아(Lucas Garcia) 집권 말기 9개월과 호세 에프라인 리오스 몬트(José Efrain Rios Montt)의 집권 초기 9개월 동안에만 원주민 약 7만여 명이 살해되었고 4만 명이 실종되었으며 100만 명 이상이 삶의 터전을 떠나야 했다.

『과테말라, 침묵의 기억』에 따르면 20만 명이 넘는 피살자나 실종자,

---

5 '눈카마스(Nunca Más)'란 '다시는 안 돼' 또는 '더 이상은 안 돼'라는 의미로서 1984년 9월 아르헨티나의 '실종자진상조사국가위원회(CONADEP)'가 라울 알폰신 대통령에게 약 5만여 쪽에 달하는 군부의 '추악한 전쟁'에 대한 최종 보고서를 제출한 뒤, 이를 바탕으로 출판된 단행본의 제목이었다. 곧이어 '눈카마스'는 여러 나라에서 유사한 국가 폭력의 진상 조사 보고서를 작성할 때 참고서 역할을 담당하는 과거사 정리 작업의 대명사가 되었다.

6 라틴아메리카의 민주화 이행기에 추진된 진상규명 활동은 아르헨티나와 칠레를 뜨겁게 달궜다. 아울러 과테말라와 엘살바도르의 진실위원회는 기존 정부가 내전에서 평화로의 이행을 협의하는 과정에서 등장했다. 위임 범위, 위상, 조사 영역과 접근 방식의 상이성에도 불구하고 진실위원회는 대체로 국민적 화해와 보상 조치를 위한 출발점으로 인식되었다.

특히 군부의 즉결 처형과 강제 납치의 피해자 4만 2000여 명 가운데 83%가 원주민이었고, 라디노(ladino)[7]가 나머지 17%를 차지했다. 또 조사 대상 위법 행위의 93%는 정부군[준(準)군사조직인 '암살단' 포함], 4%는 미확인, 나머지 3%는 게릴라 세력의 소행이었다. 인권침해 사례 가운데 18%는 민간자경단(Patrulla de Autodefensa Civil)에 의해 자행되었고, 그중 85%는 정부군의 명령에 따라 민간자경단원들이 수행한 것이었다. 실제 1981년 민간자경단은 군부의 원주민 진압 작전에 조직적으로 편입되어 1982년 정부군이 엘키체주에서 자행한 위법 행위들에 가담했다. 그 비율은 30%를 넘었다(Sanford, 2003: 130, 266).

더욱이 '역사적진실규명위원회'는 1981~1983년에 정부군이 산악지대의 원주민들을 대상으로 자행한 학살과 강제이주 조치를 제노사이드로 규정했다(CEH, 1998: 39).[8] 산발적이거나 계획되지 않은 학살과 달리 제노사이드는 국가나 그에 준하는 권력 집단이 인종, 민족, 종족, 종교, 성별,

---

7 '라디노'란 주로 과테말라에서 백인과 원주민 사이의 혼혈인(mestizo)을 부르는 호칭이다. 라디노는 원주민과 달리 전통적인 의상과 언어를 '버리고' 에스파냐어를 사용하는 이들이다(Menchú and Burgos-Debray, 1984: 167). 전통적인 문화와 관습을 버린 원주민들도 흔히 라디노라고 불린다.

8 1948년 12월 9일 유대계 폴란드인 법학자 라파엘 렘킨(Raphael Lemkin)의 주도로 UN 차원에서 '제노사이드 범죄의 방지와 처벌에 관한 협약'이 체결된 지 오랜 세월이 지났지만 그 개념을 둘러싸고 많은 논란이 이어졌다(Sanford, 2003: 148~149). 대량학살이나 전쟁범죄가 일반적인 용어인 반면, 제노사이드는 '더 나쁜' 반인륜 범죄 또는 집단적인 반인륜 범죄로 이해할 수 있다. 제노사이드를 판별하는 결정적인 기준으로는 대상 집단에 대한 의도적이고 조직적인 파괴 행위를 꼽을 수 있다(Gellately and Kiernan, 2003: 17). '역사적진실규명위원회'의 제노사이드 규정에 대한 스톨의 반대에 관해서는 Stoll(2013: 40) 참조.

건강, 지역의 차이나 정치적·사회적·경제적 이해관계의 대립 때문에 특정 집단을 절멸하려는 의도를 갖고 파괴하는 행위라고 할 수 있다. 흔히 피해 정도가 크지 않고 치명적이지 않은 집단적 파괴라고 하더라도 의도성이 드러날 경우 법적으로는 제노사이드로 분류될 수 있다(Gellately and Kiernan, 2003: 16~17). 그런 의미에서 루카스 가르시아와 그 측근들이 주도한 '승리 작전 82(Campaña Victoriana 82)', 즉 원주민 촌락에 대한 초토화 작전은 제노사이드의 대표적인 사례였다(Grandin, 2003: 351).

『과테말라, 침묵의 기억』은 상호 연관된 구조적이고 역사적인 국가폭력의 세 가지 원인으로 경제적 배제, 인종차별, 정치적 권위주의를 지목했다(Grandin, 2003: 342) 특히 원주민 학살에서 인종차별은 게릴라 세력과 민간인 비전투원을 구분하지 않고 자행된 폭력 행위의 과격성을 설명해 주는 가장 중요한 요인이었다. 아울러 원주민 부족 사이의 해묵은 갈등을 활용하는 이이제이(以夷制夷) 전술과 군부의 명령 체계에 종속된 민간자경단의 활동 또한 사태를 악화했다(Tomuschat, 2001: 254). 끝으로 '역사적진실규명위원회'의 보고서가 '불순세력 소탕'을 전개한 과테말라 군부의 정책을 뒷받침하는 데 냉전 시대의 국가안보론과 미국 정부의 역할이 얼마나 두드러졌는지를 적시했다는 점도 간과해서는 안 된다.

3. 멘추의 증언

1971년 조직적인 부정선거를 통해 군부통치를 연장시킨 뒤 카를로스 아라나 오소리오(Carlos Arana Osorio) 장군이 "평화를 가져오기 위해 나라 전체가 공동묘지가 되더라도 주저하지 않겠다"라고 공언하기는 했지만, 1970년대 말까지 과테말라 군과 경찰은 주로 야당, 노조, 학생운동의 지도자들을 대상으로 선별적인 폭력을 가했다. 그러나 1978년 5월 말 알타베라파스주의 판소스(Panzós)에서 발생한 켁치(Q'eqchii') 학살은 제노사이드로 표변하는 시발점이 되었다.[9] 대다수 연구자들은 판소스 학살에 대한 국제적인 관심과 항의의 결여가 과테말라 군부를 더욱 대담하게 만들고 이런 분위기가 1981~1983년에 고지대 원주민 부락의 초토화 작전으로 이어졌다고 인식한다. 선별적인 소규모 학살은 이를 계기로 연령과 성별에 관계없이 확대되었고 군은 국경을 넘어 멕시코로 피신하는 원주민들을 추격하고 살해하기 시작했다.

이에 맞서 게릴라 세력도 활동 범위를 넓히려고 했다. '빈민의 게릴라 부대', '무장민중조직', '무장반란군(Fuerzas Armadas Rebeldes: FAR)' 등 주요 게릴라 단체들은 1970년대 말부터 과테말라시뿐 아니라 엘키체주, 남부 해안과 북부 내륙의 저지대에 이르기까지 여러 곳에 거점을 마련하고 군 장교나 대지주들의 납치와 살해를 감행했다. 군의 공세가 강화되기 시작한 1981년에는 게릴라 세력 또한 여러 지역의 중심지를 점령하거나 경찰서를 습격하고 태업과 파업을 유도하거나 도로를 봉쇄하면서 효과

---

9 수백 명의 켁치(Q'eqchii') 부족 농민들이 인근 농장주들에게 불법적으로 빼앗긴 공동체 토지의 반환을 요구하기 위해 판소스의 관청 앞에 집결했으나 군의 발포로 선두에 서 있던 60세 여성 마마 마킨(Mamá Maquín)을 비롯해 최소한 200여 명의 사망자가 발생했다(Sanford, 2001: 18, 21~22). 두 주 뒤 알타베라파스 주 산크리스토발에서 열린 원주민 미인 선발대회의 우승자 아말리아 코이 폽(Amalia Erondina Coy Pop)은 판소스 학살에 대해 '정치적 견해'를 밝혔다는 이유로 왕관을 박탈당했고, 1983년 8월 멘추의 증언서사가 출판될 무렵에 살해당했다(Sanford, 2001: 19; Arias, 2002: 492).

표 9-1 지역별 학살 건수(총 669건, 1978~1983)

주	지역	학살 건수 (1978~1983)	인권침해 행위의 발생 비율 (1962~1996)
엘키체(el Quiché)	서북부	344	45.52%
우에우에테낭고(Huehuetenango)	서북부	88	15.6%
치말테낭고(Chimaltenango)	중서부	70	6.72%
알타베라파스(Alta Verapaz)	중부	61	9.45%
바하베라파스(Baja Verapaz)	중부	28	4.54%
솔라라(Solalá)	중서부	16	2.22%
산마르코스(San Marcos)	서부	15	2.89%
페텐(Petén)	북부	13	3.09%
과테말라(Guatemala)	중부	3	2.74%

자료: CEH(1998: 83~84).

적으로 저항했다. 여세를 몰아 1982년에 4개의 게릴라 단체들은 '과테말라혁명연합'으로 통합되었지만, 리오스 몬트의 거센 진압 작전에 밀려 원래 거점으로 퇴각하게 되었다(CEH, 1998: 75; Schirmer, 2003: 69).

치열한 쌍방의 대립과 학살을 경험한 피해자의 증언으로서 가장 널리 알려진 것은 판소스 학살이 발생한 지 5년 뒤에 출간된 멘추의 증언서사였다. 멘추가 활동가로서 어떻게 고향에서 원주민 공동체를 조직했는지를 비롯해 개인과 공동체의 경험을 폭넓게 구술한 증언서사는 결국 그가 1992년 노벨평화상을 수상하는 데 결정적인 요인이 되었다. 멘추가 속한 키체 마야는 과테말라에 존재하는 23개 부족[10] 중 두 번째로 큰 규모

10 23개로 알려진 과테말라의 원주민 부족은 사실 22개의 원주민 부족에 '라디노'

표 9-2 엘키체주의 학살 건수와 희생자 규모

시기	학살 건수	희생자 규모(명)
1981년 3월~1982년 3월	45	1678
1982년 3월~1983년 3월	32	1424
1981년 12월~1982년 3월 (루카스 가르시아의 집권 말기 3개월)	24	775
1982년 3월~1982년 6월 (리오스 몬트의 집권 초기 3개월)	19	1057

자료: The Sanford Guatemalan Genocide Databases. Charts: (ii) Power Point presentation. http://www.yale.edu/gsp/guatemala/index.html.

였고 이들의 언어는 맘(Mam), 칵치켈(Kaqchikel), 켁치(Q'eqchii')와 더불어 원주민들이 많이 사용하는 언어 중에서도 가장 널리 통용되고 있었다 (Menchú and Burgos-Debray, 1984: 143; Warren, 1998: 13, 16).

멘추의 고향인 엘키체는 〈표 9-1〉이 보여주듯이 인근 알타베라파스, 바하베라파스, 우에우에테낭고와 더불어 인권침해 행위의 발생 비율이 가장 높고 원주민에 대한 사회적 배제가 가장 심각한 지역이었다.[11] 『나, 리고베르타 멘추』는 지역적 격차와 1980년대 초의 악몽뿐 아니라 1954년 미국의 정치·군사적 개입 이후 격렬한 갈등과 충돌의 무대가 되어버린 과테말라의 현실을 고스란히 반영했다. 멘추는 증언서사에서 유년 시절, 청소년기, 원주민의 전통, 노동 현장과 파업 투쟁의 경험, 라디노와의 관계뿐 아니라 가족들이 겪은 끔찍한 고통과 비극을 술회한다. 그것

를 추가한 것이다(Menchú and Burgos-Debray, 1984: 14).

11 이는 1996년 당시 사회적 배제를 측정한 결과로서 그 기준 지표는 40세 이하의 사망률, 성인 문자해독 능력, 5세 이하 아동의 영양상태, 그리고 기본 서비스에 대한 접근 가능성 등이다(CEH, 1998: 81).

은 예컨대 12살밖에 안 된 남동생 페트로시니오(Petrocinio)가 과테말라 군에게 고문당한 뒤 산 채로 불에 타 죽은 사건, 어머니 후아나 툼(Juana Tum K'otoja')이 군인들에게 끌려가 몇 주 동안 성폭행과 고문을 당한 뒤 사망에 이른 이야기, 영양실조에 시달린 오빠의 죽음, 남동생의 살충제 질식사, 1980년 1월 에스파냐 대사관 점거 농성에 참여했다가 화재로 사망한 아버지 비센테 멘추 페레스(Vicente Menchú Pérez)[12]의 최후 등이었다. 이를 통해 멘추의 증언서사는 5세기에 걸쳐 키체 부족이 겪은 억압과 착취 실태를 원주민의 목소리로 담아낸 최초의 보고서로 평가받았다(Menchú and Burgos-Debray, 1984: xi).

『나, 리고베르타 멘추』는 원주민, 여성, 그리고 인권의 옹호자로서 멘추가 지니는 다양한 정체성을 부각시키면서 멘추를 각 집단의 상징이자 대변자로 만드는 데 기여했다. 그리고 대량학살의 피해자인 원주민들은 내전 종식 이후 멘추의 진술과 '리고베르타 멘추 툼 재단(Fundación Rigoberta Menchú Tum)'을 비롯한 비정부기구들이 역점을 둔 '아래로부터의' 기억의 정치에 힘입어 점차 주변적 위치에서 벗어날 수 있는 발판을 마련했다. 예컨대 학살 현장과 공동묘지 발굴이나 학살 피해자들을 추도하는 기념비의 건립은 생존자들이 종족과 언어의 장벽을 넘어 지역 간 공동체를 형성하도록 자극했다. 또 원주민들은 국제 감시단원들의 후원

12 멘추에 따르면, 그의 아버지는 '농민연합위원회(Comité de Unidad Campesina: CUC)'의 지도급 인사로서 확고한 투사였다. '농민연합위원회'는 지진이 산악지대를 강타한 1976년에 전국적인 운동으로 떠오르기 시작해 1978년 정식으로 창설되었다. 이는 1954년 군부 쿠데타가 발발한 뒤 등장한 사회단체 가운데 가장 규모가 큰 조직으로서 원주민은 물론 빈곤한 라디노 농민들도 끌어들였다(CEH, 1998: 73; Manz, 2004: 93).

을 통해 인권 존중 문화의 조성과 더불어 내전으로 훼손된 마야의 문화적 상징에 대한 사회적 승인을 요구했다. '원주민의 정체성과 권리에 관한 협정(Agreement on Identity and Rights of Indigenous Peoples)'에서 볼 수 있듯이 원칙적으로는 원주민의 정치와 사회 활동 참여가 장려되었지만(Sieder, 2001: 186~187), 과테말라가 라틴아메리카에서 최악의 면책(impunidad) 비율을 기록하고 있는 것에서 짐작할 수 있듯이 사법적 청산 가능성은 높지 않았다(Sieder, 2001: 188; Grandin, 2005: 62~63).

4. '문화투쟁'으로서의 멘추-스톨 논쟁

1991년 워싱턴 DC에서 개최된 라틴아메리카학회에서 스톨이 『나, 리고베르타 멘추』의 신빙성을 의문시하면서 학계의 논란을 불러일으켰을 때만 해도 파장은 그리 크지 않았다. 하지만 1992년 콜럼버스의 항해와 '아메리카의 발견' 500주년에 반발하면서 아메리카 원주민운동의 표상으로 떠오른 멘추에게 노벨평화상이 수여된 데 이어 1998년 12월 15일 ≪뉴욕타임스≫ 1면 머리기사를 통해 멘추의 증언에 의문을 제기하는 스톨의 신간이 널리 소개되면서 멘추-스톨 논쟁은 학술적 차원을 넘어 광범위한 정치적·사회문화적 갈등으로 번졌다.

스톨은 멘추의 증언이 거짓이나 허위라고 표현한 적이 없다고 했지만, ≪뉴욕타임스≫의 기사는 스톨의 '진상 규명' 노력을 소개하고 현지에서 멘추의 설명과 상충되는 키체 마야인들의 증언을 수집함으로써 멘추가 은폐와 부풀림을 통해 사실을 왜곡했다는 인상을 심어주었다. 뒤이어 데이비드 호로위츠(David Horowitz)가 이끄는 보수 성향의 싱크탱크 '대중

문화연구센터(Center for the Study of Popular Culture)'는 몇몇 유명 대학신문에 광고를 게재해 "마르크스주의 테러리스트 멘추의 지적 사기극"을 규탄하고 나아가 미국 학계에서 『나, 리고베르타 멘추』를 옹호하는 '급진적 지식인'들을 공격했다. 어떤 의도에서 비롯되었든 스톨의 추적, 달리 말해 급진적 정치 성향이나 운동 세력에 복무하려는 '신화적인 부풀림(inflación mítica)'에 대한 비판(Beverley, 2012: 105; Stoll, 2013: 37~41)은 다문화주의에 부정적인 보수 성향의 인물들을 통해 멘추의 이미지를 '고귀한 미개인(a noble savage)'에서 '거짓말쟁이 인디오'로 격하시키는 데 활용되었다. 더욱이 권위 있는 신문에 대서특필되면서 학계의 화젯거리에 머물던 한 인류학자의 행보는 큰 파문을 일으켰고 다양한 정치적 관점을 지닌 여러 인사들의 논쟁으로 확대되었다.[13] 멘추의 증언서사를 둘러싼 논쟁은 1990년대 초부터 2010년대까지 지속되었다고 할 수 있는데, 대체로 다음과 같은 세 가지 쟁점을 중심으로 전개되었다.

13 『리고베르타 멘추 논쟁(The Rigoberta Menchú Controversy)』의 편집자인 아르투로 아리아스(Arturo Arias)는 먼저 과테말라의 역사적 맥락에서 바라본 멘추의 활동을 정리하고, 다음으로 이 논쟁을 촉발시킨 ≪뉴욕타임스≫ 기사를 비롯해 1998년 12월 이후 미국, 과테말라, 에스파냐의 신문과 잡지에 실린 이른바 '멘추 스캔들' 관련 기사들을 소개한다. 또한 이 쟁점을 둘러싸고 스톨을 포함해 인류학, 역사학, 문학이론 분야의 연구자들이 쓴 논문을 게재한다. 모두 14편에 이르는 논문들은 멘추의 증언서사와 스톨의 비판, 멘추의 옹호자와 비판자 간의 대립적인 견해, 원주민과 라디노의 관점 등 다양한 논의를 담고 있다.

1) 멘추의 진위 여부와 스톨의 의도

스톨은 『리고베르타 멘추와 가난한 과테말라인 모두의 이야기』에서 남동생 페트로시니오의 끔찍한 죽음을 직접 목격했다는 멘추의 언급, 커피 농장에서 기아로 사망한 남동생 이야기, 아버지 비센테 멘추가 희생된 에스파냐 대사관 화재 참사의 원인, 비센테 멘추의 '농민연합위원회' 활동 여부와 투쟁의 급진성, 원주민 농민들이 '빈민의 게릴라 부대'나 전투적인 좌파의 대표성 인정 여부, 원주민 분파 간의 토지 분쟁에 대한 해석, 멘추의 최종 학력과 노조 활동 이력 등을 겨냥했다(Stoll, 1999b; Craft, 2000: 44~45). 다른 비판자들도 『나, 리고베르타 멘추』의 중요한 대목이 사실이 아닐 수 있다는 스톨의 주장에 대체로 동의한다. 예컨대 한때 반정부 활동에 참여한 바 있는 마리오 모랄레스(Mario Roberto Morales)는 멘추가 자신의 경험을 극적으로 과대 포장했으며 이는 국제적인 지원을 얻으려는 게릴라 세력의 정치적 의도에서 비롯되었다고 주장한다.

앞서 밝혔듯이 스톨은 '거짓말'이라는 표현을 쓰지는 않았다. 하지만 래리 로터(Larry Rohter)가 쓴 ≪뉴욕타임스≫의 기사 제목대로 "노벨상 수상자가 진실을 왜곡한 혐의로 비난받고 있다"는 식의 보도가 널리 유포되었다. 스톨은 멘추의 증언을 사실의 기록으로 받아들이기 힘들다고 밝힌다(Clark, 2007: 3). 스톨이 인정하듯이 그가 멘추의 설명 중에서 파헤친 오류와 부정확한 사실들은 그리 중요하지 않을 수 있다. 하지만 스톨은 원주민 학살의 사회적 배경을 적절하게 이해하는 데 멘추의 설명이 잘못된 정보를 제공해 줄 수 있다는 점을 핵심적인 문제로 판단한다(Stoll, 1999b: 273). 스톨에 따르면, 1980년 에스파냐 대사관 화재 참사는 인질과 동료 시위자들을 사망의 위험에 빠뜨릴 수 있는 "혁명적 자살행위"일 수 있었다(Stoll, 1999b: 88). 또 스톨이 보기에 봉기는 "몇 세기 동안의 억압에 맞선 불가피한 대응"이나 "벽에 등을 기댄 농민들의 마지막 수단"이 아니었다. 스톨은 과테말라군의 진압 작전이 잔혹했다는 점을 인정하면서도 폭력을 초래한 것은 게릴라의 선제공격이었다고 주장한다(Stoll, 1999a: 75). 그의 주장은 군의 익실(Ixil) 부족 학살을 연구한 이본 르보(Yvon Le Bot)의 견해와 일치한다(Le Bot, 1992: 129, 292; Sanford, 2001: 32). 스톨의 대안적인 주장에 따르면, 본질적으로 비정치적이고 순진한 농민들이 사악한 군과 잔인하고 속임수를 잘 쓰는 게릴라 세력 사이에 갇히게 되었다는 것이다.

스톨은 모랄레스의 주장에 동조하면서 멘추가 망명 세력과 함께 증언 내용을 사전에 협의했을 가능성을 제기하고 『나, 리고베르타 멘추』는 멘추의 배후에 있는 세력의 집단적인 작품일 수 있음을 시사한다. 또 스톨은 게릴라 세력과 그 협력자들이 과연 대다수 마야 원주민들과 밀접하게 연결되거나 그들을 제대로 대변했는지 따져 묻는다(Stoll, 2013: 37). 스톨은 1982년 1월 부르고스드브레와의 인터뷰 당시 멘추가 '빈민의 게릴라 부대'의 일원이라든가(Patai, 2012: 191), '1월 31일 인민전선(FP-31)'이라는 혁명운동 네트워크에 속해 있었다는 주장(Brittin, 1995: 103)에 근거해 멘추의 증언을 가난한 과테말라인 모두를 대변하지 않는 "급진적 게릴라의 선언"이라고 규정하기까지 했다(Stoll, 1999b; Stoll, 2013: 33). 대프니 파타이(Daphne Patai)는 『나, 리고베르타 멘추』의 정치적 효과가 뚜렷했다고 지적한다. 1980년대 초 니카라과와 엘살바도르에 비해 과테말라의 상황은 훨씬 덜 알려졌으나 멘추의 증언은 국제적인 관심과 지원이 절실했던 과테말라의 반정부 세력에게 시의적절한 홍보 활동인 셈이었다(Patai, 2012: 193).

그렇다면 멘추는 자신의 정치적 목적과 명성을 위해 가족의 비극에 대한 진술을 극적으로 꾸며냈는가?(Schirmer, 2003: 63) 멘추에 대한 평가절하에 맞서 변증(辨證) 또한 다양한 각도에서 전개된다. 사실 멘추는 『나, 리고베르타 멘추』의 첫머리에서 "이것은 나의 증언이다.…… 나는 이 증언이 내 인생일 뿐 아니라 내 이웃들의 증언임을 강조하고 싶다. …… 내 이야기는 가난한 과테말라인 모두의 이야기이다. 나의 개인적 경험은 전체 민중의 현실이다. …… 너무나 좋지 않은 상황이 많았기에 내게 일어난 모든 일을 기억하기란 어렵다. 중요한 사실은 내게 벌어진 일들이 많은 이웃에게도 일어났다는 점이다"라고 밝힌 바 있다(Menchú and Burgos-Debray, 1984: 1). 일레아나 로드리게스(Illeana Rodríguez)는 해당 지역의 토지 분배의 역사를 검토함으로써 스톨이 가족 간의 내분이라고 주장한 비센테 멘추의 토지소유권 분쟁을 더 넓은 차원의 사회적 갈등으로 재해석한다. 또 엘즈비에타 스클로돕스카(Elzbieta Sklodowska)는 멘추같이 극한 상황에서 살아남은 사람들에게서 공통적으로 발견할 수 있는 윤리적 고뇌를 지적한다. 그것은 비록 목격하지 않았지만 자신이 알게 된 사건의 진실을 드러낼 것인가 아니면 침묵할 수밖에 없는가에 관한 고뇌이다. 스클로돕스카는 전자를 선택한 멘추의 증언을 "기억의 시학(poetics of remembrance)"으로 지칭하기도 한다(Arias, 2001, 257).

멘추 역시 스톨이 지적한 부정확한 진술과 왜곡에 대해 처음에는 자신의 증언서사가 부르고스드브레의 창작품이라고 말하면서 공동 저자에게 책임을 돌렸으나, 결국 『나, 리고베르타 멘추』의 내용 중 몇 가지 오류를 인정했다(Patai, 2012: 204~205; Beverley, 2012: 105~106). 멘추는 1998년에 출간된 회고록 『리고베르타, 마야의 자손(Rigoberta, La nieta de los Mayas)』[영문판 제목 『국경을 넘어(Crossing Borders)』]에서 출판 과정을 도와준 편집진을 소개하고 『나, 리고베르타 멘추』에서 의도적으로 드러내지 않았던 문제들을 해명하고 몇 가지 비밀을 밝히면서 '농민연합위원회'에서 아버지가 맡은 역할을 포함해 일부 사항을 수정했다(Millay, 2005: 158~160; Varas, 2011: 331, 340). 또한 노벨평화상 수상자로서의 위상이 두드러질수록 멘추는 예전의 정치적 소속과 견해를 축소하거나 부각하지 않으려 했다(Patai, 2012: 206).

하지만 멘추의 옹호자들은 『나, 리고베르타 멘추』의 '위증 혐의'를 포착한 스톨의 학문적 성실성을 인정하기에 앞서 비판 의도가 무엇인지 추궁한다. 인류학자 베아트리스 만스(Beatriz Manz)가 보기에 스톨의 논지는 두 가지 측면에서 결함을 지닌다. 첫째, 스톨은 사람의 기억이 시간의 흐름에 따라 변할 수밖에 없다는 점과 원주민들이 왜 낯선 이들을 신뢰하지 않는지를 과소평가한다. 스톨의 인터뷰는 주로 1993~1995년에 이루어졌다. 즉 최악의 학살이 발생한 지 10년 이상 경과하고 게릴라 세력이 크게 약화된 시점이었다(Stoll, 1999a: 72). 둘째, 스톨은 과테말라 내전을 냉전적 사고방식과 감성에 의거해 정리한다(Manz, 2004: 10). 따라서 제노사이드에 해당하는 군부의 대량학살을 묵인하거나 후원한 미국의 역할에 대해 거의 언급하지 않은 반면, "냉혹하고 무자비한" 좌파와 "속임수를 잘 쓰는" 국제적 동맹 세력에 대해 매우 비판적이다. 아울러 스톨은 "덫에 걸렸다"라는 표현을 통해 원주민들의 능력을 과소평가한다. 그 표현은 원주민들이 독자적인 정치적 대안을 결정할 행위자가 될 수 없다는 함의를 내포하기 때문이다.[14]

---

14 이를 통해 스톨은 교묘한 게릴라 세력 또는 대중운동 조직, 종교 집단에게 '조종당한' 원주민이라는 이미지를 상정하는 듯하다(Sanford, 2001: 16~17).

스톨은 게릴라 세력이 원주민들의 폭넓은 지지를 얻지 못하고 패배 일보 직전에 있었지만 멘추와 같이 정치적 목적을 지닌 이들의 국제적인 호소와 연대 세력의 간접적인 지원 덕택에 다소 회생할 수 있었고 대신 대량학살의 피해는 고스란히 원주민들에게 돌아갔다고 주장한다. 멘추도 대량학살과 내전의 장기화에 얼마간 책임을 져야 한다는 논리인 셈이다(Craft, 2000: 50). 이런 비판 의도에 대한 질문과 책임 공방 속에서 멘추-스톨 논쟁은 학술적 논의의 장을 벗어나 첨예한 정치적 대립으로 확대되었다. 그러므로 존 베벌리(John Beverley)의 지적대로 멘추의 증언과 스톨의 비판은 모두 진실의 과시, 적나라하게 말해 진실의 시늉(una pretensión de verdad)에 근거를 둔 정치적이고 이데올로기적인 두 가지 관점의 표현이라 할 수 있다(Beverley, 2012: 109~110). 타당한 논리에 따라 특정 대상을 비판하거나 해체하는 작업은 학문의 자유에 속하는 것이지만 비판의 맥락과 의도를 둘러싸고 논란의 여지가 있을 수밖에 없다. 예컨대 연구자들이 어떤 주제를 선정하고 무엇을 비판할 것인가, 그리고 그 우선순위를 판단하는 대목에서 객관성이란 '고귀한 꿈'일 공산이 크다.

2) 증언서사의 장르적 특성

다른 한편 멘추-스톨 논쟁은 구술 전통의 진실성을 어떻게 평가할 것인가라는 난제를 제기한다. 그런 관점에서 이 논쟁의 중요한 성과는 독자들이 증언문학의 정의(定義)를 재검토하도록 만든다는 점일 것이다. 『나, 리고베르타 멘추』는 자서전인가, 교양소설(Bidungsroman) 같은 문학작품인가? 그것은 구술문화의 산물인가, 아닌가? 멘추의 작품인가, 부르고스드브레의 결과물인가? 한마디로 투쟁의 상황에서 출현한 『나, 리고베르타 멘추』는 치열한 해석의 전장(戰場)이 되었다(Beverley, 2012: 103). 베벌리를 비롯한 문학이론가들은 『나, 리고베르타 멘추』와 같은 증언서사의 장르적 특성을 거론하면서 이것이 전기, 자서전, 회고록, 다큐멘터리 또는 신상(身上) 이야기와 어떻게 다른지 설명한다. 그들은 증언서사를 사회과학 텍스트라기보다 경험과 창작이 혼합된 소설에 가까운 것으로 간주하고, 증언서사와 자서전 간의 문학적·정치적 차이를 강조한다(Varas, 2011: 330~331). 그들에게 증언서사는 현실, 문학적 주관성, 기억 등을 적절히 섞는 혼합형 재현 방식(hybrid representation)이므로(Gugelberger, 1999: 48; Mariscal, 2017: 31), 베벌리는 멘추의 증언 속에 집단적 진실과 개인적 진실 사이의 간극이 존재할 수 있다는 점을 환기한다. 스클로돕스카도 증언서사의 혼종성을 강조하면서 스톨이 위증이나 조작으로 인식할 만한 증언서사의 대목을 우화, 상징, 은유의 결합으로 인식하려 한다. 실제로 멘추의 증언에는 구술성(orality)과 문자성(literacy), 그리고 개인과 집단의 목소리가 혼합되어 있다. 달리 말해 텍스트 속의 '나'라는 일인칭 단수는 멘추 개인이라기보다 집단의 일부일 수 있다(Sommer, 1991: 39~40; Valdés, 1996: 83).

하지만 기자 출신인 스톨은 사실 수집을 중시하면서 멘추의 증언서사를 문학이나 혼합형 텍스트로 보지 않는다(Craft, 2000: 49). 더욱이 ≪뉴욕타임스≫ 기자 로터는 『나, 리고베르타 멘추』를 멘추의 자서전으로 간주한다. 언론인들은 대체로 증언서사와 자서전 간의 차이를 구분하지 않으며 증언서사가 지니는 서술상의 가공성(加工性)이나 허구성을 수용하지 않는다. 사실 증언이라는 표현이 미국에서 문학 장르라기보다 법적 증거에 가까운 것으로 여겨지기 때문에 일부 학자들은 오해를 피하고자 다른 명칭을 선호한다. 예컨대 부르고스는 증언서사보다 구술 전통 또는 구술 문학이라는 표현이 더 적절하다고 본다(Burgos, 1999: 86).[15] 도리스 소머(Doris Sommer)에게 증언서사는 개인적 양식이나 문체의 결과가 아니라 집단적 주체 또는 집단적 자아의 산물로서 일종의 공적인 사건이다(Sommer, 1991: 39, 43). 베벌리는 이런 측면을 감안해 『나, 리고베르타 멘추』를 개인의 수기(手記)라기보다 집단적 보고나 전언으로 간주한다(Beverly, 2012: 106). 더욱이 증언 테이프 원본에는 들어 있지만 『나, 리고베르타 멘추』의 편집 과정에서 빠진 부르고스드브레의 질문이나 제안 사항, 테이프에 담긴 멘추의 수줍게 망설이는 듯하며 평탄한 어조, 그리고 부르고스드브레가 10분쯤 떨어져 있는 문장들을 연결시키면서 『나, 리고베르타 멘추』를 편집한 대목 등에 관심을 기울인다면, 실제 멘추의 진술이 활판본(活版本)의 첫 부분처럼 단호한 "나의 증언"과는 거리가 있음을 알아차릴 수 있다(McEnaney, 2020: 396~397).

어쨌든 스톨처럼 멘추의 증언을 입증할 수 있는 사실로 읽을 경우 증언서사의 다양한 차원을 등한시할 수 있을 것이다. 마크 지머만(Marc Zimmerman)은 증언서사가 대중적 이데올로기와 문화 양식을 대변하는 형식일 뿐 아니라 "정치적·군사적 봉기를 일으킨 세력과 긴밀하게 연결된 일종의 민중적·민주적 문화 관행이자 실천"이라고 강조한다(Zimmerman, 1991: 22). 한편 클라우디아 퍼먼(Claudia Ferman)에 따르면 증언문학의 독해에서 핵심적인 사안은 사실 여부의 판단보다 독자가 어떤 관점을 취하게 되는가(positioning of the reader)의 문제이다(Arias, 2001: 157). 달리 말해 그것은 독자가 찬사를 보내고 공감하도록 하는 데

15 부르고스는 1980년대 초 멘추와의 인터뷰나 증언서사의 출판 당시 자신의 성(姓)과 남편의 성을 병기했으나 이혼한 뒤에는 본래의 성만 표기했다.

영향을 미치려는 의도를 숨기지 않으며(Brittin, 1995: 110), 독자가 텍스트에 드러난 것보다 더 다양한 쟁점에 어떻게 접근할지 재고하게 만든다.

인류학자 케이 워렌(Kay Warren)은 스톨이 증언서사의 개방성과 유연성, 복잡한 형태를 과소평가한다고 비판하고 『나, 리고베르타 멘추』에 부르고스드브레나 멘추의 정치적 의도가 담겨 있을 수밖에 없다고 인정한다(Arias, 2001: 205). 워렌처럼 멘추와 스톨의 대립을 장르의 충돌뿐 아니라 '정치적 표현을 위한 패러다임의 충돌'로 간주한다면, 『나, 리고베르타 멘추』는 1980년대 초 산악지대에 거주하는 많은 원주민들의 생명을 앗아간 군부의 학살을 증언함으로써 이념적 대립이 뚜렷한 상황에서 정치적·문화적 저항을 수행한 셈이다(Varas, 2011: 332~333). 부르고스드브레와의 인터뷰 당시 멘추와 동행한 과테말라의 역사학자 아르투로 타라세나(Arturo Taracena)도 스톨의 저서를 냉전적 인식과 정서의 산물로 규정한다(Gugelberger, 1999: 50).[16]

하지만 증언서사를 원주민이 창조적으로 활용할 수 있는 유일하고 필수적인 텍스트라고 여기는 것은 마야 원주민들이 지니는 다른 목소리들을 지나치게 단순화할 가능성이 있다. 증언서사 외의 다양한 형태로 서

16 멘추와 부르고스드브레의 대담 당시 타라세나는 파리에서 박사학위 논문을 작성하면서 과테말라 망명자 연대 조직의 지도자로 활동하고 있었다. 멘추에 따르면, 타라세나와 '농민연합위원회'의 회원들이 부르고스드브레와 협력하도록 자신을 설득한 바 있었다(Brittin, 1995: 103, 105). 멘추의 인터뷰에는 쿠바 출신으로 필사와 편집을 맡은 파키타 리바스(Paquita Rivas)도 참여했다. 이런 점을 근거로 『나, 리고베르타 멘추』가 반정부 세력, 연대 조직, '농민연합위원회' 등이 공동으로 편집한 작품이며 멘추는 전면에 내세워진 연기자일 뿐이라고 주장하는 이들도 나타났다. 말하자면 『나, 리고베르타 멘추』는 반정부 세력의 복화술(腹話術)과 멘추의 연기가 빚어낸 정치적 선전물이라는 것이었다.

양의 문학 형식에 내재한 제한성을 고민하면서 그런 문학 체계에 도전하는 원주민 문필가들의 작품이 많다는 점을 고려할 필요가 있다. 실제 그들의 활동은 과테말라에서 시기적으로도 증언서사의 등장에 선행한다. 그럼에도 그들의 대항문학은 문학사에서 여전히 잘 드러나지 않는다. 마야 원주민의 지도자들은 멘추의 '라디노화(ladinization),' 즉 라디노 문화와 언어에 동화되는 듯한 태도를 문제시한다(Ament, 2004: 221).[17] 이런 점에 비춰볼 때 멘추 논쟁은 증언서사를 넘어 마야 전통의 다양성에 대해 재인식할 수 있는 기회를 제공해 준 셈이다. 외견상의 유사성과 달리 원주민 종족 간의 이질성과 차이가 1980년대 초 내전의 절정기에 어떤 방식으로 표출되고 강화되었는지는 더 검토되어야 할 문제이다. 종족이나 종교의 상이성이 정치적 노선의 분화와 어떻게 연관되는지도 더 살펴볼

---

17 이와 관련해 원주민 출신 인류학자 빅토르 몬테호는 멘추가 마야인의 진정한 대변자가 될 수 있는지 의문을 제기한다. 마야 원주민은 주로 종교 문제를 둘러싸고 가톨릭 행동(Acción Católica)으로 불리는 평신도 조직과 전통종교(costumbre) 신봉자 사이, 또 마야 문화주의자들과 정치 세력 사이에 알력을 겪었지만, 몬테호는 멘추가 빈번한 분열 양상보다 원주민들의 단합과 통일성만을 부각시켰다고 주장한다. 그에 따르면, 농촌의 많은 원주민들은 여전히 멘추를 게릴라 세력과 동일시하고 멘추의 대표성을 인정하지 않는다. 요컨대 멘추는 대중 정치 활동이라는 원주민 운동의 제한적인 일부를 구성할 뿐이고 다양한 목소리를 가진 마야 원주민 집단을 대변할 수 없다는 것이다. 멘추는 확실히 과테말라에서 무시할 수 없는 존재이지만, 마야인들은 그가 자신들의 대표라는 점을 강하게 부인한다. 예컨대 '과테말라마야인조직위원회(Comité de Organizaciones Mayas de Guatemala)'의 대변인은 멘추가 자신의 기록을 다른 원주민 조직과 더욱 긴밀하게 조정해야만 한다고 주장한다. 다른 이는 멘추가 원주민과 라디노를 함께 묶어 집단화하려는 시도에 동의하지 않으면서 "멘추의 정치는 진정한 마야의 정치가 아니다. …… 멘추는 서양 문화에 굴복하면서 포섭을 지향하는 통합주의 방식을 적극적으로 따른다"라고 지적한다(Bastos and Camus, 1996: 183).

필요가 있다.[18]

3) 미국 대학 내의 교과과정 개편 논란

멘추-스톨 논쟁은 증언서사의 진위 공방을 넘어 1980년대 말부터 미국의 여러 대학에서 시행된 교과과정 개편, 나아가 보수와 진보 성향의 학자들 간에 벌어진 '문화투쟁'과 밀접하게 연결되어 있었다. 달리 말해 멘추-스톨 논쟁은 1990년대에 더 폭넓게 전개된 다문화주의 논쟁이나 역사 표준서(National Standards for History) 논쟁을 예고했다. 다문화주의 논쟁은 한마디로 다문화적 교과과정 찬성론자와 반대론자 간의 대립이었고, 1994년 10월부터 약 18개월간 벌어진 역사 표준서 논쟁은 미국의 역사와 문화를 소수 집단의 관점에서 재해석하고 그것을 교과서와 교과과정에 반영하려는 수정주의자들의 시도에 대해 보수적 성향의 전통주의자들이 반발한 것이었다(Nash, 1995: 46~47; 정경희, 2009: 238~239; 최재인, 2009: 89).

출판 이래 『나, 리고베르타 멘추』는 미국 교육계의 자문화중심주의, 유럽중심주의를 성찰하고 상이한 문화적 배경에 대한 이해의 폭을 넓히기 위한 텍스트, 여성의 정치적·문화적 역할을 조명하려는 여성학 교재, 또는 라틴아메리카에서 국가 폭력에 저항하는 사회운동과 조직 활동에 관한 문헌으로 활용되었다. 이런 지위의 격상은 전통적인 고전을 넘어

18 인류학자 케이 워렌의 연구는 마야 원주민 운동이 정치적으로 통일 전선을 구축했을 것이라는 통념과 달리 매우 다양한 종족적·지역적 영향을 반영하고 있었음을 보여준다(Warren, 1998).

아메리카 원주민이나 비서구 저작으로 '정전(正典)'의 범위를 확대하려는 '정치적으로 올바른(politically correct) 운동'과 다문화주의에 힘입은 바 컸다(Steiner-Khamsi, 1994: 2). 이를 강조하는 학자들은 비판적 교육과 문화 연구를 통해 다양성을 일종의 주류적 경향으로 만들고 그것을 이론화하며 다문화주의를 교육의 기반으로 정착시키고 소수 집단의 시각과 담론을 강화하고자 한다. 반면 보수 진영은 미국 교육계에서 『나, 리고베르타 멘추』와 같은 새로운 텍스트가 수용되는 시대적 조류와 다문화주의 기반의 교과과정에 대해 불만을 표출한다. 예컨대 그들은 단테 『신곡』의 지옥 편보다 『나, 리고베르타 멘추』가 더 읽을 가치가 있는지 의문을 품으며 '추천 독서 목록의 소수 집단 우대 정책(affirmative action)'에 반발한다(Lindenberger, 1990: 155, 159; McEnaney, 2020: 393).

매리 프랫(Mary Louise Pratt)은 스톨의 연구가 보수적인 학자들의 이의 제기의 연장선상에 있다는 점을 환기시킨다. 스톨은 '문화투쟁'의 중심에 서게 된 스탠퍼드대학교(Stanford University)에서 1990년대 초 박사학위를 획득하고 멘추의 증언서사를 정전으로 추대하는 '다문화적 음모'를 비판하려고 했다. 스탠퍼드대학교는 1988년 3월 '서양 문화(Western Culture)'[19]라는 제목의 교양과목을 폐지하고 대신 1989년 가을 학기부터

19 '서양 문화'는 스탠퍼드대학교의 모든 신입생들이 수강해야 하는 필수 교양과목으로서 1980년에 개설되었는데, 그 '핵심 도서 목록(core list)'에는 구약성서의 「창세기」, 호메로스의 『일리아드』, 마키아벨리의 『군주론』을 비롯해 서양 철학과 문학 분야의 정평 있는 저작 15권이 포함되어 있었고 몇 권의 적극 권장 도서가 추가될 수 있었다. '서양 문화'의 전신은 1935년 스탠퍼드대학교에서 개설되어 사학과가 운영하기 시작한 '서양문명(Western Civilization)' 또는 '서양문명사'였고, 이는 1919년 컬럼비아대학교가 도입한 과목에서 유래했다. '서양문명'이 사학과가 주관한 단일 강좌였던 반면, '서양 문화'는 상당히 다른

'여러 문화, 사상, 가치(Cultures, Ideas, Values: CIV)'라는 명칭의 새로운 강좌를 도입했다. 약 2년에 걸쳐 일부 교수, 관리자, 교육 관계자들이 대학 교양교육이 서양 문화의 고전을 경시할 경우 학생들은 자신의 문명의 핵심을 차지하는 특별한 저작들을 알지 못하는 위험에 빠지게 될 것이라고 주장한 반면, 개편안을 지지하는 이들은 '서양 문화'가 전에 없이 다양해진 세계에 비춰볼 때 너무나 제한적인 개념이므로 학생들에게는 전 지구적 문화(global culture)에 걸맞은 토대가 필요하다고 맞섰다(*The New York Times*, 1988.4.2). 이 토론과 논쟁은 허버트 린덴버거(Herbert Lindenberger)가 명명한 대로 '추천 도서 목록의 신성성(神聖性)'이라는 주제와 연관되어 있었는데(Lindenberger, 1990: 148~162), 하버드, 듀크, 버클리를 비롯한 유수의 대학교보다 먼저 핵심 교육과정과 필독서 목록을 다문화적 환경에 맞게 '세계화'하고, 계급, 인종, 젠더 등의 주제에 더 세심한 주의를 기울이게 하려는 시도에서 비롯되었다. 이는 '탈서구화'는 아니었지만, 그런 의도를 처음으로 실행에 옮긴 사례로서 기존 교과과정과 구별되는 것이었다(Steiner-Khamsi, 1994: 2~3).

스톨은 증언서사의 진위 판독보다 그것을 수용하고 교양교육 교재로 활용하려는 미국의 좌파 또는 자유주의적 성향의 지식인들에 대한 비판에 주력하곤 한다. 스톨에게 더 중요한 비판 대상은 라틴아메리카의 혁명이나 대중 투쟁에 환호하는 사회운동, 국제적 지원에 기반을 둔 비정부기구 활동뿐 아니라 다문화주의로 표상되는 문화 연구, 포스트식민주의, 하층민 연구와 같이 미국의 고등교육을 탈식민화시키려는 학계의 동

강조점을 지닌 일단의 관련 교과로서 고안되었다(Lindenberger, 1990: 149, 152).

향이었다고 할 수 있다(Stoll, 2013: 36, 44). 스톨에 따르면, 멘추는 과테말라에서보다 해외에서 훨씬 더 열렬히 찬사를 받고 있으며, 멘추를 높이 평가하는 미국 학계의 좌파 인사들은 예컨대 원주민 농민들의 봉기와 소요를 멋지게 이상적으로 묘사하고(Arias, 2001: 37; Stoll, 2013: 35), 학문보다 정치를 앞세우는 경향이 있다(Patai, 2012: 206). 이런 관점에서 스톨은 특정 집단의 멘추에 대한 유사(類似) 종교적 의례나 숭배에 맞서 '성자 멘추의 인간화'를 시도한 셈이었다(Stavans, 1999: 10). 하지만 멘추의 옹호자들에 따르면, 멘추의 증언서사는 자국 정부가 중앙아메리카에서 어떤 일을 벌였는지 알지 못하도록 만드는 미국 대중매체의 침묵의 벽을 돌파하는 데 기여한다.

2008년에 ≪라틴아메리카문화연구(Journal of Latin American Cultural Studies)≫의 지면을 통해 진행된 베벌리와 모랄레스의 논쟁은 말하자면 멘추-스톨 논쟁의 제2막에 해당한다. 베벌리는 그 무렵 라틴아메리카의 문화비평과 문학비평의 동향을 "신보수주의적 전환"으로 규정한다(Beverley, 2008a: 65~66). 베벌리는 증언서사와 하층민 연구를 통해 라틴아메리카의 현실을 이해하는 이론적 틀을 마련할 뿐 아니라 연대운동을 통해 현실 문제에 관심을 갖고자 한다. 하지만 모랄레스는 베벌리가 천착하는 하층민 연구가 원주민의 정체성을 본질적인 형태로 공식화하는 경향이 있다고 지적한다(이성훈, 2009). 또 모랄레스는 『나, 리고베르타 멘추』가 미국 학계, 더 정확하게 말하면 베벌리같이 '정치적 올바름'을 지향하는 학자들에 의해 하층민 담론 또는 다문화주의라는 이름으로 대접받고 심지어 정전의 지위로 격상되는 시대적 조류에 이의를 제기한다. 모랄레스는 스톨과 인식의 궤를 같이하면서 강단 좌파 또는 안락의자 좌파가 과테말라 군을 단순히 악마로 치부하는 한편 게릴라 투쟁과 농민대중의 봉기를 매력적으로 이상화함으로써 라틴아메리카의 복잡한 현실을 적절하게 이해하지 못하게 만든다고 비판한다(Morales, 2008: 88~89; 이성훈, 2009). 이들의 상호 비판은 1990년대 미국 내 다문화주의 논쟁이 어떻게 역사교육 논쟁으로 비화했는지, 나아가 문화정체성을 둘러싼 이견이 정치적 적대감으로 확대되면서 정체성의 정치와 역사교육 간의 분리가 사실상 불가능해졌는지를 이해할 수 있게 해준다(정경희, 2009: 214~215).

더욱이 이 논쟁은 하층민의 발화가 어떤 상황을 만들어내는지를 보여주는 실증적 사례라는 점에서도 주목할 필요가 있다. 하층민 연구의 이론가들에 따르면, 하층민은 스스로 말할 수 없으며 "표현되어야만" 한다. 멘추 논쟁의 핵심도 베벌리가 지적하듯이 실제 어떤 일이 있었는가가 아니라 '누가 그것을 이야기할 수 있는가,' 달리 말해 누가 진술의 권한을 지니는가에 관한 것일 수 있다(Beverley, 2012: 109). 스톨은 멘추의 역할이 '원주민 제보자'에 그치길 원했던 반면, 멘추는 일종의 '유기적 지식인'으로서 자신의 의제를 갖고 발언한 것이었다.

5. 맺음말

이제까지 1980년대 초 절정에 달한 내전의 참상, 특히 과테말라 군에 의한 원주민 대량학살을 생생하게 구술한 멘추의 증언서사 『나, 리고베르타 멘추』가 학계 내외에서 어떤 반향을 불러일으켰는지 검토해 보았다. 또 이 글에서는 멘추의 증언이 등장한 역사적 배경과 그 구체적인 내용을 살펴본 뒤 '문화투쟁'으로서 멘추-스톨 논쟁이 지니는 함의에 대해 정리해 보았다. '문화투쟁'은 증언서사의 진실성과 위증 여부, 장르 분류상의 이견, 미국 대학 내 교양 도서 목록이나 교과과정 개편에 관한 논란 등 세 가지 측면을 모두 포괄할 수 있는 용어로 꼽을 만하다.

먼저 증언서사의 진실 공방과 논쟁은 비극적인 역사를 어떻게 기술하고 전승할 것인가, 그리고 사실의 진위 여부를 어떻게 판별하고 이해해야 하는지에 대한 역사학과 역사교육 분야의 논의를 심화시키는 데 의미 있는 시사점을 제공한다. 증언의 진위를 놓고 상반된 주장들이 엇갈린 멘추-스톨 논쟁은 정치적 성격을 띤 폭로로 확대되었고 단판에 그치지 않음으로써 21세기에 접어들어 한국 사회에서 불거진 근현대사 해석 논란과 유사한 궤적을 보인다고 할 수 있다. 멘추-스톨 논쟁과 한국 사회의 논란에서 보듯이 흔히 현대사란 '객관적 진술'이라기보다 일종의 "기억의 시학"이며 정치적·이념적 준거틀과 떼려야 뗄 수 없다는 점, 일방적 강권이나 장악의 권역(圈域)이 아니라 오랫동안 다양한 의견들의 경합이 펼쳐질 수밖에 없는 공공 영역이라는 점을 염두에 두어야 한다. 스톨의 주장대로 『나, 리고베르타 멘추』가 일부 내용을 의도적으로 왜곡한 개인 또는 특정 집단의 정치적 진술이라면, 1980년대 초 한층 더 격화된 내전 양상과 군부통치의 폭력성에 대한 비판적 접근 없이, 또 게릴라 세력이 일상적 폭력의 원인이 아니라 결과일 수 있다는 점을 강조하지 않은 채 몇 가지 사실들의 위증 여부를 파고든 스톨의 '진실 규명'은 비슷한 지적에서 자유로울 수 있을까?

다음으로 멘추-스톨 논쟁은 증언서사의 장르적 특성에 대해 이해의 폭을 넓힐 수 있게 해준다. 증언서사를 문학 장르로서 받아들이려는 이들은 스톨이 증언서사와 자서전 간의 차이뿐 아니라 증언서사가 지니는 서술상의 가공성을 인식하지 못했다는 점을 부각한다. 이들에 따르면,

증언서사는 독자들로 하여금 저항과 투쟁 과정에 헌신한 활동가의 경험을 수긍하고 공감하도록 권유하는 의도가 뚜렷한 장르이기 때문에 진위의 판별 자체보다 독자가 어떤 관점을 지니게 되는지가 더 중요시될 수 있다. 물론 멘추와 멘추의 옹호자들도 스톨을 비롯한 멘추의 비판자들이 증언서사라는 혼합형 장르를 제대로 이해하지 못했다고 주장하는 데 그쳐서는 안 될 것이다. 그런 의미에서 일부 연구자들이 멘추의 증언서사가 여러 작가들이 함께 기록한 초국적인 선전물일 수 있다는 점을 인정하고, 따라서 멘추의 증언과 스톨의 비판을 장르 분류상의 이견뿐 아니라 정치적 표현을 위한 패러다임의 대립으로 인식하려는 태도는 좀 더 설득력 있어 보인다.

마지막으로 멘추-스톨 논쟁은 1980년대 후반부터 시행된 미국 대학의 교과과정 개편 문제와 아울러 학계의 진보-보수 갈등과 긴밀히 연결되었다는 점을 눈여겨볼 필요가 있다. 이런 검토를 통해 세계화 시대, 다종족·다문화 사회의 규칙을 수립하고 관용의 폭을 더 넓히는 데 기여할 수 있을 것이다. 『나, 리고베르타 멘추』를 미국 대학의 교과과정에 편입시키려는 다문화주의나 '정치적으로 올바른' 운동의 시도는 예컨대 한국의 대학생을 위한 권장 도서 100선의 목록이 어떻게 구성되어 있고 그 기준은 무엇인지, 그리고 시대의 흐름에 따라 그 목록이 어떻게 변화할 수 있는지 헤아려보는 데 참고할 만한 선례가 될 수 있다.

스탠퍼드대학교의 교과과정 개편을 둘러싸고 열띤 논쟁이 벌어진 지 한 세대가 지난 시점에, 특히 인문학이 대학 캠퍼스에서 차지하는 비중이 줄어들어 30여 년 전에 인문교양 강좌의 변화가 전국적인 논란을 일으켰다는 사실을 상상하기 어렵게 된 마당에, 보수적인 견해를 대변하는 한 논객은 그 결과가 무엇이었는지 되묻는다. 그는 유럽 중심적이고 백인 남성 중심적이라고 비난받은 '서양 문화'의 폐지가 학교와 학문의 역사에서 중요한 사건이었지만, 그 뒤에 무슨 일이 벌어졌는지는 잊히고 말았다고 아쉬움을 토로한다(Bauerlein, 2020.2.19). 교양 필독서 목록과 교과과정의 개편을 주창한 이들이 더 많은 다양성을 환영했지만 협소한 교과과정을 수정하겠다는 그런 포부가 이것 조금, 저것 조금식의 구성에 그쳐 다양한 요소를 한데 묶어줄 큰 그림의 부재 상태로 귀결되지 않았는지 그는 묻고 있는데, 이런 질문은 또 다른 세대의 '문화투쟁'을 미리 기별하는 듯하다.

참고문헌

김택현. 1999. 「'서발턴의 역사(Subaltern History)'와 제3세계의 역사주체로서의 서발턴」. ≪역사교육≫, 72.

박구병. 2009. 「리고베르타 멘추 논쟁에 나타난 '문화투쟁'」. ≪중남미연구≫, 28(1).

우석균. 2007. 「라틴아메리카 하위주체연구와 문화적 권리」. ≪라틴아메리카연구≫, 20(2).

이성훈. 2009. 「학술동향: 라틴아메리카에서 하위주체는 말할 수 있는가?」. 웹진 ≪트랜스라틴≫, 5. http://translatin.snu.ac.kr/translatin/0901/h09.html(검색일: 2021.2.8).

정경희. 2009. 「다문화주의 논쟁: 담론과 구도」. ≪역사교육≫, 110.

최재인. 2009. 「미국 다문화주의의 역사적 배경」. ≪호모미그란스(Homo Migrans)≫, 1.

Ament, Gail. 2004. "Recent Mayan Incursions into Guatemalan Literary Historiography." in Mario J. Valdés and Djelal Kadir(eds.). *Literary Cultures of Latin America: A Comparative History, 1: Configurations of Literary Culture*. Oxford and New York: Oxford University Press.

Arias, Arturo. 2002. "After the Rigoberta Menchú Controversy: Lessons Learned About the

Nature of Subalternity and the Specifics of the Indigenous Subject." *MLN(Modern Language Notes)*, 117(2).

Arias, Arturo(ed.). 2001. *The Rigoberta Menchú Controversy*. Minneapolis: University of Minnesota Press.

Bastos, Santiago and Manuela Camus. 1996. *Quebrando el silencio: Organizaciones del pueblo maya y sus demandas*. Ciudad de Guatemala: Facultad Latinoamerica de Ciencias Sociales(FLACSO).

Bauerlein, Mark. 2020.2.19. "What Took the Place of Western Civ?" http://www.insidehighered.com/views/2020/02/19/how-revision-western-civ-curriculum-resulted-no-curriculum-all-opinion(검색일: 2021.2.8).

Beverley, John. 2008a. "The Neoconservative Turn in Latin American Literary and Cultural Criticism." *Journal of Latin American Cultural Studies*, 17(1).

______. 2008b. "Reply to Mario Roberto Morales." *Journal of Latin American Cultural Studies*, 17(2).

______. 2012. "Subalternidad y testimonio: El diálogo con *Me llamo Rigoberta Menchú y así me nació la conciencia*, de Elisabeth Burgos(con Rigoberta Menchú)." *Nueva Sociedad*, 238.

Brittin, Alice A. 1995. "Close Encounter of the Third World Kind: Rigoberta Menchú and Elisabeth Burgos's *Me llamo Rigoberta Menchú*." *Latin American Perspectives*, 22(4).

Burgos, Elisabeth. 1999. "Testimonio and Transmission." trans. by Jan Rus. *Latin American Perspectives*, 26(6).

Clark, John A. 2007. "The Problem of Truth in Educational Research: The Case of the Rigoberta Menchú 'Controversy'." *The Australian Educational Researcher*, 34(1).

CEH(Comisión para el Esclarecimiento Histórico). 1998. *Guatemala, Memory of SilenceTz'inil Na'tab'al. Report of the Commission for Historical Clarification. Conclusions and Recommendations*. Ciudad de Guatemala: CEH.

Craft, Linda J. 2000. "Rigoberta Menchú, the Academy, and the U.S. Mainstream Press: The Controversy Surrounding Guatemala's 1992 Nobel Peace Laureate." *Midwest Modern Language Association*, 33(3).

Cullather, Nick. 1999. *Secret History: The CIA's Classified Account of Its Operations in Guatemala, 1952~1954*. Stanford: Stanford University Press.

Gates, Henry Louis. 1992. *Loose Canons: Notes on the Culture Wars.* New York and Oxford: Oxford University Press.

Grandin, Greg. 2003. "History, Motive, Law, Intent: Combining Historical and Legal Methods in Understanding Guatemala's 1981~1983 Genocide." in Robert Gellately and Ben Kiernan(eds.). *The Specter of Genocide: Mass Murder in Historical Perspective*. Cambridge: Cambridge University Press.

______. 2005. "The Instruction of Great Catastrophe: Truth Commissions, National History, and State Formation in Argentina, Chile, and Guatemala." *American Historical Review*, 110(1).

Gugelberger, Georg M. 1999. "Stollwerk or Bulwark?: David Meets Goliath and the Continuation of the Testimonio Debate." *Latin American Perspectives*, 26(6).

Halliday, Fred. 1983. *The Making of the Second Cold War.* London: Verso.

Hartman, Andrew. 2015. *A War for the Soul of America: A History of the Culture Wars.* Chicago and London: The University of Chicago Press.

Jensen, Richard. 1995. "The Culture Wars, 1965-1995: A Historian's Map." *Journal of Social History*, 29.

Le Bot, Yvon. 1992. *La Guerra en tierras mayas: Comunidad, violencia y modernidad en Guatemala(1970~1992).* México, D. F.: Fondo de Cultura Económica.

Lindenberger, Herbert. 1990. *The History in Literature: On Value, Genre, Institutions.* New York: Columbia University Press.

Lovell, W. George. 1988. "Surviving Conquest: The Maya of Guatemala in Historical Perspective." *Latin American Research Review*, 23(2).

Mallon, Florencia E. 1994. "The Promise and Dilemma of Subaltern Studies: Perspectives from Latin American History." *American Historical Review*, 99(5).

Manuel, Diane. 1997. "RESHAPING THE HUMANITIES: Scholars Debate Anew the Role of Cultures, Ideas and Values." *Stanford Today*, May/June. https://web.stanford.edu/dept/news/stanfordtoday/ed/9705/9705ncf1.html(검색일: 2021.2.8).

Manz, Beatriz. 2004. *Paradise in Ashes: A Guatemalan Journey of Courage, Terror and Hope.* Berkeley and Los Angeles: University of California Press.

Mariscal, David Caballero. 2017. "The Guatemalan Genocide Through Indigenous Mayan Literature Twenty Years After the Peace Accords: Rigoberta Menchú, Humberto Ak'Abal and Victor Montejo." *European Journal of Language and Literature*, 3(1).

McEnaney, Tom. 2020. ""Rigoberta's Listener": The Significance of Sound in Testimonio." *PMLA/Publications of the Modern Language*, 135(2).

Menchú Tum, Rigoberta and Elisabeth Burgos-Debray. 1984. *I, Rigoberta Menchú: An Indian Woman in Guatemala*. trans. by Ann Wright. London: Verso.

Menchú Tum, Rigoberta. 1998. *Crossing Borders*. trans. by Ann Wright. London: Verso.

Millay, Amy Nauss. 2005. *Voices from the Fuente Viva: The Effect of Orality in Twentieth-Century Spanish American Narrative*. Lewisburg: Bucknell University Press.

Montejo, Victor. 1999. *Voices from Exile: Violence and Survival in Modern Maya History*. Norman: University of Oklahoma Press.

Morales, Mario Roberto. 2008. "Serving Two Masters, or, Breathing Artificial Life Into a Lifeless Debate(A Reply to John Beverley)." *Journal of Latin American Cultural Studies*, 17(1).

Nash, Gary. 1995. "The History Standards Controversy and Social History." *Journal of Social History*, 29.

Patai, Daphne. 2012. "We, Rigoberta's Excuse-Makers." *Academic Questions*, 25(2).

Pearce, Jenny. 1998. "From Civil War to 'Civil Society': Has the End of the Cold War Brought Peace to Central America?" *International Affairs*, 74(3).

Rothenberg, Daniel. 2012. *Memory of Silence: The Guatemalan Trut Commission Report*. New York: Palgrave Macmillan.

ODHAG(The Official Report of the Human Rights Office, Archdiocese of Guatemala). 1999. *Guatemala, Never Again!* Maryknoll: Orbis Books.

Sanford, Victoria. 1999. "Rigoberta Menchú and La Violencia: Deconstructing David Stoll's History of Guatemala." *Latin American Perspectives*, 26(6).

______. 2001. "From I, Rigoberta to the Commissioning of the Truth: Maya Women and the Reshaping of Guatemalan History." *Cultural Critique*, 47.

______. 2003. *Buried Secrets: Truth and Human Rights in Guatemala*. New York, Palgrave Macmillan.

Schirmer, Jennifer. 2003. "Whose Testimony? Whose Truth? Where are the Armed Actors in the Stoll-Menchú Controversy?" *Human Rights Quarterly*, 25(1).

Sieder, Rachel. 2001. "War, Peace, and Memory Politics in Central America." in Paloma Aguilar et al.(eds.). *The Politics of Memory: Transitional Justice in*

Democratizing Societies. Oxford: Oxford University Press.

Sommer, Doris. 1991. "Rigoberta's Secrets." *Latin American Perspectives*, 18(3).

Stavans, Ilan. 1999. "The Humanizing of Rigoberta Menchú." *The Time Literary Supplement*, 5012.

Steiner-Khamsi, Gita. 1994. "The American Multicultural Debate: Mainstreaming the Intercultural Factor." *European Journal of Intercultural Education*, 5(2).

Stoll, David. 1993. *Between Two Fires in the Ixtil Towns of Guatemala*. New York: Columbia University Press.

______. 1999a. "Rigoberta Menchú and the Last-Resort Paradigm." *Latin American Perspectives*, 26(6).

______. 1999b. *Rigoberta Menchú and the Story of All Poor Guatemalans*. Boulder: Westview Press.

______. 2008. "Creating Moral Authority in Latin American Studies: John Beverley's 'Neoconservative Turn' and Priesthood." *Journal of Latin American Cultural Studies*, 17(3).

______. 2013. "Strategic Essentialism, Scholarly Inflation, and Political Litmus Tests: The Moral Economy of Hyping the Contemporary Mayas." in Gabriela Vargas-Cetina(ed.). *Anthropology and the Politics of Representation*. Tuscaloosa: The University of Alabama Press.

The New York Times. 1988.1.19. "In Dispute on Bias, Stanford Is Likely To Alter Western Culture Program." https://www.nytimes.com/1988/01/19/us/in-dispute-on-bias-stanford-is-likely-to-alter-western-culture-program.html(검색일: 2021.2.8).

______. 1988.4.2. "Stanford Alters Western Culture Course." https://www.nytimes.com/1988/04/02/us/stanford-alters-western-culture-course.html(검색일: 2021.2.8).

The Sanford Guatemalan Genocide Databases. Charts: (ii) Power Point presentation. http://www.yale.edu/gsp/guatemala/index.html(검색일: 2021.2.8).

The Stanford Daily. 2016.3.8. "Western Civilization isn't dead yet." https://www.stanforddaily.com/2016/03/08/me-ay-western-civilization-isnt-dead-yet(검색일: 2021.2.8).

Tomuschat, Christian. 2001. "Clarification Commission in Guatemala." *Human Right Quarterly*, 23(3).

Valdés, María Elena de. 1996. "The Discourse of the Other: Testimonio and Fiction of the

Maya." *Bulletin of Hispanic Studies*, 73(1).

Varas, Patricia. 2011. "Memoria y postmemoria en Rigoberta: la nieta de los mayas." *Revista de Crítica Literaria Latinoamericana*, 74.

Warren, Kay B. 1998. *Indigenous Movements and Their Critics: Pan-Maya Activism in Guatemala*. Princeton: Princeton University.

Zimmerman, Marc. 1991. "Testimonio in Guatemala: Payeras, Rigoberta, and Beyond." *Latin American Perspectives*, 18(4).

______. 2001. "Rigoberta Menchú After the Nobel: From Militant Narrative to Postmodern Politics." in Ileana Rodríguez(ed.). *The Latin American Subaltern Studies Reader*. Durham and London: Duke University Press.

10

영국의 영국적 가치 교육 논쟁

시민 내셔널리즘 혹은 인종 제국주의?

강선주 경인교육대학교 사회과교육과 교수

1. 머리말

한국에서는 영국의 시민교육을 논의할 때 2000년대 노동당은 다문화주의 시각에서, 2010년대 보수당은 동화주의 시각에서 '영국적 가치(British Values)' 교육을 실시하여 사회적 다양성 문제를 해결하려 한 것으로 설명해 왔다. 그런데 노동당 정부가 이미 2000년대 초부터 다문화주의 정책을 포기했다는 평가도 있다(염운옥, 2012). 실제 영국적 가치 교육을 실시하고 공동체의 결속력을 강화하는 의무를 학교에 부과하기 시작한 것은 2000년대 노동당 정부이다. 2000년대 노동당 정부는 '영국적 가치'에 기초하여 국가정체성을 창안하고 교육을 통해 사회 결속력을 강화하려는 정책을 시작했다.

* 이 장은 강선주(2021)의 내용을 수정·보완한 것이다.

그리고 2010년대 보수당 정부는 이 정책을 한층 강화해 '근본적인 영국적 가치(FBVs: Fundamental British Values)'를 공식적으로 정의하고 그것의 교육을 제도화했다. 노동당과 보수당은 어떤 사회적 맥락에서 영국적 가치 교육 정책을 실행하게 되었는가? 그리고 이러한 정책에 대해 영국의 지식인들은 어떤 평가를 하고 있는가?

이 장에서는 2000년대와 2010년대 노동당과 보수당 정부가 영국적 가치 교육을 제도화하고 역사와 시민성을 영국적 가치 교육에 동원한 사회적 맥락과 과정을 영국의 신문 자료, 교육 관련 정부 보고서, 그리고 연구자들이 분석한 논문들을 중심으로 살펴본다. 그리고 영국적 가치에 기초한 시민교육을 정당화하는 논리와 비판하는 논리를 영국 연구자들의 문헌들에 기초해 검토한다.

많은 국가는 오래된 지역갈등이나 민족갈등의 문제를 안고 있다. 여기에 지난 몇십 년간 노동의 유연성을 강조하는 경제적 세계화 속에서 이주가 폭발적으로 증가했고, 각 나라는 이주민과 함께 들어온 문화와 상호작용 하고 적응하는 과정에서 새로운 갈등을 경험하고 있다. 이러한 가운데 서구의 여러 나라에서는 빈번하게 발생하는 인종 갈등과 테러로 특정 공동체를 의심하는 배제 담론이 양산되고 있다. 한국인에게 그러한 상황은 아직까지는 '남의 일'처럼 느껴진다. 그러나 이는 한국에도 곧 닥쳐올 미래이다. 세계적으로 사회적 다양성과 다원성이 심화되는 오늘날, 교육은 정체성 문제에 어떻게 접근해야 하는가? 영국의 사례는 한국의 역사교육과 시민교육이 정체성 문제를 어떻게 다루어야 할지 통찰하는 데 도움이 될 것이다.

2. 영국적 가치를 기반으로 한 영국 정체성의 창안

1) 노동당의 영국적 가치 교육 정책

영국 정부는 전통적으로 학교에서 시민교육을 하는 것에 부정적이었다. 시민교육을 하면 시민의 정치의식이 향상되어 급진주의 사상을 가진 사람들이 증가하고 국가에 대한 충성심이 약화될 것이라고 생각했기 때문이다. 또한 전통적으로 시민교육은 역사의 역할이라고 생각했다. 그래서 1980년대 말 국가 교육과정을 개발할 때에 시민성은 독립된 교과로 개발하지 않았다. 그러나 1990년대 후반 정치에 무관심한 젊은이들이 늘어남에 따라 노동당 정부는 그들의 정치 참여를 독려하기 위해 시민성을 국가 교육과정에 도입하기 위한 준비를 했다. 이러한 맥락에서 일명 「크릭(Crick) 보고서」(QCA, 1998)와 「파렉(Parekh) 보고서」(Parekh, 2000)가 나왔다. 이 두 보고서는 시민성을 국가 교육과정에 필수 교과로 포함하여 가르칠 것을 제안했다.

이러한 가운데 2001년에 북잉글랜드에서 남아시아계 이주민 2, 3세대와 백인 청년들이 충돌한 인종 사태가 벌어졌다.[1] 같은 해에 미국에서는 9·11 테러가 일어났다. 이 사건들 이후 시민권과 시민성 교육에 대한 영국의 정치적 담론이 급격히 변하기 시작했다(Gray and Griffin, 2014: 299). 노동당 정부는 2001년 북잉글랜드 인종 충돌을 사회가 분열하고 공동체의 결속력이 약화하고 있는 증거로 해석하고, 공동체의 결속력을 강화하

---

1 남아시아계 이주민(파키스탄, 방글라데시, 인도 등) 2, 3세대와 백인 청년들이 충돌한 사건이다.

기 위해서는 공동체 구성원들이 공유할 수 있는 가치를 가르치고 공통된 정체성을 함양해야 한다고 인식했다(Home Office, 2002a: 10). 이를 위해 시민성을 필수 교과로 도입해 "오늘날 영국의 서로 다른, 다양한 경험을 수용할 수 있는 공통의 시민의식"을 함양해야 한다고 생각했다(Home Office, 2002a: 10). 이러한 맥락에서 2002년에 시민성을 국가 교육 과정의 주요 단계(key stage) 3과 4에서 필수 프로그램으로 도입했다.

1990년대 말 시민성 프로그램을 개발할 당시 크릭은 시민권을 보편적인 권리라는 시각에서 정의하고 시민성 교육을 정치문해력 교육으로 구상했지만, 2001년 사건들 이후에 시민권과 시민성 교육 담론은 권리나 책임보다 정체성과 정치 공동체에 대한 충성을 강조하는 방향으로 전환되었다(Gray, 2014: 299). 또한 2002년 이전에 '영국적인 것(Britishness)'을 혈연과 문화를 기반으로 논의했다면 이후에는 철저하게 '가치들'에서 찾기 시작했다(Maylor, 2016: 316; Gray, 2014: 301). 2004년 내무부 보고서에서는 "영국인이 된다는 것(to be British)은 법, 의회와 민주적 정치구조, 전통적인 가치인 관용과 평등한 권리를 존중한다는 것을 의미한다"라고 서술했다(Maylor, 2016: 316; Gray, 2014: 301). 2001년 사건들의 충격이 가시기도 전에, 2005년 7월 7일 런던 지하철에서 영국에서 태어난 이민 2세대들과 이민자[2]가 자살폭탄테러를 일으켰다. 영국에서 자란 젊은이들이 테러를 일으켰다는 점은 영국인에게 엄청난 충격을 주었다. 많은 전문가들은 유럽 내 자생적 이슬람주의 조직이 위협이 될 수 있다고 경고했다. 노동당 정부는 테러에 동정적인 분위기를 조성하는 학교 교육이 학생들

---

2 한 명은 자메이카 출생 영국 이민자이며 나머지는 파키스탄 이민자의 자녀들로 영국에서 태어났다. 이들 중 두 명이 남긴 비디오 메시지를 나중에 알자지라가 공개했다.

을 이슬람 극단주의 사상에 물들게 하여 영국 내에 테러리스트의 자생에 일조한다고 보았다(BBC News, 2006). 그리고 무슬림 공동체를 비롯해 영국의 다양한 소수민족 공동체들이 영국적 가치를 공유하면 영국에서 테러리스트의 자생을 방지할 수 있을 것이라고 생각했다. 2006년 고든 브라운(Gordon Brown)은 "최근 여론 조사에서 우리가 영국적인 것을 강조하지 않으면 사회가 분열되는 위기를 맞이하게 될 것이라는 우려의 목소리가 크다"라고 하면서 "국가정체성은 인종이나 민족이 아니라 우리가 공유하는 가치로 정의된다"라고 주장했다(Brown, 2006: 3~4). 고등교육 및 평생학습 장관(Minister for High Education and Lifelong Learning)이던 빌 람멜(Bill Rammel)은 학생들이 극단주의를 비판할 수 있게, 그리고 사회 통합을 견고하게 유지할 수 있게 '전통적인 영국적 가치'를 가르치겠다고 선언했다(Taylor, 2006.5.15). 영국적 가치에 기초해 영국의 정체성을 '창안'하려는 노력을 시작한 것이다(Maylor, 2016: 36).

그러나 이때만 해도 정부가 영국적 가치에 대한 통일된 정의를 제시하지는 않았다. 정치가들은 제각기 서로 다른 영국적 가치들을 거론했다. 람멜은 "핵심 가치로 '언론의 자유', '영국이 자유(freedom), 민주주의, 자유(liberty)[3]에 기초해 세워졌다는 점', '현대의 성공적인 국가 건설에 여러 공동체들이 공헌했다는 점'"을 거론했고(Taylor, 2006.5.15), 브라운은 영국적 가치로 '관용(tolerance)', '예절 바름/품위(decency)', '공정한 행위(fair-play)' 등을 언급했다. 그러나 영국인을 통합시킬 수 있는 핵심 가치는 바로 영국 역사를 관통하는 '자유(liberty)'라고 강조했다(Brown, 2006).

---

3 freedom은 인간이면 누구나 누려야 할 자유를 말하며, liberty는 합법적인 권리로서 자유를 말한다.

특히 브라운은 1215년의 마그나카르타와 1689년의 권리장전을 거론하면서 영국이 세계 역사상 최초로 의회의 권리를 주장했던 점을 상기시키고, 볼테르(Voltaire)·밀턴(Milton)·오웰(Orwell) 등의 말을 인용하면서 영국을 정의하는 가치는 자유라는 점을 강조했다(Brown, 2006: 3~4).

당시 비판자들은 영국적 가치에 대한 정부의 정의가 너무 모호할 뿐 아니라 교육이 극단주의를 예방할 수 없다고 반박했다(BBC News, 2006). 심지어 2007년 당시 야당 대표였고 후에 집권해 근본적인 영국적 가치 교육을 강화했던 보수당의 데이비드 캐머런(David Cameron)도 영국적인 것이 덴마크나 네덜란드 가치들과 크게 다르지 않다고 지적했다(Maylor, 2016: 315). 또 '학교-집 지원 감독관(supervisor of school-home support)'이던 헬렌 보닉(Helen Bonnick)은 "'핵심적인 영국적 가치'를 주입하라고 하면서 이와 동시에 1998년 인권법(Human Rights Act)'[4]을 실행하라는 것은 어불성설"이라고 비판하고 나섰다(Bonnick, 2006).

그러나 노동당 정부는 후속 조치를 통해 영국인으로서의 정체성 교육과 사회통합을 위한 반극단주의 교육을 시작했다. 람멜은 11세부터 16세 사이의 모든 학생들이 영국의 언론 자유와 민주주의, 그리고 다양한 공동체들의 영국사적 공헌에 대해 학습하게 하겠다고 선언했다(Mail Online, 2006). 이를 위해 6개월 동안 수석 교사들이 학교 교육과정에서 '핵심적인 영국적 가치'를 어떻게 의무적으로 가르칠 수 있는지 검토하게 했다. 이 검토 결과가 2007년에 발표된 「교육과정 검토: 다양성과 시민성(Curriculum Review: Diversity & Citizenship)」, 일명 '아젝보 보고서'다(Ajegbo, Kiwan and

4 '1998년 인권법'은 영국의 모든 사람들이 누릴 수 있는 기본적인 권리와 자유를 규정한다. 유럽인권협약(European Convention on Human Rights: ECHR)에 규정된 권리를 영국의 국내법에 통합한 것이다.

Sharma, 2007).

「아젝보 보고서」는 학교 교육과정 전반에서 다양성 교육이 어떻게 이루어지는지 분석하고 개선 방향을 제시했다. 「아젝보 보고서」 작성에 참여했던 연구진은 소수민족 집단의 인구가 늘어나고 있는 점, 특히 기독교 이외의 종교를 가진 사람들, 혼합된 유산을 가진 사람들, 즉 복수의 문화를 배경으로 하는 사람들이 빠르게 증가하면서 영국 사회가 변하고 있다는 점에 주목했다. 10년 안에 영국 노동자의 15%가 무슬림이 될 것이라고 예측하기도 했다(Ajegbo, Kiwan and Sharma, 2007: 16~17). 그리고 '다양성을 위한 교육(education for diversity)'의 시급성을 강조했다. 연구진은 보고서의 많은 부분을 사회 다양성의 심화, 다양성 교육의 필요성, 다양성 교육을 위한 전략 등을 제시하는 데 할애했다. 그들은 소수집단 학생들은 주로 자신의 인종이나 민족, 문화나 종교 공동체와 연결해 정체성을 확인한다고 인식하면서 그들이 자신의 정체성을 지역(local)이나 국가의 틀에서도 생각해 보게 할 필요가 있다고 여겼다. 그리하여 다중 정체성을 강조하면서도 학생들이 영국이라는 좀 더 큰 틀에서 자신을 바라보고, 지역공동체와의 관계 속에서 자신의 정체성을 탐구할 수 있게 교육해야 한다고 주장했다(Ajegbo, Kiwan and Sharma, 2007: 23). 다양성을 위한 교육을 통해 사회 결속력을 강화하려 했던 것이다.

「아젝보 보고서」의 연구진은 인종 편견과 차별을 비판했고, 영국사에서 아프리카계와 아시안계 영국인의 공헌을 다룰 필요가 있다고 주장했다. 그런데 한편으로는 다양성을 강조하는 교육이 확대됨에 따라 영국 백인 학생들(indigenous White pupils)이 소외감을 느낀다는 점과 자신의 정체성을 부정적으로 본다는 점도 부각했다(Ajegbo, Kiwan and Sharma, 2007: 30~31). 백인 학생들이 흑인, 무슬림, 시크교의 역사는 배우지만, 정작 백인의 역사에 대해서는 배우지 않는다고 생각한다는 것이다(Ajegbo, Kiwan and Sharma, 2007: 32). 연구진은 동유럽으로부터 이주해 오는 백인 노동자들도 늘어나고 있으므로 더 이상 이민을 인종의 틀에서 설명해서는 안 된다고 주장했다.

「아젝보 보고서」 연구진은 시민성 교육이 "다양성과 통합 사이의 균형을 추구하고, 영국적인 것, 인권, 공유한 가치에 대해 토론할 기회"를 주어야 한다고 했다(Ajegbo, Kiwan and Sharma, 2007: 77). 이를 위해 연구진은 '정체성과 다양성: 영국에서 함께 살기(Identity and Diversity: living together in the U. K.)'를 시민성 프로그램의 네 번째 주제 스트랜드로 추가할 것을 제안했다(Ajegbo, Kiwan and Sharma, 2007: 77). 정체성과 다양성 주제 스트랜드는 '잉글랜드, 북아일랜드, 스코틀랜드, 웨일스의 다국적(multinational) 국가인 영국', '이민', '영연방과 제국의 유산', '유럽연합'(이하 EU), '확장하는 참정권'(예를 들면 노예제의 유산, 보편선거권, 기회균등법) 등의 토픽을 연대기적 틀에서 다루도록 했다(Ajegbo, Kiwan and Sharma, 2007: 23). 이 주제를 다루는 학습 활동을 다음과 같이 제안했다.

> 영국의 기원과 다양한 문화가 어떻게 현대 영국을 만들었는지를 탐구한다. 영국과 세계의 다양한 인종, 민족, 문화 및 종교 집단의 표현을 탐구한다. 인종적·종교적 편협성과 차별의 결과를 탐구한다. 자신의 문화적 전통을 성찰할 수 있는 비판적 리터러시를 개발한다(Ajegbo, Kiwan and Sharma, 2007: 23~24).

「아젝보 보고서」는 시민성과 역사의 연계를 강조하면서 이러한 주제를 연대기적 틀에서 가르치라고 했다. 당시 하원은 아젝보를 출석시켜 시민성 교육과정 개정에 대해 논의했는데, 그 논의에서는 '정체성과 다양성' 주제 스트랜드의 첨가를 영국 사회사, 문화사, 정치사 교육의 확대로 이해했다(The House of Commons Education and Skills Committee, 2007: 14). 「아젝보 보고서」에서 다양성을 위한 교육 전략을 제시했지만, 실제 강조한 것은 영국사에 기초한 사회통합과 정체성 함양이라고 해도 과언이 아니다.

오드리 오슬러(Audrey Osler)도 비판했듯이 「아젝보 보고서」는 인종에 대한 비판적 시각이나 다문화주의 시각을 취하지는 않았다(Osler, 2008: 15). 오히려 다른 인종과 문화집단을 주류 문화집단에 통합할 수 있는 방안을 모색했다. 「아젝보 보고서」는 2008 시민성 교육과정의 기초가 되었다. 2008 시민성 프로그램에 대해 시민교육 연구자들은 정체성, 다양성, 공동체의 결속력을 이전보다 한층 강조했다고 평가했다(Keating et al., 2010: 3).

노동당은 시민성 교육과정을 개정해 영국적인 것과 영국인이 공유하는 가치를 직접적으로 가르치고 싶어 했지만, 교사들이 비판적이었기 때문에 그러한 방식은 철회했다(Maylor, 2016: 325). 그리고 2008 시민성 교육과정의 주요 단계 4에는 학생이 다양한 사상, 믿음, 문화, 정체성, 영국 시민들이 공유하는 가치들에 비판적으로 관여(critically engaging)하고 또 탐구하게 해야 한다"라는 목표를 포함했다(Lee and Shemilt, 2007: 16). 교육과정에서는 영국적 가치를 주입하는 것이 아니라 비판적으로 탐구하도록 했다. 그러나 영국적 가치를 생각해 보게 하는 활동 자체는 결국 '영국적인 것'과 '영국적이지 않은 것'을 구분하는 결과를 가져왔다.

노동당 정부는 교육과정 개정 이외에 2007년 9월부터 모든 학교가 사회적 결속력 강화를 위해 노력해야 하는 의무를 법으로 규정했다

(Department for Children, schools, and famillies, 이하 DfCSF). 2007년에 발행한 사회 결속력 강화를 위한 의무 지침서(Guidance on the duty to promote community cohesion)에서는 “모든 학교는 불법적인 인종 차별을 없애고 기회의 평등과 다른 집단의 사람들과 좋은 관계를 증진해야 할 의무”가 있는데 이는 이미 존재하는 법의 일부이며 “2007년 9월부터는 학교들이 공동체의 결속력을 증진해야 할 새로운 의무를 지게 되었다”라고 서술했다(DfCSF, 2007: 1). 특히 이 보고서는 「아젝보 보고서」를 언급하면서 “모든 학교는 학생들이 문화적 다양성을 인정하면서 상호작용 하고 가치를 공유하며 공통된 경험을 하게 함으로써 공동체가 화합할 수 있도록 해야 한다”라고 명시했다(DfCSF, 2007: 1). 노동당 정부는 소수 문화 집단의 다양성을 존중하는 한편, 그들이 영국의 주류 집단과 비슷한 삶의 기회를 갖게 하여 지역 공동체나 국가에 대한 소속감을 느낄 수 있도록 하고, 주류 집단과 공통된 미래상을 그리면서 긍정적이고 강한 연대의식을 갖게 하려 했다(DfCSF, 2007: 4).

시민성 교과를 통해 영국적 가치에 대해 가르치는 동시에 공동체 결속력 강화를 위한 노력의 의무를 학교에 부과함으로써 소수민족 집단의 문화나 종교적 소속감을 희석하고 지역과 국가에 대한 소속감을 강화하고자 한 것이다. 이러한 노동당의 정책에 대해 몇몇 연구자들은 노동당 정부가 2000년대 후반에는 이미 “다문화주의와 거리두기를 시작했다”라고 평가했다(Winter and Mills, 2020: 50). 염운옥(2012)은 그보다 앞서 2001년 북잉글랜드 사건 이후 다문화주의에서 공동체의 결속력을 강화하는 동화주의로의 정책 전환이 예고되었다고 주장했다.

2) 노동당의 사회 결속력 강화를 위한 시민성 교육과 역사교육

2002년 시민성 프로그램이 국가 교육과정에 정식으로 도입된 이후 학교에서는 여러 교과에서 시민성을 통합해 가르쳤다. 그 가운데 역사는 시민성 교육의 핵심적인 교과였다. 시민성의 주제를 연대기적 틀에서 가르치도록 했기 때문에 시민성 도입 초기부터 역사교육 연구자들은 역사 수업에 시민성을 어떻게 통합할 것인지 고민했다(Davies·Hatch and Tony, 2001). 2005년 이후 노동당 정부는 시민성을 영국적 가치 교육의 주된 프로그램으로 인식했다. 그러면서 영국적 가치를 시민성 교과에서 고립적으로 가르치지 말고, 역사에서 맥락적으로 가르쳐야 한다고 주장했다(Brown, 2006). 2007년 「아젝보 보고서」에서도 시민성과 역사의 연계를 강조했고, 다양성과 정체성이라는 주제 스트랜드를 연대기적 맥락에서 다루도록 했으며, 실제로 많은 학교에서 시민성을 역사에 통합해 가르치고 있었기 때문에(Harris, 2017: 185), 2008 개정 교육과정 시행을 앞두고 역사교육 연구자들도 시민성을 역사 수업에 통합할 수 있는 방안을 검토했다.

역사교육 연구자 피터 리와 데니스 셰밀트(Peter Lee and Denis Shemilt)는 역사와 시민성의 목표나 주제를 연결해 가르칠 수 있는 방안을 검토했다(Lee and Shemilt, 2007: 1). 그들은 전통적인 영국적 가치를 가르쳐야 하는 상황 속에서 시민성과 역사의 요소들을 함께 가르친다면 역사가 시민성 교육에 종속될 가능성이 있다고 우려했다(Lee and Shemilt, 2007: 15). 이 점을 염두에 두면서 리와 셰밀트는 역사가 시민성을 지원하는 모델을 세 가지로 범주화해 그 장단점을 검토했다. 첫째, 보고(寶庫, cornucopia) 모델, 둘째, 운반(carrier) 모델, 셋째, 보완(complement) 모델이다. 이러한 모델은 다음과 같이 요약할 수 있다. 첫째, 보고 모델은 역사 교사가 시민성 교육에 크게 신경 쓰지 않고 종래처럼 역사를 가르치는 것이다(Lee and Shemilt, 2007: 15). 역사가 시민성의 쟁점을 포함하는 인간의 경험을 폭넓게 다루는 보고이기 때문에 역사를 가르치는 것이 곧 시민성 교육이라는 인식이다. 이 모델에서 역사 교사의 역할은 시민성에서 강조하는 쟁점들을 수업에서 드러나게 하는 것이다. 2008 시민성 교육과정이 정치와 법적 체제에 대한 지식을 강조했기 때문에 주제들이 역사와 많이 겹쳤고, 그래서 역사와 연결하는 방법은 매우 간단했다(Harris, 2017: 182). 역사에서 가르치는 교회와 왕권 간의 투쟁, 마그나카르타, 의회의 등장, 종교개혁, 명예혁명, 의회의 권력, 정당정치, 참정권의 확대와 사회개혁 등의 역사 주제를 통해 영국의 정치체제가 어떻게 성장했는지 가르칠 수 있었던 것이다(Harris, 2017: 182).

둘째, 운반 모델에서는 역사 자료들을 이용해서 시민성 교육이 강조하는 내용과 목적을 달성하는 것이다(Lee and Shemilt, 2007: 15). 그런데 이 모델은 시민성 교육의 필요에 따라 과거를 현재주의(presentism)의 시각에서 접근하는 결과를 초래할 수 있다(Lee and Shemilt, 2007: 16). 즉 현재의 쟁점과 직접적으로 연결되는 주제들만 중요한 것으로 간주하거나 역사적 메시지를 현대 사회의 지배적인 사고방식에 맞게 왜곡할 가능성이 있다(Harris, 2017: 182). 리와 셰밀트는 이 경우 역사는 시민성 교육에 기여하는 것을 넘어 종속된다고 보았다. 예를 들면 여성 참정권 이야기를 인권을 가르치는 데 사용할 수 있지만, 이 경우 여성 참정권을 역사적으로 다루는 것은 어렵다고 했다(Lee and Shemilt, 2007: 16). 여성 참정권의 역사적 중요성보다는 인권에만 초점을 맞추게 된다는 것이다(Lee and Shemilt, 2007: 16).

셋째, 보완 모델은 역사를 시민성 교육을 보완하는 방식으로 사용하는 것이다(Lee and Shemilt, 2007: 17). 이 모델에서 시민성 교육은 학교의 기풍(ethos) 변화를 추구하는 것이고, 학교는 이성적인 탐구와 토론을 장려하면 된다고 본다. 즉 시민성 교육을 지식 교육이 아니라 비판적 사고와 태도의 일상적 습관화라는 시각에서 추구하는 것이다. 이러한 모델에서는 시민성 교육의 목표들을 애써 역사 교육에 연계하려 하지 않고 역사를 잘 가르치는 것이 지적이며 비판적인, 좋은 시민을 양성하는 필수 조건으로 본다(Lee and Shemilt, 2007: 17). 역사는 시간 속에서 사고할 수 있게 하고 역사적으로 어떻게 민주적 제도와 이상이 발전되어 왔는지, 또 제도와 이상의 가치와 잠재적 허약함까지 탐구할 기회를 제공하기 때문이다. 이 모델에서 "역사는 시민성이 발전할 수 있는 모판의 역할"(Harris, 2017: 182)을 한다.

리와 셰밀트는 이 세 가지 모델 가운데 두 번째 모델은 시민성과 역사의 내용과 시각의 차이 때문에라도 적용하기 쉽지 않다고 보았다. 2008 역사 교육과정은 주요 단계 3만 개정했는데 여기서 '다양성'을 핵심 개념으로 강조했다. 역사의 주요 단계 3에서는 "우리의 민족적이고 문화적인 다양성의 역사적 기원을 상호 이해할 수 있게 하라"라고 주문했다. 핵심 개념으로서 다양성은 "문화적·민족적·종교적 다양성"이라고 명시되었다. 그런데 시민성의 주요 단계 4에서는 "학생이 다양한 사상, 믿음, 문화, 정체성, 영국 시민들이 공유하는 가치들에 비판적으로 관여하고 또 탐구하게 해야 한다"라는 목표가 있었다. 이 목표를 보면서 리와 셰밀트는 "공유하는 가치들"이라는 문구가 "다양한 가치, 믿음 정체성"이라는 문구와 함께 제시되었다는 점에 당혹스러워했다(Lee and Shemilt, 2007: 16). 서로 다른 국적, 종교, 민족 정체성을 존중한다든가 관용, 공동체적 결속력 각각은 좋은 의미이지만, 가치의 다양성은 공동체의 결속을 위협할 수도 있기 때문에, 목표 진술 자체가 모순적이라고 인식한 것이다(Lee and Shemilt, 2007: 16). 또 역사 교육과정에서는 홀로코스트, 영제국, 북대서양 노예제도 등을 가르치게 했는데, 이러한 주제가 시민성 교육이 추구했던 영국적 정체성 교육을 '오염'시킬 수 있다고 비꼬기도 했다(Lee and Shemilt, 2007: 16). 결국 역사 수업에서 시민성을 연계해 가르치는 방식은 교사들에게 맡겨졌다. 리와 셰밀트는 역사 교사들에게 "학생들이 내린 결론의 합리성을 봐야지 그들이 취하는 입장을 봐서는 안 된다"라고 조언했다(Lee and Shemilt, 2007: 19). 이때만 해도 역사 교사들이 영국적 가치가 무엇이고 어떻게 가르칠 것인가에 대해 크게 혼란스러워하지 않았던 것으로 보인다. 역사 교사들의 불만과 혼란은 보수당 정부 시기에 커졌다.

3) 보수당의 근본적인 영국적 가치 교육과 극단주의 예방의무

2010년 총선에서 보수당이 의회의 제1당이 되었다. 보수당은 자유민주당과 연립내각을 구성한 후 근본적인 영국적 가치 교육을 본격적으로 법제화하기 시작했다. 먼저 2011년에 발행한 교사 교육 기준(Teachers' Standards: Guidance for school leaders, school staff and governing bodies)에 "교사는 사적 및 공적 생활에서 근본적인 영국적 가치를 경시해서는 안 된다"라는 규정을 포함했다(DfE, 2011: 14). 이 규정에서 '근본적인 영국적 가치'의 정의는 2011년 6월 내무부 보고서에서 인용했다. 2011년 6월 영국 내무부는 극단주의가 테러리즘의 원인이라고 지목하면서 극단주의 방지 전략을 제시했다. 이 전략에서 북아일랜드 관련 테러, 극단적인 우파의 테러에 대해서도 언급했지만 알카에다에 의한 영국인의 급진주의화를 가장 경계했다(The Secretary of State for the Home Department, 2011). 내무부는 '극단주의'를 근본적인 영국적 가치에 반하는 말이나 행위라고 하면서, '근본적인 영국적 가치'는 "민주주의, 법치, 개인의 자유, 그리고 서로 다른 신앙을 가진 사람들에 대한 상호 존중과 관용"이라고 정의했다(The Secretary of State for the Home Department, 2011: 107). 이러한 내무부의 근본적인 영국적 가치 정의는 이후 보수당 정부의 공식적인 정의로 등극했다.

노동당 정부에서도 학교가 이슬람 극단주의 사상에 물들게 한다는 우려를 표명한 적이 있는데 보수당 정부에서도 '학교가 문제다', '무슬림이 문제다'라는 의식이 더욱 심화되었다. 이러한 문제의식에서 보수당 정부는 국가 교육과정을 통해서는 물론이고 학교 기풍 측면에서 근본적인 영국적 가치 교육을 강화하고자 했다.

우선, 보수당 정부는 2013년에 개발하여 2014년에 적용한 시민성 교육과정(DfE, 2013b)을 통해서도 근본적인 영국적 가치를 직접 가르치고자 했다. 예를 들면 2014 개정 시민성 교육과정의 주요 단계(key stage) 3에서 "영국 시민이 소중한 자유들(precious liberties)을 향유한다"라는 점을 가르치도록 했다. 교육과정상에서는 '소중한 자유들'이 무엇을 의미하는지를 명확하게 설명하지 않았다. 그러나 시민성교육협회(Association for Citizenship Teaching)(이하 ATC)나 학교들의 시민성 교육 해설서들은 '소중한 자유들'을 영국적 가치로 해석했다. 예를 들면 시민성교육협회가 2014년에 발행한 해설서에서는 '소중한 자유들'을 "영국인이 매우 중요하게 여기는 가치인 '법적 권리'와 '자유'로 이해하는 것이 가장 적절하다" 라고 해설했다(ATC, 2014: 2). 그리고 "'소중한 자유들'은 그 역사적 기원 때문에 (인권과 다른) 독특한 것"이며, "영국인은 이러한 권리와 자유를 법적으로 보장받았으며 오랜 기간 모든 시민들이 그것을 누릴 수 있도록 노력해 왔다"라고 설명했다. 또한 "다른 나라의 시민들도 영국의 역사적 경험에서 자신들의 권리와 자유의 법적 보장을 위해 어떻게 투쟁해야 하는지 배우고 있다"라고 설명했다(ATC, 2014: 2). '소중한 자유들'을 보수적 지식인들이 영국에서 가장 먼저 창안했다고 주장하는 '법적 권리'와 '자유'로 해석한 것이다.

시민성교육협회가 2018년에 발행한 시민성 교육과정 해설서나 몇몇 학교가 제공하는 최근의 시민성 교육과정 해설서들은 '영국 시민이 향유하는 소중한 자유들'을 내무부가 정의한 근본적인 영국적 가치(민주주의, 법치, 개인의 자유, 상호존중과 관용, 표현의 자유)를 의미하는 것으로 명확하게 제시하고 있다. 시민성교육협회의 '소중한 자유들'에 대한 해설의 변화는 후술하는 트로이 목마 투서 사건 이후 보수당 정부가 근본적인 영국적 가치 교육 정책을 강화했던 사회적 맥락 속에서 이해할 수 있다.

시민성 교육 연구자 휴 스타키(Hugh Starkey)는 '소중한 자유들'이라는 문구를 극단적으로 해석하여 "다른 나라 사람들은 누리지 못하는 자유를 영국 시민만이 특별하게 누린다는 것을 암시한다"라고 주장했다(2018: 153). 또한 '소중한 자유들'이란 '깨지기 쉬움(fragility)'을 암시하는 오래된 표현으로서, "가치 있는 자유는 투쟁을 통해서 획득하는 것이 아니라 국제법과 영국의 인권법으로 보호해야 한다는 의미로 해석할 수 있다"라고 했다(2018: 153). 자유 획득의 방법으로서 투쟁보다는 법 준수를 강조하려는 의도에서 그 문구를 사용했다는 것이다. "소중한 자유들"이라는 문구가 투쟁을 강조하는가, 혹은 법의 준수를 종용하는가에 대한 해석은 논자마다 다를 수 있다. 다만 현재 영국의 시민성 연구자들이 시민성 교육과정의 "소중한 자유들"이라는 문구를 근본적인 영국적 가치를 의미하는 것으로 해석하고 있다는 점은 확실하다.

또한 2014 개정 시민성 교육과정의 주요 단계 4에서 '인권과 국제법'을 '영국의 나머지 유럽과의 관계(The United Kingdom's relation with the rest of Europe)'의 맥락에서 학습하도록 했다(DfE, 2013b). 시민성교육협회는 시민성 교육과정 해설에서 인권의 의미를 유럽인권보호조약(European Convention on Human Rights)과 연결해 설명하면서 기본적으로 인권이란 윤리적인 책임을 의미하며 그것이 국가적 범위에서 적용될 때 제한될 수 있다는 점을 강조했다(ATC, 2014). 인권에 대한 유럽적 논의와 합의를 가르치면서도 영국적 맥락에서 어떻게 다르게 적용될 수 있는지를 설명한 것이다.

"나머지 유럽"이라는 표현은 영국이 EU의 핵심 회원국이 아닌 외부인이라는 것을 암시한다(Starkey, 2018: 153). 스타키는 "'나머지 유럽'이라는 표현은 지난 30년 동안 정치적 담론에서 유럽이 유해했다는 것(toxic)을 암시한다"라고 했다(Starkey, 2018: 153). 사실 영국은 오랫동안 유럽 대륙과 거리를 두면서 고립주의 정책을 취해왔다. EU에 가입해 있었지만, 브렉시트 결정 전에도 가장 소극적인 회원국이었다. 이러한 영국의 유럽과의 관계 인식 때문에 "영국과 나머지 유럽의 관계"라는 표현은 언론에서도 자주 사용한다. "소중한 자유들"이나 "영국과 나머지 유럽의 관계"라는 문구는 영국의 고유한 정체성을 의미하는 수사법이다.

2014 역사 교육과정에서도 '긍정적'인 영국적 정체성을 강화하려 한 흔적들을 볼 수 있다. 주요 단계 2에서 '영국과 대조를 이루는 비유럽 사회'라는 주제에서 이슬람 문명, 마야 문명, 베냉 아프리카 중 하나를 선택해서 학습하게 했다(DfE, 2013a). 영국사 이외에 역사를 가르치도록 했다

는 점은 의미가 있지만, '대조'라는 단어를 선택하여 그 문명들이 영국과 다르다는 점을 부각하려 한 의도에 대해 생각해 볼 필요가 있다. 그리고 주요 단계 3에서는 "영국, 유럽 및 더 넓은 세계를 위한 도전: 1901년부터 현재까지"라는 주제를 통해 영제국을 가르치게 했는데(DfE, 2013a), '도전'이라는 단어를 선정하고 '제국'이라는 단어를 사용하지 않은 것에서도 영제국을 부정적으로 보지 않으려는 의도를 알 수 있다.

보수당 정부가 교사 교육 기준과 교육과정 개정을 통해 근본적인 영국적 가치 교육과 국가정체성을 은근히 강화하고 있던 때에 트로이 목마 투서 사건이 일어났다. 이 사건을 빌미로 보수당 정부는 근본적인 영국적 가치 교육을 학생 보호와 테러 방지 정책의 일환으로 본격적으로 추진했다.

2013년 11월 3일 버밍엄 시의회에 익명의 투서가 접수되었다. 트로이의 목마라는 작전명의 음모가 진행되고 있다는 내용이었다. 좀 더 구체적으로는 무슬림들이 엄격한 이슬람 원칙에 따라 학생들을 가르침으로써 영국의 학교 교육을 장악하려 하며, 버밍엄의 학교들에서 이 작전을 실험하고 있다는 내용이었다. 투서에서 지목한 학교들이 있는 지역의 인구 분포를 보면 80%가 무슬림이었다. 12월에 버밍엄 의회는 그 투서를 교육부에 넘겼고 오프스테드(Ofsted: Office for Standards in Education, Children's Services and Skills)[5]는 그 지역의 학교들을 조사했다. 트로이 목마 투서로 20개가 넘는 학교가 의심을 받았다. 그러나 오프스테드 조사관들은 5개 정도의 학교가 이슬람교 이외의 종교에 대해 제대로 교육하

5 오프스테드는 초중등학교, 탁아유아 교육기관, 사회 복지시설, 교사양성 기관, 직업 교육기관, 평생교육기관, 지역사회 교육기관 등을 망라해 평가하는 기관이다.

지 않고 여학생과 남학생을 분리해서 가르치는 등 성교육(sex education)을 충실히 수행하지 않는다고 보고했다. 이러한 소식은 다양한 미디어를 통해 과장되어 확산되었다. 주간지 ≪더 스펙테이터(The Spectator)≫는 그 학교들이 이슬람 원리에 따라 교육을 하지 않는 교사에게 압력을 행사했으며, 학생들에게 "혐오하도록 가르친다(taught to hate)"라는 표제 아래 한 손에 칼과 다른 한 손에 『코란』을 들고 있는 어린이 삽화를 게재하기도 했다(Shackle, 2017). 사건 초기인 2014년에는 버밍엄의 교사 100여 명이 정직을 당했지만, 2년에 걸친 조사 끝에 2016년에는 모든 관련자에 대한 기소가 중지되었다. 혐의 자체를 찾지 못한 것이다. 이 지역 학교들에서 이슬람 교육을 했지만, 이슬람교 내의 문화들이 다양할 뿐 아니라 법적으로 문제가 되는 교육을 실시하지는 않았다는 결론에 이른 것이다. 오히려 그 사건이 일어나기 전에 이 지역의 몇몇 파키스탄계 무슬림 교육자들은 버밍엄 지역 교육청과 교육부의 지원을 받아 지역의 교육 활성화를 위해 노력하여 학생들의 학업 성적이 크게 향상되었고, 학교 교육의 질이 향상되어 오프스테드로부터 상당히 높은 평가를 받기도 했다. 그럼에도 무슬림 공동체이기 때문에 의심을 받았던 것이다.

그런데 트로이 목마 투서에 대한 조사가 본격적으로 진행되던 2014년 6월, 당시 교육부 장관 마이클 고브(Michael Gove)가 하원 연설에서 트로이의 목마 투서를 거론하면서 근본적인 영국적 가치 교육의 중요성에 대해 설파했다(Richardson and Bolloten, 2014). 이후 많은 보수 언론인과 정치인들이 근본적인 영국적 가치 교육의 강화를 지지하고 나섰다. 보수 언론인 재닛 댈리(Janet Daley)는 영국인은 세계 그 어떤 나라 사람들보다 약한 국가정체성을 가지고 있다고 하면서 영국인으로서 자의식이 가장 약한 사람들에게 "어떻게 영국인이 되게 가르칠 수 있는가", "영국적 가치란 무엇인가", "버밍엄 학교를 장악하고 있던 이슬람근본주의자들은 다른 공동체보다도 훨씬 더 영국적 가치에 포함되는 미덕들을 받들고 있다고 주장할 것이다" 등의 비판을 퍼부었다(Daley, 2014). 그러면서 영국적 가치를 가르치는 것보다 법을 통해 영국적 가치를 실현할 것을 요구했다. "다른 종교적 신념을 가진 사람들도 영국에 사는 동안에는 영국적 가치와 방법에 따르도록 그들의 습관과 기대 등 삶의 방식을 바꿀 것을 요구해야 한다"라는 것이다(Daley, 2014.6.14).

2014년 6월 15일 영국 총리 데이비드 캐머런(David Cameron)은 주간지에 글을 실어 "영국적 가치가 무엇이고 그것이 어떤 역할을 해야 하는가에 대한 논쟁이 있는데, 우리나라의 모든 학교가 영국적 가치를 가르쳐야 한다는 점에는 논쟁의 여지가 없다"라고 선언했다(Cameron, 2014.6.15). 영국적 가치가 바로 영국을 영국답게 하는 것이며, 트로이 목마가 영국 학교에 침투하지 못하게 하기 위해서는 영국적 가치를 필수적으로 가르쳐야 한다는 것이다. 그러나 노동당 활동가 오언 존스(Owen Jones)는 "한쪽이 그 가치가 국가 전체의 것이라고 주장하면 정부의 어젠다는 위험해진다"라고 지적하면서 "그것은 반체제 인사를 배제·배척 또는 억압하는 데 사용하는 권위주의 정권과 운동의 오래된 전략"이라고 비판했다(Jones, 2014). 보수당 정부는 영국적 가치에 기초하여 소수민족을 동화하는 정책을 실시하려 했지만, 비판자들은 그러한 정책이 민주적 가치에 반하는 언론 통제 정책이라고 공격했다.

결국 교육부는 2014년 6월 23일에 근본적인 영국적 가치 교육에 대한 의견을 8월 18일까지 수렴한다고 발표했다. 그러나 의견 수렴은 매우 짧은 기간 동안 형식적으로 이루어졌다. 이 발표에서 교육부는 영국적 가치를 "적극적으로 가르친다는 것은 근본적인 영국적 가치에 반하는 의견을 제시하는 학생, 교직원, 부모들에게 문제를 제기함을 의미한다"라고 했다(DfE. and Lord Nash, 2014). 예를 들면 여학생들이 성별을 이유로 불이익을 받거나 다른 종교적 편견을 장려하거나, 이러한 문제가 있음에도 적절히 지적하지 않는 학교에 대해 조치를 취하겠다는 것이다(DfE. and Lord Nash, 2014). 무슬림 학교의 관행을 영국의 '평등법(Equalities Act)'에 맞게 바꿀 것을 강제한 것이다. '평등법'은 2010년에 공공 영역에서의 평등의 의무(Public Sector Equality Duty)를 명했던 것으로, 이에 따라 학교에서 성별을 이유로 교육이나 종교적 활동을 구분하는 것을 금지했다. 의견 수렴 기간이 끝난 후에도 많은 비판이 쏟아졌다. "민주주의, 법치, 개인의 자유, 존중과 관용 등의 다섯 가지 가치가 어떻게 영국적인 것인가? 편협하고, 애국주의적이고, 오만한 제안"(Rosen, 2014: 10, 16)이며, 오히려 차이만을 부각시킬 뿐이라고 우려했다. 노동당 정부 시기부터 계속된 비판이다.

학교 관리자들은 즉각적으로 과도한 규제라고 반응했으며, 기독교 기관도 고유한 종교적 기풍과 전통적인 믿음이 있는 학교들을 징벌하는 데 사용할 수 있다고 반대 의사를 분명히 했다(Coughlan, 2014.8.12). 2014년 당시 하원에 제출한 교육부 보고서를 보면 교육부 조사 대상의 3분의 2 정도 되는 학교 관리자들이 반대했고, 나머지도 그러한 변화가 필요한지 의문을 제기했다(House of Commons, Education Committee, 2015: 24). 이에 대해 교육부는 그러한 반응 대부분은 오해에서 비롯되었거나 문제를 제기한 정도였다고 해명했다. 그러나 하원에서는 그 정책이 예상하지 못한 부정적인 결과, 예를 들면 언론이나 학문의 자유를 침해하지 않을지, 또 '관용'에 대한 요구가 학교에서의 정당한 논쟁을 방해하지 않을지, 비주류 견해를 가진 사람들의 참여를 제한하지는 않을지 교육부에 질의했다(House of Commons, Education Committee, 2015: 25). 교육부는 "학생 보호

(safeguarding pupils)와 학생 복지 기준을 강화해 학생의 정신적·도덕적·사회적·문화적 발달(Spiritual, Moral, Social, Cultural Development, SMCS) 교육을 통해 극단주의를 방지하려는 것"이라고 대답했다(DfE. and Lord Nash, 2014).[6] 근본적인 영국적 가치 교육의 법제화를 '학생 보호'를 위한 조치로 설명하고 정당화한 것이다. 이러한 일련의 과정을 거쳐 브렉시트 투표 1년 전인 2015년 7월 1일부터 영국 내 모든 학교에 근본적인 영국적 가치를 의무적으로 가르치고 학생들이 극단주의화하는 것을 예방해야 하는 법적 의무[예방의무(The Prevent Duty)]를 부과했다(DfE, 2015). 그리고 오프스테드는 학교에서 '근본적인 영국의 가치'를 가르치는지, 또 급진화의 '위험'이 있다고 생각하는 학생들을 확인·감시하고, 당국에 보고하는지 평가했다(Ofsted, 2015: 13).

실제로 2016년 오프스테드는 알히즈라(Al-Hijirah) 학교가 9살 학생들을 소년과 소녀로 구분해 서로 다른 교실에서 가르치고 분리된 복도와 놀이공간을 사용하게 함으로써 '평등법'을 어기는 등 영국적 가치 교육을 '부적절(inadequate)'하게 시행했다고 평가했다. 알히즈라 학교는 그러한 오프스테드의 평가가 부당하다면서 법원에 소를 제기했는데 2017년 법원은 오프스테드의 손을 들어주었다. 이전에 영국 법원은 종교의 원칙에 따라 남녀를 분리하면서도 성평등을 추구하는 것을 용인해 왔다. 그러나 이제 더는 그러한 관행에 관대한 태도를 취하지 않는다. 교육부만이 아

6 SMSC 교육은 1988년 법으로 도입했다. 처음에는 공립학교인 메인테인드 학교(maintained schools)만 학교 기풍과 교육과정을 통해 학교와 사회에서 학생들의 정신적·도덕적·사회적·문화적 발달을 위해 노력하고 졸업 후의 생활을 준비해 주어야 할 의무가 있었다. 그러나 이후 사립학교들에도 SMSC 교육을 하도록 했다. SMSC 교육은 교육과정 전체에서 추구해야 한다.

니라 사법부에서도 무관용적인 태도로 영국적 가치 교육을 관철하는 데 적극 참여하고 있는 것이다.

3. 영국 민주시민교육의 딜레마

1) 영국적 가치들의 내적 모순과 민주시민교육의 후퇴

시민성 연구자는 21세기로 들어선 이후 노동당 정부와 보수당 정부 모두가 "공동체 결속, 통합, 극단주의와의 전쟁을 시민성 교육과정의 핵심 목적으로 도입했다"(Kerr, 2015: 1)라고 설명했다. 이에 대한 비판의 목소리는 노동당 정부 시기부터 있었지만 보수당 정부 들어 더 커졌다. 보수당 정부는 근본적인 영국적 가치가 발현되도록 학교의 교육 분위기를 조성하고 교육과정에서는 영국적 가치를 범교과적 주제로 다루라고 했지만, 학교에서는 오프스테드의 평가 때문에 영국적 가치를 직접적으로 가르쳐야 한다는 압박감을 느꼈다. 주로 '개인적, 사회적, 건강과 경제 교육(PSHE: Personal, Social, Health and Economic Education)과 종교 교육(RE: Religious Education)[7]이 영국적 가치 교육을 담당했다(Starkey, 2018). 그러나 교육과정상 시수 부족 때문에 이 과목들은 축소되기 일쑤였다(Starkey, 2019). 이에 따라 시민성과 역사가 영국적 가치 교육을 주로 담당했다

7 주의 지원을 받는 학교(state schools)는 PSHE와 RE를 모든 주요 단계에서 진행하게 되어 있다. 그런데 의무적으로 가르쳐야 하는 과목은 아니다(non-statutory subject).

(Vincent, 2019: Starkey, 2018). 시민성교육협회(ATC)는 2015년 '예방의무'에 대응해 교사를 위한 시민성 교육과정 개발 지침을 개발하기도 했다.

그렇다면 영국의 시민성 교육 및 역사교육 연구자들과 교사들은 근본적인 영국적 가치 교육에 대해 어떤 문제를 지적하는가? 이를 정리해 보면 다음과 같다. 첫째, 민주주의, 법치, 개인의 자유, 존중과 관용 등을 영국의 고유한 가치라고 할 수 없으며 영국적 가치라는 개념 자체가 명확하지 않다는 점이다. 사실 이 점은 이미 노동당 정부에서도 나왔던 비판이다. 많은 서구의 민주 국가들에서는 이른바 영국적 가치와 유사한 가치 혹은 사상을 헌법에 포함하고 있으며(Maylor, 2016; 315), 영국적 가치 중 하나인 민주주의의 경우 "그 말 자체는 그리스에서 기원했고, 제도는 미국에서 출발했으며 실제 영국이 민주주의 국가임을 선포한 것은 제1차 세계대전 때"였으므로 영국적인 것으로 설명할 수 없다는 것이다(Mansfield, 2019: 43). 또 왜 영국적 가치에 인권, 평등, 반인종주의, 사회정의 등은 포함하지 않았는가라고 반문하기도 한다(Struthers, 2017).

둘째, 이른바 영국적 가치라는 것들 사이에 모순과 긴장관계가 있다는 점이다. 북아일랜드의 역사 교사 앤드루 맨스필드(Andrew Mansfield)는 다음과 같이 비판했다.

> 민주주의는 가치라기보다는 정치적 메커니즘이다. 한 나라의 시민들이 다양한 담론에 대해 고려하고 숙의하며 나아가 다수결의 원칙에 따라 선택하게 하는 메커니즘일 뿐이다. 이미 월턴(Wolton, 2017: 127)이 주장했듯이 민주주의를 가치로 보는 생각은 두 가지 이유로 모순적이다. 첫째, 근대 대의제 형식으로서 민주주의는 시민들이 정치에 관여하지 않을 자유를 보장하지만 '가치'로서 민주주의는 정치를 적극적으로 지원하거나 실천할 것을

요구한다. 둘째, 민주주의는 합의를 얻기 위해 끊임없이 엄격한 검토, 의견의 불일치와 갈등의 과정을 거친다. 이러한 투쟁으로 몇몇 사람들과 단체들은 정부나 민주주의 반대자로 낙인찍히기도 했지만 결과적으로 그들은 참정권 확대 등 정부의 체제를 형성하고 개선하는 데 도움을 주었다. 또한 학생들에게 스스로 그리고 독립적으로 지식을 학습할 것, 구성할 것을 강조하면서도 민주주의가 가장 최고의 정부 형태라고 말하라고 한다(Mansfield, 2019: 43).

민주주의는 여러 층위에서 논할 수 있다. 이념, 제도, 가치 등이다. 맨스필드는 민주주의를 제도로서 볼 때와 가치로서 접근할 때는 상호 충돌한다고 보았다. 또 맨스필드는 개인의 자유라는 가치는 민주주의 또는 관용이라는 가치와 충돌한다고 보았다. 민주주의라는 가치는 정치에 대한 참여를 강조하지만, 개인의 자유라는 가치는 정치에 무관심할 수 있는 권리를 보장하며, 다른 사람을 존중하고 관용적으로 대하는 것도 강요할 수 없는 개인의 자유라는 것이다(Mansfield, 2019: 43). 옥스퍼드 대학의 교수 수케 월턴(Suke Wolton)은 대테러 방지 전략으로 영국적 가치의 준수 여부를 모니터링하는 것 자체가 영국적 가치에 위배되는 것이라고 비판했다(Wolton, 2017). '예방의무'는 민주주의가 작동하는 데 가장 핵심적인 '논쟁(contestation)'을 부정하기 때문이다(Wolton, 2017: 1).

셋째, 영국적 가치 교육은 진정한 의미의 민주 시민 양성을 저해한다는 비판이다. 1990년대 말 시민성 교육과정 개발 당시의 취지를 살린다면 학생들에게 민주주의와 인권 등이 현실에서 작동할 때 나타날 수 있는 쟁점과 긴장감에 대해 토론할 기회를 주어야 마땅하다. "학생 스스로 영국적 가치에 대해 검토하고 토론해 자유민주주의가 현재의 정부의 형태로는 좋지만 미래 세대를 위해서는 그렇지 않다고 판단할 수도 있어야 하며, 학생들이 현재의 영국 정치와 민주주의가 건강한 상태가 아니라고 주장할 수도 있어야 한다"(Mansfiled, 2019: 44). 그리고 "교사는 학생들이 열린 마음으로 다양한 측면을 검토하면서 토론할 수 있게 도와야 한다. 그런데 오프스테드 평가 때문에 학교에서는 서로 다른 경험에 대해 토론하게 할 수도 없고 또 국가 서사의 전통들에 대해 생각해 보게 할 수도 없으며, '이미 결정된 국가 서사(pre-determined national narrative)'를 가르칠 수밖에 없다"라는 것이다(Starkey, 2018: 152).

2014 시민성과 역사 교육과정은 증거에 기초해 사고하고 토론하도록 목표를 분명하게 제시하지만, SMSC 교육을 위해서는 수업에서 '영국적인 것'이 무엇인지 토론시켜야 하고 영국적인 제도와 가치가 어떤 역사적 경로를 거쳐 영국적인 것이 되었는지를 가르치는 데 초점을 맞추어야 한다(Starkey, 2018: 155). "영국적 가치를 알아야 할 것으로 '주입'하다 보니 주제 자체의 초점은 흐려지고 학생의 정치적 무관심만 커지고 있다"(Starkey, 2018: 156). 이에 따라 시민성 교육이 학생들이 비판적으로 사고하고 문제를 제기하며 해결하도록 하는 능력을 함양하기보다는 현재 상태를 받아들이고 적응하게 하는 방향으로 전환되었다는 비판이 크다(Harris, 2017: 182). 이러한 점은 "건강하고 적극적인 민주적 사회 발전을 추구"하고자 한 시민성과 역사교육 연구자들에게는 "매우 실망"스러운 것이었다(Harris, 2017: 182).

더 큰 문제는 영국과 비영국이라는 이분법적 구도에서 영국적 가치를 보게 하면서 학생들이 "영국적인 것은 우월하고 비영국적인 것은 열등하다는 편견"을 심는 것이며(Winter and Mills, 2020; 52), 학생들에게 "고립적이고 편협한 세계관"을 심어 "'배제'를 부추긴다"는 점이다(Mansfield,

2019: 44). '근본적인 영국적 가치'라는 것이 '영국 본토의 다수', '동화되거나 통합된 소수', '영국 사회에 제대로 소속되지 못한 소수, 즉 무슬림'의 순서로 시민권을 계서화하고 특정 소수집단을 타자화하는 방식으로 작동하고 있다는 비판도 있다(Hodkinson, 2020). 또 근본적인 영국적 가치 교육을 통해 영국의 정체성을 강조하면서 "보편적인 인권에 대한 관심이나 애착을 끊어버릴 위험이 있다"라는 지적도 있다(Struthers, 2017; Osler, 2016). '관용'이라는 가치를 시민성의 규범으로 주입하면서 현재 영국에서는 그 가치가 정치적 논쟁을 줄이는 역할을 하고 있다는 목소리도 있다(Starkey, 2018: 152). 하원에서 우려했듯이 비주류 견해를 가진 사람들의 참여를 제한하는 방식으로 작동하고 있는 것이다.

2) 시민 내셔널리즘 혹은 인종적 제국주의

2010년대 보수당 정부는 다문화주의의 실패를 선언하고 근본적인 영국적 가치 정책을 통해 극단주의 예방과 사회통합 정책을 적극적으로 펼쳤다. 어맨다 케디(Amanda Keddie)는 이러한 정책을 "영국적인 것을 기반으로 핵심 정체성을 견고하게 세움으로써 사회 화합을 강화하는 시민 재균형 어젠다(civic rebalancing agenda)를 반영한 것"(Keddie, 2014: 540)이라고 평가했다. 이러한 평가에는 무슬림과 비무슬림 공동체 사이의 상호작용의 부재가 공통의 정체성과 가치의 공유를 저해해 왔으며, 따라서 공통된 가치 교육을 통해 공동체들 간의 화합과 결속력을 다지기 위해서는 시민교육을 재편해야 한다는 전제가 깔려 있다. 케디는 '영국적인 것'을 '백인적인 것'이라고 보는 태도를 지양하고, 오히려 "그것이 국가와 국민을 매개한다"라고 볼 필요가 있으며, "근본적인 영국적 가치에 기반을 둔 시민성의 개념이 인류 전체의 결집을 강화할 수 있다"라고 주장했다 (Keddie, 2014: 541).

또 데릭 매기(Derek McGhee)와 샤오잉 장(Shaoying Zhang)은 근본적인 영국적 가치 정책을 "정치 시스템이 무너지는 것을 보수하고 자유주의적 영국 시민을 양성하며 극단주의의 성장을 제어하기 위해 고안된 '재건적인 시민성 조정(reconstructive citizenship intervention)'"이라고 평가했다(McGhee and Zhang , 2017: 3). 이들은 근본적인 영국적 가치 교육을 통해 영국 사회의 통합을 강화하면서도 동시에 다인종, 다신념, 다문화를 존중하는 태도를 기를 수 있다고 주장했다(McGhee and Zhang, 2017). 이러한 평가들은 캐럴 빈센트(Carol Vincent)가 설명한 자유주의 내셔널리즘 혹은 시민 내셔널리즘(liberal or civic nationalism)과 연결된다(Vincent, 2019). 빈센트는 몇몇 이론가들의 자유주의 내셔널리즘 이론을 제시하면서 근본적인 영국적 가치에 기반을 둔 시민성 교육이 자유주의 혹은 시민 내셔널리즘에 기초한 것인지 검토했다.

빈센트에 의하면 수트포마사네(Soutphommasane, 2012: 71)는 "자유주의 내셔널리즘은 자유주의적 정치 이념에 기초하는 것으로 그 이념에 기초한 호혜와 협력을 중요하게 여기는 시민들이 국가정체성을 공유해야 가능하다"(Vincent, 2019: 19)라고 했다. 또한 '자유주의적 정치 이념'은 "법치로 보호하는 개인의 권리, 편파적이지 않은 법을 집행하는 정부, 숙의민주주의, 원하는 사람과 필요한 사람들에게 자원을 재분배하는 복지국가를 의미한다"(Vincent, 2019: 19)라고 기술했다.

자유주의 내셔널리즘은 혈연이나 문화에 기초한 고전적이고 보수적인 내셔널리즘과 차별화된 개념으로 탄생했다. 이 이념에 의하면 민족이나 인종과 관계없이 그 나라가 추구하는 자유, 관용, 평등, 개인의 권리

등의 가치를 신봉하고 실천하는 모든 사람은 국민이 될 수 있다. 이렇게 보면 빈센트의 설명처럼 자유주의 정치·사회적 원칙, 즉 민주주의, 법치, 개인의 자유, 상호 존중과 관용 등을 증진하기 위해 근본적인 영국적 가치를 가르치는 것은 자유주의, 시민 내셔널리즘의 틀에서 시민교육을 구상하는 것이라고 볼 수 있다(Vincent, 2019: 19).

국가 구성원의 공통적인 정체성 형성은 내셔널리즘의 필수 조건이다. 빈센트는 국가정체성 형성을 위해서 "국가는 이미지, 신화, 역사 등을 통해 사람들 간의 연대를 구축하는 작업을 수행하는데, 이러한 작업은 자유주의, 시민 내셔널리즘에서도 마찬가지로 필요하고 영국적 가치 교육 정책도 국가 이미지의 '신중한 구축'의 예로 이해할 수 있다"라고 했다(Vincent, 2019: 19). 정체성을 문화적 배경보다는 '시민적 이해'에 기초해 창조하려는 것이며, 시민의 개념을 "개인의 종교, 출신지, 언어보다는 그 개인이 추구하는 가치와 제도에 기초해 재정립"하려 한 것이다(Miller and Ali, 2014).

그런데 빈센트가 인용한 오프스테드 수석 감독관의 시민권의 원칙은 현재 영국이 진행하고 있는 근본적인 영국적 가치 교육이 시민 내셔널리즘을 위한 '신중한 구축'의 예라고 할 수 있을지 의문을 갖게 한다. 오프스테드 수석 조사관은 "시민권이란 세 개의 차원에서의 소속감을 필수로 하는데, 그 사람이 형식적 자격(membership)이 있는지, 그 사람이 그 국가에 대해 소속감을 느끼는지, 그리고 그 국가의 사람들이 그를 그 국가에 소속되었다고 인식하는지 등"이라고 했다(Vincent, 2019: 20~21). 주류 영국인이 소수 이민자들을 영국인으로서 인식할 수 있게 이민자들이 변해야 한다는 취지로 말했을 것이다. 그러나 매우 가까운 이웃도 이민자들이 추구하는 가치를 제대로 알기 어렵다. 이민자들이 영국적 가치를 따르고 실천한다고 해도 과연 주류 영국인들이 그들을 영국인으로 인정할까? 브렉시트 이후 영국에서 다른 인종, 이민자나 외국인에 대한 혐오 범죄가 급격히 증가했다(O'Neill, 2017)는 것으로도 그렇지 않다는 것을 알 수 있다. 오프스테드 수석 감독관이 말한 시민권의 세 번째 조건을 그 사람의 이념적 신념보다는 민족과 인종적 특징으로 판단하는 영국인이 증가하고 있는 것이다. 빈센트도 "무슬림 공동체는 아마도 주류 집단이 자신들을 온존하게 받아들인다는 느낌을 갖지 않을 것"이라고 했다(Vincent, 2019: 20~21).

2000년대 초부터 영국의 정부 관료들과 오프스테드 감독관들은 극단주의에 대한 우려를 표명하면서 '이슬람이 문제'라는 인식을 확산시키고 있다. 오프스테드 감독관들의 발언을 보면 표면적으로는 영국의 민주적 가치에 반하는 행위나 의견들에 문제를 제기하고 비판할 수 있는 능력과 태도를 강조하지만, 그 이면에는 앞서 여러 연구자들이 비판했듯이 "영국 정부가 '극단주의적' 이념과 '샤리아법(Sharia Law)'과 같은 비영국적 가치 교육에 투쟁"하도록 하려는 의도가 깔려 있다(Mansfield, 2019: 42). 최근에도 오프스테드의 어맨다 스필만 대표는 영국의 가치가 종교적 극단주의자들에 의해 적극적으로 변형되고 있으며 "극단주의자들이 학교를 이용해 젊은이들의 시야를 좁히고, 고립시키고 분리한다"라고 주장했다(Vincent and Hunter-Henin, 2018.2.16: 3). 이러한 주장의 명백한 근거는 없었지만, 테러에 대한 두려움을 전염병처럼 확산시켜 무슬림이나 아시아인 등을 타자화하고 공격하는 동력이 되고 있다.

빈센트는 경험적 연구를 통해 학교 현장에서 교사들은 교수적 자율권을 발휘하면서 근본적인 영국적 가치를 가치중립적으로 가르치려고 노력하고 있으며, 어떤 민족이나 인종을 전형화하여 편견을 심지 않으려고 노력한다고 보았다(Vincent, 2019: 24). 그러나 그는 현재 교사들이 사회 전반에 깔려 있는 무슬림에 대한 적대감을 완화하기 어려울 뿐 아니라, 학생들이 정체성이나 시민성에 대해 자유롭게 비판적으로 토론할 수는 분위기도 아니라고 했다. 그리고 매우 조심스럽게 다른 연구자(Gholami, 2017: 809)의 말을 인용해 "근본적인 영국적 가치를 증진하는 정책은 사실상 시민성에 대한 근시안적이고 배제적인 접근을 촉진할 위험이 있다"(Vincent, 2019: 29)라고 끝을 맺었다.

그러나 다른 학자들의 비판은 좀 더 거세다. 인종 문제를 연구하는 비니 랜더(Vini Lander)는 근본적인 영국적 가치를 교사의 품행 기준으로 삼고, 학교에 극단주의 '예방의무'를 부과해 학교, 교사, 학생을 중앙집권적으로 엄격하게 규제하는 것은 IRA(Irish Republican Army) 테러의 위협 때문에 국가안보를 강화했던 1960년대와 1970년대와 비교해 보아도 전례 없는 대응이라고 비판했다(Lander, 2016: 275). 그는 시민 내셔널리즘 담론이 다원성에 기초한다고 하지만, 실제로는 종교정체성과 시민 내셔널리즘을 서로 배치되는 것으로 구분하여 무슬림을 테러를 자행하는 타자로 배제한다고 비판했다(Lander, 2016: 276).

국제교육을 연구하는 버밍엄대학교 명예교수 린 데이비스(Lynn Davies)는 2015 대테러(counter-terriorism)나 대내란(counter-insurgency) 전략으로 안보 책임을 학교에 부여한 것을 '감시(surveillance)'라고 비판했다(Davies, 2019). 오프스테드는 학교가 극단주의 사상에 노출된 것으로 보이는 학생들을 찾아 '적절하게' 조치할 의무를 부여했는데 그 '의무를 잘못 해석할 여지가 크다'는 것이다(Davies, 2019: 6). 실제 극단주의 예방의무와 영국적 가치 교육은 '낙인효과를 증폭'시키고 있다(Davies, 2016: 6; Vincent and Hunter-Henin, 2018.2.16: 2). 같은 학교의 어린이들이 무슬림 어린이들을 '테러리스트'라고 부르기도 하고 그들을 공격하기도 한다(Vincent and Hunter-Henin, 2018.2.16). 무슬림 학생들이 수업에서 자신의 발언이 지하드로 보일까 두려워서 자유롭게 자신의 의사를 표현하지 못하며, 반대로 극단적인 우파 백인우월주의 집단에는 무슬림에 대한 그들의 공격적 행위를 정당화할 수 있는 빌미가 되고 있다(Davies, 2016: 6). 소설가이자 기자인 제임스 믹(James Meek)은 근본적인 영국적 가치 정책을 '좀비 제국주의(zombie imperialism)'라고 비판했으며(Meet, 2018; Stronach Frankham, 2020), 비판적 인종 이론가 헤더 스미스(Heather Smith)는 인종차별주의적 원주민 보호주의(racist nativism)'(Smith, 2016)라고 공격했다. 어린이 문학 교육 연구자 클로에 버클리(Chloé Buckley)는 다음과 같이 '인종적 제국주의'이며 '배제의 담론'이라고 주장했다(Buckley, 2020: 35).

베네딕트 앤더슨이 지적한 것처럼 식민지 인종차별은 '천성적이고 계승된 우월성의 원칙'을 일반화한 제국과 영국 민족주의의 주요 요소였다. 따라서 오늘날 영국의 민족주의는 백인이 본질적으로 우월하다는 인종차별적 가정에 기초하고, 종종 제국주의 강국으로서의 영국의 이전 지위에 대한 향수를 불러일으키려는 열망과 함께 작용한다. 거민더 밤브라(Gurminder Bhambra)(2017)가 주장했듯이 브렉시트 선택 캠페인 뒤에는 영국의 제국적 과거에 대한 지식 부족과 내셔널리즘에 대한 향수가 있다. 비록 다른 내셔널리즘을 주장하는 급진적인 전통이 존재하지만, 카메론이나 고브 같은 정치인들이 교육개혁과 근본적인 영국적 가치의 홍보에서 불러일으킨 내셔널리즘은 오히려 더 보수적이다. 근본적인 영국적 가치 정책을 비판해 온 사람들이 주장하듯이, 정책으로 채택한 영국인의 개념은 배제 담론으로 작용할 수 있다(Buckley, 2020: 35).

근본적인 영국적 가치 교육이 인종과 민족을 구분하면서 타자화를 종용하고, 언론의 자유를 통제하고 있다. 이러한 정책을 자유주의 시민 내셔널리즘이라고 할 수 있을까? 이는 영제국에 대한 향수에 기초한 인종제국주의, 식민주의이며 사회를 분열시키는 배제의 담론이다.

4. 맺음말

21세기 들어와 영국에서 극단주의와 급진주의 이념을 가진 집단이 빈번하게 테러를 일으키고 있으며, 이러한 테러로 많은 무고한 시민이 희생되고 있다. 이러한 상황에서 테러 방지책을 마련하는 것은 국가로서 매우 당연한 책무다. 2000년대 노동당 정부와 2010년대 보수당 정부는 영국적 가치에 기초해 영국의 국가정체성을 정의하고 영국적 가치를 교육함으로써 공동체의 결속력을 강화하고 영국 내에서 극단주의적 테러리스트의 자생을 방지하고자 노력했다. 특히 보수당 정부에서는 교사 교육 기준과 학교 교육과정을 개정해 교사와 학생들이 그 가치들을 내면화하도록 했고, '예방의무'를 법으로 규정해 그러한 가치를 따르지 않는 학생들을 잠재적 극단주의자로 선별하는 정책을 취하고 있다. 이러한 정책을 일부 영국 연구자들은 이질적인 문화집단들을 통합할 수 있는 시민 내셔널리즘이라고 평가하지만, 다른 연구자들은 인종제국주의, 배제의 담론이라고 비판한다. 그런데 이러한 시민 내셔널리즘을 앞세운 국가정체성 함양 정책과 방지 전략이 극단주의를 예방하고 사회를 통합하는 데 기여하고 있을까?

2018~2020년의 통계를 보면 이슬람 급진주의보다 백인우월주의자와

신나치의 테러가 급증하고 있다. 2020년에 혐오 과격화의 위기에 처한 것으로 보고된 사람들 중 30%가 무슬림인 반면, 43%는 잠재적인 극우 극단주의자들이었다(Kadri, 2021.3.1). 이러한 상황에서 영국의 대중매체는 '무슬림이 문제'라는 식의 정부 대응에 대해서는 비판하지만, 테러 방지 전략 자체의 폐기를 적극적으로 주장하지는 않는 분위기다. 21세기 들어 계속 일어나는 테러가 영국인을 불안하게 하고 있기 때문에 효과가 있든 없든 간에 그 방지 전략을 유지하는 것으로 보인다. 예방의무는 학교만이 아니라 병원이나 감옥 등 모든 공공 영역에 부여되었다. 이에 따라 과격화 경향을 보여서 탈급진주의 프로그램에서 교육받아야 한다고 제보된 어린이 수가 600명을 넘는다(Kadri, 2021.3.1). 이들 가운데 6세 이하 어린이도 많았으며, 이들은 게임의 영향을 받았다고 한다(Kadri, 2021.3.1). 방지 전략이 극단주의의 성장을 억제하는 데 효력이 있다고 해도 그것이 사회를 통합하는 데 기여하는 것으로 보이지는 않는다. 특정 종교 집단을 배제해 사회 분열을 조장하고 있기 때문이다. 현재 영국의 교육 현장에 이슬람 공포증(Islamophobia)이 확산되면서 무슬림 학생들이 학교 폭력의 피해자가 되는 상황이 증가하고 있다(강호원, 2020: 3). 이러한 이슬람 공포증 확산에는 이슬람 극단주의자들이 자행한 테러의 영향도 있겠지만, 영국적 가치에 기반을 둔 국가정체성 교육이나 예방의무가 이와 무관하다고 할 수는 없다.

영국의 사례는 인종적·민족적·종교적·문화적으로 다양한 사회에서 특정한 가치들로 국가정체성을 규정하고, 그 가치들을 핵심으로 시민교육을 실시할 때 빠질 수 있는 함정을 보여준다. 한국은 문화적 다양성이 거의 부각되지 않았던 1970년대에 이미 그러한 함정에 빠진 경험이 있다. 민족주의와 반공주의를 전면에 내세워 그 이념을 따르는 '우리'와 다른 '그들'을 구별해 언론과 교육을 통제했으며, 자유를 억압하고 창의력을 말살했다. 그 시절 역사는 제대로 된 비판적 사고 교육을 시행할 엄두도 내지 못하고 국가정체성 함양과 국가 정책 홍보에 앞장서야 했다. 사회적 다양성의 심화는 현대 세계 여러 곳에서 보이는 공통된 특징이다. 이러한 다양성과 어떻게 마주할 것인가? 오늘날 서구의 여러 나라에서는 민주주의, 자유, 인권, 관용 등을 인류가 추구해야 할 보편적인 가치로 가르친다. 그러나 문화집단에 따라 '보편적인' 가치를 달리 정의하기도 하며, 같은 가치를 다르게 해석하기도 한다. 영국의 사례는 심화되는 특정 체제나 가치를 절대적으로 신봉하도록 교육하는 것이 사회적 다양성과 다원성으로 인해 심화되는 문제를 해결할 수 있는지를 다시 생각해 보게 한다. 이론적으로 자유주의, 시민 내셔널리즘은 민주적 정치 체제와 민주적 가치를 공유하는 사람들이면 모두 공동체의 구성원으로 포용해 소수민족에 대한 부정적인 감정을 줄일 수 있는 이념이다. 한국에서도 민족적 내셔널리즘의 대안으로 자유주의적 내셔널리즘을 고려하는 이론가들이 있다. 그러나 자유주의, 시민 내셔널리즘에도 배제와 독선을 강조하는 내셔널리즘의 속성과 한계가 있다. 자유주의를 표방하면서 그 이념의 가장 핵심인 '자유'를 제한한다. 보편적 가치로 보이는 자유, 평등, 민주주의는 물론이고 다문화주의를 대표하는 가치인 '관용'도 그 가치를 사용하는 주체의 의도에 따라 배제나 침묵을 촉구하는 내셔널리즘과 인종차별 및 혐오를 부추기는 인종적 제국주의의 도구가 될 수 있다는 점을 영국의 사례는 잘 보여준다.

한국에서 민주시민교육의 직접적이고 핵심적 교과는 사회과이다. 일반 사회, 지리, 역사 영역이 모두 민주시민교육을 추구한다고 할 때, 각 영역에서 얼마만큼의 열린 토론을 추구하는가? 영국 교사들이 주장한 것처럼 민주주의 체제의 한계, 현재 민주 정치에 대한 비판까지 가능한 열린 토론의 기회를 구조적이고 실질적으로 제공하고 있는가? 현대 한국 사회가 요구하는 민주시민의 자질에 대해, 그리고 민주적 가치(인권, 정의, 평등, 자유, 다양성)에 대해 학생들이 자유롭게 토론하고 스스로 결정할 기회를 주는가, 아니면 그것을 절대적으로 신봉해야 할 가치로 가르치고 학생들에게 내면화하도록 요구하는가? 특정한 제도나 가치를 '위한' 교육을 구상하고 그것을 절대화하면 그에 대한 자유롭고 비판적인 토론은 억제될 수밖에 없다. 특정한 가치를 내세우는 교육은 넘지 말아야 할 선을 그어 '구분'과 '배제'를 강요하고 건전한 토론을 억압하며 결국에는 시민교육을 저해할 수 있다는 점을 영국의 사례는 잘 알려준다.

시민교육에서 중요한 것은 현재 사회문제를 비판적으로 사고하면서 해결할 수 있는 역량을 키워주고, 또 자신의 정체성에 대해 성찰할 수 있는 태도를 갖게 도와주는 것이다. 비판적 사고력은 현재 한국의 교육 전반, 특히 역사를 포함한 사회과에서 강조하는 것이지만 탈진실의 시대(Post-Truth Age)인 오늘날 한층 더 중요해지고 있다. 오늘날 학생들은 학교 안에서만 학습하지 않는다. 특히 소셜 미디어가 학생들의 교육에 미치는 영향력은 점점 커지고 있다. 따라서 학교는 학생들이 학교 밖의 학습, 특히 소셜 미디어와 상호작용 하면서 습득하는 지식과 가치에 대해 비판적으로 분석할 수 있는 능력을 키워줄 필요가 있다. 이는 다양한 인터넷 사이트에서 제공하는 정보들의 신뢰성을 평가하고, 특정한 주장에 대한 이견을 교차 검토하여 검증하는 가장 기초적인 능력의 함양에서부터 시작할 수 있다. 그러나 그에 그치지 않고, 소셜 미디어를 통해 확산되는 정보의 본질에 대해 통찰하면서 '근거가 부족한 주장', '진실처럼 보이는 거짓', '감정에만 호소하는 선동' 등에 의문을 제기하고, 특정한 주장이 가져올 윤리적 문제를 생각하는 태도를 함양하는 데까지 이르러야 한다. 즉 학교 밖의 문화적 교육과정의 성격과 오늘날 진실에 접근하는 사회적 방식 및 태도의 변화를 고려하여 시민교육의 핵심으로서 비판적 사고력을 구체화할 필요가 있다.

참고문헌

강선주. 2021.「영국의 '영국적 가치' 교육의 맥락과 논쟁: 시민 내셔널리즘 혹은 인종 제국주의?」. ≪국제문화연구≫, 14(1).

강호원. 2020.11.25.「영국의 혐오 대응 교육 현황」. 교육정책네트워크 정보센터. https://edpolicy.kedi.re.kr/frt/boardView.do?strCurMenuId=54&nTbBoardArticleSeq=828979(검색일: 2021.2.9).

염운옥. 2012.「인종주의와 빈곤의 정치학: 2001년 영국 올덤 소요사태」. ≪중앙사론≫, 36.

홍석민. 2020.「영국의 2008 및 2014 시민성 교육과정과 교재에 나타난 사회적 시민성의 특성 비교 연구: 복지를 둘러싼 시민의 사적 권리와 공민의 공적 책무를 중심으로」. ≪영국연구≫, 43.

Ajegbo, Keith, Dina Kiwan and Seema Sharma. 2007. Diversity and Citizenship: Curriculum Review. Department for Education and Skills(DfES). U.K.

"Association for Citizenship Teaching(ACT)." 2018. https://www.teachingcitizenship.org.uk/about-citizenship/citizenship-national-curriculum-2014-guidance(검색일: 2021.2.9).

BBC News. 2006.5.15. "British values classes considered." http://news.bbc.co.uk/2/hi/uk_news/education/4771443.stm(검색일: 2021.2.9).

Bonnick, Helen. 2006.6.1. "Frontlines-Teaching Citizenship to children." Community Care. https://www.communitycare.co.uk/2006/06/01/frontlines-teachingcitizenship-to-children/(검색일: 2021.2.9).

Brown, Gordon. 2006. "The Future of Britishness." The Fabian Future of Britishness conference(1.14).

Buckley, Chlo Germaine. 2020. "Reading 'Fundamental British Values' Through Children's Gothic: Imperialism, History, Pedagogy." *Children's Literature in Education*, 51.

Cameron, David. 2014.6.15. "British values aren't optional, they're vital." https://www.dailymail.co.uk/debate/article-2658171/DAVID-CAMERON-British-values-arent-optional-theyre-vital-Thats-I-promote-EVERY-school-As-row-rages-Trojan-Horse-takeover-classrooms-Prime-Minister-delivers-uncompromising-pledge.html (검색일: 2021.2.9).

Coughlan, Sean. 2014.8.12. "School heads warn of Trojan Horse overreaction." BBC NEWS. https://www.bbc.com/news/education-28746382(검색일: 2021.3.1).

Daley, Janet. 2014.6.14. "Don't teach British values - demand them." *The Daily Telegraph*. https://www.telegraph.co.uk/news/uknews/immigration/10899904/Dont-teach-British-values-demand-them.html(검색일: 2021.1.6).

Davies, Ian, Geoff Hatch, Gary Martin and Tony Thorpe. 2001. "What is good citizenship education in history classrooms?" *Periodicals Archive Online*, 37.

Davis, Lynn. 2016. "Security, Extremism and Education: Safeguarding or Surveillance?" *British Journal of Education Studies*, 64(1).

DfCSF(Department for Children, Schools and Families). 2007. "Guidance on the duty to promote community cohesion." Communities and Local Government.

DfE. 2011. Teachers' Standards: Guidance for school leaders, school staff and governing bodies(2021년 12월 수정).

______. 2013a. National curriculum in England: History programme of study.

______. 2013b. Statutory Guidance: National curriculum in England: citizenship programmes of study for key stages 3 and 4.

______. 2014. Promoting fundamental British values through SMSC in schools: Departmental advice on promoting basic important British values as part of pupils' spiritual, moral, social and cultural (SMSC) development.

______. 2015. The Prevent duty: Departmental device for schools and childcare providers.

DfE. and Lord Nash. 2014a. Guidance on promoting British values in schools published: Strengthened guidance on improving the spiritual, moral, social and cultural development of pupils.

Gholami, Reza. 2017. "The Art of Self-Making: Identity and citizenship education in late-modernity." *British Journal of Sociology of Education*, 38(6).

Gray, Debra and Christine Griffin. 2014. "A Journey to Citizenship: Constructions of Citizenship and Identity in the British Citizenship Test." *The British Journal of Social Psychology*, 53(2).

Harris, R. 2017. "British values, citizenship and the teaching of history." in Ian Davies(ed.) *Debates in History Teaching*. 2nd ed.(London: Routledge).

Hokinson, Alan. 2020. "Fundamental British Values: Radicalizing British children Into a manufactured them and us narrative concept of Britishness?" *International Review of Qualitative Research*, 13(1).

Home Office. 2002a. "Secure Borders, Safe Haven: Integration with diversity in Modern in Britain"(White Paper).

______. 2002b. *Community Cohesion: A Report of the independent Review Team* (Denham Report).

House of Commons, Education Committee. 2015. *Extremism in Schools: The Trojan horse affair*.

Jones, Owen. 2014.6.15. "Sorry, David Cameron, but Your British history is not Mine." *The Gaurdian*. https://www.theguardian.com/commentisfree/2014/jun/15/david-cameron-british-history-values(검색일: 2021.2.7).

Kadri, Sadakat. 2021.3.1. "Why is the government trying to undermine its anti-terror programme?" The Guardian. https://www.theguardian.com/commentisfree/2021/mar/01/ government-anti-terror-prevent-review(검색일: 2021.3.5).

Keating, Avril, David Kerr, Thomas Benton, Ellie Mundy and Joana Lopes. 2010. "Citizenship Education in England 2001-2010: Young people's practices and prospects for the future: the eighth and final report from the Citizenship Education Longitudinal Study (CELS)." Research Brief, DFE-RB059.

Keddie, Amanda. 2014. "The Politics of British-Ness: Multiculturalism, schooling and social cohesion." *British Education Research Journal*, 40(3).

Kerr, David. 2015. Citizenship education in England: Attempting a change in the political culture. Networking European Citizenship Education(NECE).

Lander, Vini. 2016. "Introduction to fundamental British values." *Journal of Education for*

Teaching, 42(3).

Lee, Peter and Denis Shemilt. 2007. "New Alchemy or Fatal Attraction? History and Citizenship." *Teaching History*, 129. London School of Science & Technology. https://www.lsst.ac/about/britishvalues/(검색일: 2021.2.7).

Mail Online. 2006.5.15. Teach traditional values in schools, says minister. https://www.dailymail.co.uk/news/article-386241/Teach-traditional-values-schools-says-minister.html(검색일: 2021.2.7).

Mansfield, Andrew. 2019. "Confusion, contradiction and exclusion: the promotion of British values in the teaching of history in schools." *The Curriculum Journal,* 30(1).

Maylor, Uvanney. 2016. "'I'd worry about how to teach it': British values in English classrooms." *Journal of Education for Teaching*, 42(3).

McGhee, Derek and Shaoying Zhang. 2017. "Nurturing resilient future citizens through value consistency vs. the retreat from multiculturalism and securitisation in the promotion of British values in schools in the UK." *Citizenship Studies*, 21.

Meek, James. 2018. "Brexit and myths of Englishness." *London Review of Books*, 40.

Miller, David and Sundas Ali. 2014. "Testing the National Identity Argument." *European Political Science Review*, 6(2).

O'Neill, Aoife. 2017. "Hate Crime, England and Wales, 2016/17." *Statistical Bulletin*, 17, London: Home Office.

Ofsted. 2015. "Withdrawn: The common inspection framework: education, skills and early years." No.150065. Manchester: Crown Publishing Group.

Osler, Audrey. 2008. "Citizenship Education and the Ajegbo report: re-imagining a cosmopolitan nation." *London Review of Education*, 6(1).

Parekh, Bhikhu C. 2000. *The Future of Multi-ethnic Britain: Report of the Commission on the Future of Multi-Ethnic Britain*. Profile Books.

Qualifications and Curriculum Authority. 1998.9.22. "Education for citizenship and the teaching of democracy in schools: Final report of the Advisory Group on Citizenship." London: QCA.

Richardson, Robin and Bill Bolloten 2014. "'Fundamental British Values'–Origins, controversy, ways forward: a symposium." *Race Equality Teaching*, 32(3).

Rosen, Michael. 2014.7.1. "Dear Mr. Gove: what's so 'British' about your 'British values'?" *The Guardian*. https://www.theguardian.com/education/2014/jul/01/govewhat-is- so-ritish-your-british-values(검색일: 2020.12.1).

Shackle, Samira. 2017.9.1. "Troyjan horse: the real story behind the fake 'Islamic plot' to take over schools." *The Guardian.* https://www.theguardian.com/world/2017/sep/01/trojan-horse-the-real-story-behind-the-fake-islamic-plot-to-take-over-schools.

Smith, Heather Jane. 2016. "Britishness as racist nativism: a case of the unnamed 'other'" *Journal of Education for Teaching*, 42(3).

Soutphommasane, T. 2012. *The virtuous Citizen: Patriotism in a multicultural society.* Cambridge: Cambridge University Press.

Starkey, H. 2018. "Fundamental British Values and citizenship education: Tensions between national and global perspectives." *Geografiska Annaler*, 100(2).

Stronach, Ian and Jo Frankham. 2020. "'Fundamental British Values': What is fundamental? what's value? and what's (now) British?" *International Review of Qualitative Research*, 13(1).

Struthers, Alison. 2017. "Teaching British Values in Our Schools: But why not human rights values?" *Social and Legal Studies*, 26(1).

Taylor, Mattew. 2006.5.15. "Children to be taught 'traditional values'." *The Guardian.* https://www.theguardian.com/uk/2006/may/15/topstories3.schools(검색일: 2021.2.7).

The House of Commons Education and Skills Committee. 2007. *Citizenship education: Second report of session* 2006-07.

The Secretary of State for the Home Department. 2011. Prevent Strategy.

Vincent, Carol. 2019. "Cohesion, citizenship and coherence: Schools' responses to the British values policy." *British Journal of Sociology of Education*, 40(1).

Vincent, Carol and Myriam Hunter-Henin, M. 2018.2.16. "The problem with teaching 'British values' in school." *The Conversation.* https://theconversation.com/the-problem-with-teaching-british-values-in-school-83688(검색일: 2021.2.7).

Winter, Christine and China Mills. 2020. "The Psy-Security-Curriculum ensemble: British Values curriculum policy in English schools." *Journal of Education Policy*, 35(1).

Wolton, Suke. 2017. "The contradiction in the prevent Duty: democracy vs 'British values' Education." *Citizenship and Social Justice*, 12(20).

지은이

강선주

서울대학교 역사교육과를 졸업하고 미국 인디애나대학교에서 박사학위를 받았다. 중학교 교사로 재직한 경험이 있으며, 현재 경인교육대학교 사회과교육과 교수로 재직 중이다. 주된 관심 분야는 역사교육, 문화유산 교육, 박물관 교육 등이다.

저서로 『디지털 시대, 역사·박물관 교육』(2022), 『소통으로 만드는 역사교육』(2017), 『역사교육 새로 보기』(2015)가 있으며, 『세계사를 보는 눈』(2018), 『마주 보는 세계사 교실』(2007) 등 아동, 청소년을 위한 역사서를 쓰기도 했다. 공저로 『세계는 역사를 어떻게 교육하는가』(2018), 『기억과 전쟁』(2009), 『지구화 시대의 새로운 세계사』(2008), 『역사교육의 내용과 방법』(2007) 등이 있으며, 『글로벌 히스토리란 무엇인가』(2010)를 번역했다. *The Teaching of the History of One's Own Country*(2020), *Palgrave Handbook of Research in Historical Culture and Education*(2017), *Identity, Trauma, Sensitive and Controversial Issues in the Teaching of History*(2015)를 해외 학자와 함께 펴냈다.

고유경

이화여자대학교 사학과를 졸업하고 독일 튀빙겐대학교에서 박사학위를 받았다. 현재 원광대학교 역사교육과 교수로 재직하며 독일 환경사, 세대사, 민족 정체성, 역사교육을 연구하고 있다. 최근에는 숲을 프리즘 삼아 독일 역사를 조명하는 작업을 하고 있다.

저서로는 『독일사 깊이 읽기』(2017)와 박사학위 논문을 바탕으로 한 *Zwischen Bildung und Propaganda: Laientheater und Film der Stuttgarter Arbeiterkulturbewegung zur Zeit der Weimarer Republik* (2002)이 있으며, 공저로 『세계는 역사를 어떻게 교육하는가』(2018), 『서양 문화사 깊이 읽기』(2008) 등과 역서로 『부르주아전』(2005) 등이 있다.

구난희

서울대학교 역사교육과를 졸업하고 한국교원대학교에서 박사학위를 취득했다. 중학교에서 역사를 가르쳤으며, 교육부에서 역사 교육 정책을 담당하기도 했다. 현재는 한국학중앙연구원 인문학부 교수로 재직 중이며, 평화와 공존을 위한 역사 이해를 지향하면서 역사교육과 발해사를 연구하고 있다.

저서로 『발해와 일본의 교류』(2017), 『발해왕조실록』(2016)이 있으며, 공저로 『요·금시대의 발해인의 삶과 문화』(2020), 『발해유적의 국가별 발굴 성과와 재해석』(2020), 『당으로 간 고구려·백제인』(2019) 등 다수가 있다. 국내외 역사 교육자들과는 『調べ·考え·歩く日韓交流の歴史』(2020), 『세계는 어떻게 역사를 교육하는가』(2018), *History Wars' and Reconciliation in Japan and Korea* (2017) 등을 함께 썼다.

김한종

서울대학교 역사교육과를 나오고 동 대학원에서 역사교육을 전공하여 석박사학위를 받았다. 고등학교 역사 교사를 거쳐 1995년부터 현재까지 한국교원대학교 역사교육과 교수로 있으면서 역사교육과 한국교육사, 한국근현대사를 주로 공부하고 있다. 주요 저서로 『민주사회와 시민을 위한 역사교육』(2017), 『역사교과서 국정화, 왜 문제인가』(2015), 『역사교육으로 읽는 한국현대사』(2013), 『역사교육과정과 교과서 연구』(2007), 『10대에게 권하는 역사』(2007), 『역사왜곡과 우리의 역사교육』(2001)이 있으며, 번역서로 『인류는 아이들을 어떻게 대했는가』(2017) 등이 있다.

남한호

경북대학교 사범대학 역사교육과를 졸업하고, 한국교원대학교에서 한일관계사로 석사학위를, 경북대학교에서 역사교육 목표의 구성 원리와 체계 연구로 박사학위를 받았다. 중고등학교에서 역사교사로 근무했으며, 퇴직한 뒤 대구대학교, 동국대학교(경주캠퍼스), 안동대학교에서 교직과 역사교육론을 강의하고 있다. 역사 교사로 근무하면서 중고등학생들이 자신들의 관점에서 역사를 해석하고 재구성할 수 있는 힘을 기르는 데 역점을 두었다. 학교 역사교육의 틀을 규정하는 역사교육과정과 역사 교과서 문제에 관심을 두고 글을 써왔으며, 2015 역사교육과정 시안 개발, 7차 교육과정과 2009 교육과정 역사 교과서 집필에 참여했다.

박구병

서울대학교 서양사학과를 졸업하고 미국 로스앤젤레스 소재 캘리포니아 주립대학교(UCLA) 사학과에서 박사학위를 받았다. 현재 아주대학교 사학과 교수로 재직 중이다. 주된 관심 분야는 20세기 라틴아메리카 정치사, 미국과 라틴아메리카의 관계이다. 공저로 『세계평화개념사』(2020), 『포퓰리즘과 민주주의』(2017), 『글로벌 냉전의 지역적 특성』(2015) 등이 있으며, 『근대세계체제 IV』(2017), 『변화하는 라틴아메리카』(2012) 등을 번역했다.

박소영

제주대학교를 졸업하고, 일본 규슈대학교에서 비교사회문화학을 전공하여 박사학위를 받았다. 현재 한국학중앙연구원에서 연구원으로 재직 중이며, 한국바로알리기사업실에서 외국 교과서의 한국 관련 내용을 개선하는 업무를 담당하고 있다. 주된 관심 분야는 외국 교과서 연구와 근대 시기 일본 교과서 연구이다. 공저로 『인도와 이슬람의 만남』(2021), 『세계는 역사를 어떻게 교육하는가』(2018)가 있으며, 「일본 지리교과서 삽화에 표상된 조선」(2019), 「한국, 인도 역사교과서의 3·1운동과 세포이 항쟁 서술에 관한 분석」(2019) 등의 논문을 썼다.

윤세병

공주대학교 역사교육과를 졸업하고 동 대학원에서 박사학위를 받았다. 고등학교에서 20여 년간 교사로 근무했으며, 현재 공주대학교 교양학부 조교수로 근무 중이다. 민주시민교육의 관점에서 역사교육을 재구성하는 작업과 근현대 동아시아의 역사교육 등에 관심을 갖고 있다. 저서로 『중국 역사교과서의 서사구조와 이데올로기』(2018)가 있으며, 공저로는 『세계는 역사를 어떻게 교육하는가』(2018), 『한국이 보이는 세계사』(2011), 『역사, 무엇을 어떻게 가르칠까』(2008), 『살아있는 세계사 교과서』(2005) 등이 있다.

정재윤

부산외국어대학교를 졸업하고, 고려대학교에서 교육학 박사학위를 받았다. 현재 한국학중앙연구원에서 연구원으로 재직 중이며, 한국바로알리기사업실에서 외국 교과서의 한국 관련 내용을 개선하는 일을 하고 있다. 외국 교과서에 수록된 한국에 대해 관심을 가지고 있으며, 관련 논문으로는 「터키 역사, 지리 교과서를 통해 본 한국에 대한 터키의 인식」(2017), 「유럽 교과서에 서술된 서울」(2013), 「한국에 대한 영국의 시선」(2011) 등이 있다.

홍용진

고려대학교 서양사학과를 졸업한 후 동 대학원에서 「중세 말 프랑스 왕정과 '국가' 이데올로기」(2003)로 석사를 마치고, 팡테옹-소르본 파리 1대학교에서 「왕과 정치사회: 1315~1360년 프랑스 군주정과 정치적 의사소통체계」(2010)로 박사학위를 받았다. 서울시립대학교 도시인문학연구소와 원광대학교 역사문화학부를 거쳐 현재 고려대학교 역사교육과 부교수로 재직 중이다. 중세에서 근대로의 이행기에 대한 서양사 연구를 중심으로 세계사 교육 방법에 대해 고민하고 있다. 논문으로 「2010년~2015년 개정 프랑스 초·중등 역사 교육과정 분석」(2017), 「세계사 교과서에서 서양중세사의 의미: 검토와 제안」(2017), 「지적 권위와 정치권력: 중세 말 파리대학과 정치」(2013), 「13세기 말~14세기 초 프랑스 왕권 이미지 생산: 필리프 3세와 필리프 4세 시대의 조각상들을 중심으로」(2012, 2014년도 역사학회 우수논문상 수상작) 등이 있고, 공저로 『세계는 역사를 어떻게 교육하는가』(2018)가 있다.

한울아카데미 2338

사회갈등과 역사교육

엮은이 | **강선주**
지은이 | **강선주·고유경·구난희·김한종·남한호·박구병·박소영·윤세병·정재윤·홍용진**
펴낸이 | **김종수**
펴낸곳 | **한울엠플러스(주)**
편집책임 | **최진희**

초판 1쇄 인쇄 | **2022년 3월 25일**
초판 1쇄 발행 | **2022년 4월 7일**

주소 | 10881 경기도 파주시 광인사길 153 한울시소빌딩 3층
전화 | 031-955-0655
팩스 | 031-955-0656
홈페이지 | www.hanulmplus.kr
등록 | 제406-2015-000143호

Printed in Korea.
ISBN 978-89-460-7338-8 93370 (양장)
978-89-460-8137-6 93370 (무선)

* 책값은 겉표지에 표시되어 있습니다.
* 무선 제본 책을 교재로 사용하시려면 본사로 연락해 주시기 바랍니다.

세계는 역사를 어떻게 교육하는가

9개국의 역사 교육과정 분석

- 강선주 엮음
- 강선주·고유경·구난희·박소영·박진동·방지원·윤세병·이미미·홍용진 지음
- 2018년 3월 5일 발행 | 신국판 | 352면

세계의 역사 교육과정에서

한국이 나아가야 할 방향을 찾다

최근 여러 나라에서 교육의 격차 문제를 해소해 국가 경쟁력을 강화하려는 움직임이 나타나고 있다. 표준화된 교육과정 체제를 통해 교육의 질을 관리하고자 하면서 역사적인 논쟁이 시작되고 있는 것이다. 그렇다면 역사를 어떻게 가르칠 것인지 논쟁할 수 있는지가 성숙한 민주주의를 의미하는 걸까? 이 책에서는 논쟁을 어떻게 해결하는지를 통해 민주주의가 성숙한 사회인지 아닌지 알 수 있다고 설명한다. 이와 함께 9개국의 역사 교육과정을 바탕으로 각 나라가 역사 논쟁을 어떻게 해결하고 있는지 알아본다.

『세계는 역사를 어떻게 교육하는가』에서는 세계의 역사 교육과정을 분석해 한국의 역사 교육과정이 나아가야 할 방향을 제시한다. 역사교육에서 함양해야 할 정체성, 자국사와 세계사의 관계 설정, 역사적 역량을 정의하고 가르치는 문제 등에 대해 고민하고 논쟁하며 각 나라가 이 문제를 어떻게 해결하고 있는지 분석한다. 또한 여러 나라의 문서 체계, 목적, 내용을 검토하고, 한국 역사교육계에서 가르쳐야 한다고 강조해 왔던 역사적 사고와 최근에 논의되기 시작한 역사적 역량을 외국에서는 어떻게 정의하고 가르치는지 살펴본다.

2019 대한민국학술원 우수학술도서

교육은 왜 교육하지 않는가

교육 낭비의 사회학

- 프랭크 푸레디 지음
- 박형신·이혜경 옮김
- 2019년 2월 20일 발행 | 신국판 | 336면

교육을 도구적 수단으로 삼는 관행에서 탈피하고
지식 중심 교육으로 돌아갈 것을 제안하다

오늘날 교육은 경제발전에 잠재적으로 기여한다는 점에서 높이 평가받고 있지만, 더 이상 교육 자체를 중요하게 여기지는 않는다. 영국의 사회학자 프랭크 푸레디는 교육이 제대로 교육하기 위한 방안을 교육 그 자체에서 찾는다. 그는 이 책에서 학교의 역할을 사회화, 동기부여, 실용성 등에 한정하는 이론들을 반박하고 교육을 정치적 또는 사회적 어젠다에 종속시키려는 경향을 비판하며 교육은 그 자체로 중요하다고 강조한다.

푸레디는 교육이 다른 목적을 달성하기 위한 수단으로 활용되어온 여러 사례와 그 폐해를 꼬집어 비난하는 한편, 학습 자체의 가치와 무관하게 이루어지고 있는 교과과정 및 교육 논쟁의 공허함을 꿰뚫어본다. 또한 고대 그리스인들에서부터 현대의 비평가들에 이르기까지 여러 사상가들의 이론을 바탕으로 학교가 우리에게 무엇을 해주어야 하는지를 설명한다.

디지털 시대, 역사·박물관 교육

- 강선주 지음
- 2022년 2월 15일 발행 | 신국판 | 368면

누구나 '역사하기(doing history)'의 주체가 될 수 있는 디지털 시대,

'역사 문해력'의 중요성을 논하다

'역사하기'를 통해 생산되는 각종 역사와 올바르게 상호작용을 하기 위해서는 역사교육이 적극적으로 '역사하기 교육'과 '역사 문해력 교육'에 나서야 한다. 박물관 교육자이기도 한 저자는 사람들이 역사적 통찰력을 바탕으로 사회적 삶에서 비판적으로 사고하고, 역사를 자신의 삶과 긴밀하게 연결된 것으로 인식할 수 있게 하려면 현재의 나열식·암기식 교육에 변화가 필요하다고 강조한다. 디지털 전환과 지구적 이주의 시대, 역사교육의 역할은 학생들이 문화적·지리적 경계에 한정되지 않은 자신의 복합 정체성을 이해하면서 전 지구화 및 이주의 시대를 살아갈 수 있는 유연성을 키울 수 있게 도와주는 것이다. 이를 위해 박물관은 역사를 최종 생산물이 아니라 특정한 역사지식을 생산하고 재현하는 과정으로 다루고 이를 대중과 공유할 수 있어야 한다는 것이다.

저자는 역사교육자로서 지난 역사 교육과정 개정 과정에서 변화에 어떻게 대응했는지 성찰하면서, 디지털 시대를 맞은 역사교육이 사회 변화와 어떻게 마주할지, 역사교육 내부의 문제를 어떻게 해결하고 교육의 질을 높일 수 있을지 그 구체적인 방향을 제시한다.